개정 2판

다국적기업과 글로벌라이제이션

Multinational Corporations & Globalization

강한균 · 강지훈 공저

도서출판 두남

개정2판 머리말

Preface

4차 산업혁명이 시작되면서 빅데이터(Bjg Data), 사물인터넷(IoT), 인공지능(AI), 드론(Dron), 3D프린팅, 블록체인(Block Chain) 등 익숙치 않은 용어들이 글로벌 시대의 새로운 화두로 등장했다.

4차 산업혁명 시대를 맞아 가장 근본적 변화와 혁신을 요하는 것은 두 말할 나위도 없이 교육이다. 우리 교육도 지금까지 주입식, 암기식 교육을 탈피하여 창의적이고 독창력을 배양하는 교육으로 전환하지 않으면 안 된다.

2016년 3월 대한민국의 서울에서 인공지능 알파고와 이세돌 9단과의 바둑 대결은 설마했던 온 세계인들을 엄청난 충격에 빠뜨렸다. 아직은 인공지능이 인간의 두뇌 게임인 동양의 바둑을 따라 올 수 없을 거라고 믿었던 확신이 무참하게 무너져버렸다. 인간의 한계를 넘어 스스로 학습하는 알파고를 보면서 우리들은 엄습하는 무서운 미래의 두려움을 느꼈다.

정해진 시간에 틀리지 않고 누가 빨리 문제를 푸느냐 하는 것이 지금까지의 우리 교육 최상의 목표였다. 하지만 이제 문제를 푸는 것은 인간보다 더 정확하게 수십만 배 더 빨리 해결해 주는 인공지능이 있다. 이제 우리는 문제를 풀어서 무엇을 하고 어디에 이용할 것인가라는 물음에 답할 차례이다.

요구하는 해답의 본질은 다름 아닌 인간의 상상력과 창의력이다. 인공지능이 인간 보다 훨씬 더 잘할 수 있는 일에 굳이 인간이 떼를 쓸 필요가 있을까.

일자리를 빼앗기고 인공지능에 종속돼 불행해질 인간의 미래를 더 이상 볼 수 없다고 어떤 인문학자는 지금이라도 4차 산업혁명을 제발 그만 멈추라고 외친다.

산업혁명시대 자동차와 기차가 출현했을 때 마부들은 마차를 더 빨리 달리기 위해 채찍을 더 날카롭게 만드는데 애썼다. 1865년 영국 의회는 자동차를 마차보다 더 빨리 달리게 해서는 안 된다는 붉은 깃발 법(Red Flag Act)까지 제정하는 황당한 사건도 있었다. 작금의 우리도 4차 산업혁명을 과연 거부할 수 있을까.

본 교재 「다국적기업과 글로벌라이제이션」의 2010년 초판이 발간된지도 8년이 지났다. 독자 제현의 아낌없는 사랑 속에 2014년 개정판 4쇄까지 거쳤다. 이제 본 교재도 시대에 부응하여 적지 않은 내용의 수정과 보완의 필요성을 느끼지 않을 수 없게 되었다. 이에 개정2판 집필에 있어서 독자들이 최소한 4차 산업혁명에 대비하는 글로벌 마인드를 배양하는데 초점을 두려고 노력했다.

개정2판 작업에는 국제경영을 전공하는 유능한 강지훈 연세대 강사가 참여해 제1장 3절의 4차 산업혁명, 제2장 1절의 글로벌 기업가정신, 제8장 다국적기업의 사회적 책임을 집필하였다.

개정2판 본 교재의 목차의 구성은 다음과 같이 이루어졌다. 개정판은 기존의 4부를 유지했고 16개의 장으로 구성되어 있다.

제1장 다국적기업의 이해에서 제3절 4차 산업혁명, 제2장 3절 글로벌기업가 정신을 각각 추가했다. 제8장 다국적기업과 사회적 책임을 신설해 기업윤리, CSR, CSV를 다루었다. 그 외에도 각 장에 걸쳐 최대한 수정과 보완을 시도했다. 미흡한 부분은 새로운 개정판을 통해 보완해 나갈 것을 약속드리며 독자 제현의 주저없는 질타를 기다린다.

본 교재 개정2판 출간을 맡아 주신 도서출판 두남 全斗杓 사장님과 임직원 여러분, 개정2판 내용에 많은 자료와 인용의 기회를 주신 여러분들께도 진심으로 감사드린다. 본 교재 출간에 많은 도움을 주신 김도현 교수, 평소 격려를 아끼지 않았던 정영철 박사, 심술진 박사, 김순섭 겸임교수를 비롯한 연우회원 여러분과도 함께 기쁨을 나누고자 한다.

불편한 거동에도 늘 곁에서 노심초사하시는 卒壽를 앞둔 장모님과 사랑하는 아내, 캐나다 쉐리단(Sheridan)대학교에서 첫 강의를 마친 희승이와 번역에 도움을 준 병곤, 첫 세상을 만난 귀여운 토리, 자료 제공과 표지 디자인에 도움을 준 새식구 유신이와도 출간의 기쁨을 함께 하고자 한다.

2018. 무술년 초하

저자들 識

개정판 머리말

Preface

60년만에 찾아온다는 임진년(2012) 흑룡의 해가 밝았다. 하지만 세계경기의 둔화, 시리아의 계속되는 반정부 유혈사태, 의회를 점령하라!(Occupy Congress)는 미국 시위대의 분노 등 새해 벽두부터 결코 밝지만은 않은 것 같다.

지난해는 동일본 지진과 방사능 공포, 재스민 혁명(Jasmine Revolution)으로 인한 북아프리카와 중동국가의 정치의 세계화, 혁신의 아이콘 스티브 잡스의 사망, PIIGS(포르투갈, 아일랜드, 이탈리아, 그리스, 스페인)국가의 재정적자 위기, 신용평가기관 S&P의 미국 신용등급 하락으로 인한 달러제국의 추락, 고용없는 성장(jobless growth)으로 일자리를 구하지 못한 세계 도처의 젊은이들의 대규모 폭동, 다문화주의를 비판하는 노르웨이 극우주의자의 발호, 월스트리트 점령(Qccupy Wall Street) 등 너무도 다사다난했던 한 해였다.

신자유주의 물결은 글로벌라이제이션과 함께 21세기를 한 동안 지배할 것만 같았지만 벌써 선진국과 개도국, 대기업과 중소기업, 부유층과 빈곤층 간의 심각한 양극화의 마찰을 불러일으키며 소위 자본주의 4.0(Capitalism 4.0)의 새로운 자본주의 체제를 필요로 하고 있다.

본 교재『다국적기업과 글로벌라이제이션』의 초판이 발행된지 불과 일년 만에 독자 제현의 사랑과 격려로 제1개정판을 내게 된 것은 회갑년을 맞이한 저자로서 무한한 영광이 아닐 수 없다. 특히 경향 각지의 대학에서 강의 교재로 사랑해 주신 여러 교수님들과 재학생 여러분께 진심으로 감사드린다. 제1개정판을 내게 된 이유는 간행된 초판 교재의 절판과 아울러 하루가 다르게 급변하는 새로운 내용들을 추가하기 위해서이다. 또 초판의 여러 군데서 지나치고 넘어간 오·탈자의 부끄러움도 함께 면하기 위해서이다.

목차의 장·구성은 변동하지 않았고 제2장 제3절의 글로벌라이제이션의 미래에 관한 내용을 추가하였고, 제7장 다국적기업과 세계경제의 제2절과 제3절을 통합

조정하였고 4절을 추가하였다. 제11장 다국적기업과 외환시장의 내용을 보다 최근 환율에 대한 실용적 지식으로 완전히 대체하였다. 일부 토의자료도 추가 조정하였고 교재 전반에 걸쳐 부분적으로 내용을 대폭 추가하고 보완·수정하였으며 독자들의 이해를 돕기 위해 설명 주석을 보다 풍부하게 하였다.

본 서의 제1개정판 출간을 맡아 주신 도서출판 두남 全斗杓사장님과 임직원 여러분, 개정판 내용에 많은 자료와 인용의 기회를 주신 여러분들께 진심으로 감사드린다. PPT 교재 작성에 도움을 주신 김성기 박사, 영문번역에 도움을 준 김병곤 군, 출간의 기쁨을 사랑하는 제자들, 김성권 박사, 김순섭 박사, 정영철 박사와 박사과정의 김봉희, 황철군, 이영주, 강춘한, 서정민, 박용희, 조성아 석사, 조수현 석사, 석사과정의 정명선, 주초, 우계, 장초와 함께 나누고자 한다. 그리고 사랑하는 內子와 최선을 다하는 勳, 학위취득과 함께 미국에서 대학강의를 시작하는 丞이와도 출간의 기쁨을 함께 하고자 한다.

2012. 임진년 원단(元旦)

을숙도를 바라보는 서재에서

저자 識

머리말

Preface

2010년 경인년 호랑이의 포효와 함께 아이티 지진을 시작으로 국내·외적 재앙과 유혈사태 등이 연이어 일어나고 있다. 예전과 달리 지구 반대편에서 일어난 사건들이 우리 목전에서 일어난 것처럼 볼 수 있고 느껴지는 것은 다름 아닌 정보통신에 힘입은 세계화(globalization) 때문이 아닐까. 수 천 킬로미터 떨어진 대서양을 횡단하여 원격조종 로봇수술이 성공적으로 이루어지고, 히말라야의 눈 덮힌 8천미터 고봉의 정상을 향해 사력을 다하는 등정가의 모습을 우리는 안방에서 실시간으로 즐기고 있다. 그 뿐인가 중동전쟁을 안방에서 볼 수도 있지 않았던가.

정보통신의 발달을 앞세운 신자유주의의 세계화는 지구촌의 자본, 노동, 기술의 이동과 이전을 용이하게 하여 세계경제에 미치는 영향도 적지 않다. 세계화 찬성론자들은 세계화가 인간생활의 소득과 복지수준을 높이고 개도국과 선진국의 빈부격차를 줄일 것이라고 주장하는 반면 반세계화론자들의 항변도 적지 않다. IMF는 2007년 보고서를 통해 세계화 10년 동안의 평가에서 무역은 선진국뿐 아니라 개도국의 소득을 증대시킨 것으로 나타났으나 선진국의 기술과 해외투자의 자본은 숙련노동을 요구하여 비숙련노동이 많은 개도국에 불리하게 작용했다고 주장하였다.

세계화는 경제의 세계화가 중심이 되었고 또 경제의 세계화 중심에는 다국적기업이 있다. 이처럼 다국적기업과 세계화는 불가분의 관계에 있다고 하겠다. 필자가 신간 저서명을 「다국적기업과 글로벌라이제이션」이라고 한 것도 이러한 연유에서이다.

본 저서는 4부 18장으로 구성되어 있다. 제1부는 다국적기업과 글로벌라이제이션의 본질, 제2부는 다국적기업의 경제적 효과, 제3부는 다국적기업의 글로벌 환경전략, 제4부는 다국적기업의 국제경영관리로 구성되어 있다. 제1부는 제1장 다국적기업의 이해, 제2장 글로벌라이제이션의 이해, 제3장 해외투자의 개념과 유형, 제4장 글로벌시장 진입전략, 제5장 다국적기업의 이론적 접근이다. 제2부는 제6장 다국적기업과 국민경제, 제7장 다국적기업과 세계경제, 제8장 다국적기업에 대한 국제적 규제, 제9장 다국적기업과 국제무역이다. 제3부는 제10장 다국적기업의 글로벌 환경, 제11장 다국적기업과 외환시장, 제12장 다국적기업의 글로벌 전략, 제13장 다국적기업의 전략적 제휴이다. 제4부는 제14장 국제조직 및 인사관리, 제15장 국제마케팅관리, 제16장 국제재무관리, 제17장 국제생산관리, 제18장 다국적기업의 조세관리이다.

본 저서는 강의실 강좌뿐 아니라 저자의 가상강좌인 열린사이버대학(OCU)과 GELC 강좌를 수강하는 학생들에게도 도움이 되도록 출간하였다. 본 교재는 필자가 대학에서 다국적기업론을 28년간 강의하면서 이용된 강의노트와 저서 「다국적기업경영론」을 바탕으로 최근 각종 토의자료들을 충분히 이용하여 출간하였다. 미흡한 부분은 개정판을 통해 보완해 갈 것을 약속드리며 독자제현의 주저없는 질타를 기다린다.

본 도서의 출간에 지원을 아끼지 않으신 인제대학교 白樂晥 이사장님, 李京浩 총장님, 기꺼이 출간을 맡아 주신 도서출판 두남 全斗杓 사장님과 임직원 여러분께도 진심으로 감사드린다. 그리고 본 저술에 많은 인용의 도움을 주신 先學교수님과 同學교수님 그리고 본 저서의 PPT강의 자료에 노고를 아끼지 않은 金成基박사께도 감사드린다.

오늘이 있기까지 학문의 길로 이끌어 주신 故 東峰 申鉉種 은사님과 부모님 영전에도 감사드린다. 본서 출간의 기쁨을 사랑하는 제자 김성권 박사, 김순섭 박사, 박사과정 정영철, 김봉희, 황철군, 이영주, 강춘한, 서정민, 석사과정의 조성아, 조수현, 晉風朴, 梁秀文, 周超, 呂鴻亮과 함께 하고자 한다. 아울러 가까이에서 노심초사하시는 丈母님과 사랑하는 內子와 丞, 勳이와도 출간의 기쁨을 나누고자 한다.

2010년 6월

가야의 분성산 아래에서

저자 識

차 례

Contents

제 1 부 多國籍企業과 글로벌라이제이션의 本質

제3부 多國籍企業과 글로벌環境 戰略

제4부 多國籍企業의 國際經營管理

제 1 부

多國籍企業과 글로벌라이제이션의 本質

1 多國籍企業의 理解

제1절 다국적기업론의 연구방법과 내용

01 연구 분야

다국적기업은 국경을 초월하여 수개국에서 다양한 경제적·정치적·법률적·사회문화적 환경하에서 기업활동을 벌임으로써 다국적기업은 세계경제와 각각의 국민경제에 광범위하고도 다양한 측면에서 관련을 가지고 영향을 미치고 있다. 따라서 이에 대한 연구 역시 다양한 영역에서 각기 자신의 학문적 관점과 필요에 따라 다양한 접근들이 이루어지고 있다. 때문에 미국의 학자들은 이와 같은 다국적기업에 관한 연구들을 정글(jungle)로 비유하기도 한다. 그만큼 다양한 분야에서 다양한 접근들이 혼재되어 있어 한번 미로에 빠지면 빠져 나오기가 힘든 미개척의 영역이라는 뜻이다.[1)]

로빈슨(R.D. Robinson) 교수는 다국적기업에 관한 연구는 국제적 관계(international relations)라는 큰 테두리 속에서 발생되는 문제를 주된 분석의 대상으로 하는 학문 분야, 즉 국제경제학(international economics)·국제경영학(international business)·국제정치학(international politics)·국제법학(international law)의 분야가 교차되는 영역임을 설정한 바가 있다.[2)]

1) 노택환, "다국적기업의 연구의의와 연구분야에 관한 소고", 「사회과학연구」, 제5집 2권, 영남대학교 사회과학연구소(1984).

2) R.D. Robinson, *International Business Policy*(Holt Rinehart & WinstonInc., 1964), p.v.

다국적기업론이 관계하는 학문적 영역은 광범위하지만 [그림 1-1]과 같이 주요 4개 학문과 기타학문으로 구성하는 것이 일반적이다. 기타학문에는 국제정치경제학, 문화인류학, 심리학, 지리학, 통계학, 수학 등이 요구되어진다.

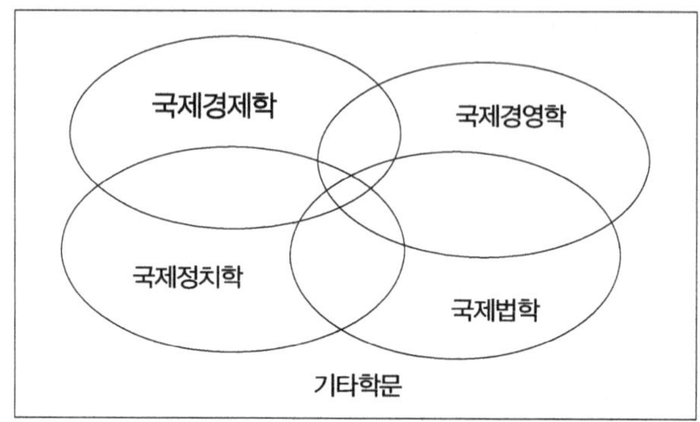

[그림 1-1] 다국적기업의 연구영역

02 학문의 통섭(consilience)적 접근

일찍이 국내에서는 어떤 대상을 연구할 때 서로 다른 여러 학문 분야에 걸쳐 제휴하여 참여하는 연구에서 학제적((學際的: interdisciplinary), 다학제(多學際: multi-disciplinary)란 용어를 사용해 왔다.

21세기에 접어들면서 모든 학문 분야에 통합(integration)의 바람이 거세게 불고 있다. 에드워드 윌슨(E. Wilson)은 학문의 미래를 설명하기 위해 19세기 자연철학자 윌리엄 휴얼(William Whewell)의 'consilience' 개념을 부활시켰다.[3)]

에드워드 윌슨은 21세기의 학문은 크게 자연과학과 창조적 예술을 기본으로 하는 인문학으로 양분될 것으로 보았다. 사회과학은 이미 시작된 세분화 과정을 계속하며 궁극적으로는 상당 부분 생물학과 연계되거나 큰 의미의 인문학으로 흡수될 것이라고 예견했다. 그러면서 과학과 인문학을 융합하려는 인간 지성의 위대한 과업으로 학문의 새로운 접근방법인 21세기의 화두로 'consilience'을 제시하였다.

'consilience'는 통일, 통합, 일치, 합치 등의 의미인 통섭으로 번역할 수 있다. 사

3) 윌리엄 휴얼은 1840년 그의 저서 「귀납적 과학의 철학(The philosophy of the Inductive Science)」에서 처음으로 사용한 'consilience'를 한마디로 'jumping together' 즉 '더불어 넘나듦'으로 정의했다.

물에 널리 통한다는 의미의 통섭(通涉) 또는 큰 줄기를 잡다는 의미의 통섭(統攝)으로 생각해 볼 수 있다.[4)]

에드워드 윌슨은 학문의 새로운 접근방법인 21세기의 화두로 통섭(consilience)을 제시하였다. 인문학과 자연과학의 융합을 통한 접근방법을 강조하였다. 통섭은 통합적, 융·복합적 의미를 지닌다. 예컨대 온라인 소설을 개발할 때 이야기의 줄거리는 국문학이 담당하고 IT(정보·기술) 분야는 전자공학이 담당하게 되는데 이는 국문학과 전자공학의 만남인 통섭의 좋은 예이다. 실제 온라인 애니메이션 등의 작품개발에는 디자인 등 다양한 분야가 접목되고 있다. 대학의 구조조정으로는 핀란드의 헬싱키 공대(1849), 예술디자인대(1871), 경제대(1904)의 3개 단과대학은 2010년 알토대학(Alto University)로 출범했다.

이러한 통섭의 융·복합 현상은 산업 간에도 일어나고 있다. 종전에 농업 중심의 1차산업, 제조업 중심의 2차산업, 서비스 중심의 3차산업이 확연한 구분을 하고 있었다. 한때 1.5차 산업, 2.5차 산업 등의 0.5차 산업이 등장하기도 했다.[5)] 하지만 최근에는 6차 산업이 거론되며 나아가 제조업과 서비스업의 경계마저 아예 허물어지고 있는 추세에 있다. 제조업 중심인 일본 소니사가 서비스회사로 불리는 이유이기도 하다.

산머루 재배 농원(1차산업)이 와인을 제조(2차산업)하고 체험프로그램(3차산업)을 개설하여 관광객을 유치하면 6차산업이 된다. 또 사과재배 농가가 낙과한 사과로 조청 원료로 이용하여 한과를 생산하고 체험교육관까지 건립하는 경우도 좋은 예이다.

한편 경기도 이천시에는 돼지를 만지고 체험하며 돼지의 습성을 이해하고 인간과 돼지의 공존을 목표로 하는 돼지박물관이 있다. 돼지공연장에는 돼지들이 공굴

---

4) 거느릴 統, 몰아잡을 攝의 통섭(統攝)은(미) 사회생물학 창시자 에드워드 윌슨이 쓴 『Consilience-The Unity of Knowledge』를 최재천 교수가 『통섭(統攝)-지식의 대통합』(2005)이라고 번역하면서 이 말이 알려지게 됐다. 統攝은 '큰 줄기'라는 뜻의 統과 '잡다', '쥐다'라는 뜻의 攝을 합쳐 만든 말로서 '큰 줄기를 잡다'라는 의미를 지닌다. 사전은 '전체를 도맡아 다스린다'고 정의한다. 따라서 다양한 영역과 분야를 단순히 넘나들거나 널리 통하는 통합 統, 건널 涉의 통섭(通涉)과는 개념이 다르다. 구별하자면 통섭(統攝)은 통섭(通涉) 이후에 오는 것이다. 우리말로 하면 通涉은 넘나드는 것이고, 統攝은 아우르는 것이다. 중앙일보(2011.5.19) 【우리말 바루기】 http://article.joinsmsn.com/news/article/

5) 청보리 밭 경작(1차산업) 농부가 관광객 유치(3차산업)를 하면 1.5차산업, 자동차 제조회사(2차산업)가 보험회사(3차산업)를 겸영하는 경우 2.5차산업이 된다.

리기, 볼링 등의 재주를 하고 연간 수만 명의 관광객을 유치하기도 한다. 또 미니 돼지를 생산해서 분양하고 소시지를 직접 만드는 체험장, 돼지고기를 이용한 각종 식당도 있으며 중국 저장성 등에 돼지박물관 노하우를 수출하여 로열티를 받기도 한다.

독일의 지멘스와 미국의 GE, 보잉사 등이 제품수명주기 전체에 걸쳐 정보통신기술(ICT)을 적극 활용하거나 컨설팅 서비스를 통합한 서비스화를 통합하여 서비스기업화되고 있다.[6] 한편 3차산업의 아마존, 구글, 우버 등이 자율자동차 생산에 도전한다든지 함으로써 산업 간 명확한 경계는 점차 의미를 상실해 가고 있다.

현실적으로 문화의 영역도 경계가 크게 허물어지고 있다. 2016년 미국의 가수 밥 딜런(Bob Dylan)은 음악가로서는 최초로 노벨문학상을 수상했다. 위대한 미국 팝 문화의 전통 안에서 새로운 시적 표현을 창조해냈다는 공로를 인정받은 것은 음악과 문학의 공유를 인정한 것이다.

뿐만 아니라 '그림, 소설을 읽다'의 국내 전시회에서는 그림과 소설의 적극적인 만남이 이루어지기도 했다. 소설평론가들이 소설 속의 명문장 수십 개를 뽑고 화가들이 이를 적절한 그림으로 표현해 내는 작업을 거쳐 소설 속의 문장과 함께 감상하게 하는 것이다.

다국적기업의 연구방법에 있어서도 국제경제학, 국제경영학, 국제정치학, 국제법학 외에도 국제정치경제학, 통계학, 수학, 심리학, 문화인류학 등의 다양한 학문 분야를 통한 통섭적인 접근이 필요하다고 하겠다.

03 연구 내용

1) 다국적기업

다국적기업의 국제경제학 분야에서 다루어야 할 내용은 주로 다음과 같다. 첫째, 다국적기업의 해외직접투자를 결정하는 요인은 무엇인가? 현지국의 수요를 반영하는 국내총생산(GDP)[7], 국민총생산(GNI), 자원 및 획득, 저임금, 조세 및 인센

6) 제품생산 및 공급에 주력하던 제조업체가 사업모델을 서비스 중심으로 변경하는 지속가능 경영수단이며 구체적으로는 제품과 서비스를 결합 판매하거나 제품과 관련한 서비스를 판매하는 혁신적 비즈니스 모델로 서비사이징(servicizing)이라고 한다. 「NAVER 시사상식사전」 인용

7) 디지털경제하에서 현행 GDP 통계는 많은 문제점을 갖고 있어 국내외적으로 새로운 지표 개

티브 등이 주요 변수가 될 것이다. 둘째, 다국적기업의 해외직접투자가 투자국 또는 현지국에 어떠한 영향을 미치는가? 투자국의 생산과 고용 감소를 가져와 투자국의 산업공동화(the hollowing out of industry/deindustrialization)문제를 야기하기도 하고 현지국과의 수출·입에 변화를 가져와 국제수지에 영향을 미치기도 한다. 끝으로 다국적기업의 해외직접투자가 세계경제에 어떠한 영향을 미치는가? 즉 세계 전체의 교역량과 선진국과 개도국 간의 소득분배에는 어떠한 영향을 미치는가 등이다.

다국적기업의 국제경영학 분야에서 다루어야 할 내용은 4차 산업혁명시대를 맞아 다국적기업의 구조적 혁신과 변화, 국제경영관리 및 전략에 관한 분야로 국제마케팅관리, 국제인사 및 조직관리, 국제생산 및 병참관리, 국제재무관리, 국제조세관리, M&A 및 전략적 제휴 등이다.

다국적기업의 국제정치학 분야에서 다루어야 할 내용은 다국적기업과 국민국가(nation state)의 현지국 주권(sovereignty) 간의 마찰과 충돌로 인해 발생하는 여러 가지 정치경제적 관계에 관한 내용 등이다. 자유방임경제에서부터 제국주의 종속이론, 신자유주의 세계화, 글로벌 금융위기, 유럽의 재정위기에 이르기까지 다국적기업의 역할과 영향력 등이다.

다국적기업의 국제법학 분야에서 다루어야 할 내용은 다국적기업이 전 세계에 걸쳐 각국의 국경과 법 관할권을 넘는 경제활동을 함으로써 수반되는 복잡한 국제법적 문제이다. 보다 구체적으로는 현지 국내법상 외국인의 지위와 보호, 외국인의 특정 경제활동의 제한과 장려, 외국인의 소유 내지 통제하에 있는 법인의 취급 등의 문제, 자국 또는 외국법원과 국가주권과의 관계로써 재판관할, 외국판결의 국내집행, 제소법원의 결정 등의 문제, 독점금지법과 공업소유권 등 경제관계법령 및 조세법의 대외적 효력과 외국인에 대한 적용 여부의 문제, 국제관습법, 조약, 국제기구 규약, 외국인의 재산몰수와 수용에 관련된 사항 등이다. 최근에는 다국적기업의 모회사와 자회사 간 조세회피를 위한 불법적 이전거래 등으로 구글세와 같은 국가 간 조세 마찰을 야기했다.

발에 대한 필요성이 제기되고 있다. 예컨대 유튜브를 통해 무료강좌를 수강하는 등의 공유경제 서비스를 이용하면 개인 삶의 질과 효용이 증가한다. 하지만 현행 통계 체계로는 오히려 GDP를 감소시키는 결과를 초래한다. 온라인상에서 음악을 무료다운 받으면 오프라인에서 CD판매가 감소하기 때문이다.

2012년 미국계 사모펀드인 소위 먹튀자본으로 불리던 론스타(Loan Star)가 한국 정부를 상대로 투자자-국가 소송(ISD)을 세계은행 산하의 국제투자분쟁해결센터(ICSID)에 제기한 것은 좋은 예이다. 그 밖에도 다국적기업의 현지국 적응을 위해 현지국의 문화, 관습, 지리, 심리 등에 대한 연구분야가 있다.

2) 글로벌라이제이션

현존하는 지구상에는 글로벌라이제이션(globalization)과 지역주의(regionalism)의 두 얼굴이 공존하고 있다. 글로벌라이제이션은 모든 국가들이 국경없이 자유로운 인적, 물적 이동을 보장하고 하나의 지구촌을 지향하는데 반하여 지역주의는 2개국 또는 소수의 마음 맞는 일부 국가들이 끼리끼리 글로벌라이제이션을 지향하는 것이다. 단기적으로는 글로벌라이제이션과 지역주의가 상호 배치되지만 장기적으로는 지역주의가 글로벌라이제이션의 한 과정으로 볼 수도 있다.

세계무역기구(WTO)의 도하개발어젠다(DDA)[8]와 같은 다자간협상이 현재까지 타결되지 못하면서 글로벌라이제이션은 주춤해지는 반면 2개국 이상 국가들의 경제통합인 지역주의가 매우 활발하게 진행되고 있다.

한편 유럽연합(EU)과 같은 지역경제통합 역시 가맹국의 이해 득실에 따라 불안정한 모습을 보이기도 한다. EU 28개국 중 영국은 51.9%의 탈퇴 찬성 국민투표(2016.6.23)를 거쳐 소위 브렉시트(Brexit)를 EU에 공식 통보(2017.3.29)했다. 공식 통보 후 2년 간의 탈퇴 협상 절차를 거쳐 정식으로 탈퇴를 하게 된다. 영국은 EU의 지나친 규제, 과도한 분담금, 난민 수용과 일자리 충돌 문제 등으로 탈퇴를 찬성했으나 청년층과 진보진영을 중심으로 이를 후회한다는 리그렉시트(Regrexit)라는 신조어까지 나올 정도로 불복의 목소리도 작지 않았다.

EU 국가 중에서 19개국은 단일통화 유로(Euro)를 사용하고 있다. 하지만 국가별 경제력의 격차가 큰 국가들이 처음부터 무리하게 통합 출범함으로써 그리스를 중심으로 한 PIIGS(포르투갈 · 아일랜드 · 이탈리아 · 그리스 · 스페인) 국가들의 재정위기를 불러왔다. 최근 발칸반도 국가들(알바니아 · 마케도니아 · 몬테네그로 · 세

8) 카타르의 도하에서 WTO 제4차각료회의(2001.11.9~14)가 열렸고 무역자유화협상을 위해 도하개발어젠다(Doha Development Agenda; DDA)를 출범시켰으나 농산물분야 등에서 첨예한 이해관계의 대립으로 아직 미 타결 상태에 있다. 2013년 12월 Bali Package에서 통관절차 간소화 등 일부 타결에만 합의했을 뿐이다.

르비아)이 EU 가입을 희망하고 있다.

미국 트럼프 대통령의 미국 우선주의(America First) 또한 지역 경제통합의 발전을 크게 저해하고 있다. 당선 직후 미국 중심 12개국이 이미 타결된 TPP(환태평양동반자협정) 협상 탈퇴를 일방적으로 선언(2017.1)하고 북미자유무역협정(NAFTA)와 한미FTA에 불만을 품고 재협상 또는 탈퇴를 주장했다. 반세계화와 반지역주의를 넘어 자국 이익을 위한 반덤핑관세, 상계관세, 세이프가드 조치 등의 글로벌 보호무역주의로의 회귀를 우려하는 목소리가 크다.

글로벌라이제이션에 대한 연구분야는 글로벌라이제이션의 개념과 진행, 글로벌라이제이션의 내용, 글로벌라이제이션의 세계경제적 역할, 글로벌라이제이션이 선진국과 개도국의 소득분배에 미치는 영향, 글로벌라이제이션의 미래 등이 있다.

제2절 다국적기업의 정의와 유형

01 다국적기업의 정의

1) 용어의 연원

다국적기업이란 용어가 비교적 보편적으로 사용되고 학문적으로 다루어지기 시작한 것은 1960년을 전후한 시기라고 할 수 있겠다. 다국적기업이란 용어의 어원을 보면 1959년 말 미국의 맥킨지사(Mckinsey Co. Ltd)의 클리(G. H. Clee)와 디시피오(A.di Scipio)가 공동으로 작성한 "세계기업의 창조(Creating a World Enterprise)"라는 논문에서 사용한『세계기업(World Enterprise)』이라는 용어이다. 이들은 동 논문에서 미국의 대기업이 세계적 규모에서 경영활동을 전개하기 위해서 어떤 경영이념하에 행동해야 할 것인가 하는 문제를 논의하는데 있어서 국적을 초월하는 대기업을 세계기업이라고 정의했다.

한편 다국적기업이란 용어는 1960년에 릴리엔탈(D.E. Lilienthal)이 그의 저서인「다국적기업의 경영(Management of Multinational Corporation)」에서 처음 사용하였으며, 1964년에는 미국의 미싱회사이인 싱거사(Singer Co., Ltd)의 커쳐(D.P. Kircher)

사장이 초국적기업(Transnational Enterprise)이란 용어를 사용했다. 그 후 이와 비슷한 용어들이 많이 사용되었는 데 다국적기업, 국제기업, 초국적기업, 범국적기업 등의 용어는 비슷한 동의어로 볼 수 있으며 때로는 그 규모와 경영활동의 형태에 따라 단계적으로 용어를 확대하여 부르기도 한다.

다국적기업에 대한 용어의 정의는 클리와 디시피오 외에도 아하로니(Yair Aharoni), 펄뮤터(H.V. Perlmutter), 페이웨드(J. Fayerweather), 콜데(X.J. Kolde), 자코비(N.M. Jacoby), 딤자(W.A. Dymsza), U.N. 등에 의한 정의들이 있다.

2) 용어의 혼용

다국적기업의 용어는 통일화되지 못하고 세계기업, 국제기업, 초국적기업, 범국적기업, 무국적기업 등으로 다양하게 혼용되어 불리워지고 있다. 다국적기업이란 용어 자체도 일본에서 먼저 만들어진 용어라 해서 정확한 역어가 되지 못한다 하여 한 때 다국기업(多國企業) 또는 다국간기업(多國間企業)으로 부를 것을 주장하는 자도 있었다. 그러나 통상적으로 많이 사용되어져 왔고 또 사용되어지고 있는 용어는 다국적기업이라고 하겠다.

원어의 표기도 매우 다양하여 Multinational Corporation(MNC), Multinational Enterprise (MNE), Multinational Company, Multinational Concerns, Multinational Business, Multinational Firm 등이 있다. 영문 접두어의 표기도 다양하여 Multinational 외에도 World(wide)-, International-, Transnational-, Supranational, Extranational-, Global-, Cosmopolitan- 등이 있다. 한편 Multinationals, Cosmo Crop. Megafirm 등으로 접미어 없이 표기되기도 한다.[9)]

U.N.의 공식명칭은 처음에는 Multinational Corporation을 사용하였으나 1974년 UN 경제사회이사회(ECOSOC)의 개발도상국 그룹이 Transnational Corporation이란 용어를 사용하기를 주장하였고 이에 선진국과 UN이 동의함으로써 지금까지 사용되어 오고 있다. UN의 공식 명칭은 Transnational Corporation(TNC)으로 되어 있어 모든 UN 발간자료와 간행물에서는 Transnational Corporation(TNC)으로 표기되고 있다. 그러나 일반적 통칭으로는 Multinational Corporation이 더 많이 사용되어 지고 있다.

---

9) 신현종·노택환, 「무역학개론」(서울 : 박영사, 1985), p.291.

3) UNCTAD의 정의

「A Transnational Corporation(TNC) is an enterprise, which is irrespective of its country of origin and its ownership, including private, public or mixed, which comprises entities located in two or more countries which are linked, by ownership or otherwise, such that one or more of them may be able to exercise significant influence over the activities of others and, in particular, to share knowledge, resources and responsibilities with the others.」

- 다국적기업은 민간, 공공 또는 민간·공공 합작 소유를 포함하여 국적과 소유권에 관계하지 않으며 지분 또는 비지분 연계를 통하여 2개국 이상에서 입지한 모회사와 계열회사들이다. 모회사와 계열회사의 그룹 가운데 한 개 이상의 기업은 여타 기업의 활동에 대해서 특히 지식, 자원, 책임을 공유하면서 상당한 영향력을 행사할 수 있다.

4) 다국적기업의 종합적 정의

다국적기업의 정의는 다국적기업을 연구하는 학자들의 수만큼이나 많다고 할 수 있다. 다국적기업이 어떠한 기업인가에 대한 정확한 기준이 있는 것은 아니다. 통상적으로 다음과 같은 기준을 충족한 기업은 다국적기업이라고 할 수 있을 것이다.

첫째, 기업은 적어도 2개국 이상에서 사업 활동을 하고 자회사는 모회사에 의해 계획 · 통제되어 지는 기업이라고 할 수 있다. 둘째, 기업의 총자산, 판매액, 이익, 종업원의 상당한 비율(significant rate)이 해외 기업경영에서 이루어지는 글로벌 지향성이 있어야 한다. 끝으로 객관적 기준들과 관련하여 그 기업의 시장과 이익을 추구함에 있어서 경영층의 사고와 활동이 글로벌적 관점과 시야를 가져야 한다.

한 가지 분명한 것은 공유경제와 4차 산업혁명시대 새로운 다국적기업의 모습은 글로벌 시장을 목표로 하는 플랫폼기업들이다. 모회사 규모가 반드시 대기업이어야 하는 것은 결코 아니며 업종 또한 제조업과 서비스업 구분의 경계가 허물어지고 있다는 점이다.

5) 다국적기업의 구조

다국적기업은 모회사(parent enterprise)와 계열회사(affiliate enterprise/affiliates)로 구

분할 수 있으며 계열회사는 자회사(subsidiary), 제휴회사(associate enterprise), 지점(branch), 합작회사(joint venture), 지주회사(holding company) 등으로 구성되어 있으며 UNCTAD는 다음과 같이 각각 정의하고 있다.

「Parent enterprise is an incorporated or unincorporated enterprise, or group of enterprises, which has a direct investment enterprise operating in a country other than that of the parent enterprise.」

- 모회사는 모회사 입지국을 제외한 1개국 이상에서 직접투자한 기업을 가지는 법인, 비법인 또는 그룹형태의 기업이다.

「Affiliate enterprise is an incorporated or unincorporated enterprise in which a foreign investor has an effective voice in management. Such an enterprise may be a subsidiary, associate or branch. 」

- 계열회사는 외국투자자가 경영에서 실질적인 발언권을 가지는 법인 또는 비법인기업이다. 이런 회사는 자회사, 제휴회사 혹은 지점의 형태일 수 있다.

「Subsidiary is an incorporated enterprise in the host country in which another entity directly owns more than a half of the shareholders' voting power and has the right to appoint or remove a majority of the members of the administrative, management or supervisory body 」

- 자회사는 타 기업이 주주 의결권 주식[10]의 과반수 이상(51%)을 직접적으로 소유한 현지국에 있는 법인 기업이며, 기업의 관리, 경영, 감독직의 과반수[11]를 임명 또는 해고할 수 있는 권리를 가진다."

「Associated enterprise is an incorporated enterprise in the host country in which an investor owns a total of at least 10 percent, but not more than a half, of the shareholders' voting power(may be less than 10 percent if there is evidence of an effective voice in management)」

10) 주식회사의 주식은 우선주와 같이 주주총회 의결권이 없는 무의결권 주식도 있다.

11) 과반수(過半數)는 절반(50)을 초과하는 수이며 이상, 이하는 해당 숫자를 포함하고 미만은 해당 숫자를 제외한다.

– 제휴회사는 투자자가 원칙적으로 주주 의결권의 10% 이상, 50% 이하를 소유하는 현지국에 있는 법인 기업이다.(만약 경영에 있어서 실질적인 발언권이 있다는 증거가 있으면 10% 미만이 될 수도 있다)."

「Branch is a wholly or jointly owned unincorporated enterprise in the host country which is one of the following : (i) a permanent establishment or office of the foreign investor:(ii) an unincorporated partnership or joint venture between the foreign direct investor and one or more third parties:(iii) land, structures(except structures owned by government entities), and/or immovable equipment and objects directly owned by a foreign resident:(iv) mobile equipment(such as ships, aircraft, gas or oil-drilling rigs) operating within a country other than that of the foreign investor for at least one year)」

– 지점은 다음 중 하나에 해당하는 현지국에 있는 단독 또는 합작 소유의 비법인 기업이다.(i) 외국인 투자자의 영속적인 설비 또는 사무소(ii) 외국인 직접투자자와 1명 이상의 제3자 간의 비법인 조합 및 합작투자 기업(iii) 외국인 거주자에 의해 직접적으로 소유된 토지, 구조물(정부 소유 구조물은 제외) 및 부동 장비 및 물체(iv) 외국인투자자의 자국이 아닌 외국내에서 적어도 1년 이상 활동하는 유동 장비사업(선박, 항공, 가스 또는 석유 시추와 같은)

「A joint venture involves share-holding in a business entity having the following characteristics;(i) the entity was established by a contractual arrangement(usually in writing) whereby two or more parties have contributed resources towards the business undertaking;(ii) the parties have joint venture control one or more activities carried out according to the terms of the arrangements and none of the individual investors is in a position to control the venture unilaterally.」

– 합작기업은 기업에 있어서 지분을 공유하며, 다음의 특성들을 가진다.
(i) 계약상의 합의(주로 서면)에 의해 둘 이상의 당사자가 기업 활동의 수행을 위해 자원을 투자한다. (ii) 당사자들은 계약 조건에 따라 수행되어 지는 하나 또는 다수의 활동에 대하여 공동 합작의 통제를 하며 어떤 개별 투자자도 일방적으로 기업을 통제하는 위치에 놓여 있지 않다.

「A holding company* is a corporation that owns voting stock in another corporation and is able to influence its board of directors, and therefore control its policies and management. A holding company need not own a majority of the shares of the corporation or be involved in activities similar to those of the company holds.」

– 지주회사(持株會社)는 타 기업의 의결권 주식을 소유하고 이사회에 영향력을 행사하여 당해 기업의 정책과 경영을 통제하는 기업이다. 지주회사는 지주회사가 소유하는 기업의 주식 과반수를 소유할 필요는 없으며 지주회사가 소유하는 기업의 활동과 유사한 사업활동에 종사할 필요도 없다.

* 지주회사는 주식 보유만을 목적으로 하고 생산이나 사업 활동을 하지 않는 순수지주회사(pure holding company)와 주식보유와 지배를 하면서 스스로 직접 사업 활동을 하는 사업지주회사(operating holding company)가 있다. 공정거래법 상으로는 일반지주회사와 금융지주회사로 구분되고 전자는 공정거래위원회에 신고, 후자는 공정거래위원회의 인가를 얻어야 한다.

토의자료

순환출자와 지주회사 지배구조

[그림]에서 순환출자 체제는 계열사 A, B, C가 상호 출자를 하는 구조이고 지주회사체제는 지배회사(모회사) A → 자회사 B → 손자회사 C → 증손회사 D에 순차적으로 각각 지분을 소유하는 경우이다. 순환출자회사의 단점은 가공자본으로 자본금과 계열사 수를 늘리고, 계열사 간 상호출자 등의 부실이 그룹 전체로 번지는 경영의 폐해가 발생한다. 1997년 외환위기시에 다수의 대기업들이 도산한 경험 이후 정부는 기업지배구조 개선책으로 지주회사를 권장했다.

현재 지주회사는 증손회사까지 설립이 가능하다. 종전에는 손자회사가 증손회사를 설립 시 손자회사의 출자지분율이 100% 지분을 소유한 경우에만 가능했다. 그러나 2014년 3월 11일부터 개정 시행된 외국인투자촉진법[12]에서는 외국인과 증손회사를 설립하는 경우 손자회사의 최소지분율을 50%로 완화했다.

한편 현행 지주회사 체제에서는 자회사 지분 의무소유 비율이 낮아 재벌들이 문어발식 확장과 재벌 3세 기업승계 수단으로 악용된다는 주장과 의무소유비율을 높이는 경우 기업의 엄청난 자금 부담이 초래된다는 기업 측의 주장이 맞서고 있다.

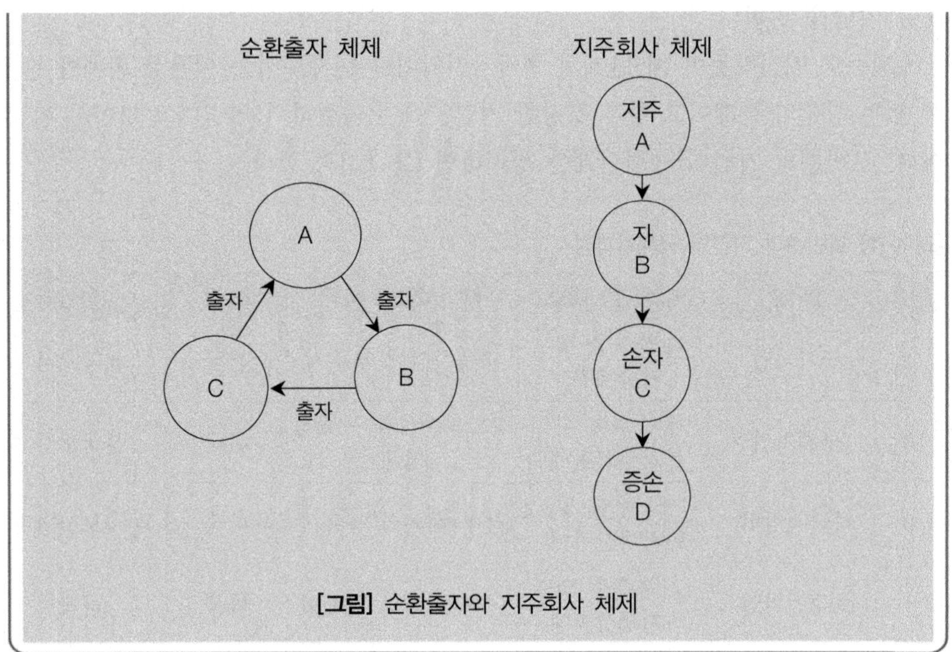

[그림] 순환출자와 지주회사 체제

02 다국적기업의 발전 유형

1) 로빈슨의 국제화 과정

로빈슨(R.D. Robinson) 교수의 유명한 개념 정의에 의하면 기업의 국제화 과정은 ① 국가기업(national firm) ② 국제기업(international firm) ③ 다국적기업(multinational firm) ④ 범국가 또는 초국적기업(transnational firm) ⑤ 초국가기업(supranational firm)의 5단계로 구분되어 진다.

제4단계의 범국가 또는 초국적기업이란 국적을 달리하는 다수의 국민들에 의해서 소유와 경영이 이루어져 회사의 경영이 법적으로 구속받는 경우를 제외하고는 특정한 국가의 영향을 받지 않는 기업을 말하며, 제5단계의 초국가기업이란 법률적으로 그 기업의 국적은 없어지고 국가간의 협정에 의해 설립된 국제기구가 그 기업의 등록을 허가하고 또 과세하게 되어 종래의 국가적 개념과는 독립하여 존재

12) SK와 GS 특혜를 위한 것으로 대기업의 문어발식 확장과 경제력 집중이 우려되며, 재벌의 편법 상속을 비호하는 법안이라는 주장과 일자리 창출을 위한 것이라는 주장이 대립하여 법안 통과 당시 국회에서 많은 논란이 있었다.

하는 기업을 말한다.

로빈슨도 지적하듯이 제5단계의 초국가기업이란 현재로서는 이론상 존재할 수밖에 없는 상상의 존재이고 향후 상당한 기간안에는 출현하기 어렵다고 보아야 할 것이다. 로빈슨의 기업 국제화단계를 정리하면 [표 1-1]과 같다.

[표 1-1] 로빈슨의 기업의 국제화과정

단계	명 칭	해외사업 내용	해외사업의 비중	소 유	경영관리
1	국가기업	상품수출 및 기술제휴	국내사업에 부수적	본국	본국모사
2	국제기업	상품수출 및 현지생산판매	상호의존성과 독립성 병존	본국	본국모사
3	다국적기업	상품수출 및 현지생산판매	국내·해외의 동등화	다국	본국모사편향
4	초국적기업	상품수출 및 현지생산판매	국내·해외의 일체화	다국	다국
5	초국가기업	상품수출 및 현지생산판매	국내·해외의 일체화	국제기구	국제기구

자료 : R.D., Robinson, *Intternational Business Policy*(1964)

2) 펄뮤터의 EPRG

펄뮤터(H.Perlmutter)는 국제기업에 있어서 모국 본사의 경영활동 태도와 경영자의 시각에 따라 본국시장지향형(ethnocentric), 현지시장지향형(polycentric), 지역시장지향형(regiocentric), 세계시장지향형(geocentric)으로 구분하고 있다. 이를 펄뮤터의 EPRG Profile 혹은 EPRG scheme이라고도 한다.

에스노센트릭이란 자민족중심적 경영태도로 내셔널리즘(nationalism)을 기본이념으로 하는 행동 특성을 가지고 있다. 의사결정에 있어서 권한, 의사소통 방법, 자회사 통제방법, 이사 구성 등 모든 경영활동 면에서 본사 중심적이다. 폴리센트릭이란 다국중심적 기업유형으로 제반 의사결정에 있어서 자회사 중심적인 것을 말한다. 일반적인 업무에 관한 의사결정은 대부분 자회사에게로 분권화가 이루어져 있으나 재무, 연구개발, 일반적 관리 등의 중요사항에 대한 의사결정은 여전히 본사가 하고 있다. 한편 리지오센트릭이란 각 지역중심의 기업유형을 말하며 국제경영의 대상 시장을 개별시장으로 세분화하여 전략적 목표로 삼고 개별시장에 최적의 제품, 생산, 판매, 조직, 인사, 재무, 연구개발 등의 일반적 관리시스템을 창출하는 것을 말한다. 이는 주로 지역본부의 형태로 본사로부터 거의 독립된 조직으로 대부분의 의사결정이 지역본부에서 이루어지고 재무적으로 독립채산제가 취해진다.

끝으로 지오센트릭이란 지구중심적 유형을 말하며 이는 세계를 하나의 활동무대로 보는 특성을 지니고 있으며 모회사와 자회사가 유기적으로 활동하는 다국적 기업이라고 할 수 있겠다.

학자들에 따라 기업국제화의 과정은 여러 단계로 구분하여 설명하고 있다.

그라이너(L.E. Greiner)는 기업의 성장과정을 창출(creativity)단계 → 지도(direction)단계 → 위임(delegation)단계 → 조정(coordination)단계 → 협력(collaboration)단계로 구분하고 단계에 따라 경영이념, 조직구조, 최고경영자의 스타일 등이 국제화 되어간다고 하였다.

한편 팅(W.Ting)은 제품개발전략을 중심으로 신흥 개도국기업의 국제화 과정을 모방기 → 개량기 → 선도기의 3단계로 구분하고 개도국기업이 선진국 제품을 모방·개량하여 국제경쟁력을 갖추고 신시장을 개척해 나간다고 한다.

3) 가상기업

1990년대 들어 국제인수·합병(cross border M&A), 전략적 제휴(strategic alliances), 아웃소싱(outsourcing) 등이 활발해 짐에 따라 다수국의 독립적 기업들이 참여하여 특정 시장기회를 개발·활용하기 위하여 일시적으로 조직한 가상기업(virtual corporation)이 출현하였다.

가상기업이란 용어는 1989년 디지털 이퀴프먼트사(DEC)의 임원인 존 호플랜드(J. Hofland)에 의해 최초로 사용되었다. 가상[13)]이란 의미는 가상현실(virtual reality)이란 의미가 아니고 컴퓨터 관련 용어 virtual computing에서 유래한 것으로 실제로 가지고 있는 능력보다 더 큰 능력이 있는 것처럼 행동한다는 의미를 지니고 있다.

---

13) 가상(virtual)이란 용어는 최근 다양하게 사용되어 지고 있다. 환경과 관련하여 가상수(virtual water)란 용어가 있다. 공산품·농산품 등 최종 완성품이 되기까지 사용되는 보이지 않는 물의 총 사용량이다. 예컨대 쌀 1Kg을 만드는데 3,000리터, A4용지 1장 만드는데 10리터의 가상수가 필요하다. 가상현실인(virtual reality people)은 가상현실의 사이버 공간에서 자전거, 등산, 낚시 등을 하는 사람을 말한다. 미국에서는 이러한 영향으로 실제 연간 국립공원 방문자수가 감소했다.

가상기업이 출현하게 된 배경에는 일 기업이 새로운 제품의 개발에서부터 생산, 판매에 이르기까지 모든 영역에서 핵심역량(core competence)을 보유하고 제한된 시간 안에 다양한 기능을 수행할 수 있는 능력을 갖추기란 쉽지 않기 때문이다.

예컨대 A기업은 연구 · 개발, B기업은 생산, C기업은 디자인, D기업은 마케팅에 각각 핵심역량을 갖는 경우 공동의 프로젝트를 해결하기 위해 일시적으로 가상기업을 만들고 목적 달성 후에는 사라지게 된다. 이 경우 가상기업은 개별기업의 역량을 단순히 합한 것이 아니라 협력을 통해 그 이상의 시너지 효과(synergy effect)를 나타낸다는 의미에서 가상기업이라고 한다.

스피드경영에 맞는 21세기형 조직으로써 가상기업을 집중 연구한 로저 네이글(R. Nagle) 아이아코카 연구소장은 새로운 유망시장이 나타났을 때 그 분야에 맞는 기업이나 팀들과 손잡고 새로운 조직을 형성했다가 다른 기회가 생기면 적절한 다른 기업을 찾아 새로운 네트워크를 형성하는 일시적 기업을 가상기업이라고 하였다.

가상기업이 성공적으로 운영되기 위해서는 정보 · 통신 · 기술 등의 첨단기술을 보유한 우수한 기업들의 참여가 있어야 하고 참여기업들 상호 간의 기술 및 정보의 교환이 충분히 이루어 질 수 있는 신뢰관계가 구축되어야 한다.

가상기업의 조직은 본사의 개념이 없고 정형화된 조직구조나 계급체제도 없을 뿐만 아니라 수직적 통합이나 수평적 통합을 통하여 창출되는 것도 아니다. 가상기업의 조직목적은 참가기업들의 독립성은 유지하되 단지 자신들의 핵심역량(core competence)을 타기업의 다른 핵심역량들과 접목시켜 최대한의 효과를 최단기간에 창출함에 있다.

가상기업의 성공조건으로는 독특한 핵심역량을 보유한 기업의 참여, 정보통신기술, 참여기업 간의 높은 신뢰도 등이 필수적이다. 따라서 가상기업의 네트워크에 참여하고자 하는 기업의 자격은 소유하고 있는 역량이 전체의 성공에 필수적인 것이어야 한다. 또 핵심역량에 관한 정보를 탐색케하는 데이터 베이스의 개발과 참여기업 간의 정보교환 및 의사소통이 리얼타임으로 이루어지게 하는 정보통신기술이 있어야 한다. 끝으로 참여기업들 간에 자신의 기업이 가지고 있는 민감한 기술 및 시장정보를 참여기업들과 기꺼이 공유할 수 있는 신뢰가 바탕에 깔려 있지 않으면 안 된다.

4) 사이버기업

기존 상거래의 틀을 벗어나 사이버공간을 이용한 디지털경제(digital economy)의 환경하에서 사이버기업(cyber corporation/cyberprise)으로까지 발전하였다. 디지털경제란 전 세계를 연결한 인터넷을 통해 빛의 속도로 교환되는 정보가 최대의 부가가치를 만들어 내도록 하는 새로운 경제구조이다. 유한한 자원의 효율적 활용을 통한 효과 극대화라는 경제의 목적을 달성하는데 가장 적합한 방식이다.

디지털경제의 모태는 정보기술(IT)이다. 정보기술의 발달로 정보처리 비용이 엄청나게 낮아졌고 인터넷이 전 세계 구석구석까지 퍼져 정보전달의 한계가 없어졌다. 정보기술이 디지털경제의 씨앗이라면 인터넷은 거름이 되었다. 인터넷이 빠른 속도로 확산됨으로써 디지털경제라는 꽃이 필 수 있었다. 디지털경제하에서는 무제한적인 사이버공간, 일일 24시간의 무제한적 시간, 정보의 전달은 빛의 속도, 대화채널은 일대 일 또는 일 대 다수, 다수 대 다수 어느 경우도 가능하게 되었다.

사이버기업이란 두 가지 의미로 사용되어 지고 있다. 광의의 사이버기업이란 사이버공간(cyberspace)을 이용하는 모든 기업을 의미한다고 할 수 있겠다. 예컨대 기존의 기업들도 가상공간에 홈페이지를 만들어 두고 판매 등의 기업활동을 한다면 광의의 사이버기업이라고 할 수 있을 것이다. 한편 협의의 사이버기업은 아마존(Amazon)[14], 아메리카 온라인(AOL LLC)[15] 등과 같이 기존 상거래의 틀을 벗어나 사이버공간에서 모든 기업활동이 이루어지는 기업을 말한다고 하겠다.

기존 상거래의 틀을 벗어나 책도 매장도 진열대도 없이 사이버공간에 서점을 열어 놓은 세계 최대의 서점인 아마존은 그 대표적인 예이다. 1995년 인터넷 서점으로 출발한 아마존은 소매유통, 테블릿 PC 출시, 클라우드딩 서비스, 비디오 실시간

14) Amazon.com.Inc는 워싱턴주 시애틀 소재 세계 최대 전자상거래 기업으로 1994년 제프 베조스가 설립하였고 1995년 온라인 서점으로 시작하였다. 아마존은 물품 배송드론(무인항공기)을 탑재한 공중물류센터(AFC) 특허를 승인(2017.4)받았다. AFC는 열기구형태의 대형 비행선을 통해 13.7Km 상공에 떠있는 창고다. 고객으로부터 주문이 들어오면 AFC에서 대기 중인 드론이 물품을 싣고 가 최단시간 주문자에게 배송한다. 드론은 온도 조절장치까지 내장돼 음식도 배달이 가능하다. 사람, 물품, 드론을 지상에서 AFC까지 싣고 다닐 수 있는 대형 셔틀에 관한 아이디어도 특허에 담았다. 이 셔틀이 수시로 AFC에 드나들면서 물품을 공급하고 지상에서는 원격 컴퓨팅 등을 이용해 AFC에 있는 물품 목록을 수시로 확인한다.

15) 모회사는 Time Warner이며 회사명 변경(2006.4.3)으로 정식명칭은 AOL LLC(Limited Liability Company: 유한회사)이나 통상 명칭은 AOL이다.

재생, 자율주행차 등 손 안대는 사업이 없을 정도이다. 아마존은 세계 인구 1억 5천만 명의 고객관계관리(CRM; Customer Relationship Management) 시스템을 활용해 약 70% 이상의 재구매에 활용하고 있다.[16)]

디지털경제는 기업의 구조도 송두리째 바꾸고 있다. 이제 은행은 임대료 비싼 번화가에 있을 필요가 없어졌다. 증권사도 객장을 화려하게 꾸밀 필요가 없어졌다. 컴퓨터 몇 대만 있으면 족하다. 컴퓨터는 전 세계를 상대로 시공을 초월하여 영업을 할 수 있다. 1995년 미국의 최초 사이버은행인 시큐리티 퍼스트 네트워크 뱅크(Security 1st Network Bank)는 영업을 위한 점포도, 돈을 보관하기 위한 금고도 없다. 현재 미국에서는 20여 개 이상의 인터넷전문은행이 영업하고 있다. 한국에서도 2017년 인터넷 전문은행으로 케이뱅크(K Bank)와 카카오뱅크(KAKAO Bank)가 출범했다.

그밖에도 항공기 한 대 보유하지 않고도 가장 인기 있는 항공권 판매회사인 프라이스라인(Priceline)[17)], 윤전기 한 대 갖고 있지 않고 모든 것을 아웃소싱(outsourcing)에 의존하는 세계 최고 경제신문인 파이낸셜 타임스도 디지털 광속경제하에서 출현된 사이버 다국적기업들이다. 컴퓨터(computer), 통신(communication), 콘텐츠(contentions)의 3C에만 역량을 집중시켰을 뿐 필요한 것은 아웃소싱에 의존한다. 그래도 세계 최고의 경쟁력을 유지하고 있다.

인터넷 비즈니스의 선두 주자인 아메리카 온 라인(AOL)은 처음에는 누구도 모르는 무명의 기업이었다. 그러나 지금은 미국에서 가장 많은 사용자를 확보하고 다양한 서비스를 제공하고 있다. 디지털 광속경제는 그것이 곧 글로벌스탠더드(global standard)이다. 상품의 모든 정보와 광고는 인터넷을 타고 빛의 속도로 세계 곳곳에 전파된다. 세계가 하나의 시장이고 먼저 시작하면 그것이 바로 세계의 표준이 된다. 디지털경제는 네트워크를 기반으로 하는 새로운 공동체인 가상공동체(cyber community)를 만들어 내며 핵심역량에만 집중하는 사이버기업을 만들어 낸다.

---

16) 아마존은 최근 미국의 번화가에 소재한 오프라인 최대 반스 앤 노블(Barnes & Noble) 서점이 소재했던 건물을 구입해 운영하면서 고객들의 동선에 따른 정보를 빅데이터를 통해 얻고 있다. 구경은 오프라인에서 하고 구입은 온라인에서 할 것을 권장하면서 고객들이 오프라인 매장에서 어떠한 관심과 심리상태를 갖고 있는지를 파악한다.

17) 항공권, 호텔, 자동차 렌트 등의 예약에서 고객이 먼저 이용 조건(가격 범위 포함)을 웹사이트에 등록하면 복수의 공급자들이 제안하는 역경매 방식 모델이다..

5) 플랫폼기업

플랫폼기업(platform corporation) 출현의 배경은 글로벌라이제이션과 함께 정보·통신·기술의 발달, 자유무역, 상품의 자유로운 이동의 물류시스템 등의 영향이 크다고 하겠다.

플랫폼(platform)이란 기차역에서 타고 내리는 승강장을 말하며 레일 규격에 맞는 다양한 형태의 기차들이 오고 갈 수 있으며 무언가의 사이에서 이어 주고 묶어 주는 역할을 한다.

플랫폼기업은 구매자와 판매자들이 하나의 공간으로 모여들어 새로운 가치를 창출하고 교환하는 기업을 말한다. 플랫폼기업은 판매자와 구매자 양측에 가치를 제공하고 하나의 플랫폼 장으로 끌어 들인 후에 개방과 공유를 통해 수익과 효용을 창출하는 기업을 말한다.

예컨대 구글(Google)은 안드로이드를 기반으로 여러 휴대폰 제조사와 연합하는 소프트웨어 플랫폼이다. 우버(Uber)[18]는 차량 소유자와 수요자를 모바일 앱으로 연결하고 에어비앤비(Airbnb)는 집 주인과 숙박자를 연결시켜 주는 숙박 플랫폼이다. 또 카카오톡(Kakao Talk)[19]은 다수의 메신저 사용자와 그들에게 게임, 상거래, 결제 서비스를 제공하는 다수의 공급자가 존재하는 모바일 메신저 플랫폼이고 네이버의 일본 자회사 라인(LINE) 역시 일본과 동남아 중심으로 성장하는 모바일 메신저 플랫폼이다.

모바일 메신저 플랫폼은 무료 서비스를 제공하여 사용자를 모아 다양한 가치를 창출한다. 스마트폰의 킬러앱은 무료 메신저에 쇼핑, 금융 등 다양한 유료서비스를 부가할 수 있어 이용자가 많을수록 서비스를 제공하려는 개발자, 광고주의 수

18) 2010년 샌프란시스코에서 시작해 세계 600여 개 도시에 진출한 공유서비스 플랫폼기업이며 세계적으로 시장가치가 가장 높은(70조 원) 스타트업(신생벤처기업)으로 평가 받는다. 국내에선 일반인이 자신의 차량으로 운송서비스를 제공하는 우버엑스(Uber X)는 불법으로 금지되고 리무진 차량을 중계하는 고급 콜택시 '우버블랙(Uber Black)'은 서울에서 합법적으로 운영되고 있다. 2017년 하반기부터 유명 레스토랑 메뉴를 배달해 주는 음식배달 플랫폼 '우버이츠(Uber Eats)'를 선보인다.

19) 2008년 샌프란시스코에서 출범한 에어베드(AirBed)와 아침밥(Breakfast)을 제공한다는 아이디어에서 출발한 세계 최대 숙박공유 플랫폼 기업으로 190여 개국, 34,000개 이상 도시에서 서비스를 제공하고 있다. 한국에서도 2013년부터 서비스를 시행중이며 제도적 불법 논란이 적지 않다.

익도 올라간다.

국별 주요 모바일 플랫폼 기업은 세계 10대 기업의 선두를 차지하는 미국의 트위터, 구글, 아이폰[20], 페이스북, 중국의 텐센트, 알리바바, 바이두, 한국의 네이버, 넥슨, 다음카카오 등이다.

중국의 샤오미는 스스로 스마트폰 제조사가 아닌 인터넷 플랫폼기업이라고 칭하고 있다. 샤오미는 스마트폰 제조공장을 갖지 않고 외주 제조사인 대만 폭스콘(Foxconn)에 전략 위탁생산하는 방식을 채택하고 있다. 판매는 오프라인 매장이 아닌 인터넷 예약주문을 통해 이루어진다. 가격이 삼성전자, 애플 대비 40%에 불과한 것도 이 때문이다. 샤오미는 자사 스마트폰에 탑재되는 소프트웨어 플랫폼만 소유하고 나머지는 모두 위탁생산하는 방식이거나 전자상거래를 활용해 사업을 벌이고 있다. 소프트웨어가 고객과 고객을 연결하고 고객과 샤오미를 연결하는 매개자인 셈이다[21]

최근 국내 포털 대표기업인 네이버와 카카오가 인공지능(AI)플랫폼을 바탕으로 한 동맹군 구성에 총력전을 벌이고 있다. 온라인 검색 맞수로 시작한 두 업체가 PC와 스마트폰을 벗어나 오프라인 일상으로 경쟁 영역을 확대해 나가고 있다.

네이버는 생활 가전제품에 자사의 AI플랫폼인 클로버(CLOVA)를 적용하기 위해 LG전자, 코웨이, 도요타, YG엔터테인먼트 등과 제휴를 모색하고 있다. 한편 카카오는 AI플랫폼인 카카오 아이(i)를 적용하기 위해 삼성전자, 현대자동차, 폴크스바겐, GS 건설 등과 제휴를 모색하고 있다.

양대포털은 AI생태계를 선점해야 일반 기기로까지 확장성을 높여 소비자들이 자사 서비스를 더 많이 이용하도록 유도할 수 있다. AI플랫폼을 많은 기기에 적용할수록 음성인식 등의 품질도 높아지고 더 많은 사용자들이 몰리는 특성상 포털들이 동맹군 확보에 사활을 걸고 있다.

플랫폼기업은 승자독식의 속성이 있다. 플랫폼기업은 양면시장의 선순환을 가

---

20) 아이폰(iPhone)은 애플사의 휴대전화 시리즈로 OS, iOS라는 독자적 플랫폼을 사용한다. 애플은 트럼부 행정부의 미국기업이 미국 내에서 생산하지 않으면 국경조정세를 부과한다는 압박에 아이폰, 아이패드 등 완제품 조립, 디스플레이 생산 부품공장, 대규모 데이터센터 설립을 추진 중이다. 이 경우 인건비 물류비 상승 등으로 아이폰 가격이 최대 $100 상승될 우려도 있다.

21) 김진영, "구글은 검색, 페이스북은 SNS ... 기저 플랫폼 중심으로 디지털 변혁 주도", KDI, 「지금은 4차 산업혁명시대」(2017), pp.122-127.

져오기 때문이다. 예컨대 음식배달 앱에서 유료 특정 앱 사용자가 늘면 음식점은 그 앱의 가맹점이 되기를 원할 것이다. 이번엔 반대로 그 앱을 유용하다고 느낀 소비자가 몰려 가입자가 증가한다. 한 고객집단이 커지면 다른 집단도 커지고, 다시 원래 고객집단이 커지는 선순환이 발생한다.

6) 마이크로 다국적기업

마이크로 다국적기업(Micro Multinationals)이란 버클리대학 명예교수이고 구글 수석 경제학자인 할 발리언 교수가 최초로 언급하였는데 기존 다국적기업과 비교가 안 될 정도로 규모가 작지만 인터넷 기술 발달에 힘입어 최소한의 인력만 두고 나머지는 모두 아웃소싱에 의존하는 기업을 말한다. 홈페이지 제작을 위한 개발자 아웃소싱 플랫폼 오데스크(Odesk)를 꼽았는데 미국과 폴란드에서 13명(텍사스 7명, 폴란드 6명)의 인력으로 출발했다.

HSBC(홍콩상하이은행) 보고서에 의하면 마이크로 다국적기업의 특성을 GIANT로 설명한다. ① Global Mindset는 기업들이 하나의 시장 또는 국가에 한정되지 않고 글로벌한 생각을 가지고 해외 진출을 지향하며 ② Intermediate는 중소기업 내지 중견기업을 의미한다. ③ Agile은 초기부터 해외진출을 추진하며 ④ Niche는 새로운 아이디어, 특정 한 가지 제품 또는 서비스에 치중하며 ⑤ Tech Savvy는 새로운 기술을 통해 브랜드를 알리고 홍보한다는 것을 의미한다.

멕킨지(Mckinsey)는 디지털 기술을 기반으로 하는 이베이(eBay), 아마존(Amazon), 페이스북(Facebook), 알리바바(Alibaba)와 같은 디지털 플랫폼기업을 통해 중소기업이 마이크로 다국적기업으로 전환했다고 했다.

중소기업이 글로벌시장을 대상으로 하는 마이크로 다국적기업이 되기 위해서는 인터넷 플랫폼 인 플러그-앤-플레이(plug and play) 인프라 활용이 필요하다. 아마존은 2백만 개에 달하는 제3자 판매자를 보유하고 페이스북은 참여 중소기업이 2013년 2천 5백만 개에서 2017년 5천만 개로 추정되며 이베이 이용 중소기업 중에는 오프라인 수출보다 온라인 수출을 하는 기업들이 더 많으며 페이팔(PayPal)은 중소기업과 소비자 간 거래 중개자 역할을 함으로써 국제 거래가 보다 원활이 이루어질 수 있게 하고 있다.

토의자료

유니콘기업과 좀비기업

- 유니콘기업(Unicorn Corporation)
  기업가치가 $10억 이상이고 설립 10년 이하 비상장 스타트업(Start up)
  전 세계(2018) 236개로 미국(49.2%), 중국(27.2%), 인도(4.2%)이며 한국은 3개임(쿠팡, 옐로모바일, L&P 코스메틱).

- 좀비기업(Zombie Corporation)
  좀비는 부활한 시체이며 좀비기업은 연간 영업이익으로 이자비용도 감당 못하는 부실상태가 3년 이상 지속되어 차입금에 의존하는 한계기업임.

제3절 다국적기업과 4차 산업혁명 환경

01 4차 산업혁명의 개념

[그림 1-2]에서 보는 바와 같이 4차 산업혁명의 개념 사용 주체별로 범위에 다소 차이가 있다. 독일의 인더스트리(industry) 4.0정책은 협의 개념으로 정보통신 기술을 바탕으로 자동화된 스마트팩토리를 구현하는 것이 목표이다. OECD에서는 다소 확장된 개념으로 새로운 에너지원을 포함하는 개념으로 차세대 제조혁명(next production revolution)을 내용으로 한다. 한편 세계경제포럼(WEF)은 가장 광의의 개념을 사용하고 있다. 특정 생산 부문에 국한하지 않고 인공지능, 사물인터넷, 빅데이터, 생명공학 기술, 3D 프린팅 등 다양한 부문의 신기술 융합과 이로 인한 사회적 파급효과를 아우르는 것을 내용으로 하고 있다.[22]

22) 장필성, "초연결사회, 기계자동화 넘어선 기계자치시대 예고" 「지금은 4차 산업혁명시대」, KDI 경제정보센터(2017), pp.7-13.

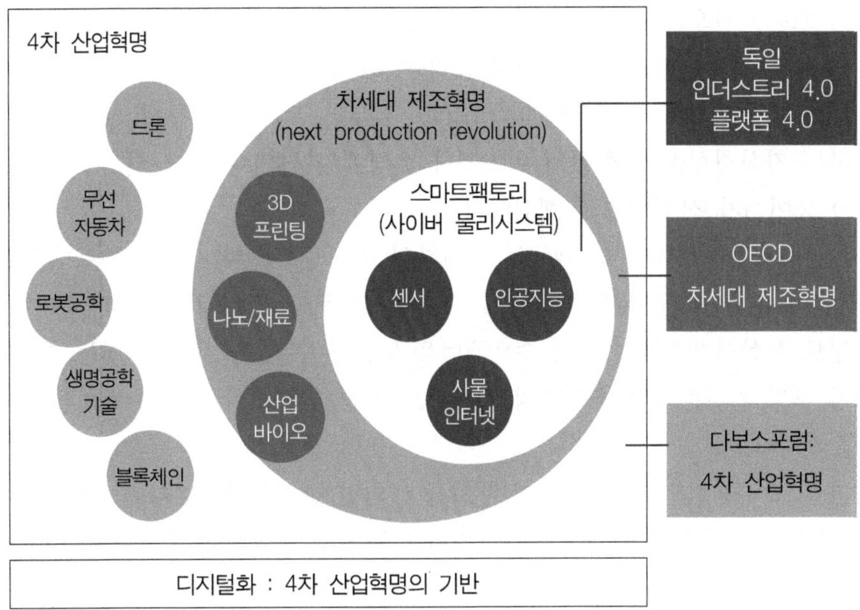

자료: 장필성, 「지금은 4차 산업혁명시대」, KDI(2017), p.12.

[그림 1-2] 4차 산업혁명 관련 개념 관계도

02 산업혁명의 전개[23)]

매년 스위스 다보스(Davos)에서 열리고 있는 2016년 세계경제포럼(World economic Forum)의 주제는 4차 산업혁명(The Fourth Industrial Revolution)의 이해였다. 제4차 산업혁명은 정보통신기술(ICT)의 발전에 기초해 물리적, 생물학적, 디지털적 세계를 지능적으로 융합 및 연결시킴으로써 경제, 산업구조, 일하는 방식, 나아가 사회체계 전반의 혁신을 불러일으키는 활동을 의미한다고 정의했다.

1차 산업혁명은 [그림 1-3]과 같이 증기기관을 통한 기계적 혁명, 2차 산업혁명은 전기를 통한 대량생산(Fordism), 3차 산업혁명은 컴퓨터와 인터넷 등 정보통신 발달을 통한 자동화를 말한다. 최근 시작되고 있는 4차 산업혁명은 제조업과 정보통신, 기술의 융합 등으로 산업 간 경계가 허물어지는 지능화를 일컫는다. 1차와 2차 산업혁명은 육체노동을 보완하고 3차와 4차 산업혁명은 두뇌기능을 보완한다고 할 수 있다.

---

23) 김주훈, "제4차 산업혁명과 중장기 정책방향", 중장기전략 위원회 세미나(2017.2.21) passim.

인터넷을 기반으로 사람·사물과 사물을 연결하는 사물인터넷(IoT),[24] 인간 지능을 컴퓨터 프로그램으로 실현한 인공지능(AI), 로봇, 3D 프린터[25], 음성인식서비스, 클라우드, 빅데이터, 원격관리 시스템, 컴퓨터 그래픽을 통해 실제 상황처럼 표현하는 가상현실(VR), 현실의 이미지나 배경에 가상의 이미를 덧씌우는 증강현실(AR) 등이 4차 산업혁명의 핵심이다.

4차 산업혁명에서 센서(sensor)는 소비자의 수요정보를 디지털 정보로 전환하고 사물인터넷은 포착된 디지털 정보를 무선통신으로 전달하고 인공지능은 수집된 대량정보의 실시간을 분석하여 수요패턴을 도출할 수 있을 것이다. 이는 지능화된 기계가 고도의 자동성과 초연결성을 바탕으로 경제 전체의 파괴적 혁신을 초래하게 될 것이다.

과거 1, 2, 3차 산업혁명은 몇 가지 기술에 의한 산업혁명이었다면 4차 산업혁명은 수많은 첨단기술이 동시에 발전하면서 연결되고 융합되어 예상치 못하는 초융합, 초연결(hyper-connected) 혁명이 일어난다는 점이 다르다.

[그림 1-3]은 산업혁명의 전개와 명명 시점을 구체적으로 나타내고 있다.

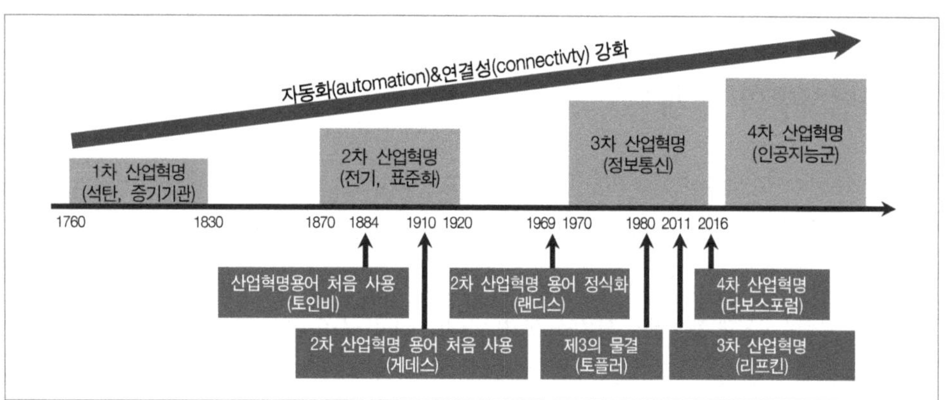

자료: 장필성, 「지금은 4차 산업혁명시대」, KDI(2017), p.9.

[그림 1-3] 산업혁명의 전개와 명명 시점

---

24) 국내 축산 농가에서도 소의 위속에 바이오캡슐(옥수수, 사탕수수 재질의 무독성)을 삽입해 체온과 산도(pH)를 실시간으로 알려줘 생체정보, 질병관리에 도움을 주고 있다. 양식업에도 사물인터넷을 이용해 수온, 수질, 산소량을 측정해 폐사율과 관리비용을 절감시켰다.

25) 2차원 평면 프린터와 달리 손으로 만질 수 있는 실제 물체를 만들어내는 프린터다. 컴퓨터에서 만든 3D설계 데이터를 프린터로 전송하면 안에 있던 금속, 플라스틱, 고무 등 재료를 설계도에 맞게 겹겹이 쌓아 올리거나 깎아 입체감 있는 물체를 내보낸다. 건축, 항공우주, 전자, 공구제조, 의료, 디다인 등에서 광범위하게 쓰인다.

03 4차 산업혁명의 파급효과와 일자리

4차 산업혁명의 파급효과는 [그림 1-4]와 같이 인더스트리 4.0[26]의 제조업, 자율주행차와 같은 자동차 산업, 철도, 해운 스마트화의 물류 교통망, 스마트 그리드(Smart Grid)[27]의 에너지, 디지털 헬스의 의료, 핀테크(FinTech)[28]의 금융산업 등에 영향을 미치게 된다.

4차 산업혁명이 일자리에 미치는 효과는 지구상의 가장 큰 관심사이다. 다보스포럼의 직업미래보고서는 인공지능(AI)의 기술 발달로 인해 늘어나는 일자리 수는 202만 개에 불과하고 줄어드는 일자리 수는 710만 개라고 발표했다. 특히 변호사, 의사, 약사, 회계사, 기자, 투자자문 등 전문직 일자리 감소가 두드러진다. 미국에서는 로봇 변호사에 로봇 판사까지 등장했다.

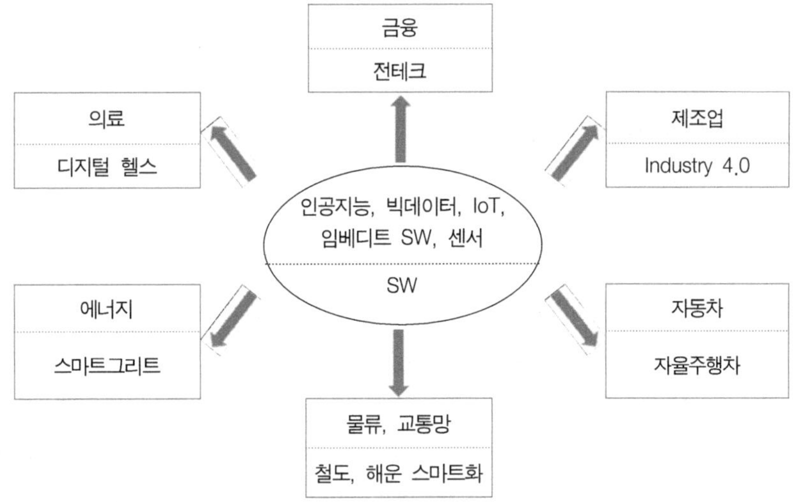

자료: 김주훈, "4차 산업혁명과 중장기 정책방향", 중장기전략 정책세미나(2017.2.21)

[그림 1-4] 4차 산업혁명의 파급효과

---

26) Industry 4.0은 2012년 독일 정부의 핵심 미래 프로젝트로 도입되었으며 제조업에 사이버 물리 시스템(CPS), 사물인터넷(Iot), 클라우드 컴퓨팅(cloud computing)을 적용하여 지능형공장을 구축하는 목표로 한다. 한국도 2014년 제조업 혁신 3.0 전략을 발표하고 융합형 신제조업 창출, 주력산업 핵심 역량 강화, 제조혁신 기반 고도화 등 3대 전략을 중심으로 추진하고 있다.

27) 기존 전력망에 정보통신기술을 접목해 센서가 쌍방향으로 정보를 주고 받아 에너지 효율을 최적화하는 지능형 전력망이다.

28) Finance와 Technology의 합성어로 인터넷 모바일 공간에서 결제, 송금, 이체, 인터넷 전문은행, 크라우드 펀딩, 디지털 화폐 등 각종 금융서비스를 제공하는 사업을 말한다.

한국에서도 2016년 바둑의 달인 이세돌 9단이 구글의 딥마인드(Deep Mind) 알파고와의 대전에서 일방적으로 패하면서 머지않아 로봇이 인간의 일자리를 빼앗고 인간의 지능을 대신하는 재앙이 빚어질 것이 아닌가라는 우려를 감출 수가 없었다. 지금의 어린이 세 명 중에서 두 명은 미래에는 현존하지 않는 직업을 가질 것이라는 직업 쓰나미 현상이 발생한다는 분석도 있다.

한편 4차 산업혁명과 관련한 세계적 기업인 구글, 아마존, 페이스북, 테슬라, 애플 등의 기업은 청년들의 꿈의 직장으로 여겨지고 있다. 국내에서도 삼성전자, 인공지능(AI) 개발에 적극적인 네이버와 카카오 등은 대표적인 4차 산업혁명 기업이고 빅데이터, 핀테크, 스마트 카, 사물인터넷(IoT), 가상현실(VR), 증강현실(AR), 웨어러블(Wearable) 등 다양한 분야의 일자리들이 부상할 것이다. 이러한 새로운 기술을 바탕으로 전통산업과 ICT가 융합된 4차 산업혁명을 통하여 미래 먹거리와 일자리 창출로 이어져야 할 것이다.[29)]

04 기업의 가치사슬 확장[30)]

3차 산업혁명은 정보화, 인터넷을 이용한 가상공간의 형식지(explicit knowledge) 지능[31)]에서 4차 산업혁명은 인공지능과 사물인터넷을 이용한 현실공간의 암묵지(tacit knowledge) 지능인 사물지능으로 이동하게 된다.

산업 가치사슬(value chain)은 상품중심에서 체험 · 가치 중심으로 바뀐다. 즉 제품의 기능성과 공급자 효율성의 산출(output) 중시에서 사용자의 체험과 가치의 성과(outcome) 중심으로 이동한다. 예컨대 나이키가 운동화에서 운동으로, 레고는 장난감(toy)에서 놀이 · 학습(learning by playing)으로 전환되는 것과 같다.

---

29) 아마존이 개발한 음성인식 인공지능(AI)비서인 알렉사(Alexa) 시스템을 폭스바겐, 포드, BMW, 현대차는 물론 레노버, 소니, 코웨이, LG전자까지 적용업체가 대거 등장하고 있다.

30) 이성호, "제4차 산업혁명과 기술산업 발전전략" 중장기전략 위원회 세미나(2017.2.21)

31) 지식이론 대가 노나카 이쿠지로 일본 호쿠리쿠 국립대교수는 지식의 두 가지 종류를 가정한다. 형식지는 교과서, 데이터베이스, 신문, 비디오와 같이 어떤 형태로든 형상화된 지식이다. 한편 암묵지는 학습과 체험을 통해 개인에게 습득돼 있지만 겉으로는 드러나지 않는 상태의 지식이다. 즉 머릿속에 존재해 있는 지식으로 언어나 문자를 통해 나타나지 않는 지식이다. 자료: 매경시사용어사전 http://100.daum.net/encyclopedia/view

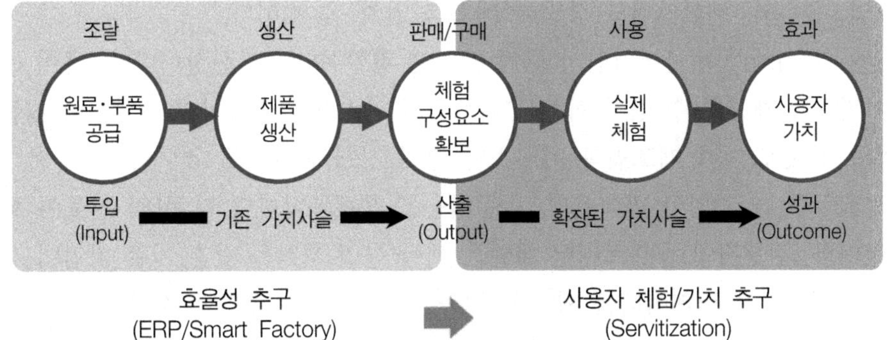

자료: 이성호, "제4차 산업혁명과 기술·산업 발전전략" 중장기전략 위원회 세미나(2017.2.21)

[그림 1-5] 가치사슬의 확장

기업이 제공하는 가치사슬은 [그림 1-5]에서 보는 바와 같이 기존의 원료 · 부품 조달→생산→판매에서 체험이라는 구성요소를 확보하고 실제 체험의 사용을 통해 사용자 가치를 증대시키는 것으로 가치사슬이 확장된다. 예컨대 종전 기업의 가치사슬은 승용차의 단순한 효율적 투입과 제품생산에 초점이 맞추어졌지만 우버(Uber)와 같은 공유라는 서비스 개념이 등장하면서 가치사슬은 확장되어졌다.

05 비즈니스 모델 변화와 산업 재편성

비즈니스 모델(business model) 또한 자원 · 활동은 공유서비스, 가치 제안은 개인 맞춤형 서비스로, 관계 · 채널은 비대면 서비스로 변화하게 된다. 수익모델은 제품(product) 중심에서 사용(usage)중심으로 전환된다. 하드웨어, 네트워크, 소프트웨어 등 각종 IT 자원을 필요한 때 일정량을 온 디맨드(on-demand)서비스로 사용하는 클라우드 컴퓨팅 범위가 확대된다. 예컨대 PC 교체 수요는 감소하고 모바일 기기 신규수요가 급증하거나 IT 산업에서 기업 간 B2B 장비(중간재) 산업으로 사용 중심 수익모델이 확산하는 것은 좋은 예이다. 다국적기업 제너럴 일렉트릭(GE), 롤스로이스(Rolls-Royce Ltd)와 같은 장비 · 부품기업이 사용중심 서비스 모델(Usage-based Service Model)을 도입한 것도 같은 사례이다.

자동차 산업 역시 제조업에서 서비스업으로 진화하고 있다. 주행기술보다는 대중의 활동, 위치 정보를 확보한 기업이 경쟁 우위를 점유하게 된다. 또 2~3만 개의 부품을 요하는 자동차 제조업은 사고가 거의 없는 무인 전기차로 변신하면서 부품 제조업, 운수업, 보험업에도 상당한 변화를 가져 올 것이다.

산업 간 경계가 허물어지면서 산업 재편은 피할 수 없는 현상이다. 제품이 스스로 서비스를 제공할 수 있게 되면서 제조업의 서비스화 경향이 가속화되어 제품의 지능화 진전에 따라 제조업과 서비스업 간의 경계가 파괴될 것이다.

또 글로벌 IT 기업이 빅데이터, 인공지능을 플랫폼화하며 타 산업 진출이 확대될 것이다. 전통적인 소프트웨어 개발은 해당 산업 지식을 갖춘 기존 기업이 유리했지만 인공지능 빅데이터를 확보한 신규 기업이 보다 유리할 것이다.

노동을 인공지능이 대체하면 노동집약적 산업이 자본집약적 산업으로 변신하면서 규모의 경제(economies of scale)를 이루게 된다. 예컨대 로컬 산업이던 택시업이 우버의 등장으로 글로벌 산업으로 변모하였다. 그리고 자본집약적 산업에서 유형자산 비중이 감소하고 무형자산(SW, DB) 비중이 증가하면서 유형자산 비중이 큰 자본재 산업은 위기에 직면할 가능성이 크다. 공유경제 효과로 인해 제품 수요가 감소하면 고정비용 비중이 큰 자본집약적 제조업일수록 더욱 불리해지기 때문이다.

06 디지털 트랜스포메이션[32)]

4차 산업혁명시대 사물인터넷(IoT)은 다양한 사물들이 연결된 네트워크를 말한다. 연결성이 제공하는 다른 산업적 가치들은 알렉산더 오스터왈더(Alexander Osterwalder)와 예스 피그누어(Yves Pigneur)가 소개한 비즈니스 모델 캔버스를 사물인터넷 관점에서 재해석할 수 있다.

[그림 1-6]에서 보는 바와 같이 비즈니스에 포함돼야 하는 9개 주요사업 요소로 구성되어 있는데 기업이나 기업이 제공하는 상품이 인터넷에 연결될 때 모든 요소들 사이의 관계는 어떻게 변화하는 지를 나타낸다. 모델에서 사물인터넷은 어떤 제품만이 인터넷에 연결되는 것이 아니라 그 제품을 이용하는 고객도 인터넷에 연결되고 그 기업에 부품이나 원료 혹은 별도의 기술을 제공하는 기업도 연결된다.

이처럼 제품뿐만 아니라 다양한 주체가 인터넷에 연결되면 기업이 제품을 만들어 내는 방식은 물론 그 제품을 고객에게 판매, 전달, 피드백을 통해 수익을 창출

32) 김학용, "사물뿐 아니라 고객과 기업이 연결될 때 IoT시대 꽃필 수 있어", 「지금은 4차 산업혁명시대」, KDI(2017), pp.57-64.

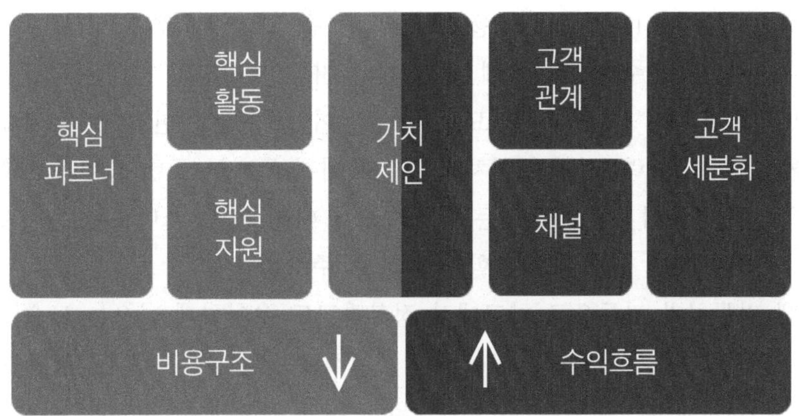

자료: 김학용, "사물뿐 아니라 고객과 기업이 연결될 때 IoT시대 꽃 필 수 있어", 「지금은 4차 산업혁명시대」, KDI(2017), p.61.

[그림 1-6] 비즈니스 모델 캔버스

하는 방법까지 달라진다. 비즈니스 방식에서의 이러한 변화를 디지털 트랜스포메이션(digital transformation)이라고 하며 기업들은 비즈니스 프로세서의 디지털 전환을 통해 새롭고 다양한 산업적 가치를 발견하게 된다.

07 미래 자동차의 경쟁력[33)]

미래 자동차는 정보기술(IT)과 인공지능이 접목된 시스템자동차이다. 공해와 소음이 없는 전기자동차, 안정성을 강화한 무인 자율자동차, 소유 대신 함께 사용해 교통량과 주차 문제를 수월하게 하는 공유경제(sharing economy)가 그 핵심이다.

자동차는 고립된 이동수단이 아니라 네트워크로 연결된 모빌리티(mobility) 세상의 중심이 되고 있다. 하나의 시스템으로서 모빌리티 네트워크에 통합되고 새로운 라이프 스타일의 허브로 자리할 자동차는 업계의 기존 가치사슬을 재구성하는 파괴적 혁신을 일으킬 뿐만 아니라 엄청난 부가가치를 창출할 것이다.

GM, 도요타, BMW 등의 전통적 자동차 제조회사에 대항하여 디지털, 인공지능, 소프트웨어에 핵심 역량을 지닌 테슬라,[34)] 애플, 구글, 우버 아마존, 알리바바, 넥

33) 김세나 역, 「누가 미래의 자동차를 지배할 것인가」(서울: 미래의 창, 2017). passim.

34) 설립 14년 밖에 안된 창업자 일론 머스크의 미국 전기자동차 업체 테슬라는 114년 역사의 포드사 시가총액을 추월(2017.4)해 시가총액 487억 달러(약 53조 4,100억 원)를 기록했다.

스트 EV 등 혁명적 IT 자동차 그룹들의 한 판 승부가 멀지 않다.

기술수준이 일정 수준에 이르게 되면 미래 자동차 시장의 지배는 결국 감성적 가치 요소가 성패를 가르는 주요 요소가 될 것이라고 한다. 현재까지는 정교한 엔진 기술, 가속력, 마력, 뛰어난 차체가 운전자에게 특별한 주행 느낌과 브랜드 이미지를 전달했다. 하지만 미래에는 인공지능에 대한 기쁨, 스마트한 운전자 체험, 영리한 역동성 등의 감성이 좌우할 것이라고 주장한다.

예컨대 자동차가 자동으로 차고에서 정확하고도 우아하게 나오는 모습, 자동차 스스로 곡선 차선을 빈틈없이 빠져 나와 정열적으로 주행하는 모습, 첨단 기술 요소들을 표현한 세련된 디자인 등이 감성의 토대를 이루게 될 것이다. 고객이 기꺼이 거액의 자동차 구입비용에 지출할 만한 가치를 기업은 어떻게든 창출해 내어야만 할 것이다. 또한 기업은 고객의 감성을 자극하기 위해 완성 제품에 성공적인 스토리텔링 마케팅으로 개성과 차별화를 강조하는 것도 좋은 방법일 것이다.

08 클라우드 컴퓨팅 혁명[35)]

운동화를 파는 나이키와 게임기 만드는 닌텐도가 경쟁하는 세상이다. 사람과 대화하는 스피커처럼 과거엔 특정 용도로 쓰이던 일상의 물건이 요즘엔 소프트웨어를 통해 새로운 기능을 추가하며 진화하고 있다. 당연시하던 제품의 개념이 근본적으로 허물어지고 있다. 디지털 기술은 사물을 바라보는 인간의 인식을 고정된 명사적 시각에서 유연한 동사적 시각으로 바꾸고 있다. 소비자는 자신이 구입한 물리적인 제품(명사)을, 행동(동사)을 통해 경험으로 변환시키며 경험은 가치창출의 중심이 되고 있다.

명사 중심으로 세상을 보면 나이키는 신발을, 닌텐도는 게임기를 파는 회사로 경계가 분명하다. 하지만 동사 중심으로 세상을 보면 나이키와 닌텐도는 모두 인간에게 여가 시간의 놀이를 제공하는 사업을 하는 경쟁 기업이다. 나이키는 모바일 앱과 착용할 수 있는 웨어러블(wearable) 기기를 보급시키며 디지털 게임에 빠져있던 청소년들이 다시 야외에서 운동을 즐기도록 하는 데 성공했다.

디지털 게임에 밀려 매출이 추락하던 레고(Lego) 역시 완구라는 명사적 사고를

35) 이성호, "클라우드 컴퓨팅 혁명… 서비스 입는 제조업", 조선경제(2017.8.28)

극복하고 놀이라는 동사적 사고로 전환하면서 부활했다. 동영상 콘텐츠, 모바일 게임, 과학교육 등 각종 디지털 서비스를 창출하고, 그 캐릭터들을 완구 제품으로 연계했다.

명사에서 동사로의 개념 변화가 가장 먼저 전면적으로 이뤄진 산업은 역시 디지털 기술의 진원지인 IT 산업이다. 하드웨어, 소프트웨어, 데이터 등 각종 IT 자원을 필요한 때 필요한 만큼 결합해 맞춤형 서비스로 제공하는 클라우드 컴퓨팅(Cloud Computing) 서비스가 그 주역이다.

클라우드 컴퓨팅이란 간단히 말해 정보 처리를 자신의 컴퓨터가 아닌 인터넷으로 연결된 다른 컴퓨터로 처리하는 기술을 말한다. 이에 따라 IT 업종은 컴퓨터와 소프트웨어라는 명사(제품)를 판매하는 대신 컴퓨팅이라는 동사(서비스)를 필요한 때 제공하는 방식으로 사업 모델이 전환되고 있는 것이다.

클라우드 컴퓨팅 확산으로 PC를 최신형으로 교체할 필요성이 줄어들며 PC 시장은 역성장하고 있다. 2008년 금융 위기에도 지속적으로 성장하던 세계 PC 출하량은 클라우드 컴퓨팅과 모바일 기기의 보급이 본격화된 2011년 정점을 찍고 난 이후 감소 중이다. 하드웨어 제조업에서 민첩하게 변모하지 못한 HP, 선마이크로시스템스, 델 등은 쇠락의 길에 접어들었다.

반면 아마존은 클라우드 컴퓨팅의 선두 주자로 수익 대부분이 여기서 발생한다. 마이크로소프트, 구글, IBM 등 다른 유수의 IT 기업들도 현재 클라우드 컴퓨팅을 중심으로 모든 개별 제품을 통합하는 추세이다. 이는 곧 제조업의 서비스화를 나타내는 현상이다.

이런 추세는 기계 · 설비 등 자본재 산업 전반으로 확대되고 있다. GE, 롤스로이스 같은 기업은 제트엔진, 발전터빈, 의료기기에 연료, 온도, 진동 등을 측정하는 센서를 장착하고 방대한 데이터를 실시간으로 수집, 분석해 고객의 생산성을 높이는 서비스를 제공한다.

예컨대 항공기 엔진에서 수집된 데이터를 분석해 엔진 장애를 예방하고 연비를 높여 운항 효율을 개선한다. 이에 따라 수익 모델 또한 일회성 판매 수입 중심에서 실제 고객의 사용량에 비례해 지속적으로 늘어나는 서비스 수입 중심으로 전환되고 있다.

궁극적으로는 소비재 산업에서도 제품의 서비스화가 확대될 것이다. 무엇보다

자율주행 기술이 한창 개발 중인 자동차 산업이 무인 택시라는 서비스 모델 중심으로 재편될 가능성이 크다. 구글의 공동 창업자인 세르게이 브린(Sergey Brin)은 "무인차를 상용화하면 모든 사람이 굳이 자기 차를 소유할 필요가 없다. 차는 당신이 필요로 할 때 와서 데려다 줄 뿐"이라고 했다.

현재 4차 산업혁명을 기술 발전 중심으로 논의하고 있지만 산업의 형태와 수익 모델이 공급자의 제품 생산·판매 중심에서 사용자의 체험·가치 중심으로 변화하고 있다는 점에 주목해야 한다.

종전 기업의 전통적인 가치사슬을 넘어 원료·부품공급(투입) → 제품생산(기존 가치사슬) → 체험 구성요소 확보(산출) → 실제체험(확장된 가치사슬) → 사용자 가치(성과)로 가치사슬은 확장된다.

09 4차 산업혁명 효과의 반론[36)]

미국의 노스웨스턴대 경제학과 고든(Robert J Gordon) 석좌교수는 저서 「미국의 성장은 끝났는가」에서 4차 산업혁명과 빅데이터는 허구라고 주장했다. 4차 산업혁명은 혁명(revolution)이라기보다는 기존 디지털 산업이 단지 진화(evolution)하고 있을 뿐이며 기술낙관론자(techo-optimist)의 근거 없는 주장이라고 한다. 즉 4차 산업혁명은 3차 산업혁명의 연장선상에 있다고 보는 것이다.

인공지능(AI)과 공장 자동화는 실제 20여 년 전 이미 시작되었으며 생산성이 극적으로 향상되었다는 증거도 없다고 한다. 빅데이터 분석을 처음 도입해 소비자의 성향을 파악하는 경우에도 최초 도입 기업은 단기적으로는 도움이 되겠지만 경쟁 기업들도 빅데이터를 모두 활용하게 되면 결국 도입 이전과 별로 다르지 않은 상황이 된다는 것이다. 전체 산업 1% 수준의 빅데이터 분석업체만 수익을 올릴 수 있을 것이라는 맥킨지 보고서를 인용했다.

그의 주장에 의하면 1879년 내연기관이 발명된 후 30년 만에 미국의 가구당 자동차 보유율이 90%가 되었고 매일 길거리에 11~22kg의 배설물을 남기고 미국 곡물생산량의 4분의 1을 먹어 치우던 말(馬)을 자동차로 대체했다. 따라서 전기차와 자율주행 차량의 등장은 말이 자동차로 대체되거나 세탁기나 냉장고가 등장했을

36) 조선닷컴, 2017.7.10 인용 http://news.chosun.com/site/data/html_dir

때처럼 극적인 변화는 벌어지지 않을 것이라고 한다.

미국은 향후 20여 년 동안 인구 노령화, 교육과 소득 불평등의 심화, 정부 부채 증가 등 네 가지 역풍으로 인해 경제성장률이 1.2% 내외에 머물 것이라고 전망했다. 이러한 역풍에 대처하는 방안으로 부자 증세, 이민 확대 정책, 한부모 가정의 학생들 대상 개인수업 제공, 최저임금 인상 등을 제안했다.[37)]

토 의 자 료

4차 산업혁명과 비빔밥 정신

다음과 같은 일들이 우리 눈앞에서 벌어진다고 상상해 보자. '도로에서 자동차는 마차보다 절대 빨리 달려서는 안 된다. 자동차의 시속 제한속도는 교외 6.4Km, 시내 3.2Km를 초과해서는 안 된다. 누군가가 전방 55미터 앞에서 자동차가 오고 있다고 소리치고 후방 55미터에서 자동차가 지나갔다고 붉은 깃발(야간에는 붉은 등)을 흔든다. 말과 마주친 자동차는 무조건 정지해야 하고 말을 놀라게 해서도 안 된다.' 1865년 '해가 지지 않는다'는 대영제국에서 최대시속 30Km의 증기자동차 출현에 마부와 기관차업자의 로비로 제정된 황당한 '붉은 깃발법'(Red Flag Act)이다. 1차 산업혁명(석탄·증기기관)을 주도한 영국이 2차 산업혁명(전기·대량생산)에서 독일에 뒤지고 독일 자동차 기술을 수입해 가솔린 자동차를 생산하는 후발국으로 전락하게 된 원인이기도 하다. 그 후 3차 산업혁명(정보통신)을 거쳐 지금의 4차 산업혁명에 이르렀다.

정부는 어떤 개인이나 집단만이 특정 경제행위를 할 수 있도록 배타적 권리를 부여하기도 한다. 정부의 이러한 인위적 정책에 의해 얻어지는 독점적 이익을 지대(렌트)라고 한다.

이러한 지대를 획득하기 위해 정부를 상대로 로비 등의 활동을 벌이는 것을 지대추구행위라고 한다. 미국 하버드대 에드워드 글레이저 교수는 개도국의 수도권에 인구가 집중하는 이유는 권력자와 가까운 곳에 살아야 각종 이권을 얻기 위한 로비가 한층 수월하기 때문이라고 한다.

4차 산업혁명은 빅데이터, 인공지능, 블록체인 등의 기술을 '누가 더 큰 그릇 속에 잘 융합해서 멋진 비빔의 가치를 만드느냐' 하는 주도권 다툼이다. 비빔 그릇이 크고

37) 4차 산업혁명의 대비 방안으로 교육개혁을 꼽는다. 유발 하라리(Yuval Harari) 히브리대 교수는 '학교 교육의 90%가 30년 뒤엔 쓸모 없을 것이다'라고 했다. 박영아 전 한국과학기술기획평가원장은 문제해결능력, 비판적 사고, 창조성, 협동지성의 네 가지 학습스킬을 필요한 교육의 핵심으로 꼽았다.

견고할수록 글로벌 스탠더드가 되고 비빔 콘텐츠가 맛깔스러울수록 경쟁력 있는 승자독식의 지배자가 될 것이다.

한국 전통의 비빔밥만큼은 세계 최고이고 글로벌인의 입맛을 사로잡고 있다. 전 세계 기내식 가운데 가장 인기 메뉴 중 하나가 되었고 뉴욕 타임스퀘어 광장에 한국 비빔밥 광고가 화제가 된지도 오래다. 미국 TV 프로그램에서는 할리우드 스타들의 날씬한 몸매관리의 비결이 비빔밥이라고 소개한다.

우리 4차 산업의 비빔밥 제조 과정은 어떠한가. '개인정보보호법'은 빅데이터 활용을 가로 막고 있고 사행성 투기로 몰린 암호통화는 블록체인 기술 발전을 저해한다. 훌륭한 비빔밥을 만드는 데는 자연의 맛과 색상이 다양한 조화를 이뤄야 한다. 마찬가지로 한국의 성공적인 4차 산업혁명을 위해서는 경제 주체들이 자신의 기득권을 내려놓고 제 밥그릇 지키려는 지대추구 행위보다는 국가 경제 전체를 위한 양보와 희생을 감수해야 한다.

스마트폰 앱으로 차량을 불러 카풀 서비스를 제공하는 카풀앱 규제 개선 정책토론회에서는 택시업계 단체가 단상을 점거했다. 정보통신과 의료를 융합한 원격의료는 의료단체의 집단반발로 18년째 시범사업만 하고 있고 약사회는 상비약 편의점 확대에 복지부회의를 자해 소동으로 무산시켰다. 변협은 세무사법 개정에 항의해 삭발과 거리투쟁에 나섰다. 관광활성화를 위해 선상카지노에 내국인 출입 허용을 추진했으나 강원랜드 수익성 악화를 내세운 폐광 주민들의 시위로 없던 일이 되었다.

최재천 교수는 "모든 걸 쪼개고 분석하던 20세기 환원주의는 끝났다. 21세기는 섞여야 아름답고, 섞여야 강해지고, 섞여야 살아 남는다"고 했다. 이러한 거대한 변화의 선봉에 일찍이 비빔밥을 개발한 우리 민족의 모습을 칭송한 바 있다. 이제 우리도 자신과 이질적인 것에 경계를 낮추고 화합, 융합, 조화의 가치를 창출하기 위해 민족 고유의 비빕밥 정신을 유감없이 발휘할 때이다.

모두가 혁신을 외치지만 정작 자신들의 이익이 손톱만큼이라도 영향을 받으면 절대 반대하는 것이 집단의 속성이다. 사람중심을 외치는 현 정부가 훌륭한 비빔밥을 만들 자신과 역량이 없다면 차선책으로 국민대토론회나 신고리 원전 때와 같은 '공론화 위원회'를 가동해 보는 것은 어떨까.

자료 : 김해뉴스(부산일보 자매지) 경제칼럼(2018.3.21) 〈강한균 인제대 명예특임교수〉

Multinational Corporations & Globalization

2 글로벌라이제이션의 理解

제1절 글로벌라이제이션의 개념

01 글로벌라이제이션

글로벌라이제이션(globalization) 즉, 세계화란 무엇인가에 대해서 인터넷에 떠도는 흥미로운 이야기가 있다.

「영국의 왕세자비 다이애너가 이집트인 남자 친구와 독일 벤츠를 타고 프랑스의 파리 앨마터널의 열 세 번째 교각을 들이 받고 교통사고로 사망하였다. 사고난 자동차의 기사는 벨기에인이고 사망의 원인은 일본제 혼다를 타고 뒤따라 오는 이탈리아인 파파라치 때문이었다. 다이애너비 수술에 사용된 마취제는 남미산이었다. 그 뉴스를 미국 IBM 호환 PC에 탑재된 빌게이츠의 MS윈도우를 대만산 마우스로 클릭해 한국의 삼성 모니터로 읽은 한 네티즌이 네덜란드산 조화를 보내었다. 이 글을 올린 사람은 캐나다인이었다.」

이 사건을 두고 등장되는 국가의 수는 자그만치 13개국으로 바야흐로 정보·통신의 발달로 국경없는 지구촌을 만들게 한 것이 바로 세계화라는 것이다. 정보·통신의 발달은 로봇을 이용한 원격수술에도 이용되었다.

뉴욕에 있는 외과의사가 7,000km 떨어져 있는 프랑스 알자스지역의 스트라스부르(strasbourg)에 있는 여성환자의 담낭수술을 성공적으로 마쳤다. 최초의 대륙간 수술로 의사의 동작과 로봇팔의 동작시점이 크게 차이가 나는 것이 문제였으나 프랑스텔레콤이 통신 시차를 0.15초로 낮추는데 성공하였다. 뉴욕의 마운트 시나이 메디컬센터에서 외과의사가 모니터를 보며 연결팔을 조작하면 외과의의 동작은 컴퓨터를 통해 로봇팔에 전달된다. 한편 프랑스의 수술실에서는 외과의의 조수가 환자의 배를 절개해 미니카메라와 펜 크기의 기구들을 삽입해 놓으면 원격조종으로 로봇팔이 수술을 하게 된다. 머지않아 부상병이나 우주인도 원격수술이 가능할 것으로 보인다.

글로벌라이제이션(globalizatiion)에 대한 설리반(J.J.Sullivan)의 정의는 다음과 같다.

「Globalization is the expansion of trade and investment across borders and increased linkages so that a company's or a country's economic actions afffect and are affected by economic, political, social, and cultural events in other societies.」

– 글로벌라이제이션은 국경과 확대된 연계망을 넘어 이루어지는 무역과 투자의 확대로 일 기업 또는 일국의 경제적 행위는 정치적, 경제적, 사회적, 문화적으로 타국에 영향을 미치기도 하고 영향을 받기도 한다.

글로벌라이제이션의 주요 경제적 영역은 무역의 자유화, 생산의 자유화, 금융의 자유화로 대별된다. 무역의 자유화는 수출과 수입의 자유화로 전 세계의 교역량 확대를 목적으로 한다. 이를 위해 크게 두 가지 메커니즘에 의존하고 있다. 하나는 글로벌라이제이션의 측면에서 WTO의 도하개발어젠다(DDA) 협상이고 다른 하나는 지역주의 측면에서 자유무역협정(FTA)이다. DDA는 2001년 카타르의 도하에서 열린 WTO 각료회의에서 나온 것으로 농산물을 포함한 자유무역을 전 세계적으로 실시하자는 것인데 농산물 분야에서 주요국들의 첨예한 의견 대립으로 아직도 미타결 상태이다. 겨우 2013년 12월 제9차 발리(Bali)각료회의에서 통관절차 개선 등 WTO무역 원활화 협정이 타결되어 2017년 2월부터 발효된 것이 전부이다.

반면 DDA 다자간 협상의 진전이 없는 가운데 세계 각국들의 FTA체결이 지역적으로 활발하게 이루어져 온 것이 사실이다. 하지만 2016년 6월 영국이 EU 탈퇴를 원하는 브렉시트(Brexit)[1] 국민투표가 통과되고 2017년 1월 미국 트럼프(Trump)의 TPP(환태평양 경제동반자협정) 일방적 탈퇴와 자국 우선 보호주의 선언 등으로 무역 자유화는 복잡한 양상으로 전개되고 있다.

생산의 자유화는 다국적기업의 해외직접투자를 통한 생산기지의 글로벌화이다. 국제적 다자간 투자협정인 MAI(Multilateral Agreement on Investment)는 프랑스 등의

1) Britin과 Exit의 합성어이다. 영국은 공식탈퇴(2019.3.29) 이후에도 2년간 EU단일시장과 기본조건에 따라 교역한다. 대신 이혼합의금으로 2064년까지 EU에 37억 파운드를 매년 분할 지급하며 이중 75% 금액을 2022년까지 지급하기로 했다.

반대로 성공하지 못했지만 개별국간에 투자협정, 이중과세방지협정 또 외국인직접투자 유치를 위한 각종 조세 인센티브 제공 등으로 직접투자유치 활동은 선진국은 물론 개도국에서도 활발하게 이루어지고 있다. 해외직접투자를 유치하는 현지국은 적극적인 반면 투자국은 일자리 상실, 생산 감소 등의 산업공동화 문제를 우려하여 소극적인 것이 최근의 실정이다. 특히 기업의 노조가 일자리 감소를 우려하여 국내기업의 해외진출을 적극적으로 반대하기도 한다. 최근 미국 트럼프정부는 미국내 생산(made in U.S.A)을 유도하기 위해 기업들에게 미국 내에서 생산하든지 혹은 해외에서 생산하고 미국으로 들어오는 생산 제품에 국경세를 부담하든지 선택하라라고 경고하고 있다.

글로벌라이제이션의 영역 중에서 가장 글로벌화의 영향력이 큰 부문이 금융의 자유화이다. 봉쇄경제하에서 금융은 실물경제의 일부분에 불과하였고 정부가 상당 부분 통제가 가능하였다. 하지만 정보통신이 발달한 글로벌경제하에서 국가간 자본이동이 자유롭게 되자 개별 국가의 금융부문에 대한 통제는 한계성을 지닐 수 밖에 없었다.

금융은 실물경제를 좌지우지하고 통제도 불가능하게 되었다. 개의 몸통(body)이 꼬리(tail)를 흔드는 정상적인 현상이 아니라 개의 꼬리가 몸통을 흔드는 주객전도의 현상처럼 금융이 실물경제를 지배하는 현상인 웩드독(wag the dog) 현상이 일반화되어 있다. 2008년에 시작된 미국발 서브프라임모기지(sub prime mortgage)와 유로존 국가들의 재정위기가 전 세계 금융시장을 혼란에 빠트리는 것은 웩드독 현상의 좋은 예이다.

02 세계화와 국제화

세계화와 국제화(internationalization)의 개념을 엄격히 구분하기란 쉽지 않다. 일반적으로 국제화는 자유무역 체제로의 전환을 주요 내용으로 하고 국경을 인정하면서 일국의 국가경쟁력 수준을 높이고자 하는 개념이다. 국제화는 기업경영에 있어서 국가 간 국경의 개념을 인정하며 자국을 기초로 타국과의 일정한 관계하에 경영활동을 전개시켜 나가는 것으로 볼 수 있다.

한편 세계화란 국가의 경계가 없는 단일시장인 글로벌 환경하에서 기업활동의 다국적화와 범세계화를 근간으로 하는 개념이다. 또 국제화가 주로 경제적인 면을 중시하는데 비하여 세계화는 경제적인 면은 물론 정치, 사회, 문화, 교육 등 국내 산업 전반에 걸친 의식전환에 기초하고 있다는 점이 다르다. 세계화는 국가 간 국경 자체의 한계나 차이를 뛰어 넘어 처음부터 지구촌 전체를 하나의 경영 단위로 삼는 보다 공세적이고 전략적인 기업활동을 내포한다. 따라서 국제화와 세계화는 동의어 내지는 세계화가 국제화를 포함하는 보다 폭 넓은 의미를 내포하고 있다.

03 유럽중심의 글로벌리즘

1) Globalisation

설리반(J.J. Sullivan)은 미국 중심의 Globalization과 유럽 중심의 Globalisation을 다음 [표 2-1]과 같이 구분하고 있다. 1960년대 유럽에서 베트남 전쟁의 반대자들이 America를 Amerika로 패러디하여 비하하였다. 이는 소설가 카프카(Kafkaesque)의 작품에서 부조리와 악몽을 연상시킨 것인데 이에 설리반(J.J. Sullivan)은 미국식 알파벳 z가 유럽식 s로 표기되는 것에 착안하여 구분하였다.

[표 2-1] Globalization과 Globalisation

	Globalization	Globalisation
중심	(미국) 주주자본주의	(유럽)지주자본주의
공통점	시장 교환기능 및 사적 소유 중심	
특성	개인의 자유	집단의 행위
	경쟁조장, 개인 이기심	사회이익

2) Globalism

글로벌라이제이션에 대해 다소 부정적 이미지를 가진 커트 뢰버(Kurt Loeb)는 [표 2-2]와 같이 글로벌라이제이션을 범세계주의를 의미하는 글로벌리즘(Globalism)과 구별하고 있다. 글로벌리즘은 하나의 세계를 목표로 인류의 조화와 공동의식의 도모를 추구하며 이상적(ideal), 자유주의적(liberal), 좌파적(leftist) 개념을 내포하고 있는 반면, 글로벌라이제이션은 비도덕적(unmoral), 비윤리적(unethical), 비인간적(unhumane), 우파적(right wing) 개념을 내포하고 있으며 모든 의사결정 과정에서 자유시장의 효율성을 중시한다고 한다. 글로벌리즘과 글로벌라이제이션을 비교하면 [표 2-2]와 같다.

[표 2-2] 글로벌리즘과 글로벌라이제이션의 비교

	범세계주의(globalism)	세계화(globalization)
이념	좌파적	우파적
기반	윤리적·도덕적	비윤리적·비도덕적
관념	이상적	현실적
사상	자연주의	물질주의
유형	다양성	표준화(획일화·동종화)
목표	인류의 공존공영 추구	경제주체의 이익 추구
환경문제	지구환경 보전	지구환경 파괴(천연자원 약탈)
정신	상호의존	자유경쟁(상호대립)
상호관계	세계화 치유	범세계주의 파괴

자료 : 신현종, 「세계통상론」(서울 : 법문사, 1999), p.12.

세계화 가운데서도 경제의 세계화가 가장 큰 비중을 차지하고 있으며, 경제의 세계화를 이루는데 있어서 다국적기업이 주도적 역할을 하고 있음은 주지의 사실이다. 한편 지구상에는 세계화와 더불어 지역주의가 양존하고 있는 것이 작금의 현실이다. NAFTA, EU 등 지역경제블록은 지역주의의 세를 넓혀가고 있다. 세계화와 지역주의는 어떠한 관계에 있을까? 여기에는 일반적으로 학자에 따라 세 가지 견해가 있다. 양자가 상호 배치된다는 견해, 지역주의가 세계화로 발전하는 과정의 전 단계로 보는 견해, 양자를 동일한 시기에 독립적으로 나타나는 상이한 현상으로 보는 견해가 있다.

04 글로컬라이제이션

1) 글로컬라이제이션 중요성

세계화의 Globalization과 현지화의 Localization을 합성한 글로컬라이제이션(Glocalization)이 있다. 다국적기업은 현지국의 법률·문화·관습에 동화하는 현지화

(localization)에 성공하여야 진정한 세계화를 달성할 수 있으므로 세계화와 현지화는 상호보완적, 양면성을 지닌 동시달성의 글로컬라이제이션(glocalization)이 가능하다.

한국시장에서 세계 유통업계 1위의 월마트(Wal Mart)[2)]와 2위의 까르푸(Carrefour)[3)]가 2006년 한국에서 철수를 하고 영국계 테스코(Tesco)마저 20015년 철수를 하면서 한국은 글로벌 유통업체의 무덤이라는 별명을 얻기도 하였다. 이는 다국적기업의 현지화 전략이 얼마나 중요한가를 단적으로 보여 주었다. 현지화에 상당히 성공했던 테스코(Tesco)마저 2015년 한국을 떠남으로써 한국은 글로벌 유통업체의 무덤이라고 불리워지고 있다.

미국의 대표적 만화 캐릭터 미키마우스(Mickey Mouse)가 일본으로 건너가면서 일본인들이 작은 입을 선호하는 것을 알고 입 크기를 줄이는 성형수술을 받았다. 스파이더맨은 인도에 진출 시 동양인 얼굴에 현지 의상을 입혔다.

2) 월마트

월마트는 풍부한 자금력, 높은 브랜드 이미지, 선진 유통시스템, 세계적인 물류시스템을 가지고 1998년 10월 한국에 있는 네덜란드계 할인매점 마크로(Makro)를 인수하면서 아시아시장에서 중국에 이어 두 번째로 한국에 진출하였으나 한국 진출 8년 만에 철수하였다. 월마트가 한국에서 실패한 원인은 국내업체들의 선점으로 좋은 입지를 선정하지 못했던 점 외에도 현지화에 실패한 원인이 크다. 현지화 실패원인 중에는 매장 구성의 실패와 현지고객 요구의 반영 실패가 있다.

먼저 매장 구성에 있어서 월마트는 인테리어에 신경 쓰지 않았고 한국 소비자의 요구를 반영하지 못했다. 한국의 할인점은 국내 소비자의 눈높이에 맞게 편안한 분위기에서 상품을 진열하지만 월마트는 창고식의 넓은 매장에 높은 진열대까지 물건을 쌓아 두어 구매자가 만져보기가 힘들었고 제품의 배치에 있어서도 식품류를 나중에 배열하는 등 한국 소비자들 소비패턴을 전혀 고려하지 않았다.

---

2) 월마트는 1945년 미국 아칸소(Arkansas)주에서 잡화점 체인을 시작한 샘 월튼이 1962년 제임스 월튼과 아칸사스주에서 월마트 디스카운트 씨티라는 제1호점을 개점하면서 저가격(everyday low price)과 저비용(everyday low cost)을 정책목표로 하였다.

3) 까르푸는 1963년 프랑스 파리 근교에서 의류소매업을 하는 포니에르 일가와 식료품 도매업을 하는 디포레이 일가가 공동으로 창업했다. 까르푸는 처음 매장을 만들 때에 다섯 개의 길이 교차하는 지점에 위치한 것에 착안하여 교차로란 의미의 까르푸라는 명칭이 붙었다.

다음으로 현지고객 요구의 반영 실패이다. 미국의 할인점들은 최소한의 서비스와 직원으로 비용을 줄이고 대신 많은 물건을 싼 가격에 공급하는 방식을 택하고 있다. 그러나 한국 소비자들은 할인점에서도 역시 친절한 서비스를 제공 받으면서 편안하고 깨끗한 분위기에서 쇼핑하기를 원한다. 따라서 서비스 보다는 가격에 있어서 경쟁을 중시했던 월마트는 한국 소비자들이 기대하는 서비스에 크게 부합하지 못했다. 또 쇼핑을 하고 난 후 식사와 오락 등도 동시에 해결하는 원스톱 서비스(one-stop service)를 원한다는 점도 월마트가 간과했던 점이다.

미국에서는 월마트가 동일제품을 15~20% 저렴하게 판다고 생각하지만 일본소비자들은 가격이 싸면 품질도 낮다고 생각하며 2004년 일본의 세이유 지분 매입시 직원 25%를 해고시킨 것도 현지국 반감의 원인이 되고 있다. 중국에서도 월마트의 전략은 현지 문화에 맞지 않다는 지적이다. 중국 소비자들은 월마트에서 파는 과일이 노점상보다 비싸고 유기농 매장보다는 품질이 나쁘다고 인식한다. 또 소매점에서 쇼핑백을 주는 것이 금지된 데다 교통체증이 심해 중국소비자들은 집 근처에서 소량씩 구매하는 것을 선호했으며 온라인 쇼핑몰의 성장에도 대처하지 못했다. 중국 월마트는 기존 점포의 1/3 수준인 370m^2 규모의 매장을 선보이기로 하고 중국 온라인몰인 이하오펜을 인수하기도 하였다.[4]

3) 까르푸

까르푸(Carrefour)는 1996년 7월 한국에서 영업을 시작했으나 매출 감소로 2006년 9월 10년 만에 이랜드그룹에 매각하고 철수하였다. 이후 사명을 홈에버(주)로 변경하여 홈에버 브랜드로 대형 할인매장을 운영하였으나 2008년 5월 홈플러스에 인수되었다.

까르푸가 한국의 현지화에 실패한 원인은 월마트의 실패요인 외에도 인사관리의 실패, 협력업체와의 갈등, 공정거래위원회와의 법적 마찰 등이다. 까르푸 역시 한국 소비자들에 대한 인식이 부족하였다. 편의시설을 최소화한 단순한 창고형 체제의 운영에 저가격 중심의 글로벌 경영전략은 한국 실정에 역시 부합되지 않았다. 그리고 한국인의 특성을 고려하지 않은 2.2m의 높은 상품진열대, 1천 룩스의 어두운 조명, 공산품 중심의 상품진열 등도 문제이었다.

4) 한국경제신문(2011.6.22) A.12

또 경영진과 직원들 사이의 부당해고, 부당 전보, 임금체불 등 각종 노동법 위반으로 충돌이 빈번하게 일어났고 인사관리의 실패도 문제이었다. 근무경력 1년이 넘은 모든 직원들에게 과장 승진의 기회를 주는 등의 파격적인 인사제도 도입, 법인장, 지점장을 한국 실정에 어두운 프랑스인을 고용하는 등 현지실정에 맞지 않았다. 그 밖에도 까르푸는 국내 할인점 가운데서 협력업체들과의 마찰이 가장 많았다. 광고료를 협력업체에 부담시키는 유럽의 관례를 한국에서 그대로 무리하게 적용하려했고 신선식품 분야에서 협력업체에 납품비용을 과도하게 전가하기도 하는 등 로마에서 로마법을 따르지 않음으로써 현지화에 실패하고 말았다.

4) 홈플러스

삼성테스코[5] 홈플러스는 고급화에 의한 차별화 전략을 시도하여 국내할인점의 고급화를 선도하였고 브랜드명과 기업문화에 있어서 현지화 전략을 추구하여 어느 정도 효과를 보기도 하였다.

월마트, 까르푸 등이 국내 시장에서 고전하는 것을 교훈삼아 현지화 전략의 일환으로 테스코(Tesco)라는 회사명 대신 '생활에 플러스가 된다'는 캐치프레이즈를 건 홈플러스(Home plus)를 사용하여 외국계 기업의 이질감을 없애고자 노력하였다. 또한 조직문화에 있어서 한국의 신바람 문화와 서구의 합리문화를 통합해 한국 실정에 맞는 기업문화를 현지화시켰다.

1997년 9월 삼성물산 유통부문이 대형할인점 홈플러스 1호점을 대구점(북구 칠성동), 1999년 1월에는 2호점을 서부산점(사상구)을 개설하였다. 1999년에는 영국 테스코와 합작투자 회사를 설립하여 수도권에 출점한 이마트와의 점포 중복을 피하고 영남권에서 우세를 점한 것인 초기 성공 요인이었다. 인지도의 약점을 피하기 위해 2000년 8월 수도권 지역(안산점)에 도 적극적인 진출을 하였고 2008년 5월에는 이랜드의 홈 에버(종전 까르푸)를 인수하기도 하였다.

초기에는 한국 진출 홈플러스가 타국 진출 테스코 보다 점포당 면적이 넓고 점포당 매출액도 가장 많았다. 이마트에 이어 국내 2위를 차지하였고 테스코 본사에

5) 영국 최대의 소매업체인 테스코(TESCO)는 1924년 영국에서 창업자 잭 코헨(Jack Cohen)경과 납품업자 스톡 웰(T.E. Stockwell)의 이름을 따 TESCO라고 명명했다. 1999년 5월 삼성물산과 테스코 간에 50 : 50 합작투자로 삼성테스코를 설립·운영하다가 삼성그룹 구조조정 차원에서 테스코가 지분을 100% 보유하다가 영업실적 악화로 2015년 10월 한국 사모펀드 MBK파트너스에 매각하고 테스코는 철수하였다.

서도 홈플러스 브랜드를 별도로 벤치마킹해 테스코 플러스라는 명칭으로 영국 각제에 10여개의 대형 매장(Super Store)를 개설하기도 했다.

2011년 3월 삼성과의 계약기간이 만료되고 법인명은 삼성테스코에서 홈플러스로 변경되고 동년 7월 삼성물산이 남은 지분 5.32% 전부를 테스코 측에 매각하였고 이후 실적악화로 시달리기도 했다. 결국 테스코는 한국 진출 16년 만에 약 5조원의 차익을 챙기고 2015년 한국계사모펀드 MBK파트너스에 매각하고 철수하였다.

최근 한국시장이 외국 다국적기업의 시험시장(test market)이 되고 있어 외국 다국적기업들 입장에서는 한국시장에서의 현지화 전략이 매우 중요하다고 하겠다.[6] 이는 상대적으로 좁은 국토와 신속한 인터넷에 힘입은 한국의 네티즌에 의한 소비자 간의 신속한 정보교환과 구전(word of mouth) 효과 때문이다. 할리우드 영화가 미국 본토보다 먼저 한국에서 상영되고, 도요타의 뉴렉서스가 한국에서 가장 먼저 출시되고 고급 양주를 한국 시장에 우선 배정되는 것 등은 좋은 예이다.

5) 코스트코

코스트코(Costco)는 미국의 회원제 창고형 대형 할인점 업체이며 코스트코 코리아는 1994년 신세계(지분 3%)와 제휴해 서울 영등포구 양평동에 프라이스클럽으로 처음 개점하였고, 1998년 신세계가 프라이스클럽을 미국 코스트코 홀세일 본사에 매각한 이후로 본사 명칭과 같이 코스트코 홀세일(Costco Wholesale Corporation)로 사명을 바꾸어 운영하고 있다.[7]

코스트코가 한국에서 철수하지 않고 20여년 성공적으로 운영하는 데는 나름대로의 차별화 전략이 효과적이라고 하겠다. 회원제 운영, 낮은 마진율, PB 상품[8]의

---

6) 4차 산업혁명 전도사 비벡 와드와(Vivek Wadhwa) 카네기멜런대 교수는 "아마존이 한국에 상륙하면 한국 유통업계를 단숨에 쓸어버릴 가능성이 있다. 온라인에서 오프라인으로 발을 뻗고 있는 아마존은 5년 안에 물류센터 제품 정리부터 배송까지 로봇과 무인자동차 · 드론으로만 해내는 시스템을 현실화할 것이다. 한국 기업들이 철저한 경쟁 체제 속에서 실력을 더 기르지 않으면 4차 산업혁명의 파고에 휩쓸릴 가능성이 크다"고 경고했다. 조선비즈(2018.7.10) 인용

7) 2011년 창립자 제임스 시네걸이 인터뷰에서 세계에서 가장 물건이 많이 팔리는 점포는 서울의 양재점이라고 밝힌 바 있다.

8) PB 상품인 커크랜드 시그니춰(Kirkland Signature)은 자체상품 브랜드명으로 브랜드 가치는 약 7조 3천억 원으로 추산된다. 코스트코 브랜드가치 10조 5천억 원에 비해 큰 차이가 없다. 이는 PB상품의 성공으로 해석된다. 국내에서도 이마트가 1997년 '이플러스 우유'라는 이름으로

성공, 취급품목 수의 선택과 집중, 1국 1카드사, 제비용 최소화, 조건 없는 환불정책 등이다.

회원권 수입이 중요한 수익 구조이며 마진율을 일반상품은 14%, 자체브랜드 PB상품은 15%로 낮게 하고, 상품 품목 수도 4천 개[9] 정도로 우수 제품만 취급하며 카테고리별로 취급품목을 최소화하여 납품단가를 낮게 요구하며 카드사는 국별로 하나의 카드사를 지정하는 대신 카드수수료를 대폭 낮추게 한다.

인테리어 최소화, 주차비 정산 시설을 없애고 환불 기한도 컴퓨터(6개월)를 제외하고는 제한이 없다.

6) 이케아

스웨덴의 가구회사 이케아(IKEA)는 2014년 12월 한국진출을 위해 3년 여에 걸쳐 한국시장을 철저하게 분석했고 한국에서 기대 이상의 성공을 거두고 있다. 광명점, 고양점(2017.10)에 이어 부산점(2019.10.예정) 진출을 예정하고 있으며 2020년까지 6개 매장을 계획하고 있다.

이케아는 진출하는 모든 국가별로 합리적이고 치밀한 가격 차별화를 시행하고 있으며 동일제품이라도 가격이 상, 중, 하로 분리되어 있다. 가격의 최고급, 중급, 저급에 맞춤형 고객 전략을 시도하고 있다. 이케아의 모든 제품은 소비자가 조립하는 것을 원칙으로 하여 소비자에게 조립이라는 재미를 소비자 만족에 보태기도 한다. 조립을 힘들어하는 고객에게는 보다 비싼가격으로 조립이 완성된 제품을 판다.

이케아는 2016년 9월 가구에서 주방용품(그릇, 냄비 등) 시장으로 영역을 넓히기 시작했다. 한국 진출 당시 주방용품도 동시에 선보일 계획이었으나 식기류에 수출국을 표기해야 하는 한국 내 법규를 충족하지 못했다가 관련법규가 개정되면서 판매가 가능해졌다.

하지만 주방 가구의 경우 시공이 큰 비중을 차지한다는 점에서 원칙적으로 고객이 배송과 설치를 직접 해야 하는 이케아식 DIY(Do It Yourself)이 걸림돌이 되고

첫 PB제품을 내놓은 지 20년 만에 이마트, 롯데마트, 홈플러스 등 대형마트 3사에서 판매하는 PB상품 수만 4만 개에 달한다. 국내 편의점까지 합치면 국내 오프라인 매장에서 팔리는 PB상품은 5만 개를 웃돌 것으로 추산하고 있다.

9) 월마트 14만 개, 롯데와 이마트 6만여 개이다.

있다. 주방의 경우 조립과 시공에 전문성이 요구되기 때문에 배송비와 설치비의 추가는 제품가격의 경쟁력을 떨어트리게 된다.

과거 국내 대기업들이 주방가구의 시공, 물류 등의 문제로 시장진출이 성공하지 못한 사례가 있었다.

토 의 자 료

커클랜드(코스트코 PB) 따라하기 줄줄이 실패
– 고품질 '프리미엄 PB'로 방향 전환

저가시장을 겨냥한 자체상표(PB)는 대부분 커틀랜드를 모델로 하고 있다. 1996년 등장한 커클랜드는 대형 유통업체 PB가운데 국내 가장 많이 알려져 있다. 음식, 가정용품, 가방, 세제까지 안 파는 것이 없을 정도로 많은 품목을 판매한다. 코스트코 전체 매출의 20%가 커클랜드에서 나올 정도다. 낮은 가격에 대량으로 판매하는 전략의 성공이었다.

커클랜드의 성공을 보고 해외 다른 유통업체들도 비슷한 전략의 PB를 내놨다. 프랑스 대형마트 까르푸는 2009년 저가형 PB 까르푸 디스카운트를 선보였다. 미국 월마트도 2013년 비슷한 콘셉트로 '프라이스 퍼스트'를 만들었다.

하지만 두 브랜드는 각각 2014년과 2016년에 사라졌다. 가격과 품질면에서 알디, 리들 같은 초저가 할인점과의 경쟁에서 밀렸다는 게 전문가들의 평가다.

유통업체들은 방향을 틀었다. 프리미엄 PB다. 가격이 아니라 질로 승부하고 있다. 까르푸는 '까르푸 셀렉션'이라는 이름의 PB상품을 판매 중이다. 유명식당을 평가하는 단체가 테스트해 승인한 음식만을 취급한다. 까르푸는 2015년부터 채식주의자를 위한 PB인 '까르푸 베지'도 내놨다.

미국에서는 '건강을 지향하는' PB가 잇따라 등장하고 있다. 미국 1위 슈퍼마켓 체인인 크로거는 2015년 '심플 트루스'를 선보였다. 500가지 유기농 식재료를 판매하는 브랜드다. 크로거의 신선식품 매출액은 홀푸드를 제치고 1위를 차지하기도 했다. 미국 대형 유통업체 타깃은 식품안전을 강조한 '심플리 밸런스드'라는 제품을 판매하고 있다. 그 밖에 세븐일레븐은 세븐프리미엄, 월마트는 그레이트밸류를 판매하고 있다.

일본의 최대 유통그룹 이온은 PB톱밸류를 저가형, 프리미엄형 등으로 세분화해 운영하고 있다. 최근에는 '그린아이'라는 헬스 뷰티 관련 PB를 만들어 프리미엄 시장 공략에 나섰다.

자료 : 한국경제(2017.8.28) A3 발췌

제2절 글로벌라이제이션의 진행과 역할

01 글로벌라이제이션의 세계적 진행

글로벌라이제이션은 결코 최근의 새로운 현상이 아니다.[10] 단지 인터넷, 정보통신의 혁명으로 세계화가 가속화되었을 뿐이다. 지중해, 중동, 아시아, 아프리카, 유럽 등의 지역에서 초기 문명은 국경을 넘어 이루어지는 무역의 성장에 크게 기여하였다.

글로벌라이제이션의 진행에 대한 구분은 학자에 따라 다르다. 글로벌라이제이션을 제1차 글로벌라이제이션과 제2차 글로벌라이제이션으로 나누는 경우 제1차 글로벌라이제이션은 1800년대 중반부터 제1차 세계대전 이전까지의 영국 파운드 중심의 기간과 제2차 글로벌라이제이션은 1989년 11월 베를린 장벽 이후 현재까지 미국 달러 중심의 기간을 말한다. 제1차 글로벌라이제이션은 운송비용 하락이 관심사이고 선진국 중심인 반면, 제2차 글로벌라이제이션은 통신비용 하락이 관심사이었다.

선진국은 물론 개도국도 생산공정 분할에 참여하게 된다. 제1차 세계화 기간 중에는 1866년 대서양 통신케이블이 연결되었고 1929년에 발생한 미국의 주식시장의 폭락으로 시작한 대공황(Great Depression)은 유럽으로 파급·확산되어 수백만 명의 노동자가 일자리를 잃게 되었다.

제2차 글로벌라이제이션은 정보통신의 혁명과 나비효과(butterfly effect)[11]로 국제금융시장의 단일화 현상을 보였다. 결과적으로 1997년의 태국발 동남아금융위기, 2008년의 미국발 서브프라임 모기지가 전 세계로 파급되었다. 서브프라임 모기지의 진원지인 미국 외에도 특히 제조업보다 금융 서비스업의 비중이 큰 아이슬

---

10) 『국가별로 존재했던 옛날의 모든 사업들이 날마다 붕괴하고 과거 내수 위주의 자급자족적인 경제는 국가 간의 상호의존성이 높아지는 세계경제체제로 바뀌고 있다』는 1848년 Marx, Engles의 공산당선언문(Communist Menifesto)에서 이미 글로벌라이제이션의 개념을 엿볼 수 있다.

11) 나비효과는 미국 MIT 교수인 기상학자 에드워드 로렌츠(Edward N. Lorenz)가 1979년 워싱턴에서 열린 학회에서 "브라질에 있는 나비의 날개짓이 미국 텍사스주에 발생한 토네이도의 원인이 될 수 있을까?"라는 논문을 발표하면서 최초로 제기되었다.

란드, 아일랜드, 두바이, 영국 등의 국가들이 많은 타격을 받았다.

한편 종교 율법상 이자를 인정하지 않는 이슬람권의 이슬람금융은 금융부문의 투자가 적어 글로벌금융위기의 큰 피해를 보지 않는 것으로 나타났다.[12] 미국발 금융위기의 후유증은 2010년 초부터 재정적자가 심한 남유럽 PIIGS(포르투갈, 아일랜드, 이탈리아, 그리스, 스페인)의 국가에도 위협을 가하였다.

IBRD 보고서는 글로벌라이제이션을 3단계로 구분하고 제1차 글로벌라이제이션은 제2차 세계대전 이전까지를, 제2차 글로벌라이제이션은 제2차 세계대전 이후부터 1980년대 중반까지를, 제3차 글로벌라이제이션은 1980년대 중반 이후부터 현재까지라고 한다.

[표 2-3] 글로벌라이제이션의 구분과 특성

단계	기간	계기	주요 특성
제1차	1830~1880	• 공산당 선언(1848) • 철도·해상운송	• 제조업 부상 • 무역회사 중심 상품무역 증가
제2차	1900~1930	• 전기·철강생산	• 제조업, 농업, 채취산업의 유럽·북미 중심 다국적기업 출현
제3차	1948~1970년대	• GATT • 제2차대전 종식 • 마샬플랜	• 서구 산업국 중심의 무역장벽 점진적 감소 노력 • 일본 다국적기업 출현 • 브랜드화된 상품의 무역 • 글로벌자본시장의 촉진을 위한 자금 흐름
제4차	1980년대~현재	• 정보·커뮤니케이션, 제조업, 자문기술 등의 획기적 발달 • 체제전환국의 기업 민영화 • 이머징마켓의 획기적 경제성장	• 무역, 서비스, 자본의 급격한 성장 • 세계 대부분 국가의 중소기업 및 대기업의 국제 비즈니스 참여 • 수출, FDI, 아웃소싱 등의 이머징마켓 집중

자료 : S.Tamer Cavusgil, Gary Knight and John R. Riesenberger, *International Business*(New Jersey : Pearson Prentice Hall, 2008), p.32.

글로벌라이제이션을 [표 2-3]과 같이 제1차 세계화(1830~1880), 제2차 세계화(1900~1930), 제3차 세계화(1948~1970년대), 제4차 세계화(1980년대부터 현재까지)

12) 이슬람채권 스쿠크(SUKUK) 또한 이자를 받는 것을 허용하지 않는다. 오일달러로 막대한 자금을 보유한 중동지역 이슬람 국가들이 발행하는 채권으로 60여 종류가 있다. 이슬람교리인 샤리아(Shariah)에 따라 이자를 받지 않는 대신 편법으로 투자에 대한 배당수익인 것처럼 수취한다. 국내에서 이슬람채권의 발행과 관련하여 개신교의 반대로 채권발행이 이루어지지 못했다.

의 4단계로 나누고 특성을 구분하기도 한다.

정보기술혁명이 글로벌라이제이션이에 미친 정치적 영향은 세계적 파장이 만만치 않다. 북아프리카와 중동의 민주화는 튀니지의 대졸 26세 청과물 노점상 청년 모하메드 부아지지(Mohammed Bouazizi)의 분신자살 사건인 소위 2010년 12월의 자스민 혁명(Jasmine Revolution)이었다. 부아지지는 노점상 단속으로 손수레를 압수당하고 절망 끝에 분신했고 가족들의 항의 시위 모습은 사회적 관계망(SNS)를 타고 세상에 알려지기 시작했다. 분노한 시민들은 정권퇴진을 요구했고 벤 알리는 하야(2011. 1) 후 사우디 망명길에 올랐다.

2011년부터 시작된 소위 아랍의 봄은 가혹했다. 이집트에서는 30년 무바라크(Mobarak) 독재자가 쫓겨났고 리비아의 42년 독재자 카다피(Qaddafi)는 반군에 의해 처참하게 살해되었다. 예멘 33년 권좌의 살레(Saleh) 대통령은 권력이양에 서명(2011.11)했다. 시리아는 독재정권에 대항하는 격렬한 시위와 유혈진압으로 정부군과 수니파 반군의 내전이 시작됐다. 미국은 반군을 지원하고 러시아는 정부군을 지원하고 이슬람국가(IS)까지 등장하면서 참혹한 내전은 아직도 계속되고 있다.

그 밖에도 민주화의 도미노 현상은 중동, 아프리카의 왕정국가로 파급되고 일부 사회주의 국가들도 바짝 긴장하여 SNS를 통제하고 있다.

02 한국에서의 글로벌라이제이션

한국 정부는 1994년 초 개방화의 방어적 자세를 탈피하고 능동적 자세의 필요성을 강조하면서 국제화라는 용어를 사용하였으며, 연말에는 당시 대통령의 호주 순방 이후 세계화라는 용어를 사용하기 시작하였다. 『국제화』로 시작하여 『세계화』로 끝난 혼동스러웠던 1994년이 지나고, WTO가 출범한 1995년 세계화 원년을 맞이하였다. 정부는 세계화의 표기를 외국으로부터 일시에 개방압력을 받게 되는 것이 두려워서 『Total Globalization』 또는 『Segyehwa』 등 한 때 애매한 표기를 하는 촌극을 벌이기도 하였다.

한국은 1996년 12월 선진국들의 클럽인 경제협력개발기구인 OECD에 29번째로 가입하였다. 선진국들과의 모임에서 한국이 경제의 선진화와 경제적 발언권을 높이는 계기가 되기도 하였으나 한편으로는 무리한 시장개방을 감수하지 않을 수 없었다. 특히 그동안 관치금융에 익숙한 금융부문의 경쟁력은 매우 취약했으며 미성숙한 국내 금융시스템은 세계화의 파고를 넘지 못하고 1997년 동남아 외환위기의 직격탄을 맞게 되었다.

IMF의 구제금융을 받으면서 개방된 국내 금융시장은 혹독한 대가를 치루었다. 외환위기로 국내 대기업들이 도산되고 이들 기업에 자금을 빌려준 국내 은행들은 부실해졌으며 외국 투기자본들의 좋은 먹잇감이 되었다. 론스타(Loan Star) 등 외국 투기자본들은 외환위기가 진정되면서 주가가 회복되자 엄청난 주식차익을 남기고 되팔았다. 이에 먹튀자본의 논란이 일었고 국민들의 반 외자 정서가 나타났다. 그러나 한국의 외화위기 원인이 외국자본의 철수에 있었듯이 외환위기의 극복 역시 외국자본의 유입에 의해 진정되었다.

2008년 미국발 서브프라임 모기지로 시작된 글로벌 금융위기는 달러의 유동성 부족으로 한 때 국내에서도 위험한 고비가 없지 않았으나 IMF, 미국, 중국, 일본 등과 통화스와프(currency swap) 협정을 맺으면서 진정시키기도 하였다. 한국은 세계에서 글로벌 금융위기에서 벗어나는 속도가 빠른 국가이기도 하지만 무역의존도가 높아 세계의 경기에 매우 민감하게 반응하는 단점도 없지 않다.

03 글로벌라이제이션의 수혜자와 비수혜자

글로벌라이제이션은 모든 사람들에게 이익을 주는 것은 아니다. 설리반(J.J. Sullivan)은 글로벌라이제이션으로 인한 수혜자(beneficiary)와 피해자(loser)를 다음과 같이 구분하고 있다. 수혜자 집단으로는 은행업자(banker), 외교관(diplomat), 로비스트(lobbyist), 변호사(lawyer), 저널리스트(journalist), 학자(academic), 경영진(executive), 투자가(investor), 하이테크 전문가(high-tec entrepreneur), 전문가(specialist) 등이고 피해자 집단에는 화이트 컬러(white collar), 블루컬러(blue collar) 등이다. 대체로 글로벌라이제이션의 수혜자 집단은 전문가 집단이고 피해자 집단은 고용자 집단으로 볼 수 있다. 이는 글로벌라이제이션으로 인해 직업이 세분화되고 특화되어 전문지식을 가진 전문가들은 우대 받는 대신 일반적 지식을 가지고 있는 화이트컬러와 블루컬러 등의 피고용인 그룹들은 급변하는 기업환경 하에서 고용불안 등으로 피해를 입게 된다.

글로벌라이제이션의 역할에 대해서는 학자들에 따라 긍정적 또는 부정적으로 나뉜다. 후드와 영(Hood & Young), 바텔스만과 돔스(Bartelsman & Doms), 설리반

(Sullivan), 클레인 아론과 해드짐챌(Klein, Aaron & hadjimchael) 등은 긍정적 역할을 강조하고 부케난(Buchanan), 설리반(Sullivan), IBRD(2000), IMF(2007), 마틴과 슈만(Martin & Schumann) 등은 부정적 역할을 강조한다.

후드와 영(2000)은 글로벌라이제이션은 경제적 경쟁을 가져오고 지식집약적 자본주의로의 질적 이동을 선도하며 개도국 주변지역(peripheral region)은 생산, 소비, 네트워크를 통한 새로운 부가가치를 창출하게 된다는 것이다. 바텔스만과 돔스(2000)는 글로벌라이제이션은 국제 M&A를 활발하게 하고 일국 수출의 증가, 규모의 경제(economies of scale)로 국민소득을 증대시키고 생산효율을 증대시키는 기계, 자본재를 수입하여 지속적 경제성장 효과를 가져온다고 하였다. 또 높은 기술수준과 경영활동을 하는 외국인직접투자의 유치를 통해 단위당 생산비용의 감소를 가져온다고 주장하였다.

설리반(2002)은 글로벌라이제이션으로 인한 외국인직접투자의 유입은 경쟁, 생산성, 효율성의 증가를 가져오고 일국 경제의 낮은 인플레를 유지하며 자본의 해외유출 보다는 유입을 촉진시키며 경제성장과 생활수준의 향상을 가져온다고 하였다.

클레인, 아론과 해드짐챌(2002)은 다국적기업이 자신의 명성을 고려하여 환경과 노동에 대해 높은 기준을 충족 또는 향상시키는 긍정적 역할을 하기도 하고 외국인직접투자는 개도국 자본충격을 완화시켜 빈곤을 감소시키고 성장의 질을 개선시킨다고 주장하였다.

글로벌라이제이션의 부정적 역할을 강조하는 학자도 적지 않다. 설리반(2002)은 최근 10여 년간 30여 개국을 대상으로 한 연구에 의하면 글로벌라이제이션의 역할에 대한 연구 결과는 대략 55~75%가 긍정적 역할을, 25~45%가 부정적 역할을 강조하였다고 주장하였다.

설리반(2002)은 글로벌라이제이션으로 인한 외국인직접투자는 현지국의 경쟁과 제도적 변화를 가져와 무질서, 불공정, 비도덕적, 주권위협 등 일자리의 불안정, 직업계층 간의 갈등을 야기한다고 하였다. IBRD 부총재를 역임했던 조지프 스티글리츠(Joseph Stiflitz, 2002)는 글로벌라이제이션이 개도국의 경제와 빈민층을 황폐화시키는 것은 글로벌라이제이션 자체의 잘못보다는 미국 재무부, IMF, IBRD 등 국제기구 뒤에 숨어 있는 권력들에 의해 결정된 행동의 부작용 탓으로 돌리기도

하였다.[13)]

IMF 보고서(2007)는 지난 20년간 글로벌라이제이션이 총체적 부(wealth)는 증대시켰지만 빈부격차는 확대시켰다고 주장하였다. 빈부격차는 선진국과 개도국 간 뿐 아니라 선진국내와 저개발국내의 계층 간에도 발생하였다고 했다. 이는 1980년대부터 세계화 지향에 목소리를 높였던 IMF가 세계화의 폐해를 인정하는 것은 이례적이다.

글로벌라이제이션의 3대 요소로 무역, 기술, 외국자본을 들 수 있다. 무역은 선진국과 개도국의 소득 격차 해소에 기여한 반면 기술이전과 외국자본은 빈부격차 확대요인으로 작용하였다는 것이다. 기술이전의 경우 저개발국의 부를 상승시키는 효과를 가져왔지만 비숙련노동자보다 숙련노동자를 더 필요로 하다 보니 결과적으로 선진국과 개도국 간 뿐만 아니라 동일그룹 국가 내의 계층 간에도 빈부격차가 확대되었다는 것이다. 한편 외국인투자도 주로 기술집약적 고부가가치 산업에 집중되다 보니 비숙련노동자의 임금도 상승하였지만 상대적으로 고임금의 높은 숙련노동자에게 보다 유리하게 작용했다는 것이다. 중남미와 아프리카 국가들은 IMF처방을 따랐지만 기대만큼 경제발전을 이루지 못하였다. IMF의 이 같은 분석은 무역과 투자의 증가가 개도국에 더 많은 비숙련노동자를 위한 일자리를 만들어내 빈부격차가 해소될 것이라는 기존의 주장과 달리 글로벌라이제이션 논쟁이 가속화될 가능성이 있다. 이러한 문제점을 보완하기 위해 비숙련노동자들과 저임금 계층에 교육의 기회를 대폭 확충하고 정보격차(digital divide)를 줄이고 글로벌라이제이션과 기술발전의 수혜를 누릴 수 있도록 하여야 한다고 주장한다.

글로벌라이제이션의 본질인 무한경쟁은 목적과 수단을 전도시키기도 한다. 무한경쟁이 인간다운 삶의 질을 높이기보다는 자신을 학대하고 인간적 욕구를 억압한

13) 러시아의 급진적 개혁전략, 체코의 급속한 민영화는 IMF로부터 높은 점수를 받았지만 결국 실패로 돌아갔고 폴란드는 워싱턴합의에서 내놓은 공식정책을 노골적으로 거부하고 점진적 민영화정책을 실시하여 성공했다. 또 말레이시아는 IMF 지원을 거부하고 유대인 자본을 유치해 1997 외환위기를 극복했다. 한국의 외환위기(1997) 발생 원인은 경제적 원인 외 정치적 요인도 컸다. OECD에 가입(1996.12)하고도 자본시장 개방을 주저했던 한국은 미국 월스트리트에 미운 털이 박혔다. 한국의 단기 유동성 부족에 미재무부는 예전과 달리 도움을 주지 않았고 일본마저 미국 눈치를 보며 엎드렸다. 결국 IMF 체제하의 혹독한 구조조정이 시작됐고 외국자본은 한국내 고금리를 이용해 대박을 터뜨렸다. 먹튀자본 론스타는 수조 원의 차익을 얻어 한국을 떠났고 한국 정부를 상대로 국제투자분쟁해결센터에 소송(ISD)까지 제기했다.

다. 제품경쟁력을 제고시키는 과정에서 노동자들은 주체가 아닌 구조조정의 대상으로 전락하며 생산적 경쟁이 아닌 파괴적 경쟁으로 내몰린다. 한번의 경쟁에서 이긴 자들은 또 다시 새로운 경쟁에서 낙오되지 않아야 생존할 수 있다.

04 글로벌라이제이션의 미래

영국의 타임스지 칼럼니스트인 아나톨 칼레츠키(Anatole Kalesky)는 2010년 저서 자본주의 4.0(Capitalism 4.0: The Birth of a New Economy in the Aftermath of Crisis)에서 현존 자유시장경제에 어둠이 드리우고 새로운 단계의 자본주의가 절실하게 요구되고 있다고 주장하였다.

업그레이드 되는 컴퓨터의 버전(version)처럼 자본주의 버전의 발전은 시장과 정부, 경제와 정치와의 관계 변화에 따라 이루어진다. 20세기 초 아담스미스(A. Smith)의 자유방임(laissez-faire)적 고전적 자본주의 시대를 자본주의 1.0으로 보고 1930년대 대공황 이후 케인스(J.M. Keynes)가 내세운 정부개입의 수정자본주의는 자본주의 2.0에 속하며 1970년대 스태그플레이션(stagflation)을 겪으면서 정부개입을 불신하고 시장의 자율을 주창한 신자유주의 시대를 자본주의 3.0으로 구분한다.

자본주의 4.0은 효용을 다한 신자유주의의 자본주의 3.0에 이어 등장할 새로운 자본주의이다. 자본주의 1.0과 3.0이 시장의 기능을 중시하고 자본주의 2.0은 정부의 개입을 강조하였으나 자본주의 4.0은 정부와 시장의 역할을 동시에 강조한다.

신자유주의(Neo-Liberalism)는 글로벌라이제이션과 의기투합하면서 도덕적 해이(moral hazard)와 함께 전대미문의 미국발 글로벌금융위기를 불러왔다. 연이어 유럽의 재정위기에 불을 당기면서 전 세계를 금융의 공포시대로 불러오기까지의 시기가 3.0에 해당한다.

신자유주의가 스태그플레이션을 겪으면서 동력을 잃고 있던 자본주의에 활력을 불어넣고 세계경제의 부흥에 기여한 것은 분명하다. 하지만 글로벌경제의 무한경쟁은 승자독식, 빈익빈, 부익부 등 국가간, 계층간의 극심한 양극화 현상의 부작용을 초래하였고 더 이상 지속 가능하지 않다는 한계에 이르렀다.

2011년 9월 17일 자본주의 심장부 뉴욕 맨해튼의 주코티공원(Zucotti Park)에서 월가점령 시위(Occupy the Wall Street)가 시작됐다. 시위대는 '우리는 99%이다'라는 구호를 통해 상위 1%에 집중된 부의 불평등에 항의하며 거리를 점령했다. 시위는 미국내 주요 도시와 유럽, 아시아로 번졌고 신자유주의 모순에 대한 글로벌 분노(global anger)의 목소리는 커져 2012년 들어 미 의회 앞에서 '의회를 점령하자'는 구호(Occupy Congress)까지 나왔다.

따뜻한 자본주의, 복지자본주의, 지속가능한 경제(sustainable economy), 지속가능한 복지를 내세우는 자본주의 4.0시대에도 여전히 기업의 이익증대는 필수이지만 그 방법에 있어서 협력업체와의 나눔과 사회에 대한 기업의 사회적 책임(CSR), 공유가치창출(CSV), 사회적 연대의식, 유기적 사회의 건강한 발전 등을 강조한다. 또 사회 구성원들로부터 감동과 동감을 얻어 지속가능한 기업과 사회를 이루는 것이 목표다.

고용없는 성장(jobless growth)이 계속되고 비숙련노동보다 숙련노동을 요구하는 글로벌 경쟁사회에서 빈곤층이 어떻게 안정적인 일자리를 얻고 빈곤을 탈출할 수 있을까 하는 것이 모든 정부의 공통된 고민이다. 도래할 자본주의 4.0시대의 글로벌라이제이션은 신자유주의의 자본주의 3.0시대와 어떤 달라질 모습을 보일 것인가는 지켜볼 일이다.

한편 퓰리처상 3회 수상자인 뉴욕타임스 칼럼니스트인 토머스 프리드먼은 저서(2017) 「늦어서 고마워」(Thank You for Being Late)[14]를 통해 미래의 세계화에 대해 매우 낙관적 사고를 피력하고 있다. 세계는 점차 단순한 연결(connected)에서 초연결(hyper-connected), 상호의존(interdependence) 상태로 이동하고 있으며 한 곳에서 일어나는 일이 세계의 모든 다른 곳에 잔물결효과(ripple effect)를 초래한다고 본다.

인공지능(AI)은 인간이 싫어하는 많은 일을 하게 될 것이며 인간은 마음과 관련되는 일, 마음과 마음을 연결하는 일, 사람을 가르치고 보살피는 일 같은 인간이 잘하는 일을 하게 될 것이다. 미래 어떤 일자리들이 생길지 예측할 수 없기 때문에 평생교육을 스스로 추구하는 노동자가 되어야 한다. 이를 위해서 기업은 노동자에게 생활임금(living wage)이 아니라 학습임금(learning wage)을 지급하여 노동자들이 끊임없이 스킬을 향상시킬 수 있는 기회를 제공해야 한다고 주장한다.

세계화, 컴퓨팅 기술 그리고 대자연의 세 가지 커다란 힘이 상호작용 속에서 세계의 변화 속도를 기하급수적으로 높이고 있다. 개인들은 급속한 변화에 당황하거

14) 약속에 늦은 사람 덕분에 생각할 시간을 벌었다는 뜻이다. '얼음이 녹으면'이라는 질문에 '물이 된다'고 대답하면 수직적 사고이고 '봄이 된다'라고 하면 수평적 사고이다.

나 절망하지 말고 잠시 멈추고 생각할 여유를 가지며 역동적 안정성을 유지하라고 권한다. 역동적 안정성이란 기술과 세계화, 환경변화만큼 빠른 노를 젓는 일이다. 이를 위해서는 모든 분야에서 혁신을 이루어야 하며 혁신의 대상은 개인뿐 아니라 정부와 기업을 포함한 공동체 전체이다.

프리드먼은 인간이 정확히 기계보다 무엇을 더 잘할 수 있고 기계와 함께 잘할 수 있는 역할이 무엇인지를 파악하고 평생학습의 기회를 만들어 새로운 사회계약을 통한 공동체 건설을 제안한다.

글로벌라이제이션은 지구상에서 언젠가 사라질 것이라고 주장하기도 한다. 글로벌라이제이션의 무한경쟁은 지구상에서 일인이 남을 때까지 경쟁하게 되고 결국 종족 번식에 실패하기 때문이라는 것이다. 하지만 4차 산업혁명을 맞이한 글로벌라이제이션은 당분간 도도한 흐름을 이어갈 것으로 보인다.

부익부, 빈익빈 양극화를 초래하는 글로벌라이제이션의 미래는 가진 자가 갖지 못한 자를 얼마나 포용할 것이냐에 큰 영향을 받을 것이다. 글로벌경제에서 포용적 성장(inclusive growth)이 이제 낯설지 않은 화두가 된 이유이다.

토의자료

자본주의 5.0

조동성 자본주의 5.0 연구회는 자본주의를 다음과 같이 구분한다. 자본주의 1.0은 애덤스미스의 고전자본주의, 자본주의 2.0은 케인스의 수정자본주의, 자본주의 3.0은 엔소니 기든스의 신자본주의, 자본주의 4.0은 아나콜칼레츠키의 대중자본주의, 자본주의 5.0은 피터 드러커와 마이클 포터의 공유가치 창출자본주의로 구분한다.

자료 : 조동성 자본주의 5.0 연구회, Weeky BIZ Books(2016)

3 글로벌 기업가정신

제1절 개념과 사례

01 광의 개념

기업가정신(entrepreneurship)이란 프랑스어 entrepreneuriant에서 유래되었으며 '수행하다(to undertake)'의 의미를 지니고 있다. 기업가정신은 협의의 개념으로 경영의 영역에서 출발하여 1980년대 본격적으로 광의의 개념으로 논의되기 시작했다. 기업가정신은 인간의 모든 활동 영역 즉, 민간기업, 사회적 기업, 벤처기업, 공공부문, 노동계, 교육계 등에서 적용되고 있다.

제프리 티몬스(Jeffry Timmons)는 "기업가정신은 아무것도 아닌 것에서 가치 있는 것을 이루어 내는 창조적인 행동"이라고 했고 로버트 론스타드(Robert C. Ronstadt)는 "기업가정신은 스스로 사업을 일으키고 이를 자기 인생에서 가장 즐거운 일로 여기는 것"이라고 했다. 칼 베스퍼(Karl Vesper)는 "다른 사람이 발견하지 못한 기회를 찾아내는 사람, 사회의 상식이나 권위에 사로잡히지 않고 새로운 사업을 추진할 수 있는 사람, 행복을 추구하는 사람이야말로 기업가정신을 가진 자이다"라고 했다.

죠셉 슘페트(Joseph A. Schumpeter)는 "신제품 개발, 신생산 방법 및 신기술 개발, 신시장 개척, 신원료·부품 공급, 새로운 조직 형성 등을 통해 창조적 파괴

(creative destruction)[1]에 앞장서는 기업가의 노력 및 의욕"을 기업가정신이라고 했다. 여기에서 창조적 파괴란 기업가의 도전과 노력으로 기존의 제품, 생산과정, 시장 관행과 구조 등이 파괴되고 새로운 제품, 생산과정, 시장 관행이 창출됨으로써 시장질서가 끊임없이 탈바꿈하는 과정을 말한다. 이상의 다양한 기업가정신을 종합하면 혁신(innovation)과 변화를 통해 역동적 사회를 이끄는 철학, 현실을 타개할 수 있는 혁신적 사고와 행동이라고 할 수 있다.

글로벌 기업가정신(global entrepreneurship)이란 글로벌 경영자가 갖추어야 할 덕목으로 새로운 가치를 만드는 창조 정신이며 실패와 두려움을 극복하고 도전과 변화를 즐기는 혁신의 마인드라고 하겠다.

피터 드러커는 기업가정신은 사회변화와 발전의 핵심동력이며 끊임없는 혁신을 추구할 때 비로소 한 사회가 다음 사회로 진보할 수 있다고 했다. 변화와 혁신을 통해 새로운 가치를 창출하려는 기업가정신이 약해지는 때부터 사회는 쇠락의 길을 걷게 된다.

미국과 일본이 오늘날 세계 최고의 경제 대국이 된 것은 기업가들이 발휘한 기업가정신 덕분이다. GE를 설립한 토머스 에디슨, 자동차 왕 헨리 포드, 경영의 신 파나소닉의 마쓰시타 고노스케 같은 기업가들이 있었기 때문이다.

02 태양의 서커스

기업가정신의 훌륭한 한 사례로 태양의 서커스(Cirque du Soleil)를 든다. 태양의 서커스는 1984년 캐나다 퀘백주의 거리 공연자 기 랄리베르테(Guy Lail Berte) 단장이 몬트리올에 설립한 엔터테인먼트 회사이다.

서커스라는 사양산업에 직면하여 '동물관리에 들어가는 엄청난 비용을 사람에게 투자하면 어떨까'하는 발상의 전환에서 시작되었다. 음악과 춤에 대한 투자를 늘리고 무대연출에 초점을 두고 서커스의 낡은 이미지를 벗어나기 위한 다양한 노력을 시도한 결과 새로운 공연예술로 변모했다.

1) 슘페트는 저서(1912) 『경제발전론』에서 경제발전을 설명하기 위해 제시한 개념으로 기술혁신을 통해 낡은 것을 버리고 새로운 것을 창조해 변혁을 일으키는 과정이다. 이윤은 혁신적인 기업가의 창조적 파괴행위를 성공적으로 이끈 기업가의 정당한 노력의 대가이며 타기업이 모방하면서 이윤은 소멸되고 새로운 혁신적 기업가의 출현으로 사회적 이윤이 다시 생성된다고 주장한다.

기존의 서커스는 동물이나 사람의 재주와 곡예를 중심으로 일관성 없는 볼거리만 제공해왔었다. 태양의 서커스는 기존 서커스의 콘텐츠를 넘어 혁신적인 아이디어로 오페라, 현대무용, 연극, 음악, 코미디 등을 가미하여 지적 복합성과 예술성을 강조하고 관객에게 스토리를 전달하는 혁신기업으로 태어났다.

제2절 글로벌 기업가정신 교육

01 이스라엘

이스라엘은 인구 800만 명에 노벨상 수상자를 12명 배출했고 과학자 수는 인구 1만 명 당 140명으로 세계 1위이고 미국 나스닥 상장사에 86개 기업을 상장시켜 미국과 중국에 이어 세계 3위이다. 텔아비브는 실리콘밸리, 뉴욕, LA, 보스턴에 이어 세계 5대 창업도시이며 6천여 개의 창업기업(start-up)이 있다. 이러한 국가의 동력이 되는 유태인의 창의성은 전통적인 후츠파(Chutzpah)정신과 하부르타(Chavruta) 교육에서 찾고 있다.

후츠파정신은 탈권위와 도전적인 정신으로 권력자와 권위자에게 자신의 생각을 과감하게 표현할 수 있는 용기이며 상대방의 생각을 경청하고 자만심 없이 냉철하게 자신을 평가하는 정신이다.

하부르타 교육은 탈무드에서 유래한 정답을 가르쳐 주지 않고 스스로 답을 찾도록 유도하는 토론놀이 교육이다. 연령, 계급, 성별에 무관하게 논쟁을 통해 진리의 답을 추구하여 지식을 체득한다. 2인이 모이면 3가지 이상의 의견을 제시하여 새로운 아이디어를 도출하며 토론의 성패보다는 논쟁과 경청의 과정을 중요시 한다.

학교 교육에서는 중3 때 비교과 과정을 이수하고 군 입대계획을 수립한다. 최정예부대 정보기술병과에 지원하기 위한 경쟁이 치열하며 남자는 3년, 여자는 2년의 병역의무를 수행하면서 능력을 개발하는 기회를 가진다. 군 복무 후 1년 이상 해외 경험을 쌓고 진로 방향을 탐구한 후 대학에 진학한다. 대학 재학 또는 졸업 후 창업을 하며 창업투자의 손실은 최대 80%까지 정부가 보전해 주기까지 한다.

02 핀란드

핀란드는 교육혁신을 통해 국가 성장을 이룬 대표적인 국가이다. 초·중·고 교육에서 경쟁보다는 그룹의 팀 프로젝트를 통해 문제해결 능력을 배양한다. 청소년의 직업교육을 강화하고 현장실습으로 청소년의 경제활동 참여를 적극 권장한다.

직장인들의 하기휴가가 실시되는 1~2개월 동안 대체인력으로 청소년을 적극 활용하고 정부는 수당을 지급하기도 한다. 핀란드 경제의 약 25%를 차지하는 노키아의 몰락 후에도 쉽게 활력을 찾은 원인 중의 하나는 바로 기업가정신의 강화가 바탕이 되었기 때문이다.

핀란드의 기업가정신 교육은 대학뿐 아니라 유아교육에서부터 적용되며 각 단계에 맞게 세분화하여 설계하고 있다. 핀란드의 높은 기업가정신은 정책과 제도의 우수함도 있지만 사회 저변에 자리잡고 있는 협력문화의 공이 크다. 경쟁은 자기 자신과 하고 친구들과는 경쟁보다 협력하라고 가르치는 학교 교육은 성인이 되어 창업의 시너지 효과(Synergy effect)를 나타내는 데는 매우 효과적이다.

서유럽과 일본에서 시작된 극심한 경제불황으로 청년들이 일자리를 구하기 어렵게 되자 창업교육이 시작되었으며 1992년 핀란드 국가교육청은 기업가정신 교육내용을 개발할 위원회를 구성하였다. 2009년 핀란드 정부는 2015년도까지 시행을 목표로 한 기업가정신 교육 권고안을 발표했다. 기업가정신을 고양시키고 긍정적인 창업문화를 형성하며 기업가 자질을 개발하고 청년들이 창업을 선호하도록 지도하였다. 2016년 새로운 교육과정에서는 각 지역의 기업과 학교들의 협력, 지역단위의 특색을 살린 창업교육의 내용이 추가되었다.

03 글로벌 장수기업

미국과 일본이 세계경제에서 중심역할을 하는 것은 기업가정신이 뛰어나다는 점이다. 2017년 취임한 미국의 트럼프(Trump) 대통령은 미국 대통령 최초로 기업가정신 고양 담당 선임고문을 두기도 했다. 글로벌 기업가정신은 경제발전의 원동력이자 국가 경제가 당면하고 있는 난제들을 풀 수 있는 근본적 해법이다.

2017년 발표한 137개국을 대상으로 한 2016년 글로벌 기업가정신지수(Global Entrepreneurship Index 2017)에서 ① 미국(83.4점), ② 스위스(78.0점), ③ 캐나다

(75.6점), ④ 스웨덴(75.5점), ⑤ 덴마크(74.1점)의 순이다. 한국은 세계 27위(51.0점)이고 OECD 34개국 중 23위이다. 일본은 25위(51.7점)이고 중국은 48위이나 전년도 60위에서 급속한 향상을 보이고 있는 것이 주목된다.

성공한 기업들은 기업가정신이 뛰어난 기업이라고 할 수 있겠다. 특히 100년 이상 장수기업들의 공통적인 특성은 뛰어난 기업가정신에서 찾지 않을 수 없다. 국가별로 200년 이상 장수기업의 수는 일본 3,937개, 독일 1,805개, 프랑스 467개의 순으로 많다. 한국은 200년 이상 된 기업은 없고 100년 이상 기업이 7개뿐이다.

장수기업의 비결은 혁신, 기술, 직원만족이다. 1846년 설립된 독일의 장수기업 칼 자이스(Karl Zeiss)는 현존하는 광학기기 제조업체 가운데 가장 오래된 역사를 가지고 있다. 칼 자이스의 장수기업 비결은 고객과 밀접하게 소통하고 이를 신제품 개발에 적극 반영한다는 점이다. 설립정신은 '사람을 위한 철학을 가진 기업'을 강조하고 사람은 8시간 일하고 8시간 잠자고 8시간 놀아야 한다고 했다.

세계에서 가장 오래된 장수기업은 서기 578년 일본 오사카의 목조 건축회사 곤고구미(金剛組)이다. 설립자는 백제 통신사로 일본에 건너갔던 사람으로 목공 기술자 柳重光(곤고시게미츠·金剛重光)이다. 류중광은 593년 일본 최고의 사찰 시텐노지(四天王寺)를 지었는데 고베에 소재한 이 사찰은 고베지진에도 끄덕없어 칭송을 받는 바 있다. 곤고구미는 1980년대 무리한 사업 확장과 일본 버블 경제의 붕괴로 타격을 입었다. 결국 2006년 1월 일본의 중견 건설업체 타카마츠 건설회사에 영업권을 넘겨주는 형식으로 흡수합병 되었다. 하지만 회사 명칭과 주요 사찰의 관리와 보수는 여전히 곤고구미에 의해 이루어지고 있다. 백제의 후손 곤고구미의 장인정신과 공예기술의 DNA를 바탕으로 한 기업가정신이 사찰건축 전문 기업의 자존심을 1,400년 넘게 지키고 있다.

토의자료

「한국인을 말한다」(영) 마이클 브린(Mchael Breen) 기자

시사 주간지 더 타임스의 서울주재 기자로 15년 간 생활한 기자가 한국인의 부패, 조급성, 당파성 등 문제가 많으면서도 훌륭한 점이 많다고 칭찬했다. 이는 한국인의 잠재적 기업가정신을 말해 준다.

1. 평균 IQ 105를 넘는 유일한 나라
2. 일 하는 시간 세계 2위, 평균 노는 시간 세계 3위인 잠이 없는 나라
3. 문맹률 1% 미만인 유일한 나라
4. 미국과 제대로 전쟁 났을 때 3일 이상 버틸 수 있는 8개국 중 하나인 나라
5. 세계 유일의 분단국가이자 아직도 휴전 중인 나라
6. 노약자 보호석이 있는 5개국 중 하나인 나라
7. 세계2위 경제대국 일본을 발톱 사이 때만큼도 안 여기는 나라
8. 여성부가 존재하는 유일한 나라
9. 음악 수준이 가장 빠르게 발전한 나라
10. 지하철 평가 세계 1위로 청결함과 편리함이 최고인 나라
11. 세계 봉사국 순위 4위인 나라
12. 문자 없는 나라들에게 UN이 제공한 문자는 한글
(현재 세계 3개 국가가 국어로 삼고 있음)
13. 가장 단기간에 IMF 위기를 극복해서 세계를 경악시킨 나라
14. 유럽 통계 세계 여자 미모 순위 1위 보유국인 대한민국
15. 미국 여자 프로 골프 상위 100명 중 30명이나 들어간 나라
16. 세계 10대 거대 도시 중 한 도시를 보유하고 있는 나라(서울)
17. 세계 4대 강국을 우습게 아는 배짱있는 나라
18. 인터넷 TV 초고속 망이 세계에서 가장 발전한 나라
19. 세계에서 가장 많은 발음을 표기할 수 있는 문자를 가진 나라
(한글 24개 문자로 11,000개의 소리를 표현, 일본은 300개, 중국은 400개에 불과)
20. 세계 각국 유수 대학의 우등생 자리를 휩쓸고 있는 나라(2위 이스라엘※, 3위 독일)
21. 한국인은 유태인을 게으름뱅이로 보이게 하는 유일한 민족, 까칠하고 비판적이며 전문가 빰치는 정보력으로 무장한 한국인
22. 세계에서 가장 기가 센 민족. 한국은 가장 강한 사람에게 꼭 '놈'자를 붙이고 약소국에게는 관대해 '놈'자를 붙이지 않는다.

※ 필자 주 : 이스라엘의 평균 IQ는 95

자료: http://blog.naver.com/PostView.nhn?blogId=rlatkdals6029&logNo=221153500627

제3절 글로벌 기업가정신 함양과 혁신

01 기업가정신 함양

기업가정신 함양을 위해 필요한 혁신은 [그림 3-1]과 같이 기능적 혁신, 정서적 혁신, 프로세스 혁신 세 가지이다. 기능적 혁신은 혁신의 출발점으로 사람과 기술 기반의 혁신이고, 정서적 혁신은 기술과 비즈니스 기반의 혁신이며, 프로세스 혁신은 사람과 비즈니스를 기반으로 하는 혁신이다. 이 세 가지 혁신이 모두 통합된 곳에 진정한 혁신이 존재한다. 혁신과 기업가정신은 결코 분리할 수 없으며 양자는 언제나 불가분의 관계에 있다.

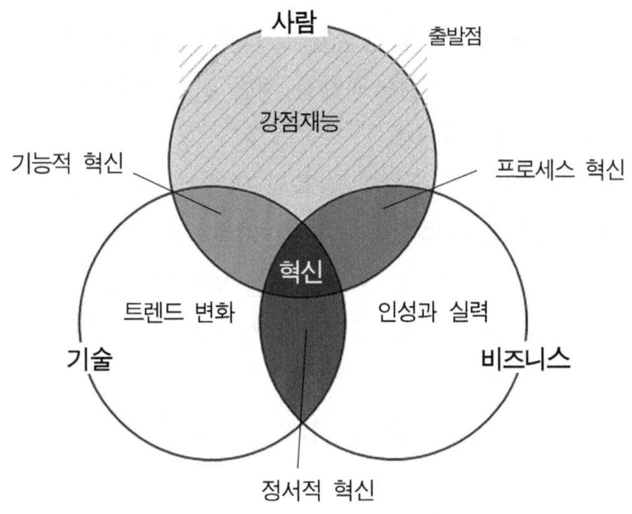

자료: 여성가족부 "경력 단절 여성을 위한 기업가정신 교육자료"(2017)

[그림 3-1] 기업가정신 함양을 위해 필요한 혁신

02 기업가정신 활용

기업가정신은 창의적이고 혁신적인 생각과 창조적인 행동을 통해 새로운 방식

으로 문제를 해결하고 가치를 창출하는 것으로 노력 여하에 따라 얼마든지 일상생활에서 실천 가능한 것이다. 생각과 행동이 결합되어 새로운 방식으로 문제를 해결하고 가치를 창출해 내는 것이다.

'창의력은 모방의 끝자락에 있다'는 말이 있듯이 기존 제품에서 다양한 아이디어를 얻을 수 있다. 에디슨은 원래 있던 백열전구의 필라멘트를 오래 사용할 수 있는 방법을 찾던 중 불에 태운 대나무의 탄소를 이용하는 방법을 개발했다.

스티브 잡스는 "뛰어난 예술가는 모방하고 위대한 예술가는 훔친다"는 피카소[2]의 말을 자주 인용했다. 사람들은 무언가 실제로 경험해 보기 전까지는 자신이 무엇을 필요로 하는지 인식하지 못한다. 즉 소비자들은 자신의 니즈(needs)를 정확히 모르기 때문에 생산자는 그것을 창의와 도전으로 만들어 내야 하며 그것이 흐름을 주도한다는 것이다. 그는 어려운 명령어를 사용하는 IBM 개인용 컴퓨터를 보고 소비자들이 원하는 욕구가 무엇인지를 간파하여 바탕화면에 아이콘을 띄워 소비자 친화적인 매킨토시 컴퓨터를 만들었다. 스티브 잡스와 피카소의 공통점은 어떻게 보지도 않고 소비자가 무엇을 원하는 지를 간파한 혁신적 마인드를 가진 창조적 조합의 귀재들이라는 점이다.

김치냉장고 딤채[3]는 원래 자동차와 건물의 냉방시스템 쪽에서 기술력을 다져온 만도기계가 냉장고 시장에 진출을 꾀하면서 기존에는 존재하지 않았던 틈새시장(niche market)을 발굴한 것이었다. '프랑스에는 와인냉장고, 일본에는 생선냉장고가 있는데 왜 우리나라에는 우리의 고유한 음식문화인 김치를 위한 냉장고가 없을까?'라는 의문에서 힌트를 얻었다.

제과업체 해태제과와 일본 가루비가 합작 설립한 해태가루비에서 2014년 출시

---

2) 피카소는 가장 혁신적이고 다양한 모습을 보여준 입체파 화가이다. 〈아비뇽의 처녀들, 1907〉에서 기존 화가들의 사실적 아름다움을 지닌 여체가 아닌 눈, 코, 입의 신체를 심하게 왜곡시키고 얼굴을 가면처럼 그려 르네상스 이후 500년 동안 지켜왔던 원근법을 무시한 괴물같은 작품으로 당시 경악과 악평을 받았다. 피카소는 세잔의 〈목욕하는 사람들 Bathers, 1890〉, 앵그르의 〈터키탕 Le Bah Turc, 1862〉, 루브르 박물관에 전시된 이베리아 조각상의 얼굴 모습을 모방했다. 바로 모방과 조합에서 탄생한 작품이다. 피카소는 평소 '받아들일 수 없는 이미지를 창조해야 한다. 사람들이 거품을 물도록'이라고 말하며 신기법에 대해 지속적으로 열망했다.

3) 딤채(沈菜)는 김치의 옛말이며 1995년 11월 출시된 딤채의 김치냉장고는 만도기계에 의해 개발되었으며 그 후 분리, 합병 등을 통해 위니아만도(2003), 대유위니아(2014)로 사명이 변경되었다.

한 허니버터칩[4]은 감자칩은 짜다는 고정관념을 깨고 달콤하고 고소한 맛을 넣고 SNS입소문 마케팅을 통해 성공한 제품이다.

이러한 기업가정신의 활용은 기업뿐 아니라 주부 발명가들에서도 잘 나타나 있다. 얼음 틀처럼 생겨 실리콘 재질로 만들어진 각종 냉장 보관용기를 개발한 제이엠 그린(JM Green), 핀셋형 새치· 부분 염색도구인 오블리치(Obleach)를 개발한 한올(Hanol) 등이 있다.

03 기업가정신 소유자의 특성[5]

기업가정신이 충만한 사람의 특성은 다음과 같이 요약할 수 있다.[6]

① 비전의 설정과 공유 ② 강한 성취욕구와 성장요구 ③ 창의성과 혁신 및 강한 실천주의 ④ 신속한 결단과 인내 ⑤ 고도의 정직성과 신용 ⑥ 낙관적인 자세와 유머감각 ⑦ 주도적이고 강한 책임감 ⑧ 계산된 위험의 감수와 공유 ⑨ 게임메이커 ⑩ 피드백의 활용과 실패에 대한 적절한 관리이다.

기업가정신이 뛰어난 사람은 분명한 목표를 설정하고 타인에게 자신의 비전을 공유하게 한다. 자신감을 갖고 도전적 목표를 열정적으로 달성하려고 하며 항상 새로운 것을 추구하며 지속적으로 변화를 이루어 나간다. 신속한 의사결정과 불가능한 일에 대한 판단이 빠르며 단념도 빠르다. 팀 구성원 간의 신뢰 구축에 능하며 어려운 여건에서도 유머를 잃지 않는 정신적인 여유를 가질 줄 안다. 주도적으로 문제를 탐색하고 일의 결과에 대한 책임을 스스로 부담하려고 하며 위험을 사전에 계산하고 결정을 내리며 불확실성에 대하여 관용적이다. 독불장군식으로 일하기 보다는 열의에 가득찬 팀을 만들어 공동으로 일을 추진하고 피드백을 효과적으로 활용함으로써 오류를 신속히 파악하고 재빨리 수정한다.

---

4) 국내 출시 2년 전 2012년 일본 가루비에서 버터와 꿀 등을 가미해 개발했으나 큰 인기를 끌지 못했던 감자칩을 참고했다. 입소문 마케팅과 공급량 통제 등으로 2015년 초까지 대성공을 거두었으나 2016년 2월 생산라인을 증설하면서 매장 재고가 증가하고 할인판매를 실시하기도 했다.

5) 여성가족부, 경력단절 여성을 위한 기업가정신 교육 자료(2017)

6) 상게 자료(2017)

04 아이디에이션

아이디에이션(ideation)이란 사전적으로 관념화, 관념작용, 상상하기이며 아이디어를 개발하는 방법이다. 아이디어란 광의의 개념으로 의견, 신념, 설계, 암시, 사고를 포함하며 철학에서 사용되고 있는 그리스어의 이데아와 같은 개념이다.

아이디에이션이 필요한 이유는 좋은 아이디어는 한번에 만들어지지 않는다. 가능한 많은 아이디어를 내고 이를 통합하고 종합하여 발전시켜 나가며 여러 사람들과 함께 협동하여 만들어지기 때문이다.

문제에 대한 정의를 하고 관찰(observation)과 인터뷰를 통해 다양한 현상과 사람들의 욕구를 이해하게 되면 문제에 대한 인싸이트(insight)를 얻게 된다. 인싸이트란 지금까지 관찰하고 이해한 내용을 토대로 종합된 사람들의 니즈(needs)일 수도 있고 다양한 정보들의 해석일 수도 있고 실마리일 수도 있다. 인싸이트를 얻게 되면 아이디에이션을 통해 문제에 대한 해결책을 도출하게 된다.

랜덤링크(random link)는 관련없는 많은 요소와 무작위로 관련을 짓는 방법이다. 고든법(Gordon Technique)은 일반적으로 그룹 토론을 통해 착상을 열거해 나가는 브레인스토밍(brainstorming)과 유사하다. 브레인스토밍과 공통점은 제시된 아이디어에 대해 상호 비판을 금지하고 자유분방하며 아이디어 제시는 많을수록 좋으며 아이디어의 결합을 통해 개선해 나간다는 점이다. 한편 브레인 스토밍은 구체적 테마를 제시하는 데 비해 고든법은 키워드만 제시한다는 점에서 차이점이 있다. 예컨대 고든법에서는 비스킷을 개량하려고 한다면 비스킷은 과자이고 과자는 음식물이라고 단계적이라고 연상하여 더 많은 아이디어를 생성하는 발상법이다.

스캠퍼(SCAMPER)는 대체(substitute), 결합(combine), 적용(adapt), 변경(modify), 축소(minify), 확대(magnify), 타용도 사용(put to other uses), 제거(eliminate), 재배치(reverse)이다. 이는 구 소련 해군 특허 심사관 Altshuller가 1940년대 전 세계 특허 200만 건 중에서 창의적인 4만 건을 분석해 공통점을 찾아 만든 창의적 문제 해결 방법론 트리즈(TRIZ)와 유사하다.(제16장 제4절 참조)

토의자료

엉뚱한 면접시험 문제 – 페르미 추정(Fermi Estimate)

최근 국내·외 기업체 입사면접 시험 문제는 아주 엉뚱하고 다양하다. 아마존의 제프 베저스가 미국 내 주유소 수를 묻는가 하면 옥스퍼드대학 입학면접에는 양의 뱃속에 있는 물의 양을 묻기도 한다. 이러한 황당한 질문에 대한 국내 인사 담당자의 채점기준은 면접자의 표정(30%), 논리 전개(60%), 정답(10%)의 순이었다. 따라서 질문자도 정답을 모르는 경우가 많으며 문제해결을 위한 논리적 접근 여부가 관건이다. 다음과 같은 다양한 질문들이 면접시험에 출제되었다.

① 골프공 표면의 작은 구멍은 몇 개인가?(구글)
② 미국에는 주유소가 몇 개인가?(MS)
③ 남산 옮기는데 며칠?(두산)
④ 맨홀 뚜껑은 왜 둥근가?
⑤ 양의 뱃속에 물의 양은?(옥스포드 대학)
⑥ 한강물 양은 몇 리터인가?
⑦ 부산 시내 10층 이상 건물 수?(SK)
⑧ 서울시 바퀴벌레 수?(롯데)
⑨ 한라산을 삽으로 퍼내려면 몇 삽 정도 되는가?
⑩ 우리나라 하루 평균 개 사료 소비량?
⑪ 30층 이상 고층 건물의 엘리베이터를 이용해 15층까지 가장 빨리가는 방법(P&G 모의 면접)

1938년 노벨 물리학상을 수상한 이탈리아 출신 미국인 물리학자 엔리코 페르미(Enrico Ferimi)의 이름을 딴 페르미추정은 어떠한 문제에 대해 기초적인 지식과 논리적 추론만으로 짧은 시간 안에 대략적인 근사치를 추정하는 방법이다.

자료 : Job & Joy, http://cafe.daum.net/logisfo/Clg8/156?q 참고 보완함

토의자료

BMW 입사 면접시험 문제(2011)(펜 종이 없이 1분 내 구술답변)

어떤 사람이 8원으로 닭 1마리를 구입해서 9원으로 팔았다. 같은 닭을 다시 10원으로 되 사서 다시 11원으로 팔았다. 이 사람은 돈을 얼마나 벌었을까?(면접자 99% 오답)

자료: http://blog.naver.com/PostView.nhn?blogId=jejo1231&logNo=220253768703

토의자료

스탠퍼드대학(MBA) 창의력 테스트

교수가 팀별로 과제를 주었다. 팀별로 5달러를 주고 1주일 동안 최대한 수익을 올리고 10분 동안 전체 학생들 앞에서 PPT로 설명하는 것이었다. 성적은 수익을 많이 내는 팀 순으로 부여하기로 했다. 어떤 팀이 가장 우수한 성적을 받았을까.

자료: https://blog.naver.com/researcherdreamer/221103698517

토의자료

학력이 높을수록 푸는 데 오래 걸린다는 문제

이 문제를 푸는데 유치원생은 5~10분 만에 풀고 프로그래머는 1시간 걸렸다. 고학력자가 푸는데 무엇이 걸림돌이었을까요?

7111=0	8809=6	2172=0
6666=4	1111=0	2222=0
9313=1	0000=4	5555=0
8193=3	8096=5	4398=3
9475=1	9038=4	7662=2
3148=2	2889=?	

자료 : http://blog.daum.net/seo9701/13616486

4 海外投資의 槪念과 類型

제1절 해외투자

01 해외투자의 개념

국제경제거래는 일반적으로 국제무역거래와 국제투자거래로 대별된다. 전자는 서로 다른 생산기반에서 생산된 재화와 용역을 국가 간에 교환하는 행위이며 후자는 국제 간의 채권·채무 또는 실물자산의 소유관계에 변화를 주는 일체의 자본거래를 말한다. 다시 말하면 일국의 거주자(resident)와 비거주자(nonresident) 간의 채권채무관계에 변화를 가져오는 모든 거래를 말한다. 국제투자(international investment) 또는 해외투자(foreign investment)란 생산요소의 하나인 자본의 국제적 거래로 장단기 국제대차거래, 외국증권 및 주식의 거래, 기업의 해외사업투자 등의 거래를 말한다.[1)]

국제투자와 해외투자란 동일한 의미이나 전자인 국제투자가 국가 간에 이루어지는 투자라는 객관적 의미의 뉘앙스를 지니는데 비해, 후자는 특정국가를 중심으로 외국으로 이루어지는 투자라는 주관적 의미를 가지고 있는 점이 다를 뿐이다. 한편 국제투자와 국제자본이동(international capital movement)의 개념은 양자가 국가 간 자본의 거래가 이루어진다는 점은 동일하나 후자의 개념에는 투자적 목적 이외의 자본도피(capital flight)까지도 포함하는 것으로 해석된다.

---

1) 이찬구, 「해외직접투자와 다국적기업론」(서울 : 에코노미아, 1990), p.8.

한편 국제투자의 개념과 관련된 용어들의 의미를 보다 구체적으로 살펴보기로 하자. 먼저 거주자와 비거주자의 개념을 보면 양자를 구분하는 거주성의 개념은 국적과는 관계가 없이 일정기간을 거주하고 있거나 거주할 의사를 가지고 있고, 주된 경제적 이해가 있는 지역을 기준으로 한다. 자연인 또는 법인 이익의 중심(center of interest)이 어디에 있느냐에 따라 거주자와 비거주자로 구분된다. 한국의 입장에서 보면 한국기업의 해외 현지자회사, 한국 거주 외교관, 한국 거주 외국군 관계자, 한국 거주 외국인 유학생, 한국 체류 외국인 여행자는 비거주자가 되며 외국기업의 한국자회사·지점 및 출장소와 국내 장기간 체류 외국인 사업가 등은 거주자가 된다. 따라서 어떤 기업의 모회사와 자회사 간의 자본거래는 국제투자로 간주된다.

자본의 이동과 자본재(기계·원료 등)의 이동은 구별되어 진다. 자본(capital)이란 광의의 개념으로 인간에 의해 만들어진 자원을 말하며 금전대차, 사채, 주식 등과 같은 화폐자본과 공장, 기계, 건설 등과 같은 실물자본으로 구분된다. 또한 인적자본(human capital)[2), 비인적자본, 사회간접자본 그리고 장기자본, 단기자본 등으로 나누어지기도 한다. 국제투자론에서 다루어지는 자본의 대상은 협의의 개념인 화폐자본을 말한다. 예컨대 한국의 대 인도네시아 연불수출금융[3)]은 자본의 이동이며 플랜트(시설재)수출은 자본재의 이동이 된다. 연불수출금융의 경우 양국간 채권·채무의 변화를 당연히 초래한다. 그러나 플랜트 수출의 경우 대금결제가 현금으로 이루어지면 양국간 채권·채무에 변화를 초래하지 않지만 대금결제가 연불수출금융 또는 차관으로 이루어지게 되면 자본재의 이동과 함께 채권·채무에 영향을 주는 자본의 이동이 동시에 발생하게 된다.

2) 기업의 자산이 물적요소 못지 않게 인적요소도 중요하게 됨에 따라 기업의 대차대조표(B/S)에 어떠한 형태로든 인적자본을 표시해야 한다는 주장도 있다. (자산-부채=자본)이므로 기업의 인적자산이 우수할수록 기업의 자본금은 커지게 될 것이다.

3) 연불수출(deferred export)은 플랜트 등 대규모 시설재 수출시에 일정분의 계약금을 수취하고 잔액은 수 년에 걸쳐 지급받는 외상수출을 말한다. 연불수출시 수출업자의 자금부담을 경감하기 위해 금융기관이 제공하는 자금을 연불수출금융이라고 한다.

02 해외투자의 유형

1) 해외투자의 성질에 따른 구분

국제투자의 유형은 해외직접투자(foreign direct investment), 해외간접투자(foreign indirect investment), 비자본참여(non-equity participation)로 대별되어진다. 해외직접투자는 경영지배 또는 통제의 목적으로 이루어지는 것으로 주로 실물자산, 금융자산, 무형자산의 이동이 이루어진다. 한편 해외간접투자는 해외증권투자(foreign portfolio investment)라고도 하는데 경영지배의 목적이 아닌 단순한 배당금이나 자본수익을 목적으로 해외의 주식, 채권 등에 투자하는 경우로 주로 금융자산이 이동된다. 현실적으로 해외직접투자와 해외증권투자를 구분하는 것은 용이하지 않다. 투자목적이 복합적인 경우가 대부분이며 특히 주식매입의 경우에는 투자목적이 복합적인 경우가 대부분이며 특히 주식매입의 경우 투자목적이 경영권 확보에 있는지, 단순한 투자수익에 있는지 판별하기가 쉽지 않기 때문이다.

UNCTAD는 외국인직접투자를 "투자관계에 있는 자회사에 장기적인 관계와 지속적인 조정을 목적으로 투자한 경우"로 정의하며 자본참여(equity capital), 유보이윤의 재투자(reinvested earnings), 기업내 대출(intra-company loans)을 구성요소로 한다.

각국은 국제수지통계에서 해외직접투자와 해외간접투자의 구분 조건을 다소 달리하고 있다. OECD 가이드라인은 해외직접투자 통계에서 10% 이상의 의결권 주식 소유를 기준으로 하고 있다. 일반적으로 해외직접투자 요건으로 10~25%의 최소 소유 주식비율 규정을 따르고 있으며 투자동기에 있어서도 외국법인에 대한 장기대부, 해외지사 및 해외부동산 보유 유무 등 해외직접투자 요건에 약간의 차이가 있다. 한국의 경우는 현재 해외직접투자(outward FDI)와 외국인직접투자(inward FDI)의 요건으로 최소 주식 소유비율을 10%로 규정하고 있다.[4)]

한국의 「외국인투자촉진법」상 외국인직접투자(inward FDI)는 외국인이 경영활동 등을 통하여 지속적인 경제관계를 수립할 목적으로 1억 원 이상의 주식 또는 지분을 소유하는 것으로 국내기업의 의결권 있는 주식총수 또는 출자총액의 10%

---

4) 외국인투자촉진법상 제2조 1항 4호에 의한 외국인직접투자와 한국은행이 국제수지표 작성에 집계하는 외국인직접투자와는 차이가 있다. 국제수지표상의 외국인직접투자는 「외국인투자촉진법」에서 정한 주식취득, 5년 이상 장기차관 외에 장기 건설투자, 개인의 부동산 투자, 지점투자, 1~5년 차관을 포함한다.

이상을 소유하고 그 의결권을 행사하는 경우를 말한다.[5] 한편 외국인간접(증권)투자는 외국인이 국내·외 금융시장에서 국내기업이 발행한 주식 또는 채권을 취득하는 행위이다.

한편 「외국환거래법」상의 해외직접투자(outward FDI)는 "투자 대상 외국법인의 경영에 직접 참가함을 목적으로 유형의 경영자원인 자본과 인력뿐만 아니라 무형의 경영자원인 경영관리상의 경험과 지식, 노하우, 기술 등의 생산요소를 복합적으로 해외에 이전시키는 기업활동이다." 구체적으로는 외국법인이 발행한 주식 또는 지분의 100분의 10 이상을 투자하거나 투자비율이 100분의 10 미만이라도 임원 파견 등[6]의 관계를 수립하는 경우에는 해외직접투자로 인정받는다. 또 외국법인에 투자한 거주자가 당해 외국법인에 대해 상환기간을 1년 이상으로 하여 금전을 대여하는 경우, 거주자가 외국에서 영업소를 설치·확장·운영하거나 해외 사업활동을 영위하기 위하여 행하는 자금의 지급도 해외직접투자에 포함한다.

외국인직접투자 통계와 관련하여 논란의 여지가 있는 두 경우가 있다. 하나는 다국적기업의 현지 자회사가 현지 금융기관으로부터 자금을 차입하여 사업자금으로 활용하는 경우 사실상 자본금의 투자자금 역할을 하지만 직접투자 통계에는 포함되지 않는다. 다른 한 가지는 GM이 대우자동차를 인수할 때 신설회사인 GM-대우가 새로운 신주를 발행하여 인수하였다. 이 경우 공식적인 직접투자의 통계에는 잡히지만 시각에 따라서는 엄밀히 말하면 신규투자(green-field investment)라기 보다는 신주투자(green-share investment)에 가깝다고 할 수 있다. 해외직접투자와 해외간접투자의 관계를 나타내면 [그림 4-1]과 같다.

---

5) 외국인이 1억 원 이상을 투자하면서 합작투자계약서, 기타 관계 증빙서류에 의하여 외국인이 국내기업의 경영에 실질적인 영향력(임원 파견·선임)을 행사한다는 사실이 객관적으로 입증되면 10% 미만의 투자도 포함한다. 또 외국인 투자기업의 해외 모기업 및 그 모기업과 자본출자관계(해외 모기업의 발행주식 총수나 출자총액의 100분의 50 이상 소유기업)에 있는 기업이 당해 외국인 투자기업에 대부하는 5년 이상의 장기차관도 외국인직접투자에 포함한다.

6) 투자 비율이 10% 미만이라도 ① 임원 파견 또는 임원을 선임할 수 있는 계약체결, ② 계약기간이 1년 이상인 원자재 또는 제품의 매매계약 체결, ③ 기술의 제공·도입 또는 공동 연구개발계획의 체결, ④ 해외건설 및 산업 설비공사를 수주하는 계약 체결의 경우는 해외직접투자로 인정받는다.

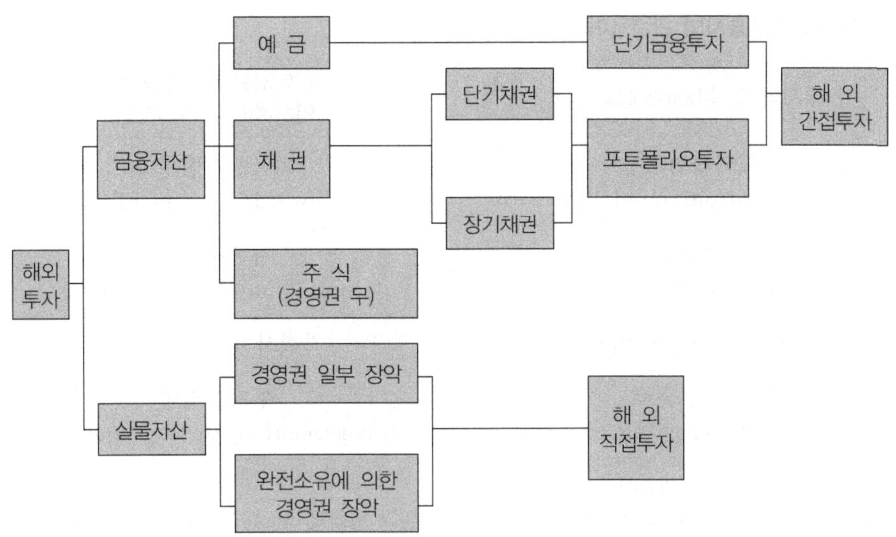

자료 : 한도숙, 「우리나라의 해외직접투자와 관련제도의 개선방향」, 한국조세연구원, 정책보고서 96-12, p.38.

[그림 4-1] 해외직접투자와 해외간접투자의 내용

비자본참여는 주로 무형자산이 이동하는 해외투자로 국제라이선싱(international licensing), 국제프랜차이징(international franchising), 국제관리계약(international management contract), 국제기술제공전략(international technology contract), 턴키 베이스 계약(turn-key base contract), 판로제공 계약 등이 있다. 1980년대 중반 이후부터 시작되어 최근까지 활발하게 이루어지고 있는 전략적 제휴(strategic alliances)도 비자본참여의 한 유형으로 볼 수 있다. 전략적 제휴는 범세계시장의 석권이나 확대를 목표로 다른 부문에서는 경쟁관계에 있는 세계 초일류 기업들 간에도 기술, 조달, 생산, 판매 등의 제휴가 이루어지고 있다.

한편 해외직접투자에 관련된 용어는 진출국과 투자수입국 입장에서 [표 4-1]과 같이 구분하여 사용되고 있다.

[표 4-1] 해외직접투자의 관련용어

투자국·모국(home country)	피투자국(투자대상국) 현지국(host country)
해외직접투자 (outward/outbound FDI)	외국인직접투자 (inward/inbound FDI)
자본수출국 (capital exporting country)	자본수입국 (capital importing country)
모회사(parent company)	자회사*(subsidiary)
투자수출국 (investment exporting country)	투자수입국 (investment importing country)

* 자회사(subsidiary)와 지점(branch)
지점은 모기업의 연장(extention)으로 현지국의 허가를 받고 설립되지만 법적으로 독립된 기업이 아니기 때문에 모회사와 법적 동일체이며 지점의 채무는 모회사가 전적으로 진다. 반면 현지법인(subsidiary)은 소유권면에서는 회사에 속하지만 법적으로는 현지국에 등록된 독립법인으로 소송의 당사자가 될 수 있으며 모회사는 현지법인의 주주로서 유한책임원칙(출자비율)이 적용된다.

2) 해외투자의 공급자에 따른 구분

국제투자의 공급자가 개인 또는 민간기업인 경우를 민간투자, 정부나 공공기관인 경우를 공공투자라고 한다. 개인이나 민간기업이 해외의 주식, 사채, 공채 등을 매입하는 것은 민간투자에 속하며 각국 정부나 공공기관(수출입은행 등), 국제금융기관(IBRD·ADB 등)이 외국정부나 민간기업에 차관을 공여하는 경우는 공공투자에 속한다. 최근에는 지방자치단체 등의 공공기관과 민간기업의 협력으로 이루어지는 투자를 제3섹터 방식의 투자(the third sector FDI)라고 한다.

3) 투자기간의 장·단에 따른 구분

투자기간의 장·단에 따라 투자기간이 1년 이상인 장기의 국제투자를 장기투자, 1년 미만인 국제투자를 단기투자라고 한다. 투자의 장기 및 단기 구별의 기준은 주로 국제수지 작성 관행에 따른 것으로 1년 이상의 자본거래가 비교적 안정적인데 비하여 1년 미만의 거래가 불안정적이고 유동적인 원인에 기인한 것이다. 그러나 이러한 기준의 구분은 어디까지나 절대적인 것은 결코 아니다.

03 해외자본이동의 기본원리

일국의 해외투자 능력은 그 나라의 대외채권 증가가 대외채무의 증가를 초과할 때 발생하게 된다. 이 경우 그 나라의 수출은 수입을 상회하지 않으면 안되며 무역수지의 흑자로 표시되어 진다. 반대로 수입이 수출을 초과하게 되면 무역수지의 적자를 기록하게 되고 이는 해외로부터의 자본차입으로 충당되어져야 하므로 자본수지상의 흑자로 나타나게 된다. 수출에 대한 수입초과액은 자본의 해외로의 실질이전이 발생하고 이에 대응하여 대외채무의 순증이 화폐자본 이전의 형태로 실현된다. 한편 수입에 대한 수출초과인 무역수지 흑자는 대외채권의 증가를 초래하고 해외순투자가 발생하게 된다. 이를 요약하면 다음과 같다.

X−M=If 단, X〉M
X−M=Sf 단, X〈M
{X : 수출, M : 수입, If : 해외투자(대외채권 증가), Sf : 해외저축(대외채무 증가)}

수출입 활동을 고려하는 개방경제하에서는 폐쇄경제와는 달리 국내 총수요는 국내 총생산을 초과할 수도 있고 하회할 수도 있다.

총수요 = 가계소비(C) + 기업투자지출(Id) + 정부지출(G) + 수출(X)
총공급 = 국내생산(Y) + 수입(M)
{Y=가계소비(C) + 국내저축(Sd) + 조세(T)}

사후적으로는 총수요≡총공급이므로 즉,

$$C+Id+G+X \equiv Y+M \quad \cdots\cdots ①$$

이를 변형하면

$$Id-(Y-C-G) \equiv M-X$$

된다. 여기에서 국내생산(Y)에서 가계소비(C)와 정부지출(G)를 빼면 국내저축(Sd)이 되므로

Id−Sd≡M−X(단, 이하 G=T가정)

따라서

국내투자−국내저축=수입−수출

의 관계가 된다.

만약 수출과 수입이 동일하다고 가정하면 총수요와 총공급이 항등관계인 식 ① 은 C+Id+G≡Y가 된다.

상기 식의 의미는 국내수요가 국내생산보다 많거나 적을 경우가 아니라면 수출과 수입은 동일해지며 무역수지의 흑자나 적자가 발생하지 않는다는 것을 뜻한다. 만약 가계소비, 기업 투자, 정부지출의 합이 국내생산을 초과하게 되면, C+Id+G〉Y가 되며, 식 ①에서 수입이 수출을 반드시 초과하지 않으면 안된다(M〉X).

국내총수요를 국내총생산만으로는 채우지 못하여 자원의 부족현상이 발생하고 그 부족분은 수입에 의해 충당되어 진다는 것을 뜻한다.

또 상기 식 C+Id+G〉Y는 Id〉Y−C−G=Sd로 변형시킬 수 있으며 이 경우 국내투자가 국내저축을 상회하게 된다. 일반적으로 국내저축이 부족한 개도국들이나, 경기과열로 인한 국내투자의 증대로 무역수지 적자에 직면하는 선진국들이 이에 해당된다고 하겠다.

이와는 반대로 C+Id+G〈Y의 경우도 가능하다. 이는 국내 총생산이 국내 총수요를 상회하므로 식 ①에서 반드시 수출이 수입을 초과하게 된다(M〈X). 이는 국내생산에 여유가 있어 수출로 나타나며 결국 수출이 수입을 초과하게 된다. 또 상기식 C+Id+G〈Y는 Id〈Y−C−G=Sd로 변형시킬 수 있으며 이 경우 국내저축이 국내투자를 초과하여 자본축적이 지속되는 선진국들이나, 단기적인 수출증가로 인해 무역수지가 큰 폭의 흑자를 기록하는 개도국들이 이에 해당된다. 이상의 식을 정리하면

국내총공급〉국내총수요≡X〉M, 국내총공급〈국내총수요≡X〈M

가 되며 이를 달리 표현하면

$$Sd > Id \equiv X > M \equiv +If,\ Sd < Id \equiv X < M \equiv -If(=Sf)$$

이다.

이상의 과정을 통해 볼 때 일국의 국내저축 수준이 국내투자 수준을 상회하지 못하면 해외투자가 불가능하며 또한, 일국이 해외로부터의 투자유치 또는 차입이 없으면 국내저축을 초과하여 국내투자를 할 수 없다는 것이다. 일반적으로 국내저축과 국내투자와의 상호관계는 자본풍부국의 경우는 국내저축이 국내투자를 상회하게 되어 이자율이 낮은 반면, 자본부족국에서는 국내투자가 국내저축을 상회하게 되어 이자율이 높아지게 된다. 이는 대외거래에도 영향을 미치게 되어 국내저축이 국내투자를 상회하는 경우 국내투자가들은 해외투자를 모색하게 되며, 국내투자가 국내저축을 상회하는 경우에는 해외로부터의 차입, 즉 외자의 유치가 불가피하다.

일반적으로 자본이 풍부한 선진국에서는 자본의 한계효율이 낮고 이에 따라 이자율도 낮으며 자본이 부족한 개도국에서는 자본의 한계효율이 높고 이자율도 높다. 따라서 자본의 한계효율이 낮은 선진국에서 자본의 한계효율이 높은 개도국으로 자본이 이동한다는 것이 맥두갈-켐프(McDougal-Kemp)의 전통적 자본이동론인 이윤율격차이론이다.

제2절 해외직접투자의 개념과 유형

01 해외직접투자와 다국적기업

1) 해외직접투자의 개념

해외직접투자(foreign direct investment)의 개념은 다음과 같은 두 가지 관점에서 정의되어 지는 것이 일반적이다. 첫째, 경제학자들의 전통적인 견해로서 해외직접투자를 국제자본이동의 일 형태로 파악하여 국제간접투자 내지 국제포토폴리오투자에 대한 상대적인 개념으로 파악하는 관점이다. 국제자본이동은 통상 단기자본이동과 장기자본 이동으로 구분되고, 후자인 장기자본이동은 다시 간접투자와 직접투자로 구분된다. 간접투자는 배당 또는 이자 등의 수익을 추구함으로써 자산의 유리한 운용을 위한 투자인 반면 직접투자는 자산의 유리한 운용에만 목적을 두지 않고 기업경영에 직접 참여하여 기업경영상의 운영권 내지 통제권을 추구하기 위한 투자를 의미한다. 이러한 관점에서 라가지(G.Ragazzi)는 "직접투자는 일 국가의 거주자가 실질적 통제권(effective control)을 갖는 해외기업에 대한 투자"라고 하고 루트(F.Root)는 "직접투자는 경영적 통제권을 가지는 해외기업에 대한 장기지분 투자(long term equity)"로 각각 정의하고 있다.

둘째, 국제경영을 연구하는 관점에서는 해외직접투자를 단일생산요소의 이전이나 수출에 대한 상대적인 개념으로 파악한다. 자본의 이동, 기술의 이전 또는 라이선싱 등과 같은 단순한 생산요소의 이동이 단일의 생산요소를 독립적으로 이전시킨 것인데 비하여 해외직접투자는 자국내의 제생산요소들(자본·기술·경영능력 등)을 결합하여 하나의 일체(bundle/package)로써 이전시킨다는 점에서 양자는 구별된다. 수출은 자국 내에서 생산된 제품을 해외에서 판매하는 반면 해외직접투자는 자국내 생산요소들의 결합을 해외로 이전시켜 해외에서의 생산요소들과의 결합을 통해 현지에서의 제품생산 및 판매활동을 행한다는 점에서 양자는 구별된다. 아무튼 이러한 구분은 결국 해외사업활동을 행함에 있어서 대안적 형태가 무엇인가 또는 해외로 이전되는 대상이 무엇인가라는 관점에서 해외직접투자를 정의하려는 것이다.

해외직접투자에는 지분출자(equity capital), 수익의 재투자(reinvested earnings), 기업내 차입(intra-company debt)의 세 가지 형태로 이루어진다. 지분출자는 해외기업의 매입 또는 출자로 인한 새로운 지분획득을 말하고, 수익의 재투자는 투자자에게 배분될 배당금을 배분하지 않고 기업에 재투자하는 것을 말하며 기업내 차입은 모·자회사 간의 장·단기 자금차입에 의한 것이다.

2) 해외직접투자와 다국적기업의 차이점

해외직접투자의 개념 정의는 거의 통일적으로 이루어지고 있으나 다국적기업에 대한 개념 정의는 그러하지 못하다. 양자 관계가 개념상으로는 엄밀히 구분되어

질 수 있으나 구별의 실익이 크지 않으며 양자를 동의어 또는 동일시하는 경향이 보편적이다. 다국적기업의 활동 중에는 여러 가지가 있으나 해외직접투자가 차지하는 비중이 압도적이며 양자의 영역이 크게 중복된다. 해외직접투자와 다국적기업의 차이점을 보면 다음과 같다.[7)]

첫째, 해외직접투자가 기업 또는 개인 등에 의해 행해지는 하나의 행위(act)적 성격을 가지는데 비하여 다국적기업이란 해외직접투자를 주된 활동으로 하는 하나의 제도(institution), 조직(organization)으로서의 성격을 가지고 있다.

둘째, 해외직접투자는 투자기업에 의해 소유된 해외자산의 자본만을 포함하나 다국적기업은 자본뿐만 아니라 경영, 서비스, 기술, 기업가정신 등과 같은 제반 경영자원(management resources)을 포함한다.

셋째, 해외직접투자가 다국적기업 활동 중의 가장 중요한 내용이 되고 있으나 다국적기업의 활동 중에는 해외직접투자 이외에도 라이선싱, 프랜차이징, 수출, 간접투자 등이 포함된다. 그러므로 다국적기업은 주로 해외직접투자를 행하고 있으나, 해외직접투자를 행하는 기업이 반드시 다국적기업은 아니다.

끝으로 해외직접투자는 자본의 이전, 투자의 문제에 국한되어 지며 기업행동 중 경제적 측면이 강조된다. 반면 다국적기업은 자본, 투자 이외에도 시장전략, 업무전략, 대 현지정부 관계 등과 같은 요소들을 포함하며 경제적 측면 뿐만 아니라 법적·정치적·사회문화적 측면까지 강조한다.

02 해외직접투자의 유형과 결정 요인

1) 전략적 동기에 의한 분류

다국적기업과 해외직접투자의 진출이 어떤 유형으로 이루어지느냐의 분류는 각각의 학문분야와 연구자의 입장에 따라 그 접근방법이 상이할 수 있다.

일반적으로 해외직접투자는 그 전략적 동기에 따라 다음의 다섯 가지 유형으로 분류되고 있다. 기업의 해외진출은 일반적으로 복합적 동기에 의해 이루어진다는 점에서 가장 중요한 동기가 무엇인가에 따라 분류한다.

7) 노택환, "다국적기업의 해외직접투자 이론에 관한 연구", 경북대학교, 박사학위논문(1987).

(1) 시장지향형 직접투자

시장지향형 직접투자(market-oriented FDI)는 현지국의 시장을 개척, 확보, 유지하기 위한 동기로 해외직접투자가 이루어지는 경우이다. 시장지향형 해외직접투자는 크게 방어적 투자와 공격적 투자로 나누어 볼 수 있다. 전자는 현지시장에 일반 수출을 통해 공급하다가 관세 등의 무역장벽이 구축되거나, 현지 경쟁산업의 성장으로 인해 경쟁환경이 악화된 경우이다. 이 경우 기존의 수출시장을 방어하기 위해 해당 국가에 직접투자를 하거나 또는 우회 수출기지를 확보할 목적으로 제3국에 직접투자하는 경우이다.

미국이 삼성과 LG의 수입산 세탁기에 세이프가드 조치(2017)를 발표하자 시장방어적 목적으로 LG는 테네시주 클락스빌에 2억 5,000만 달러, 삼성은 사우스캐롤라이나주 뉴베리에 3억 8,000만 달러 현지공장을 건립을 결정했다.

한편 SK이노베이션이 2020년 완공 목표로 헝가리 코마롬에 대규모 배터리 공장을 짓기 위한 8,400억 원의 투자는 공격적 목적의 직접투자이다. 공장이 가동되면 연 12만 대 유럽 전기차의 배터리를 공급하는 시장공략이 본격화된다.

(2) 생산효율지향형 직접투자

생산효율지향형 직접투자(production efficiency-oriented FDI)는 생산요소가격이 낮은 국가에 투자하여 생산효율을 높이기 위한 투자를 말한다. 그 중에서도 현지국의 저렴한 노동력을 이용하기 위한 동기로 투자가 이루어지는 경우가 대표적이다. 선진국 기업이 임금이 싼 동남아시아에 투자하여 노동집약적인 생산공정을 수행하게 하는 것이 여기에 속한다. 한국의 경우 노동집약적인 봉제회사들이 노동력이 저렴한 후발개도국인 중국, 베트남 등에 투자하는 것은 대표적 예이다.

(3) 기술(지식)지향형 직접투자

기술(지식)지향형 직접투자(technology-oriented FDI)는 선진기술이나 경영지식을 습득하기 위한 투자로 기술의 중심지에 자회사를 설립하거나 기존회사를 인수함으로써 그 목적을 달성할 수 있다. 기술혁신은 그러한 혁신을 가져오는 토양을 요구하며, 그 토양은 대개 유수한 대학이나 연구기관을 중심으로 이루어지게 된다. 따라서 세계적으로 기술혁신은 몇 군데의 제한된 지역에 집중하게 되며, 따라서 어떤 산업에서 세계적 기술수준을 확보하기 위해서는 그러한 지역으로의 진출이 필수적이다. 삼성, 현대차, LG전자, SK, KT 등 우리 기업들이 새로운 비즈니스모델을 찾기 위해 미국의 IT산업 심장부인 실리콘 밸리(Silicon Valley)에 진출하는 것은 대표적 예이다.

(4) 자원지향형 직접투자

자원지향형 직접투자(resource-oriented FDI)는 현지국에서 자원을 안정적으로 확보하여 본국으로 수입하거나 가공한 후 제3국에 수출하기 위한 동기로 직접투자가 이루어지는 것을 말한다. 석유, 광물, 농산물, 임업분야의 해외직접투자가 여기에 해당한다. 코데코에너지사의 인도네시아 마두라유전 개발이나 포항제철의 캐나다, 호주 등에서의 석탄탄광의 개발 등을 대표적인 예로 들 수 있다.

한국기업의 대 인도네시아 오지에서의 자원지향적 투자는 매우 활발하다. LG상사는 2009년 16,000ha 규모의 팜 농장 인수에 이어 2011년 서부 칼리만탄 스카다우에 연간 8만 톤 규모의 팜유(油) 가공공장을 착공했다. 삼성물산은 수마트라에 2008년 24,000ha의 팜 농장을 인수했고 SK네트웍스는 2009년 칼리만탄에 15,000ha에 천연고무 농장을 운영했다. 대상그룹의 지주회사 대상홀딩스도 칼리만탄에 2009년 현지 합작법인을 설립하여 팜 농장을 인수하고 2011년 팜유 가공공장을 착공했다. 팜유는 최근 친환경 대체에너지인 바이오디젤이나 화장품 등 산업용 수요가 증가하여 인기가 높아 대기업들의 진출에 대한 관심이 상당히 높다.

(5) 기타

정치적 안정지향형 직접투자(political safety-oriented FDI)는 소유권 몰수나 정부규제 등과 같은 정치적 위험을 회피할 목적으로 정치적으로 안정되어 있는 지역으로 해외투자하는 경우이다.

2011년 동일본 지진과 방사능 유출 사태로 일본기업들이 천재지변으로 인한 기업의 리스크를 피하기 위해 지리적으로 안정되고 투자인센티브가 큰 한국의 경제자유구역에 투자를 시도하는 것은 또 다른 유형의 지리적 안정지향적 투자라고 할 수 있겠다.[8)]

선도기업추종형 직접투자(follow-the-leader FDI)는 과점적 시장경쟁구조하에서

---

8) 국내 경제자유구역(Free Economic Zone)은 인천, 부산·진해, 광양권, 황해, 새만금·군산, 대구·경북이 지정되어 있다. 2011년 일본 후쿠시마 원전사고 이후 소프트뱅크는 안전한 데이터 보관을 위해 김해글로벌데이터센터를 건립했다. 일본 구로다전기 또한 일본내 전력난과 불안한 경영환경 등을 개선하기 위해 김해전용산업단지에 20여 개 계열사 투자를 결정했다.

한 기업이 해외투자를 하면 밴드웨건 효과(band-wagon effect)에 의해 다른 과점적 경쟁기업이 재빠르게 뒤따라 해외투자하는 경우이다. 예를 들어 1982년 금성사가 미국 헌츠빌에 컬러TV조립공장을 만들자 라이벌기업인 삼성전자가 1984년 미국 룩스 밸리에 컬러TV조립공장을 세웠다. 또 1994년 현대전자가 미국의 HDD업체인 맥스터(Maxter)사를 인수하자 1995년 삼성전자가 미국의 AST리서치(Research)사를, LG전자가 미국의 제니스(Zenith)사를 각각 인수한 것도 좋은 예이다.

고객추종형 직접투자(follow-the-customer FDI)는 부품업체가 완제품 생산업체의 필요를 채워 주기 위해 동반진출을 하는 경우이다. 현대·기아차가 중국에 진출하면서 많은 국내 중소기업들이 동반진출했다. 또 금융과 같은 서비스분야에서 자국기업에 필요한 서비스를 제공하기 위해 자국기업이 많이 진출해 있는 국가를 택해 서비스부문의 해외투자를 하기도 한다.

브랜드 이미지 지향적(brand image-oriented) 투자를 목적으로 2012년 중국 컴퓨터사 레노버(Lenovo)는 인건비가 3배 높은 미국에 생산공장을 착공하기도 했다.

네트워크추구형 투자(network seeking FDI)는 다국적기업이 현지 자회사뿐 아니라 현지기업들과의 네트워크를 구축하기 위한 투자로 IBM이 전 세계 150개 이상의 다국적기업 및 현지기업들과의 광범위한 네트워크를 형성하고 있는 것은 좋은 예이다.

2) 산업조직론적 분류

(1) 수직적 통합형

수직적 통합형(vertical integration type)은 생산단계의 전후를 통합하는 형태로서 가장 초보적인 통합의 형태이며, 수직적 통합은 그 통합의 형태에 따라 후방(backward) 통합형과 전방(forward) 통합형으로 구분된다. 수직적 통합은 생산 국가별로 임금, 숙련노동·비숙련노동, 요소부존도 등의 차이가 존재할 때 주로 이루어지는 경향이 있다.

후방통합형의 전형적인 예로서는 광산회사나 제철회사가 해외자원을 개발하기 위해 현지에 직접투자를 하고 정련은 본국에서 행하는 경우, 그리고 석유회사가 원유채굴에 직접투자를 하고 정제는 본국 또는 제3의 수요국에서 행하는 경우, 제지회사가 목재나 펄프 등의 개발수입을 위해 해외투자하는 경우 등이다. 전방통합형의 전형적인 예는 다국적 자동차회사가 본사의 자동차를 판매하기 위해 해외에 판매 자회사를 세우는 경우 등이다.

(2) 수평적 통합형

수평적 통합형(horizontal integration type)은 동일한 단계의 기업활동을 세계 여러 지역에서 이행하고 있는 경우이다. 투자기업이 본국에서 생산하는 제품과 동일한 제품을 해외에서 생산하기 위해 해외 생산자회사를 세우는 경우로서 제품라인을 지리적으로 분산하는 것을 의미한다. 수평적 통합형의 예로서는 세계 도처에 동일한 제품을 생산·판매하고 있는 코카와 펩시콜라, 그리고 다국적 제약회사 등을 들 수 있다.

이러한 수평적 통합이 이루어지는 기본적인 요인은 대체로 복수의 공장을 가진 기업의 경제성과 잠재적 고객의 분산에 따른 생산과 마케팅의 분산화이다. 복수의 공장을 가진 기업의 경제성이란 먼저 어떤 다국적기업이 진출하고 있는 지역 또는 국가별로 그 특성에 따라 각종의 부품 생산을 전문화하여 상호보완적 생산을 한다. 다음으로 그러한 생산품들을 상호 교환하여 완제품을 조립할 경우 얻게 되는 경제적인 효율과 이익을 말한다.

잠재적 고객의 분산에 따른 생산과 마케팅의 분산은 판매지역의 분산 정도에 따라 생산지역도 분산시키게 된다. 이처럼 변화하는 환경에 잘 적응하여 마케팅의 효율성을 높이고 여러 시장에 서어브함으로써 위험의 지역적 분산을 통한 이익의 안정화를 꾀하는 것을 말한다.

(3) 다각적 통합형

다각적 통합형(conglomerate integration type)은 생산 및 수요측면에서 직접적으로 밀접한 관계를 갖지 않는 분야에 해외투자하는 경우이다. 한 기업이 여러 분야의 사업을 동시에 수행하여 사업상의 위험을 분산시킬 수 있다는 장점이 있다. 이러한 다각적 통합형은 일반적으로 다음과 같은 요인들에 의해 이루어진다.

기업 내부의 경영자원인 기업 경영능력의 축적이 이루어져 그것을 유효하게 활용하기 위하여 투자하는 경우다. 그러한 축적된 경영자원을 종래의 부문에 투입하여 기업의 확장을 이룩하기보다는 새로운 사업분야에 투입하는 것이 유리한 경우이다. 여기에는 종래의 사업분야가 정체적이어서 성장의 잠재성이 없거나 외부적 제약이 많아졌다거나 또는 위험분산 요구 등의 고려가 필요한 경우이다.

다각적 통합형의 대표적 예로서는 엑손(Exxon)의 경우를 들 수 있다. 엑손은 전 세계 79개국에서 주로 석유, 천연가스 개발, 정유 및 이들 제품과 관련된 사업을 운영하고 있다. 이외에도 과테말라에 미니 체인점망, 캐나다에 에소(Esso)주유소, 칠레에 구리광산을 소유하고 있고, 벨기에에서는 플라스틱 개발사업, 그리고 홍콩에서는 전력공급 사업을 운영하고 있다.

이상의 수직적 통합형, 수평적 통합형, 다각적 통합형을 다국적 석유기업을 예시로 들면 다음의 [그림 4-2]와 같다.

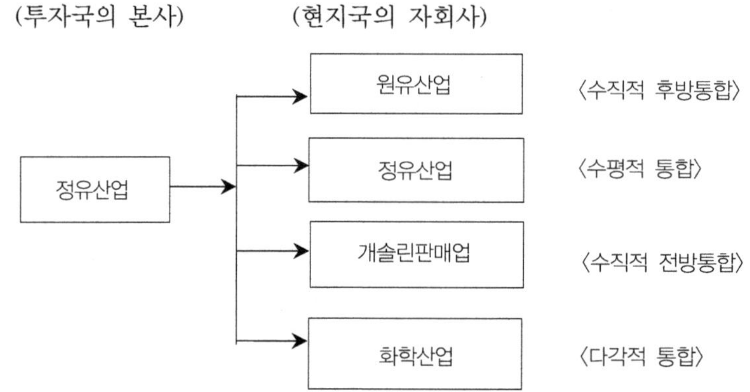

자료 : *R.J. Carbaugh, International Economics*, 2nd. ed., Wadsworth Publishing Company(1985), p.189.

[그림 4-2] 다국적기업의 국제적 통합형태

(4) 산업간·산업내직접투자

산업간직접투자(inter-industry FDI)가 서로 다른 산업 간에 직접투자가 이루어 지는 경우로 예컨대 한국은 미국으로 자동차 산업에, 미국은 한국의 금융산업에 직접투자를 하는 것이다. 반면 산업내직접투자(intra-industry FDI)는 동일 산업 내에서 직접투자가 이루어지는 경우이다.

산업내직접투자는 다국적기업이 소비나 생산면에서 동일산업으로 분류될 수 있는 제품이나 서비스를 생산하기 위해 서로 상대방 국가에 직접투자를 하는 것이다. 산업내무역(intra-induatry trade)[9]과 산업내직접투자는 일반적으로 상관관계가 높은 것으로 알려져 있다. 산업내직접투자가 산업내무역을 증가시키기도 하고 산업내무역이 산업내직접투자를 증가시키기도 한다.

9) 산업내무역은 제품의 차별화, 제조공정 단계 분산 등으로 인해 주로 일어난다.(제10장 제1절 참조)

03 투자국별 분류

1) 미국형·일본형 직접투자

다국적기업과 해외직접투자의 유형을 국가별로 분석하려는 시도이다. 하이머-킨들버그 가설(Hymer-Kindleberger Hypothesis) 이후 해외직접투자에 대한 분석은 주로 기업특유의 독점적 우위요소(firm-specific monopolistic advantage)에 대한 것이었으나 1970년대 중반 이후부터 미국의 상대적 비중이 감소하고 일본 및 제3세계의 해외투자가 급증하게 되자, 해외투자는 기업특수적 현상이기보다는 국가특수적(country-specific)현상으로 보기 시작했다. 직접투자를 투자국별로 미국형, 일본형, 제3세계형으로 나누어 분석하는 경향이 있었다.

고지마(K. Kojima)에 의하면 미국형 직접투자(American type FDI)는 일본형 직접투자(Japanese type FDI)와 비교하여 다음과 같은 특성을 지니는 것으로 설명한다. (제6장 제4절 참조)

① 과점적 대기업들이 이윤극대화를 목적으로 자본 기술·경영능력 등 제경영자원의 거대성과 탁월성을 무기로 하여 세계시장점유율 경쟁적인 시장지향적 진출을 행한다.

② 비교우위구조상 선발성장산업(전기전자·기계·화학·수송기기 등)으로부터 해외로 진출한다.

③ 투자지역도 과반수가 선진국이며 소유정책도 완전소유가 대부분이다.

한편, 일본의 해외직접투자는 1970년대에 와서야 비로소 본격적으로 행하여졌고 투자지역과 대상산업 및 규모 등의 차이에 따르는 특성들을 가진다. 이러한 일본형 투자를 미국형과 비교해 보면 다음과 같다.

① 많은 중소규모적 기업들이 자원산업 및 노동집약적 산업에 투자함으로써 자원지향적·노동지향적 투자를 행한다.

② 비교우위의 구조상 비교우위가 약화되거나 표준화된 산업(섬유·의복·철강가공·자동차조립·라디오 등의 전기기기)에 거시적 국민경제적 관점에 입각하여 진출한다.

③ 투자지역도 대부분이 개도국이며 소유정책도 합작투자의 형태를 선호한다.

고지마는 미국형 직접투자를 역무역 지향형(anti-trade oriented type), 일본형 직접투자를 순무역지향형(pro-trade oriented type)으로 규정하였다.

먼저 미국형 직접투자가 역무역지향적이라는 것은 미국의 투자는 산업별 비교우위라는 거시적·국민경제적인 관점을 무시하고 첨단기술의 독과점기업들이 이윤극대화를 위해 해외로 진출한다는 것이다. 이는 결국 자국 비교우위의 손실을 초래할 뿐만 아니라 현지국과의 마찰 등을 일으킴으로써 미국의 무역을 저해할 것이라는 것이다.

반면 일본형 직접투자는 투자의 대부분이 자원산업에 집중되었으므로 독과점기업에 의한 시장확대와 이윤추구보다는 일본의 비교열위를 보완하는 방향의 투자가 이루어졌다. 또한 표준화된 기술산업이나 비교우위가 약화된 산업에서 투자가 행해졌다. 거시적·국민경제적 관점에서 볼 때 자국의 산업구조조정은 물론 현지국의 공업화에도 기여함으로써 다분히 비교우위구조의 보완적 또는 무역지향적이었다는 것이다.

요약하면 미국형 직접투자는 굳이 첨단산업의 기업이 해외로 진출하지 않더라도 미국내에서 수출이 이루어져 왔고 해외진출로 인해 미국내의 수출이 자회사 수출로 대체될 뿐이다. 따라서 이는 세계 전체적으로 보면 교역량이 불변이므로 역무역지향적이라고 한다. 반면 일본형 직접투자는 일본내에서 경쟁력이 없어 수출이 전혀 이루어지지 않던 기업이 해외로 진출하여 현지국의 저렴한 노동력과 결합하여 수출경쟁력을 갖게 되어 제3국으로의 수출이 가능하다. 이 경우 현지국의 새로운 수출이 창출되어 세계 전체의 교역량이 증가하게 되어 순무역지향적이라고 한다. 하지만 1980년대 이후 일본형 직접투자도 미국형 직접투자를 닮아가는 경향이 있어 양자의 구분 실익이 없다는 주장도 대두되었다.

2) 제3세계형 직접투자

개도국인 제3세계 다국적기업(the third world multinationals)의 해외진출이 활발해지면서 기존 선진국 다국적기업의 직접투자와 어떠한 차이가 있을 것인가에 대한 연구가 1980년대 활발히 이루어졌었다. 제3세계 다국적기업은 주로 한국, 대만, 홍콩, 인도, 브라질 등 신흥공업국을 중심으로 한 국가들의 기업이었다. 이들은

1970년대 중반 이후 해외투자를 본격화하여 본국보다 기술수준이 낮은 국가뿐만 아니라 선진국시장에도 직접 뛰어 들어 현지생산공장을 설립함으로써 선진국기업과 경쟁하고 있다. 제3세계 다국적기업의 특성으로 주로 지적되고 있는 것은 다음과 같다.

① 해외직접투자의 대상지역이 대부분 개도국이다. 이는 미국을 비롯한 선진국 다국적기업이 대부분 선진국에 투자를 하고 있는 것과 대조를 이루고 있다.

② 제3세계 다국적기업은 일반적으로 합작투자를 선호하는 경향이 있다. 웰즈(L. T. Wells)에 의하면 조사대상 제3세계 다국적기업의 자회사 중 91%가 합작투자형태인데 비하여 미국기업은 그 비율이 40% 수준이다.[10] 그 이유는 제3세계 다국적기업의 해외투자를 받아들이는 대부분의 개도국들이 합작투자를 정치적·법적으로 요구할 뿐만 아니라 개도국 기업들 스스로도 기술의 부족, 정치·경제적 불안정성 등 대상 개도국의 투자환경을 고려하여 단독투자보다 합작투자를 선호하는 경향이 있기 때문이다.

③ 제3세계 다국적기업의 해외투자는 지리적 근접성(geographic proximity)을 가지고 인접국가에 투자하는 경향이 높다. 동남아시아의 다국적기업이 해외에 설립한 494개의 제조자회사 중 428개가 동일지역에 있었으며, 남미의 경우 157개 해외자회사 중 118개가 동일지역에 있었다는 웰즈의 연구결과도 이를 뒷받침하고 있다.

④ 제3세계 다국적기업은 대부분 기존 수출시장에 관세 또는 비관세장벽이 설치되거나 선진국기업의 진출이나 현지국내 기업의 성장으로 수출시장이 위협받게 됨에 따라 기존시장을 방어하기 위한 수단으로 해외직접투자(defensive investment)를 한다.[11]

최근에는 중국, 인도, 러시아, UAE 등과 같이 잉여 외환보유액으로 만든 국부펀드(sovereign wealth fund)를 이용하여 선진국 기업을 M&A 시키는 새로운 제3세계형 다국적기업이 활발하다. 선진국마저 개도국의 국부펀드에 의한 피인수를 두려

10) L.T. Wells, Jr., *Third World Multinationals : The Rise of Foreign Investment from Developing Countries*(Mass. : The MIT Press, 1983), pp.3-4.

11) ibid, pp.4-6.

워하고 있는 실정이다. 특히 2008년 미국발 글로벌금융위기 이후 중국기업들은 미국뿐 아니라 전 세계를 대상으로 제조업과 서비스업을 가리지 않고 진출하고 있다.

한국의 해외직접투자는 시기별로 대체로 유형을 달리하고 있다. 1990년 이전에는 한국의 해외투자가 상대적으로 저조했고 주로 자원 및 시장지향형이라고 할 수 있다. 1990년대 전반에는 경공업 위주의 노동력지향형 해외직접투자가 급증했고 1990년대 후반 이후에는 노동력 및 시장지향형투자로 중화학 및 고기술산업의 비중이 확대되었다.

3) 국가별 유형의 평가

일본형과 미국형 투자로 분류한 고지마(K. Kojima)의 주장과 제3세계형 투자에 대한 웰즈(L.T. Wells) 등의 연구는 어떻게 평가될 수 있는가? 적어도 크게 다음의 두가지 관점에서 분석되어야 할 것이다.

① 이러한 분류가 과연 오늘날의 미국투자와 일본투자 및 제3세계 투자의 현실을 잘 설명해 주고 있는가 내지는 과연 그러한 분류가 가능한가라는 실증적 문제로 보다 구체적으로 보면

㉮ 각 국가별 투자특성이 뚜렷이 나타나며 그 특성이 각 국가의 고유한 현상인가, 그렇지 않다면 각 국가별 경제발전 단계의 차이를 반영한 일시적 현상인가?[12)]

㉯ 국가별 투자유형이 경제발전 단계 내지는 역사적으로 제3세계 투자형 → 일본형 투자 → 미국형 투자로 발전할 것인가?

㉰ 일본형 투자나 제3세계형 투자가 미국형 투자와 다른 우위는 무엇인가?

㉱ 미국형 투자를 설명하기 위해 개발된 기존이론들이 일본형과 제3세계형 투자를 설명하는데 계속 유용한가? 만약 그렇지 않다면 일본형과 제3세계 다국적기업을 설명할 독자적 이론은 무엇인가? 등의 문제가 연구대상이 된다.

② 이러한 투자유형의 분류가 타당하다고 할 때 이러한 유형의 투자는 어떠한 경제적 평가를 받을 수 있는가의 규범적 문제이다. 특히 미국형 투자와 일본

---

12) Ardnt(1973), Roomer(1975), Sekiguchl & Krause(1980) 등은 Kojima 이론의 정태성을 지적하면서, Kojima가 주장하는 일본형 투자의 특징은 일본의 산업구조가 고도화되기 전에 나타나는 예외적 현상이므로 일본의 산업구조가 고도화되면 사라질 것이라고 주장했다.

형 투자와 관련하여 과연 고지마가 주장하는 대로 일본형 투자가 미국형 투자보다 투자당사국이나 세계경제에 더 바람직한가라는 점이다.

이상의 국가별 유형의 구분은 글로벌 경제하에서 선진국과 개도국의 상호 직접투자가 활발하게 일어나는 등 설득력이 약하다. 1970년대 고지마의 일본형과 미국형 직접투자 구분도 1980년대 이후 일본형이 미국형 직접투자를 닮아가고 있다는 많은 연구가 있었다. 또 제3세계 개도국의 직접투자도 개도국뿐 아니라 선진국으로도 투자가 이루어져 사실상 국가별 구분의 특성이 의미가 없다.

04 해외직접투자의 현지국 결정요인

현지국 측에서 본 해외직접투자의 결정요인을 보면 현지국의 외국인직접투자정책 요인, 경제적 요인, 기업활동 환경 요인 세 가지로 구분해 볼 수 있으며 세부적 요인들은 [표 4-2]와 같다.

[표 4-2] 해외직접투자의 현지국 투자결정 요인

<table>
<tr><th colspan="2">현지국 투자결정요인</th><th>세부적 요인</th></tr>
<tr><td colspan="2">투자정책 요인</td><td>• 경제적, 정치적, 사회적 안정성
• 신규진입 및 투자활동에 관한 법규
• 해외자회사의 대우기준
• 시장기능 및 구조에 관한 정책(경쟁·M&A 등)
• FDI에 대한 국제적 협약
• 민영화정책
• 무역정책 및 해외직접투자 정책의 일관성
• 조세정책</td></tr>
<tr><td rowspan="3">경제적 요인</td><td>시장지향형 투자</td><td>• 시장크기/일인당 소득
• 시장성장율
• 지역 및 글로벌시장 접근
• 국가특유적 소비자 선호
• 시장의 구조</td></tr>
<tr><td>자원·자산 지향형 투자</td><td>• 원재료
• 저임금, 비 숙련노동
• 숙련노동
• 기술/혁신적 지식자산(상표 포함)
• 사회간접자본시설(항만, 도로, 전력, 텔레커뮤니케이션)</td></tr>
<tr><td>효율성지향형 투자</td><td>• 자원/자산의 비용
• 생산성
• 투입비용(수송, 통신, 중간재 등)
• 지역경제통합 협정이행</td></tr>
<tr><td colspan="2">기업활동 환경 요인</td><td>• 투자촉진(투자유발 활동 및 투자시설 서비스)
• 투자인센티브
• 부패·행정비효율성(red tape)과 관련한 부담(hassle cost)
• 사회적 설비(삶의 질, 외국인 학교시설 등)
• 투자 후 서비스</td></tr>
</table>

자료 : UN, *World Investment Report*(1998), p.91.

5 글로벌市場 進入戰略

제1절 글로벌시장 진출방식의 변화와 유형

01 글로벌시장 진출방식의 변화

루트(Root)는 [그림 5-1]에서 보는 바와 같이 다국적기업의 해외진출 과정을 자원투입/위험수준과 통제 수준에 따라 단계별로 구분했다.1) 다국적기업은 시간이 경과함에 따라 간접수출, 직접수출, 라이선싱, 지점 및 자회사를 통한 수출, 합작투자, 단독투자의 순으로 글로벌시장 진입방식이 변화한다고 본다. 그러나 다국적기업이 소유하고 있는 자원이나 경험, 산업의 특성, 투자국의 환경에 따라 해외시장 진출은 특정단계에 머물거나 단계를 건너뛰기도 한다.

수출이나 라이선싱보다는 직접투자가 장기적이고 자원투입과 위험도가 높기 때문에 높은 통제를 요구하고 수출은 단기적이고 위험도가 낮은 가장 단순한 글로벌시장 진출방식이다.

러그만(Rugman)은 글로벌시장 진출에 수출, 라이선싱, 직접투자의 단순모형에서 수입국의 무역장벽이 없으면 수출, 무역장벽이 있으면 라이선싱과 직접투자를 고려할 수 있는데 기술유출의 위험이 없으면 라이선싱을, 기술유출의 위험이 있으면 직접투자를 선택한다고 한다.2)

1) F.R. Root, *Entry Strategies for International Market*(Lexington Books, 1987), p.20.

2) A.M. Rugman, D.J. Lecraw and L.D. Booth, *International Business : Firm and Environment*(New York : Magraw-Hill, 1986).

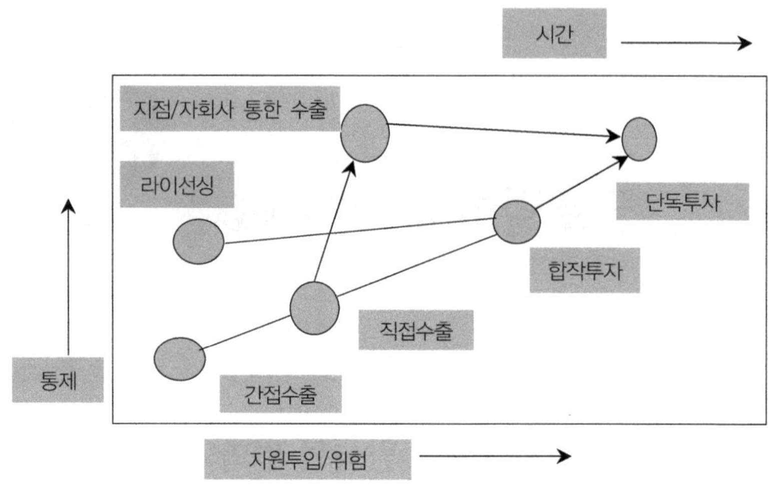

자료 : Root(1987), p.20.

[그림 5-1] 해외진출 방식의 발전과정

힐(Hill)의 모형에서는 운송비와 관세율에 초점을 두고 운송비와 관세율이 낮으면 수출을 선택하고 운송비와 관세율이 높고 노하우(know-how)가 라이선싱을 통해 이전이 가능하지 않으면 직접투자를 선택한다. 운송비와 관세율이 높고 해외사업에 대한 본사의 통제가 필요하다면 직접투자를 하고 본사의 통제가 필요하지 않는 경우에는 라이선싱을 한다. 또 노하우를 충분히 보호할 수 있으면 라이선싱을, 보호할 수 없다면 직접투자를 선택한다.[3)]

버클리와 카슨(Buckley and Casson)의 모형에서는 글로벌시장 진출에 있어서 고정비용과 유동비용에 초점을 두었다. 수출의 경우 기존 생산공장을 그대로 이용하기 때문에 고정비용은 매우 낮은 반면 유동비용은 운송비, 관세 등으로 매우 높다. 라이선싱의 경우에는 수출보다 유동비용은 낮고 고정비용은 높다. 운송비나 관세가 없기 때문에 유동비용은 낮고 고정비는 라이선시(licensee)가 라이선서(licensor)로부터 사용하는 자산의 대가와 거래비용이 추가 된다. 직접투자는 자회사 설립에 따른 고정비용이 많이 소요되어 라이선싱보다 높고 유동비용은 라이선싱보다 낮다.

요약하면 유동비용은 수출이 가장 높고 다음으로 라이선싱, 직접투자의 순으로 높으며

3) C.W. Hill, *International Business : Competing in the Global Marketplace*(Burr Ridge, Ill. : Irwin, 2002).

고정비용은 직접투자가 가장 높고 다음으로 라이선싱, 수출의 순이다. 만약 생산량 변동에도 이러한 비용의 순위가 유지된다면 다국적기업의 글로벌시장 진입은 수출로 시작해서 라이선싱, 직접투자로 발전할 것으로 예상할 수 있다.[4)]

다국적기업 해외 자회사의 진출전략 유형에는 크게 자립형전략(stand-alone strategy), 단순통합전략(simple integration strategy), 복합통합전략(complex integration strategy)이 있다. [그림 5-2]에서 보는 바와 같이 자립형 자회사는 현지국 내 독립적인 기업으로 운영된다. 모회사와 자회사의 주요한 연계는 소유권을 통한 통제, 기술이전, 장기자본 제공 등이다. 자회사가 이익을 내는 한 모회사는 자회사에 대해 거의 통제하지 않는다. 일반적으로 자립형 자회사는 현지국 내 공급업자(supplier)들과 하청업자(subcontractor)들과의 상당한 관계를 유지하고 있지만 생산물 부가가치의 대부분을 자회사가 담당하고 있다. 자립형 자회사는 현지국 노동자와 고용자를 고용하며 현지 금융기관과 자금거래를 하고 타국과의 국제무역에 종사한다. 자립형 자회사는 모회사와의 통합의 정도는 약하며 특히 모회사가 원재료 및 부분품의 수입이 어려워 현지국에서 조달이 가능할 때 제조업 분야에서 자주 이용되고 있다. 하지만 서비스 분야에서도 일반적이다. 왜냐하면 서비스는 비교역적이고 자회사는 자급자족형의 운영을 하며 모회사 조직을 그대로 모방할 수 있기 때문이다.

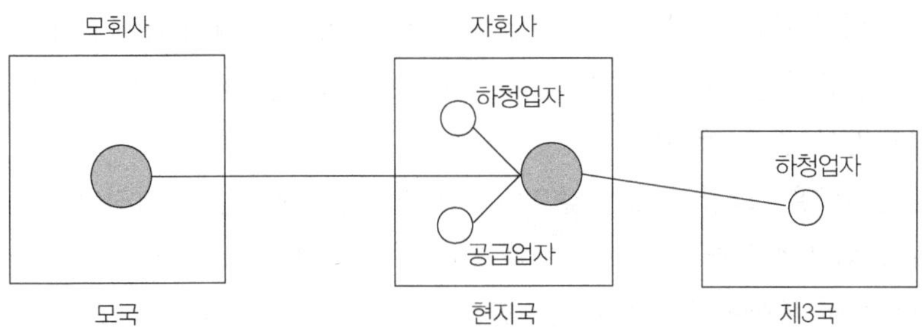

자료 : *World Investment Report*(1993), p.119.

[그림 5-2] 자립형전략

4) P. J. Buckley and M.Casson, "The Optimal Timing of Foreign Direct Investment", *Economic Journal*, Vol. 91(June 1981).

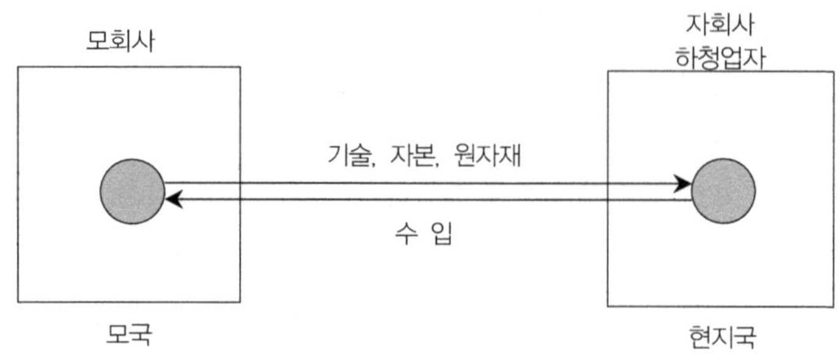

자료 : *World Investment Report*(1993), p.120.

[그림 5-3] 단순통합전략

단순통합전략은 [그림 5-3]과 같이 국제생산의 주요 활동은 아웃소싱(outsourcing)이다. 일부의 활동은 자회사 또는 하청업자에서 이루어지고 일부 활동은 모회사에서 이루어진다. 의류산업과 같은 제조업에서 개도국에서 생산이 이루어짐으로써 단순통합 자회사의 유형이 일반적으로 나타난다. 소프트웨어, 텔레커뮤니케이션, 컴퓨터 등의 서비스업에서도 일부 다국적기업들은 이러한 유형의 자회사 또는 하청업자를 활용한다. 아웃소싱의 주목적은 현지국의 저렴한 임금 등 장소적 우위를 활용하는 것이다. 모회사와 자회사의 연계는 소유권, 기술, 시장, 금융, 기타 투입물 등이며 아웃 소싱된 생산물은 모회사에 의해 통제된다. 나이키가 남아시아 및 동남아시아 등 40여개 지역에서 운동화를 하청 생산하고 있는 것은 단순통합전략의 좋은 예이다.

복합통합전략은 [그림 5-4]와 같으며 복합적 국제생산은 지역적 핵심네트워크(core network)로 이루어지며 모회사와 자회사의 연계는 소유권, 기술 등 모든 기능을 포함한다. 복합통합전략은 제조업뿐 아니라 회계, 금융, 기획, 교육 등 모든 부분에서 활용된다. IBM은 R&D 부문에서, 미국의 ITT는 조달부문에서, 혼다, 닛산, 도요타는 자동차 부문에서 스위스 항공사 Swissair는 회계부문에서, 이탈리아의 타이어회사인 Pirelli는 금융부문에서, Ford와 Mazda는 교육부문에서 각각 복합통합전략을 활용했다.

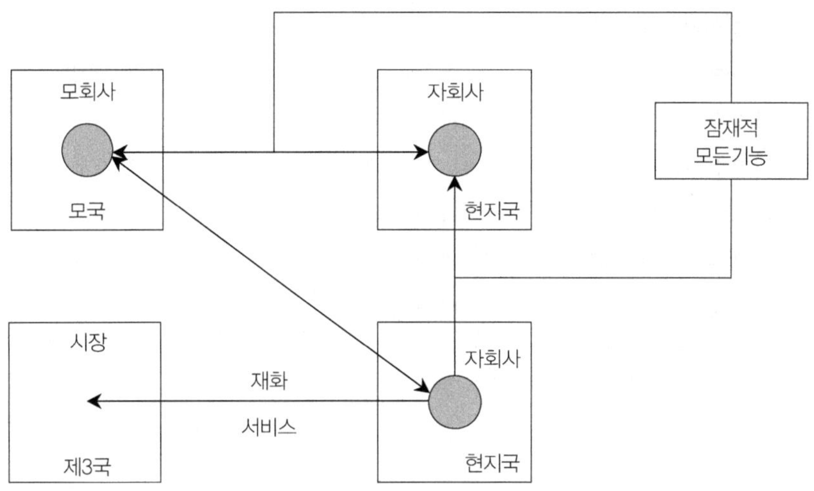

자료 : *World Investment Report*(1993), p.123.

[그림 5-4] 복합통합전략

02 글로벌시장 진출 유형

다국적기업의 글로벌시장 진입방법은 [표 5-1]과 같이 수출, 계약, 해외직접투자 방식으로 구분할 수 있다. 수출방식에는 간접수출, 직접수출, 주문자상표 부착방식(OEM : Original Equipment Manufacturing), 제조업자 개발방식(ODM : Original Development (Design) Manufacturing), 자체상표생산(OBM : Original Brand Manufacturing) 등이 있다. 계약방식에는 라이선싱(licensing), 프랜차이징(franchising), 계약제조(contract manufacturing), 관리계약(management contract), 턴키계약(turn-key contract), BOT(Build Operating Transfer) 등이 있다. 해외직접투자 방식에는 단독투자(sole venture)[5], 합작투자(joint venture)[6], 신설투자(green-field investment), 인수·합병(M&A)이 있다.

5) 일반적으로 의결권 주식의 95% 이상 소유를 완전소유(complete ownership), 50% 이상 95% 미만 소유를 다수소유(majority ownership), 50% 미만 소유를 소수소유(minority ownership)로 정의하기도 한다.

6) SK종합화학은 중국 우한시에 중국 국영 석유화학 시노펙(Sinopec)과 35 대 65 지분 비율로 총 3조 3,000억 원 규모의 합작회사 중한화학을 설립했다. 2013년 9월부터 가동해 사드갈등에도 불구하고 4년간 총 1조 6,000억 원의 영업이익을 올려 합작투자의 이점을 최대한 활용했다.

[표 5-1] 글로벌시장 진입 방법

수출	계약	해외직접투자
간접수출	라이선싱	단독투자
직접수출	프랜차이징	합작투자
주문자상표부착방식	계약제조방식	신규투자
제조업자개발방식	관리계약	인수·합병
자체상표생산	턴키계약	-
-	BOT	-

토의자료

슬로패션(Slow Fashion)

유행하는 옷을 2주 만에 저렴한 가격으로 만드는 SPA(Speciality retailer of Private label Apparel) 브랜드의 패스트패션(fast fashion) 의류 스타일이 빠르게 확산되고 있다. 지갑이 얇은 청년층 사이에서 인기가 있다. 하지만 생산, 소비과정에서 환경오염을 유발하고 저가격 유지를 위해 노동력 착취 논란도 야기된다.

반면 슬로패션은 패스트 패션과 반대 개념으로 친환경 천연소재와 염색법을 활용해 환경과 건강에 부정적인 영향을 최소한으로 줄이기 위한 의류 산업이다. 슬로패션은 유기농 작물과 재활용 소재로 의류를 만들고 저임금 노동자들에게 더 많은 대가를 지급하는 공정거래를 추구한다. 친환경 염색법을 통해 수질오염이 되지 않도록 하고 영화 해리포트 시리즈에 출연했던 유명 영화배우 엠마 왓슨도 슬로패션 확산에 앞장서고 있다.

자료: 조선닷컴(2017.2.24)
http://newsteacher.chosun.com/site/data/html_dir 발췌

제2절 시장진입 전략 유형

01 수출 방식

1) 직접수출과 간접수출

다국적기업의 해외 글로벌시장 진입방법(entry mode)은 [표 5-1]와 같이 크게 수출(export), 계약(contract), 직접투자(FDI)로 구분할 수 있다. 다국적기업이 해외시장에 진출하기 위하여 활용할 수 있는 대안적 전략 형태 중에서 가장 오래되고 대표적인 형태는 국내에서 생산된 제품을 해외에 수출하여 판매하는 형태이며, 이는 간접수출(indirect export), 직접수출(direct export), 주문자상표부착방식(OEM), 제조업자개발방식(ODM), 자체상표생산(OBM)으로 나누어 볼 수 있다.

간접수출이란 제조회사의 입장에서 중개상(dealer) 및 수출 커미션상(commission agent)과 같은 수출대리상이나 국제무역상사, 수출관리상사(export management company)와 같은 수출상을 통하여 수출하는 방식이다. 간접수출의 장점은 자금부담 완화, 신속한 해외시장 진출, 수출거래의 안정성 등이며 단점으로는 해외수출 경험을 축적하기 어렵고 해외시장 기회를 적극적으로 활용하기 어려운 점 등이 있다.

직접수출은 제조회사가 자신의 수출전담부서나 현지판매법인을 통하여 해외시장 개척 현지유통망 관리 등 수출과 관련된 활동을 직접 수행하는 방식이다. 직접수출 방식에는 현지대리상, 현지유통업자, 현지판매자회사[7]를 활용할 수 있다. 직접수출의 장점은 적극적인 해외시장기회 활용, 해외시장기반 구축 등이며 단점으로는 수출위험의 부담, 자금부담이 큰 점 등이다.

2) OEM과 ODM

OEM(Original Equipment Manufacturing)이란 주문자상표부착 생산방식으로 자사의 상표가 아닌 주문자 상표에 의한 생산 및 수출방식이다. 예를 들어 국내 신발제조업자가 나이키(Nike), 리복(Reebok) 등의 신발을 국내에서 생산하지만 오로지

7) 해외자회사를 통한 수출의 경우 관점에 따라서는 마케팅자회사로 해외직접투자로 볼 수도 있다.

생산활동에만 전념하고 OEM 상표의 소유자인 바이어가 광고, 유통, 시장조사 및 판매, 제품개발 등의 활동을 담당한다.

제조업자 입장에서 본 OEM의 장점은 제품개발, 디자인, 상표개발, 시장조사 등에 필요한 투자자금을 필요로 하지 않는다. OEM 주문량은 대량이므로 생산시설의 가동률을 높일 수 있고 해외 수입국에서 생산국 제품에 대한 부정적 이미지를 완화시키는 효과도 있다. 반면 OEM의 단점은 바이어가 언제든지 거래를 중단하고 타국의 생산기지로 이동하면 제조업자 스스로 해외시장에 자립하여 수출할 수 없으며 항상 바이어에 대한 종속관계에 놓이게 된다. 또 해외시장의 소비 수요변동의 위험이 OEM 생산자에게 전가되고 원자재 및 임금 상승으로 제조원가가 상승하더라도 수출가격에 즉시 반영하기 어려운 단점도 있다.

1980년대 후반까지 나이키 등의 OEM 신발 생산으로 활기찼던 신발의 도시 부산도 1990년대 생산지가 중국 등으로 이동하면서 신발산업이 침체했다. 특히 국내 신발의 자체 고유브랜드가 제대로 육성되지 못한 상황에서 외국 다국적기업의 생산지 이동으로 인한 피해는 막심했다. 외국계 다국적기업의 신발생산 기지는 한국에서 중국으로 다시 베트남으로 이동했고 베트남 임금의 상승으로 여타 동남아국가가 생산기지로 주목받고 있다.

ODM(Original Development(Design) Manufacturing)은 제조업자 개발(디자인)생산방식의 수출이다. OEM과 달리 제조업자가 직접 연구개발, 설계, 디자인을 하고 제조업자의 주관 및 의지로 주도적 생산을 하게 된다. OEM과 비교하여 공급가액에 제조개발비가 추가되어 제조업자 입장에서 부가가치가 높은 장점이 있다. ODM은 자체 디자인 능력을 제고시킬 수 있고 거래처를 다변화할 수 있어 자체 경쟁력을 어느 정도 가질 수 있는 장점도 있다.[8)]

---

8) 코리아나 화장품은 2004년 중국 텐진에 진출해 2012년 1월에는 ODM과 OEM 사업을 동시에 추진한 바 있다. 2012년 7월부터는 중국 전역에 판매를 제외한 홍보, 브랜드, 제품개발, 컨설팅 등을 코리아나화장품이 모두 담당하는 Product-ODM방식도 선언했다.

한국콜마는 2016년 9월 미국 화장품 · 미용 관련 소싱 전문기업 웜저사와 손잡고 ODM 전문기업 PPT사를 공동인수하고 미국 시장에 본격적 공략을 시작했다. 경쟁 화장품회사 ODM 업체 코스맥스는 2013년 오하이오주 솔로공장 인수에 이어 2017년 미국 화장품기업 누월드(NU-World)를 특수목적법인 설립 방식으로 인수해 미국시장 ODM 1위를 목표로 미국 시장 본격 공략을 선언했다. 2018년에는 코스멕스, 한국콜마, 코스메카코리아 등 국내 대표 화장품 ODM 업체들이 경쟁적으로 중국공장 신·증설에 나섰다. 사드 해빙분위기에 중국 화장품 시장이 급팽창한 원인이다. 한국콜마는 중국내 생산력을 5배로, 코스메카코리아는 2배로 늘

3) OBM

ODM의 디자인 연구개발에 참여하는 것을 넘어 자체상표생산 즉, OBM(Original Brand Manufacturing)이 있다. OBM은 브랜드를 자체 개발하고 개발된 브랜드를 주문자(바이어)에게 통째로 판매하여 기존 주문자의 유통망 안에 자체 브랜드를 넣는 방식이다. [표 5-2]는 OEM, ODM, OBM의 구조와 장단점을 나타낸 것이다.

[표 5-2] OEM · ODM · OBM의 비교

	OEM	ODM	OBM
구분	주문자상표부착	제조사 설계생산	자체상표생산
정의	제품·상표명 → 요구대로 생산	제조업자가 제품개발·생산 담당	제품을 자사 상표로 판매
구조	생산	생산+디자인	생산+디자인+유통
장점	기존고객확보·대량생산	OEM 대비 부가가치 ↑	부가가치 가장 ↑
단점	위탁업체 계약 여부 따라 실적변동성 높음, 마진율 낮음		유통채널 구축, 브랜드 마케팅에 시간비용 소용

자료: 이희정, "의류 OEM산업의 동향과 전망, 한국기업평가"(2013)

02 국제계약 방식

1) 국제라이선싱

(1) 라이선싱의 개념

라이선싱(licensing)이란 공여기업인 라이선서(licensor)와 도입기업인 라이선시(licensee) 간에 라이선싱계약을 체결하고 공여기업이 소유하고 있는 재산적 가치인 특허(patent), 노하우(know-how), 등록상표(trademark : 법의 보호를 받기 위해 등록을 마친 것을 등록상표, 그렇지 않은 것을 단순히 상표(brand)라고 함), 기업비밀(trade secret)[9], 기술공정(technical process), 디자인(design), 저작권(copyright) 등 무

렸다. 중국내 화장품생산 연 4억 4천만 개로 국내 업체 중 1위인 코스멕스도 광동성 광저우 공장을 증축했다.

9) 코카콜라의 원액 제조에 대한 비법은 특허가 아닌 기업비밀로 철저하게 보호되고 있다. 원액에 대한 비밀 문건은 조지아주 애틀랜타은행의 비밀금고에 보관되어 있고 또 극소수의 임원들만 숙지하고 있다. 원액의 비밀을 알고 있는 임원들은 후계자로 1명씩 추천할 수 있고 여

형의 상업적 자산에 대해 사용권리를 부여하고 그 대가로 일정한 로열티(royalties)[10] 등을 수취하는 계약협정을 말한다.

라이선싱은 해외투자의 유형 중 비자본참여(non-equity participation)의 한 형태로써 제품을 국내에서 생산하는 것이 고비용인 경우, 현지생산이 불가능한 경우, 현지수출과 해외직접투자가 여의치 않은 경우, 기술이 표준화기 또는 성숙기에 접어들어 기술보유로 인한 독점적 우위를 상실할 가능성이 있는 경우에 주로 이용된다. 이러한 라이선싱이 국제간에 이루어지는 경우 국제라이선싱(international licensing)이며 기업 상호 간에 이루어지는 경우를 교차라이선싱(cross-licensing)이라고 한다.

(2) 라이선싱의 동기

상품의 라이프 사이클(life cycle)이 짧거나, 현지국의 해당 제품에 대한 수요가 크지 않을 경우 현지에 해외직접투자를 하는 것이 비효율적일 수도 있다. 특정산업에 대해 현지국이 외국인투자 제한을 가하거나, 해외직접투자가 이루어진다고 하더라도 현지파트너와의 합작투자 요구, 배당금의 송금제한, 기술이전 요구, 일정비율의 수출 요구, 현지국의 국산부품 의무적 사용(local content) 등 제약조건이 많은 경우 라이선싱이 이용된다.

현지시장의 포화상태, 현지기업들의 경쟁력과 시장점유율이 높은 경우에도 해외직접투자보다는 라이선싱이 유리하다. 수출이 현지국의 각종 수입규제 및 현지국 통화의 평가절하 등으로 어려움이 있을 때에도 라이선싱이 이용될 수 있다. 또 새로운 기술이 개발 중이고 기존기술이 머지 않아 독점적 우위를 상실할 우려가 있는 경우에도 이용된다. 특히 전자, 정보통신 사업 등과 같이 기술의 변화속도가 매우 빠른 경우 신기술이 출현하기 전에 라이선싱이 선호된다.

일반적으로 기업의 규모가 작을수록 라이선싱을 선호하는 경향이 있다. 왜냐하면 중소기업의 경우 해외직접투자를 하기 위한 자본, 마케팅, 경영 조직능력 등이 미약하기 때문이다. 경쟁기업들 간에 현지시장을 개척 또는 방어하기 위해 선심용 내지는 미끼용으로 이용되기도 한다. 라이선서는 부수적으로 라이선시에게, 원자

행을 할 때는 동시 사고를 우려해 임원들의 동행이 금지되는 등 기업비밀을 엄격히 보호관리하고 있다.

10) 로열티 지급방법에는 계약과 동시에 일시불로 지급하는 일시지급(lump-sum), 계약기간 동안 정액법 또는 정률법에 의해 정기적으로 지급하는 경상지급, 일시지급과 경상지급의 혼합 형태로 계약금으로 일시지급을 하고 계약기간 동안 매년 경상지급을 하는 방법이 있다.

재 및 부품의 판매 가능, 품질관리 및 기술의뢰, 종업원교육 등을 제공하고 부수적 수입을 올릴 수 있다. 수출품이 서비스인 경우 훨씬 매력적인 수단이 될 수 있으며 수출이나 투자에 비하여 안정적인 로열티 수입을 올릴 수 있다.

현지국의 정치·사회적 불안정으로 국유화(nationalization), 수용화(expropriation), 몰수화(confiscation)[11]가 우려되는 경우 해외직접투자보다는 라이선싱이 선호되기도 한다. 기술을 도입하는 라이선시 입장에서도 새로운 기술을 개발하는 경우 엄청난 연구개발 비용이 소요되며 상당한 리스크를 부담하게 될지 모르기 때문에 라이선싱을 희망하기도 한다. 가끔 라이선싱계약에 있어서 라이선시가 판매, 품질, 유통, 기술보호 등의 단계에서 일정한 제약을 받을 수 있는 조건이 부가되기도 한다.

(3) 라이선싱의 단점

① 라이선시에 대한 통제의 어려움

라이선서가 라이선시에게 일정한 대가를 받고, 자산가치의 사용권리를 이전하게 되면, 그 자산가치에 대한 통제권을 상당한 부분 상실하게 마련이다. 물론 이러한 단점을 보완하기 위하여 계약체결시 약간의 조건을 달기도 하지만 계약조건이 이행되지 않더라도 이를 확인하기가 쉽지 않다.

라이선서의 상표를 이용한 라이선시의 제품품질 및 애프트서비스(A/S) 등에 문제가 있는 경우 라이선서 기업의 이미지를 손상시키게 된다. 계약이 끝난 경우 라이선서와 라이선시가 시장에서 경쟁상대가 될 수 있으며, 라이선시가 도입된 기술을 바탕으로 새로운 기술을 개발할 수도 있다. 이 경우에 대비하여 계약체결시 새로이 개발된 신기술에 대해서는 양측이 공동보유하는 것으로 하기도 한다.

② 기술비밀의 유지성

기술을 보유한 기업들은 기술의 고유한 밀집성(impactedness) 때문에 기술자체

11) 국유화는 개인의 재산 또는 소유권을 국가의 공공 목적에 따른 입법에 의해 국가에 이관시키는 것이며 수용화란 재산의 소유권을 공공의 목적을 위해 신속, 공정, 효과적인 보상 절차에 따라 국가 또는 하부기관에 이관하는 것을 말한다. 수용화는 국유화에 포함되기도 하며 혼용하여 사용되기도 한다. 몰수화란 보상을 지급하지 않고 사유재산을 압수하는 정부의 행위이다. 국유화는 1960년 쿠바의 카스트로 정부, 1973년 카다피 정부, 1979년 이란 정부, 1981년 프랑스 미테랑 정부에 의해 단행된 바 있었다. 수용화는 1968년 페루 정부의(미) International Petroleum Company, 1969년 리비아 정부의 Occidental Petroleum, 1969년 볼리비아 정부의 Gulf Oil, U.S. Steel 수용화 조치가 있었다.

의 정당한 가격을 받지 못한다고 생각해 해외직접투자를 통하여 내부화하려고 하기도 한다. 예컨대 어떤 기술에 대한 정당한 가격을 받기 위해서는 해당기술에 대한 충분한 기술적 내용을 기술 구매자에게 설명해야 한다. 하지만 기술의 특성상 그렇게 될 경우 기술비밀의 탄로가 우려되고 더욱이 그 설명을 듣고 구매의사를 철회한 경우 매우 난감해진다. 따라서 기술내용에 대한 충분한 설명이 불가능하면서 기술의 정당한 가격이 형성되지 않는 경향이 있다.

라이선싱의 경우에도 대개 기술도입 후 라이선시가 기술을 누설하지 않겠다는 조항을 넣기도 하고, 특정기술 부문은 기술도입자가 완전히 기술습득을 하지 못하게 한다. 하지만 기술의 특수성 때문에 라이선싱으로 인한 기술의 비밀유지는 쉽지 않다.

③ 경쟁자의 출현가능성

기술을 도입한 라이선시 기업이 현지국 또는 제3국시장에서 기술을 제공한 라이선서 기업과 경쟁기업으로 부상할 가능성은 항상 존재한다. 소위 기술의 부메랑(boomerang) 현상이다. 이러한 현상은 1960~1970년대 반도체·자동차·컴퓨터·가전산업 등의 부문에서 미국과 일본 및 유럽기업들간에서도 나타났고, 1980년대 우리나라와 중국 등 동남아국가들 간에도 있었다.

기술을 제공하는 라이선서는 라이선시기업과 해당기술을 이용한 제품의 수출량 및 수출지역 제한, 수출 계약기간 만료 후 기술사용 금지 등의 조건을 달기도 한다. 이러한 차별적 제한이 현지국 정부 불공정거래의 대상이 되기도 한다. 라이선서는 새로운 기술을 지속적으로 개발하여 라이선시기업과의 기술갭(technology gap)을 유지하는 것이 경쟁자로서의 출현을 저지하는 길이 된다.

④ 로열티에 대한 논란성

로열티는 라이선서의 수입측면과 라이선시의 지급측면 양측의 입장에서 고려해볼 수 있다. 우선 라이선서 입장에서는 기술이전 대가인 로열티수입이 리스크가 적고 비교적 안정적이기는 하지만 일반적으로 매출액의 5%를 넘지 않고 수출 또는 해외직접투자의 기회를 상실한 기회비용(opportunity cost)에 해당되므로 상대적으로 불만족스러울 수도 있다.

반면 로열티를 지급하는 현지국 측면에서는, 특히 소비재 등록상표에 대한 로열티 지급이 현지국 산업발전에 큰 기여 없이 외제품에 대한 단순한 외화유출이라는 비난을 받기도 한다. 실제 유명브랜드 제품의 신발이 현지국에서 생산되어 수출되는 경우 일정액의 로열티를 제외한 대부분의 부가가치가 라이선서 거주국으로 돌아간다. 이 경우 생산 현지국 국산품으로 인정받지 못하고 외국산 제품으로 취급되어야 하는 것에 대해서는 재고해 볼 만하다.

저작권 로열티에 대한 국민의식 수준은 국가에 따라 큰 차이가 있다. 40년 전 미국 미시시피주 교도소에서 복역하던 당시 36세의 죄수 제임스 카트(James Carter)가 흥얼거리던 노래를 어느 민속음악가가 녹음을 해두었다. 음반제작자는 수년 간 수소문 끝에 제임스 카트를 시카고에서 찾아 일백만 달러의 로열티를 지급하고 나서야 음반제작을 했다고 한다. 한편 한국에서는 유명한 히트가요가 앞서 부른 무명가수의 가사를 불과 한 글자 바꾸고(돌아와요 '마산 항' → 돌아와요 '부산 항') 통째로 표절을 하여 저작권 시비에 휘말리기도 했다.

2) 국제프랜차이징

(1) 개념

프랜차이징(franchising)은 라이선싱의 한 형태이며 영업본부인 프랜차이저(franchisor)가 가맹회사인 프랜차이지(franchisee)에게 상표의 사용권을 허가해 주고 사업체의 조직과 경영방법의 이전을 통해 지속적으로 사업운영을 지원해 주는 계약 방식이다. 가맹회사의 소유권은 독립되어 있으며 영업본부는 프랜차이징에 따른 관리수수료(management fee) 또는 로열티를 받고 가맹회사의 운영에 필요한 물품을 공급하기도 한다.

프랜차이징은 라이선싱과 유사한 점도 있지만 프랜차이징이 라이선싱보다 가맹회사의 운영에 보다 강력한 통제를 가하기 때문에 가맹회사는 영업본사의 정책과 운영방침을 따라야 한다. 프랜차이징 계약에는 가맹회사들이 준수해야 할 지침이 있으며 만약 가맹회사들이 협약된 규정을 준수하지 않거나 영업본사의 제품이나 서비스의 이미지를 해치는 경우 가맹회사의 영업활동을 금지시키는 권한을 가지고 있다.

영업본부는 가맹회사에게 설비·간판·촉진물·제품과 기타 원재료 등을 공급하는 한편 훈련·재정·기술·회계·상품계획 등 일반적인 관리면에서 지원을 하게 된다.

또한 기업이름을 알리고 제품이나 서비스를 사전판매하기 위한 촉진 및 광고지원도 한다.

(2) 유형과 특성

프랜차이징은 1850년대 싱거미싱(Singer Sewing Machine)사가 자회사 제품의 판매에 도입하면서 시작되어 1960년대 미국에서 매우 활발했고 1970년대 이후로는 해외시장 진입의 주요형태로 활용되고 있다. 처음에는 소매업에 국한했으나 패스트푸드(fast food)[12], 청량음료, 레스토랑, 렌트카, 호텔, 모텔, 주유소, 야영장 등의 모든 산업에서 이루어지고 있다. 미국의 경우 1965년부터 1975년 사이 프랜차이즈의 본부도 200여개의 사업본부가 11,000여 개의 가맹회사를 개설했다. 1980년대 이후에는 프랜차이즈 본부도 미국 이외에 영국, 캐나다, 일본 등 여러나라로 확산되어 왔다.

세계적으로 유명한 프랜차이징으로는 『캔터키 후라이드 치킨』(Kentucky Fried Chicken), 『맥도날드』(McDonald's), 『버거 킹』(Berger King), 『피자 헛』(Pizza Hut), 『홀리데이 인』(Holiday Inn), 『힐튼 호텔』(Hoiton Hotel) 등을 들 수 있다.

프랜차이징의 장점은 소자본으로 해외시장을 단기간에 진출할 수 있고, 독특한 이미지로 표준화된 마케팅을 실시할 수 있다. 또 가맹회사에 고도의 동기부여가 가능하고, 가맹점에 의한 위험분산, 규모의 경제, 브랜드 인지도를 통한 신속한 성장이 가능하다. 한편 단점으로는 가맹본부와 가맹점의 이해관계 갈등[13], 사업본부의 낮은 수익, 가맹점에 대한 완전한 통제권 행사의 어려움, 경쟁기업의 양성 우려, 프랜차이즈 계약조건에 대한 현지국 정부의 규제 등을 들 수 있다.

일반적으로 프랜차이징은 해외진출시 초기 단계에서 현지시장의 리스크를 고려하여 진입전략으로 이용하고 현지시장에서 경험을 쌓은 뒤 직접투자로 전환하기도 한다. 예컨대 우리나라에 진출했던 코카콜라가 국내시장에서 20여년 간의 지배경험을 바탕으로 국내 보틀러(bottler)[14]와 인연을 끊고 직영체제로 전환한 것은 좋

---

12) 정크푸드(Junk Food)는 아이스크림과 같이 높은 칼로리에도 불구하고 낮은 영양가를 가진 패스트푸드나 인스턴트 식품의 통칭이다.

13) 프랜차이즈 본부는 일반적으로 매출을 극대화하려고 하지만 가맹점은 영업이익을 극대화하려고 하기 때문에 동일상권 내의 가맹점 수, 본부의 정책 등에서 갈등을 일으킬 수 있다.

14) 호주의 Coca Cola Amatil이 전액 출자한 한국코카콜라보틀링이 우성·호남·범양·두산 식품 4개사를 인수 통합하였다.

은 예이다.

프랜차이즈 시스템은 제품유통 프랜차이징(product distribution franchising)과 사업형 프랜차이징(business format franchising)으로 구분된다. 제품유통 프랜차이징은 제품-등록상표(product-trade name)프랜차이징이라고도 하는데 가맹점이 본부의 제품을 본사의 등록상표에 의해 판매하는 형태이다. 본부는 가맹점에게 등록상표의 사용을 라이선싱해 주지만 사업운영에 필요한 시스템을 모두 제공하는 것은 아니며 청량음료, 주유소(Texaco), 자동차 딜러십(Ford) 등이 대표적이다.

사업형 프랜차이징은 본부의 제품이나 서비스를 본부의 등록상표로 판매하되 본부가 제공하는 시스템에 의해 사업이 운영되며 본부는 가맹점에게 교육훈련, 마케팅, 점포 운영 등의 정보를 제공하며 패스트푸드(McDonald's), 소매업(7Eleven) 등이 대표적이다.

가맹점의 성공 여부는 프랜차이즈 시스템의 질, 브랜드, 본부와 가맹점 간 의사소통, 가맹점 사업자의 능력, 지역환경 등이다. 사업본부측은 프랜차이징계약으로 현지국 진입시에는 본국의 운영방식을 너무 고집하지 말고 현지국의 정치, 경제, 문화, 사회적 환경에 따라 프랜차이징 계약조건을 탄력적으로 조정할 수 있도록 해야 한다. 켄터키후라이드치킨(KFC)과 같은 음식산업에서는 현지국의 독특한 맛과 향료를 중시하여 달리 사용하고 있으며, 로고, 판매촉진, 디자인, 색상 등도 현지국에서 수정해서 사용하도록 하고 있다.

국내 외식브랜드인 BBQ는 2003년 중국진출, 2005년 스페인 진출에 이어 2006년에는 KFC 한국 진출 22년만에 KFC의 고향인 미국시장에 마스트 프랜차이즈(master franchise)방식으로 진출했다.[15] BBQ의 마스트프랜차이즈 방식은 프랜차이저가 브랜드와 사업 노하우를 제공하고 프랜차이지는 일정기간 수개 점포를 개점하여 일종의 지역프랜차이즈를 형성한다. 지역프랜차이즈는 또 다른 가맹점 사업자들에게 프랜차이징을 할 수 있는 권리를 가지고 서브프랜차이즈(sub franchise)를 두게 하는 방식이다. 라이선싱과 프랜차이징은 유사하나 일반적으로 [표 5-3]과 같이 다소의 차이가 있다.

15) 정부는 2010년 4월 국내 토종 프랜차이즈 13개를 해외진출 지원사업자로 선정하기도 했다. 외식업체는 크라제버거, 미스터피자, 본죽, 롯데리아, 뚜레쥬르, BBQ, 채선당, 할리스커피, 헤어·미용업체는 이철헤어커커, 박승철 헤어스튜디오, 세탁업체는 크린토피아, 안경소매업체는 다비치안경체인, 잉크리필업체는 잉크천국이다.

[표 5-3] 라이선싱과 프랜차이징의 차이점

	라이선싱	프랜차이징
대가	로열티	관리수수료, 로열티
계약내용	전체산업의 일부분에 관함	지적소유권·노하우·상표·경영자원 등 사업전반에 관함
통제력	라이선서로부터 통제받지 않음	사업본부가 가맹점선정, 운영, 교체 가능
대가결정	라이선시에 따라 상이함	표준화된 수수료
상표	개별상표 이용	공동상표 이용
영업권	영업권(good will)은 라이선서에 귀속	영업권은 어느 정도 프랜차이지에 귀속
적정산업	대규모자본, 고 기술산업	소자본, 저 기술, 서비스산업

한국의 편의점 CU를 운영하는 BGF리테일은 이란의 엔텍합 투자그룹과 마스트 프랜차이즈 계약을 체결(2017.7)했다. BGF리테일이 엔텍합에 CU의 편의점 인테리어와 운영방식 등을 전수해 주면 엔텍합이 이란에서 CU편의점 프랜차이즈 사업을 하는 내용이다. 엔텍합은 300만 유로(약 40억 원)의 가맹비를 지급하고 편의점 매출의 일정 부분을 로열티로 내어야 한다.

(3) 발런터리 체인제

하나의 본부가 총괄하여 관리하는 방식의 기업형 체인, 즉 레귤러 체인(regular chain)과 달리 동일 업종의 소매업자가 그룹을 만들어 공동으로 매입하는 등의 형태로 꾸미는 체인 조직이다.

발런터리체인제(voluntary chain system)란 적은 자본으로 자영업을 계획하고 있는 사람들을 대상으로 최근 새로운 방식의 체인점이 개설되고 있다. 발런터리체인시스템은 기존의 프랜차이징에 비해 매우 느슨한 형태이다. 예컨대 프랜차이징은 본사와 대리점 계약을 맺고 담보·수수료 등으로 일정금액을 지불한 뒤 원재료·물품·비품 등을 공급받아 본사의 경영방식 대로 운영하는 형태이다. 반면 발런터리체인제는 상호명과 실내장식, 판매물품의 종류는 체인점끼리 서로 통일시키되 월별 수수료를 낼 필요는 없고 원자재 조달 및 경영방식에도 어떤 제약도 없이 각자 독립적으로 하는 것이다.

[표 5-4] 프랜차이징과 발런터리 시스템의 차이

	프랜차이징	발런터리체인
공동상표	○	○
본사 원부자재 공급	○	×
체인 가입비	○	×
중개수수료	×	○
최초담보	○	×
공동실내장식	○	○
기술·경영지도	○	○
본사 계약해지 권한	○	×

주 : O : -유 X : -무

프랜자이징과 비슷한 홍보효과를 노리되 독립경영을 통해 창업·운영에 따른 경제적 부담을 대폭 부담을 줄인다는 것이 특징이다. 국내에선 소주전문점 체인 『장비』, 만화방 체인 『만화천국』, 커피전문 체인 『가비아노 피우』 등이 이에 속한다. 프랜차이징과 발런터리시스템을 비교하면 [표 5-4]와 같다. 기업형 슈퍼마켓(Super Supermarket)은 매장면적이 대형마트보다는 작고 일반 소매점보다는 큰 규모로 프랜차이즈와 발런터리 체인의 중간 형태라고 볼 수 있다.

3) 국제계약생산

(1) 계약생산의 개념

계약생산(contract manufacturing) 또는 국제하청생산계약(international sub-contracting)이라고도 하며 특정 기업이 외국의 다른 기업에게 생산 및 제조기술을 제공하고 동시에 특정제품을 생산토록 하여 공급 받는 장기계약을 체결하고 주문생산된 제품을 공급받아 현지국시장이나 제3국시장에 판매하는 방식이다. 이는 라이선싱과 직접투자의 절충된 형태이다. OEM도 일종의 계약생산에 속한다. 기타 계약생산 방식으로 경제적 협조와 시장침투를 목적으로 일정한 계약조건하에서 약정하는 공동생산계약(co-production contract)과 기술이나 시설재를 제공한 대가로 생산물 중에서 일정 비율을 분배받는 생산물분배(production sharing)방식도 있다.

계약생산의 제공기업은 현지생산 기업에 일정 품질수준을 유지하기 위하여 기술이전이나 기술지원을 하는데 이에 대해 별도의 라이선싱계약 또는 기술지원계약을 체결하기도 한다. 계약생산은 [그림 5-5]에서 보는 바와 같이 수출, 해외직접투자와 비교하면 다음과 같다.

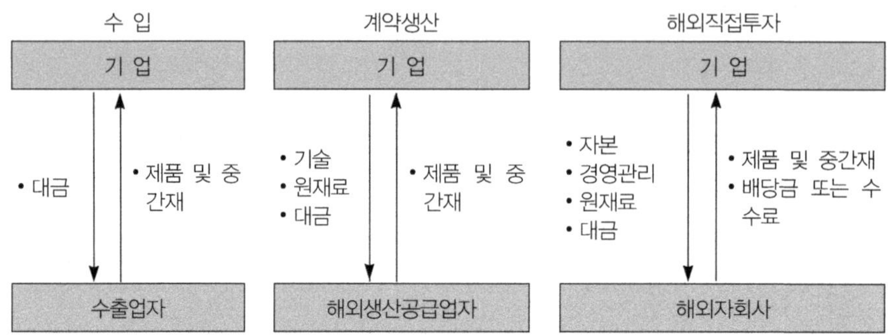

자료 : 방호열, 「국제경영학」(박영사, 1994), p.354.

[그림 5-5] 수출·FDI·국제하청생산의 비교

(2) 계약생산의 특성

계약생산은 적은 소유자본과 경영자원을 투입하여 현지국 시장에 용이하게 침투할 수 있으며 소유권 문제를 회피할 수 있다는 장점이 있다. 라이선싱과는 달리 생산된 제품을 직접 판매하기 때문에 마케팅과 애프트 서비스에 대한 통제권 행사도 가능하다.

계약생산은 현지국 시장의 보호장벽으로 수출에 어려움이 있거나, 현지국 시장이 상대적으로 작아서 해외직접투자가 바람직하지 않을 때 적합하다. 이러한 국제하청생산의 장점에도 불구하고, 현지국의 적절한 제조업체를 발견하기가 쉽지 않고, 일정수준의 품질유지를 위해서는 지속적인 기술지원이 따라야 하며, 현지기업이 강력한 경쟁상대로 부상할 수도 있다.

4) 국제관리계약

(1) 개념

국제관리계약(international management contract)이란 기업의 소유와 경영의 분리원칙에 의해 일방은 소유를 담당하고 일방은 경영을 담당하는 합작투자 형태의 국

제사업방식이다. 관리계약의 범위는 신규자본투자, 장기부채의 기채, 배당정책의 결정, 소유권 배경, 기본적인 경영정책 등 현지기업의 장기적이고 핵심적인 정책에 대한 의사결정은 제외하고 일상적인 운영의 관리에 한정한다. 경영을 담당하는 측은 대가로 회사 지분의 일부 또는 로열티, 피(fee)를 받는다.

전형적인 예는 호텔사업에서 볼 수 있는데 미국의 힐튼그룹(Hilton Group)이 미국계 자본은 전혀 참가하지 않고 세계 각지에 산재해 있는 호텔설비에 대한 경영을 위탁받아 담당하고 일정한 대가(management fee)를 받는 것이다.

여러 가지 이유로 현지경영이 어려워 해외기업에게 위탁경영을 하는 경우, 현지정부에 의해 현지기업이 수용화 되었을 때 현지경영자가 양성될 때까지 해외투자 기업이 위탁경영을 맡는 경우에도 국제관리계약이 체결되기도 한다.

국제관리계약의 또 다른 유형은 외국상품을 대상으로 하는 포장(packing)이나 조립업체(assembly operation) 사이에 체결되기도 한다. 예컨대 A국의 X기업이 제품완성단계 이전의 상태(products in bulk)를 수출하면, B국의 Y기업은 이것을 가공, 조립, 포장하여 소비시장에 내보내고 일정한 대가를 지급 받는다.

(2) 장·단점

국제관리계약은 일반적으로 단독으로 이용되지 않고 보통 합작투자의 한 수단으로 활용되거나 턴키프로젝트(turn key project)의 일환으로 이루어진다. 국제관리계약은 리스크가 낮은 시장진입방식이라는 장점이 있으나 계약기간 동안만 수익이 보장된다. 계약기간은 장기인 경우도 있으나 3~5년이 일반적이다. 협상시 장시간이 걸리는 점과 현지시장에서 영구적인 시장을 확보할 수 없다는 단점이 있다. 국제관리계약은 다른 계약방식과 결합되어 사용될 때 유용한 전략이라고 볼 수 있다.

5) 턴키계약 방식

(1) 의의

턴키 계약방식(turn-key contract)이란 건설계약에 의해 설비공사가 끝나고 설비가 가동되어 생산이 시작되는 시점에서 소유권을 이양해 주는 계약이다. 보다 발전하여 계약자가 현지경영자 또는 근로자의 교육, 훈련과 같은 서비스까지 제공하는 것을 턴키플러스(turn-key plus)방식이라고 한다.

턴키프로젝트는 플랜트수출(plant export)이라고도 하는데 공업분야 계통의 제품을 생산하는 생산시설을 계약에 의해 건설해 주는 것을 말한다. 자원의 국제이동 관점에서 해외건설은 노동, 기술 등의 자원이 각각 단독으로 이동하거나 둘 이상이 결합하여 동시에 이동하기도 한다. 단순 도급(都給)은 원청자가 도급주어 하청자에게 시공만 담당하게 하는 것으로 이 경우에는 단순히 노동력만 이동하는 것으로 자원의 단순이전에 해당되고, 원청(原請)의 경우는 타당성 조사, 설계, 감리 등의 엔지니어링 기능과 정보획득 및 기타활동을 위한 보조기능 등 기술과 노동이 함께 이동하는 소위 복합요소의 이전에 해당한다. 한편 턴키프로젝트는 복합요소의 이전이 일반적이며 원청자가 시공을 도급줄 경우 원청자는 주로 설계, 감리 등의 기술만을 감당하게 된다.[16)]

(2) 특성

턴키프로젝트 계약은 일반제품의 공장시설과는 달리 기계류 등의 하드웨어와 그 설치에 필요한 엔지니어링, 노하우, 건설시공 등의 소프트웨어가 결부되어 있다. 보통계약 규모가 크고, 고도의 기술과 경험이 필요하여 당사자 간의 협상이 상당히 복잡하여 장기간 소요되며 고도의 법률적인 지식이 요구되기도 한다.

일반적인 계약내용에는 건설될 공장이나 설비 또는 장비의 내용, 당사자 간의 책임과 의무, 불가항력적인 계약불이행과 분쟁 발생시의 조정절차 등이 명확하게 규정된다. 턴키계약의 파트너가 현지국 정부가 되는 경우도 많아 계약취소, 강제적 재협상 등 정치적 위험에 노출될 가능성도 많다. 턴키프로젝트의 일반적인 특성으로는

① 턴키프로젝트 계약은 양국 간 기술수준의 갭이 큰 국가 간에 이루어진다.
② 턴키프로젝트는 하드웨어와 소프트웨어가 결합한 부가가치가 크고 최신기술을 집약한 생산시설의 특수성으로 인해 계약금액이 대형이다.
③ 계약금액이 대형이고 설비의 건설기간이 장기화됨에 따라 대금회수 기간이 길어지고 예측할 수 없는 위험에 노출되기 쉬우며 대금결제도 공사진행 단계에 따라 이루어지며 조건도 연불조건이 많다.

---

16) 국내 건설업에서 비리로 말썽 많았던 관급턴키공사는 공사기간을 단축하기 위하여 설계와 시공을 일괄해서 정부가 발주하는 공사를 말한다.

④ 턴키프로젝트 규모의 대형화, 리스크의 분산을 위해 국제컨소시엄(international consortium)[17]이 자주 이용되기도 한다.

⑤ 턴키프로젝트 계약은 생산파급효과도 크고 외화가득률도 높기 때문에 수출간에 경쟁과 로비활동도 치열하다.

6) BOT 방식

Build-Own-Transfer는 공장 또는 설비를 건설해 주고 일정기간 동안 운영한 뒤 자본을 회수할 정도로 이익을 얻고 계약기간이 끝난 후 공장 또는 설비의 소유권을 진출 대상국측에 인도하는 계약방식이다.[18] 국내 BOT의 경우는 시공자가 스스로 자금을 조달하여 건설 후 일정 기간 소유권을 가지고 운영해 투자비를 회수한 후에 국가나 지방자치단체에 소유권을 이전한다.

토의자료

프랜차이즈 가맹본부의 갑질 논란

한국의 프랜차이즈 산업은 1980년대부터 지금까지 30년 넘게 빠른 속도로 성장해 가맹점 수는 21만 8,997개(2016)이며 시장규모는 GDP의 약 6%에 해당하는 100조 원에 이른다. 2017년 국내 프랜차이즈 본부의 가맹점주에 대한 갑질 논란은 큰 화제가 되었다.

1970년대 프랜차이즈 종주국 미국에서도 동일한 사건이 벌어졌다. 가맹본부가 구입한 피자 소스를 가맹점에게 7배 넘는 가격에 팔고 포장재, 조리 도구, 휴지통, 재떨이까지 비싼 가격으로 구매를 강요했다. 필수물품 구입 강제가 경쟁법위반이라는 가

---

17) 국제컨소시엄은 대규모 사업 추진시 여러 업체가 공동으로 참여하는 방식을 말하여 국제금융시장에서 국제차관단을 지칭하기도 한다.

18) SOC 민간투자사업에는 다양한 방식이 있다. ① BTL(Build-Transfer-Lease)는 민간사업자(사업시행자)가 공공시설을 짓고 시설완공 시점에 정부(지자체)에 소유권을 이전하고 정부로부터 일정 기간 임대료를 수취하여 투자비용을 회수 ② BTO(Build-Transfer-Operate)는 민간사업자가 사회간접자본 시설을 완공한 후 소유권은 정부(지자체)에 귀속되고 민간사업자는 일정 기간 운영권만 가지고 사용료와 수수료를 징수하여 투자비용을 회수 ③ BOT(Build-Own-Transfer)는 민간사업자가 사회간접자본 시설을 완공한 후 민간사업자가 소유권과 운영권을 가지며 일정 기간 만료시에 소유권과 운영권이 정부(지자체)에 이전 ④ BOO(Build-Own-Operate)는 민간사업자가 사회간접자본 시설을 완공한 후 직접 소유권과 운영권을 가지며 계약된 운영기간이 만료되면 계약을 연장 또는 매각할 수 있는 권리를 민간사업자가 가짐

맹점주들의 집단소송이 줄을 이었다.

미국 정부는 분쟁해결을 위한 규제 도입에 나섰고 미 공정거래위원회는 1979년 관련 규정을 개정해 가맹본부가 아주 상세한 정보까지 예비 창업자에게 공개하도록 했다. 가맹본부들은 물품공급 이윤을 포기하고서라도 가맹점주와의 상생을 도모하기 위한 묘안을 찾았다.

대표적인 예가 던킨도너츠다. 던킨은 업계 최초로 가맹점주 구매협동조합을 설립했다. 지정된 필수물품을 점주들이 직접 공동구매하고 구입 단가를 협상해 원가를 낮추는 방식이다. 이후 던킨을 필두로 KFC, 버거킹, 서브웨이 등도 구매협동조합 설립에 동참했다. 미국 사례처럼 우리 정부의 규제입법 논의뿐 아니라 업계도 이제는 나서서 구체적인 상생방안을 보여줘야 할 것이다.

자료: 신영선, "미 프랜차이즈의 운명 가른 것도 갑질이었다" 부분발췌
http://news.chosun.com 오피니언(2017.8.28)

03 해외직접투자

1) 해외직접투자 구분 기준

다국적기업의 활동 중 가장 근본적인 형태의 활동형태는 해외투자이다. 해외투자는 경영권의 지배를 목적으로 하느냐 않느냐에 따라 해외간접투자(foreign indirect investment) 또는 해외증권투자(foreign portfolio investment)와 해외직접투자(foreign direct investment)로 구분된다.

해외직접투자와 해외간접투자는 국제간의 자본이동이라는 측면에서는 동일하다. 해외간접투자는 투자기업이 경영에 직접 참가하지 않고 주식투자의 경우는 배당수익, 채권투자의 경우에는 이자·수익을 바라고 투자하는 것이다. 반면, 해외직접투자는 단지 자산의 유리한 운용에만 목적이 있지 않고 기업경영상의 운영권, 즉 기업경영상의 지배(control)를 목적으로 하는 투자라는 점에서 차이가 있다.

양자의 차이가 경영권의 지배의사 유무라면, 이를 실제적으로 구분하는 기준이 필요한데 일반적으로 주식의 보유비율이 이용된다. 미국 상무성이 해외직접투자로 간주하는 범위를 보면,

① 미국의 거주자인 개인이나 법인이 의결권있는 주식의 25% 이상을 단독으로 소유하는 경우
② 단독소유가 25% 이상이 되지 않더라도 다수의 미국 거주자가 소유한 주식비율의 합계가 50%를 넘는 경우이다.

일본정부는 원칙적으로 일본측의 지분참여가 25% 이상이라는 최소지분비율을 택하고 있으나 경영의 통제를 가능하게 하는 임원의 파견, 제조기술이나 원재료, 투입물의 제공, 재정적 원조 등 다양한 형태의 투자도 직접투자에 포함시키고 있다.

한국의 경우 해외직접투자는 외화증권 취득, 외화내부채권 취득, 공동사업 참여, 개인기업 영위로 구분하고 있다. 외화증권 취득의 경우 경영에 참가하기 위해 취득한 주식 또는 출자지분이 외국법인의 발행주식 총수 또는 출자액에서 차지하는 비율이 10% 이상이어야 한다. 단 10% 미만이라도 외국법인의 임원파견, 계약기간 1년 이상의 제품의 매매계약 등을 체결하는 경우는 예외로 인정하고 있다.

결국 각국은 정도의 차이는 있지만 통제권 확보를 위한 일정비율 이상의 해외지분을 해외직접투자의 요건으로 명시하고 있다는 점에서 공통점을 지닌다. 현실적으로 경영지배 여부를 기준으로 구분하기는 쉽지 않다.

한편 직접투자와 해외차입의 차이는 직접투자는 투자가 성공할 경우 투자원본과 이윤을 회수할 수 있으나 실패할 경우 투자원본조차도 회수할 수 없는데 비해, 해외차입(overseas borrowing)은 신용공여 형태로 일정기간 내에 원리금에 대한 상환이 이루어지게 된다.

2) 신규투자와 M&A

해외직접투자는 그 소유지분이 100%인가 아니면 그 미만인가에 따라 단독투자(sole venture)와 합작투자(joint venture)로 나누어지며, 투자방식에 있어서도 기존의 기업이나 공장을 매입하는 M&A방식과 신규투자(green field investment)로 나누어진다.

합작투자의 장점은 투자에 필요한 자금 등을 합작파트너와 나누어 충당할 수 있고, 피투자국 현지에서의 외국비용(cost of foreignness)을 절감함으로써 정치적 위험을 줄일 수 있으며, 합작파트너의 마케팅 능력을 적극 활용할 수 있다. 반면 합

작투자의 단점은 다국적기업 나름의 일사불란한 경영체제를 확립하여 통제권을 행사하기 어렵다. 또 기업의 비밀이나 노하우가 외부로 유출될 가능성이 크며, 합작파트너와 의견이 충돌되어 합작이 결렬될 경우 정치적 위험이 단독투자보다 오히려 더 크다는 점 등이다. M&A와 신규투자의 차이점은 [표 5-5]와 같다.

[표 5-5] M&A와 신규투자의 차이점

	국제 인수.합병 (Cross-border M&A)	신규투자 (Green field FDI)
자본형성	• 단기적으로는 소유권이전만 이루어지고 장기적인 투자 확대로 자본형성 가능 • 피인수기업이 부도기업인 경우 자본형성 유지	• 새로운 자본형성 가능(인적·물적 자본)
고용 과세기준	• 단기적인 고용창출 없음 • 구조조정 등으로 일자리 감소 • 장기적인 고용창출 가능	• 단기적인 고용창출 있음 • 신규기업 과세표준 설정 가능

토 의 자 료

CJ CGV의 인수·합병을 통한 베트남 극장시장 선점전략

국내 상영관 시장이 성숙기에 접어들어 성장이 정체되면서, 한국 극장 사업의 선두 주자인 CGV는 새로운 성장기회를 찾기 위해서 2006년 중국으로 처음 진출했다. 하지만 중국 정부의 외국기업에 대한 차별과 완다그룹과 같은 강력한 현지 경쟁자의 견제로 인하여 중국에서 기대한 사업성과를 거두지 못하였다. 다음으로 CGV는 중국에서의 부진을 타개하기 위해 새로운 신흥시장인 베트남에 진출을 모색했다. 당시 베트남은 정부의 적극적인 대외 개방정책에 따라서 외국기업의 자국기업 인수합병에 대한 규제가 완화되고 있었다. 또한 베트남 경제가 고속성장 후 2008년에 발발한 글로벌 금융위기의 여파로 침체에 빠져들면서, 베트남의 인수·합병 시장에는 우수한 현지기업들이 다수 매물로 출현하였다. 이러한 우호적인 상황을 고려하여, CGV는 2011년에 베트남의 1위 극장 사업자인 '메가스타(Megastar)'를 인수함으로써 베트남 시장에 진출하게 된다.

인수 후 CGV는 메가스타가 보유한 우수한 현지 인력과 사업기반을 손상시키지 않으면서도 본사의 효율적인 통제가 이루어지도록 신중하게 조직통합(post-merger integration)을 추진했다. 이를 위해 메가스타의 기존 직원들을 고용승계하고 현지인 경영자들의 전문성이 있는 업무에 대해서는 자율성을 부여하였다. 또한 조직개편을 통해 업무의 권한과 책임을 명확히 하고, 본사의 선진적인 업무성과 평가 및 재무관리 제도들을 도입했다. 그리고 인수한 베트남 사업의 브랜드명을 본사와 통일되도록 전환하는데 있어서 2년 간의 유예기간을 거침으로써 고객과 직원들의 혼란을 최소화하고자 노력하였다. 아울러 한국 및 중국에서 축적한 극장 사업에 대한 지식과 노하우를 베트남 사업으로 이전시키면서, 한국과 현저히 다른 베트남 관객들의 기대와 취향에 대응하기 위해 영화 콘텐트의 현지화했다.

그 밖에도 영화산업에 대한 베트남 정부의 불합리한 규제 및 영화 파일 불법 다운로드에 효과적으로 대처하였고, 외국 극장 사업자로서의 불리함을 극복하기 위해 많은 사회공헌활동을 수행했다. 그러한 일련의 전략과 노력은 결실을 거두어 CGV는 베트남에서 단기간에 빠른 사업 확장과 우수한 경영성과를 달성하면서 절대적인 선도자의 우위를 구축하게 되었다. CGV의 베트남 진출은 한국의 대표적인 문화 산업 기업이 현지 기업을 인수하여 성공적으로 해외시장에 진입한 보기 드문 사례이다.

이러한 사례는 한국 기업이 독특한 기업문화와 경영방식 때문에 해외인수에 성공하기 어렵다는 기존의 통념을 깨는 것으로서 한국 기업도 적절한 대상 기업을 선정하고 효과적인 조직통합을 추진한다면 현지기업의 인수를 통해 해외시장에 보다 신속히 진출할 수 있다는 가능성을 제시한다.

자료: 최순규 · 강지훈, "CJ CGV인수·합병을 통한 베트남 극장 시장선점 전략", KBR 21(3)(2017), p.113 인용.

6 多國籍企業의 理論的 接近

제1절 해외직접투자이론의 이론적 과제와 분류

01 이론적 과제

해외직접투자 이론의 이론적 과제에 대하여 루트(F.R. Root)는 다음과 같은 몇 가지의 기본적인 문제와 다수의 관련 문제로 설정하였다.1)

① 왜 기업은 해외로 진출하는가?

② 현지국 기업들과 비교해 여러가지 불리함에도 불구하고 어떻게 그들과 성공적으로 경쟁할 수 있는가?(경쟁우위의 원천)

③ 왜 기업들은 수출이나 라이선싱을 하지 않고 외국에서 직접 생산하려 하는가?(해외직접투자의 선택)

④ 왜 과점적 대기업이 해외직접투자를 지배적으로 하는가?

⑤ 왜 어떤 산업에서는 해외직접투자가 많이 이루어지고 다른 산업에서는 그렇지 못한가?

⑥ 왜 동종산업간에 역투자(reverse investment)가 일어나는가?

⑦ 왜 미국과 같은 특정국가들에 의해 해외직접투자가 많이 이루어지는가?

이 외에도 다수의 학자들이 각기 나름대로 제시한 해외직접투자이론의 이론적

1) F.R. Root(1978), p.578; F.R. Root(1984), p.455; 노택환(1987), 전게논문, pp.13-14. 재인용.

과제가 많지만 크게 다음의 다섯 가지로 요약할 수 있다.

① 왜(why) 해외직접투자를 통해서 다국적기업이 되는가?
② 언제(when), 어디에(where) 다국적기업이 직접투자를 하는가?
③ 어떻게(how), 어떠한 의사결정을 통해 다국적기업이 되는가?
④ 어떤 기업이(who), 어떤 부문에서(what) 직접투자를 통해 다국적기업이 되고 또 발전하는가?
⑤ 다국적기업의 해외투자가 투자국이나 현지국에 미치는 영향은 무엇이며, 따라서 관련정부는 어떠한 정책을 펼쳐야 되는가?

02 이론적 분류

해외직접투자 현상을 설명하려는 이론들이 여러 가지 관점에서 제시되었다. 학자에 따라 여러 가지 분류관점에서 해외직접투자 이론을 분류하고 있다. 여기에서는 전통적 경제이론, 미시적·기업경영론적 접근이론, 거시적·경제론적 접근이론, 미시·거시 통합적 접근이론, 체제론적 접근이론으로 분류하였다.

거시적 접근이론이 국민경제적 관점에서의 국가특유의 요소를 중시하는 반면에, 미시적 접근이론은 기업경영적 관점에서 기업특유의 요소를 중시한다. 따라서 거시적 이론이 어떤 객관적·전체적·외부환경적 요인을 중시함에 비하여, 미시적 이론은 주체적·개별기업적·기업내부적 요인을 중시한다. 따라서 거시적 접근이론이 투자 또는 자본이동의 측면을 강조하는 반면 미시적 접근이론은 기업의 경영·지배라는 측면에서 중점을 두어 그 행동을 파악하려는 입장이다.

다국적기업의 해외직접투자 발생 이론 뿐 아니라 해외직접투자와 관련된 지금까지의 다국적기업 관련이론을 정리하면 [표 6-1]과 같다.

[표 6-1] 다국적기업 관련이론

접근방법	제이론	주요내용	대표적 연구자
전통적 경제이론	비교 생산비설	비교생산비차에 의한 국제 분업과 재화의 이동	D. Ricardo
	립진스키이론	생산요소 증가로 현지국 산업구조·무역구조 변화	T.M. Rybczynski
	이윤율격차 이론	한계생산력차에 의한 자본의 국제적 이동	G.D.A. MacDougal M.C. Kemp
미시적 · 기업 경영론적 이론	독점적 우위 이론	현지국기업에 대한 진출기업의 독점적 우위로 해외진출	S.H. Hymer C.P.Kindleberger
	과점적 경쟁 이론	과점적 대응에 의한 해외진출	F.T. Knickerbocker
	내부화이론	시장불완전성 극복 위한 해외진출	P.J. Buckley & M. Casson
	제품수명주기 이론	제품주기에 의한 생산입지변동과 해외진출	R. Vernon L.T. Wells
	기업성장 이론	기업성장으로 자연발생적 해외진출	E.T. Penrose E.J. Kolde
	기업행태 이론	기업내부 의사결정과정과 최고 경영자의 행태	Y. Aharoni
	세계경쟁 전략이론	기업활동의 세계적인 배치와 조정을 통해 국제화전략 수행	M.E. Porter
거시적 · 경제적 접근이론	통화지역 이론	강세통화국과 약세통화국의 자본화율격차에 의해 해외투자	R.Z. Aliber
	증권시장 불완전성이론	현지국 증권시장의 불완전성 극복을 위한 해외투자	G. Ragazzi
	고지마이론	국제분업의 원리에 입각한 일본형 투자가 국민후생 증대	K. Kojima
	오자와이론	일본산업의 내부적인 구조조정의 일환으로 생산비저렴국 해외진출	T. Ozawa
	순위이론	기술의 가용성과 생산비의 차이에 의해 순차적으로 해외투자	G. Hufbauer L.T. Wells
통합이론	절충이론	소유·장소특유우위와 내부화우위로 해외투자 발생	J.H. Dunning
체제론적 접근이론	마르크시스트적 접근이론	독점자본주의에서 제국주의로 변질과정에서 다국적기업 생성	P. Baran P. Sweezy
	세계경제론적 접근이론	선진국에서 제3세계로 다국적 기업에 의한 생산의 국제화가 발생	C.A. Michalet Lassudrie Duchene

자료 : 노택환(1987), 전게논문, p.30. 수정보완함.

제2절 전통적 자본이동론

01 가정

전통적 자본이동론은 생산요소로서의 자본의 국제적 이동원인을 자본의 한계생산력 차에서 구한다. 자본이 자본풍부국에서 자본희소국으로 또는 저이자율국에서 고이자율국으로 이동하며, 그 결과 자본의 한계생산력의 국제적 균등화를 가져오게 된다. 이는 양국 간 자원의 최적배분이 이루어짐으로써 투자국과 피투자국 모두의 후생을 극대화해 준다는 이론이다.

전통적 자본이동론은 해외직접투자를 설명하는 데에 원용될 수 있다. 일부 학자들은 직접투자를 국제 자본의 이동으로 파악한다. 기업이 해외로 진출함으로써 예상되는 기대이익과 생산비의 차인 이윤이 국내에서 활동할 때의 그것보다 클 경우 기업의 직접투자 내지는 해외진출이 이루어진다는 이윤율격차이론(theory of different benefits and costs)을 주장하였다.

전통적 자본이동론인 맥두갈-켐프 모델(MacDougal-Kemp Model)은 다음과 같은 제 가정을 전제로 하고 있다.

① 양국간 노동과 자본의 양은 고정되어 있으며 동질의 재화를 생산한다.
② 양국의 생산함수는 1차동차(규모에 대한 수익불변)[2]이며 한계생산력은 체감한다.
③ 완전경쟁[3]상태이며 자본의 가격은 자본의 한계생산력과 같다.

02 내용과 한계점

[그림 6-1]에서 O_1Q, O_2Q를 각각 투자국 및 피투자국(현지국)의 자본량이라 하고 MN을 투자국 자본의 한계생산력곡선, mn을 피투자국 자본의 한계생산력곡선

2) 생산요소인 노동과 자본의 양을 각각 K배 증가시키면 총생산량도 정확히 K배만큼 증가하는 생산함수.

3) 생산자와 소비자가 다수이고 완전한 정보를 가지며 자유로운 시장진입이 허용되어 생산자와 소비자가 개별적으로 시장가격에 영향을 미칠 수 없는 시장임.

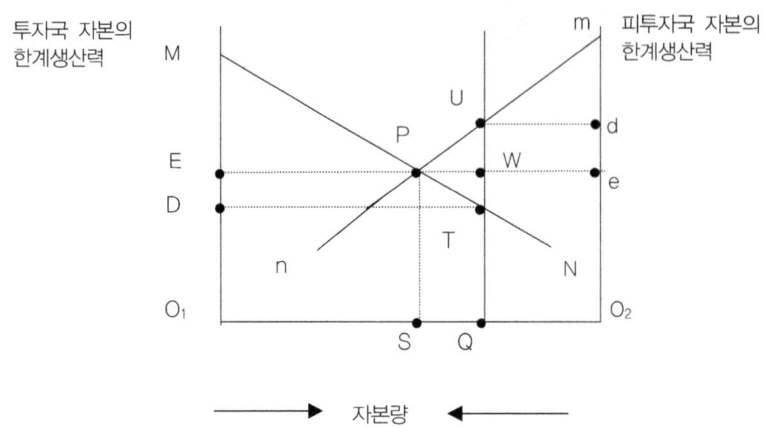

[그림 6-1] 전통적 자본이동론

이라 하자. 자본의 한계생산력이란 노동을 고정시키고 추가적 자본 한 단위 투입에 따른 총생산량의 증가분을 말한다. 양국 간의 자본이동이 발생하기 전에는 투자국은 주어진 노동력과 자본 O_1Q에 의해 O_1MTQ를 생산하고 피투자국은 O_2mUQ를 생산한다. 왜냐하면 총생산은 한계생산의 누적분이기 때문이다. 자본의 자유로운 국제이동이 보장된다면 자본은 자본가격(자본의 한계생산력)이 낮은 투자국에서 높은 피투자국으로 이동하게 되며 양국자본의 한계생산력이 같아질 때까지 계속된다. SQ만큼의 자본이 투자국으로부터 피투자국으로 이동함으로써 양국의 자본의 한계생산력은 $SP = O_1E = O_2e$로 동일하게 된다. 그 결과 투자국의 생산은 O_1MPS, 피투자국의 생산은 O_2mPS로 변동됨에 따라 전체생산은 자본이동이 발생하기 전의 $O_1MTQ + O_2mUQ$에 비해 PUT만큼 증가하게 된다. 이를 투자국과 피투자국의 경우로 나누어 좀더 구체적으로 살펴보자.

투자국의 경우 생산은 SPTQ만큼 감소하나, 소득은 SPWQ(자본의 한계생산력 SP × 투자자본량 SQ)만큼 증가하므로 결국 소득의 증가가 생산의 감소를 초과하는 부분(PWT)만큼 투자국의 소득은 증대된다. 피투자국의 경우도 생산증가분(QUPS)에서 투자국에 대한 지급분(QWPS)를 차감한 PWU만큼의 소득이 증대된다. 이와 같이 자유로운 국제자본이동을 통해 세계 전체의 생산(소득)은 증대된다.

국제자본이동이 자본소득 및 노동소득에 미치는 영향은 각각 다르다. 먼저 투자국에 있어서는 자본소득은 O_1DTQ에서 O_1EWQ로 DEWT만큼 증가한다. 그러나 총생산(O_1MTQ)에서 자본소득(O_1DTQ)을 제외한 노동소득은 DMT로부터 EMP로 감소하므로 결국 DEPT 만큼의 노동소득이 자본소득으로 재분배되는 셈이다. 한편 피투자국에 있어서는 이와 반대로 자본소득은 edUW만큼 감소하는 대신 노동소득은 edUP만큼 증가한다. 이와 같이 국제자본이동은 투자국에 있어서는 자본에, 피투자국에 있어서는 노동에 유리한 방향으로 영향을 미친다.

전통적 자본이동론에 입각한 해외직접투자의 이러한 설명은 미국의 해외직접투자가 크게 증대되고 더욱이 서유럽에 진출한 미국기업들의 수익율이 국내수익율을 크게 상회하였던 1950년대에는 크게 지지를 얻었다. 그러나 1960년대 중반 이후부터 서유럽과 미국의 수익율의 차이가 반대방향으로 나타났음에도 불구하고 여전히 미국의 해외직접투자가 증가하는 경향을 보임으로써 그 이론의 현실적 설득력이 크게 떨어졌다.

근본적으로 이러한 전통적 자본이동론이 대상으로 하는 세계와 다국적기업 내지는 해외직접투자가 존재하는 세계 간에는 상이한 점이 전제되어 있고, 전통적 자본이동론이 전제하고 있는 제가정들이 적합하지 않다는 주장들이 제기되었다.

해외직접투자를 이윤율의 차이로 설명하는 전통적 자본이동론이 다국적기업 내지 해외직접투자를 설명하는데 가지는 한계점은 무엇인가?

첫째, 현실적인 측면에서 다음과 같은 현상들을 설명하지 못한다.

① 해외직접투자가 왜 자본희소국에서 자본풍부국으로도 이전되는가?
② 왜 동종산업내에서 상호투자가 이루어지는가?
③ 왜 자본의 국제적 이전이 수반되지 않는 직접투자가 이루어지는가?
④ 국내보다 이윤율이 낮은데도 불구하고 해외직접투자가 왜 이루어지는가?

둘째, 전통적 자본이동론은 해외투자를 자본의 이동으로만 파악하는데 비해, 오늘날의 해외직접투자는 자본 외에 기술·경영기법·거래비밀 등이 패키지(package) 형태로 이동되는 현상이라는 점에서 근본적인 한계를 지닌다.

셋째, 전통적 자본이동론은 기업의 투자목표는 이윤극대화라는 암묵적인 전제 위에서 출발하고 있어서 오늘날의 해외직접투자를 설명함에 있어서 한계를 가진다. 오늘날 다국적기업들은 이윤극대화 외에도 규모의 경제, 경쟁기업에 대한 과점적 대응 등의 경영전략적 목표를 달성하기 위해 해외투자를 하기도 한다. 따라서 전통적 자본이동론은 이윤극대화 이외의 목표를 위해 행해지는 해외직접투자 현상을 설명하지 못한다.

넷째, 전통적 자본이동론이 전제로 하고 있는 가정들이 해외직접투자를 설명함에 있어서 적합하지 않다는 점에서 한계가 있다. 예컨대 전통적 자본이동론은 완전경쟁을 가정하고 있는 데 이러한 가정하에서는 다국적기업이 피투자국기업과의 경쟁에서 불리함을 극복할 수 있는 어떤 우위성도 갖지 못하므로 해외직접투자가 발생할 수 없다.

이와 같은 한계점에도 불구하고 전통적 자본이동론은 해외직접투자에 대한 거시경제적 분석의 기초를 마련해 주었다는 점에서 큰 의의가 있다고 할 수 있다.

제3절 미시적·기업경영론적 접근이론

01 독점적 우위이론

독점적 우위이론(monopolistic advantage theory)은 하이머(S.H Hymer), 킨들버거(C.P. Kindleberger), 케이브스(R. Caves) 등에 의해 주장되었다. 독점적 우위이론은 해외사업 활동을 행하는 해외진출 기업은 현지 경쟁기업들에 대해 필연적으로 여러 가지의 불리함 내지는 외국비용(cost of foreignness)들을 가지게 된다는 단순한 전제로부터 출발한다. 외국비용의 예로서는 언어·제도·정치·법률·문화 등과 같은 기업환경의 상이, 피투자국시장에 대한 지식과 경험의 부족, 본사와 시간적·공간적으로 떨어진 지역에서 활동함에 따르는 비효율성 피투자국의 민족주의적인 차별대우 등이다.

기업의 해외진출이 가능하기 위해서는 현지 기업과의 경쟁에서 추가적인 외국비용 내지 불리점을 극복하고도 남을 현지기업이 갖지 못하는 진출기업의 어떤 실질적인 우위성이 있어야 한다. 현지 기업이 갖지 못하는 진출기업의 실질적 우위성이 무엇인가를 규명함으로써 해외직접투자를 설명하는 것이 독점적 우위이론이다.

다국적기업의 독점적 우위는 시장불완전성의 산물이며 완전경쟁상태에서는 직접투자가 존재할 수 없다. 모든 시장이 완전경쟁하에 있고 생산이나 마케팅상에 외부효과(external effect)[4]가 존재하지 않으며 정보의 이전이 자유롭고 무역장벽이 없다고 가정하자. 이 경우 기업은 동질의 재화를 생산하고 또한 모든 생산요소의 이용에 있어서도 동일한 입장에 놓이게 됨으로써 현지 기업에 대한 어떠한 우위도 누릴 수 없게 되어 직접투자는 존재할 수 없고 모든 국제경제거래는 무역의 형태로만 존재하게 된다. 다시 말하면 직접투자는 시장이 불완전할 때만 존재한다. 킨들버거는 독점적 우위가 발생할 수 있는 불완전시장의 요인을 [표 6-2]와 같이 크게 네 가지로 분류하고 있다.

[표 6-2] 불완전시장의 발생요인

	요 인
제품시장	제품차별화, 특수한 마케팅기술, 재판매가격유지 제도, 관리가격 등
요소시장	특허권제도, 기술획득 및 자본조달상의 불균등, 경영능력의 차이 등
규모의 경제[5]	외부 및 내부적 규모의 경제, 수직적 통합이익
정부의 규제	조세·관세·이자율·환율에 대한 정부정책, 특정산업에 대한 진출 및 진입의 규제

4) 외부효과에는 소비자 또는 생산자가 시장을 통한 대가를 지급하지 않고 경제적 이익을 얻는 외부경제와 대가를 지급받지 못하고 경제적 손해를 입는 외부불경제가 있다. 양봉업자와 과수업자는 서로 간에 외부경제가 나타나는 경우이다. 반면 인근에 골프장이 생기고 농약사용이 많아져 오염된 하천수로 농사를 짓는 경우 쌀 생산량이 감소했으나 골프장으로부터 아무런 보상을 받지 못하는 경우는 외부불경제이다. 외부효과의 문제는 정보의 문제로 귀착된다. 외부경제·외부불경제의 규모에 대한 정확한 파악을 위한 정보는 물론, 당사자 간에 나타나는 정보의 차이로 인해 거래비용이 발생한다. 결국 외부효과는 거래비용 때문에 나타나는 현상이다. 거래비용이 전혀 없다면 외부효과는 아예 나타나지 않을 것이며, 거래비용이 적다면 이미 나타난 외부효과도 당사자들 간 협상에 의해 쉽게 해결될 것이다.

5) 생산함수에서 규모란 생산요소(노동·자본)가 장기적으로 변동하는 경우를 가정한다. 규모의 경제(economies of scale)는 생산량과 비용 간의 관계를 나타내며 생산규모가 커짐에 따라 생산 단위당 장기평균비용이 하락하는 현상이다. 한편 규모에 대한 수익(returns to scale)은 생산요소 투입과 생산량 간의 기술적 관계를 나타내며 생산요소 투입량을 n배 증가 시 생산량이 n배 만큼 증가(수익불변), n보다 적게 증가(수익체감), n배보다 많게 증가(수익체증)하는 경우가 있다. 동차생산함수(생산요소투입을 n배 하면 생산량도 n배 증가)의 경우에만 규모의 경제(A) = 규모에 대한 수익체증(B)이 성립한다. 왜냐하면 B는 A이지만 A가 반드시 B이어야 하는 것은 아니기 때문이다. 비동차 생산함수의 경우 생산량 증가 시에 요소의 투입도 동일한 비율로 증가시키는 것이 최선일 필요는 없기 때문이다.

외국기업이 갖고 있는 독점적 우위란 구체적으로 무엇인가? 그것은 기업내부에 축적되어 있는 우수한 지식이며 이 지식은 그 기업과 분리하기 어려운 기업특유(firm-specific)의 성격을 갖는다. 기업특유의 지식에는 기술, 마케팅 노하우, 경영능력 등이 있다. 기술이란 장기간의 연구개발투자를 통해서 형성된 지식이며, 마케팅 노하우는 광고나 판매경로 등에 대한 투자를 통해서 구축해 놓은 지식이고, 경영능력은 인력에 대한 투자와 경영시스템 개발을 위한 투자를 통해서 형성해 놓은 지식이다.

여기서 문제가 되는 것은 이 우위요소를 해외에 이전시키기가 용이하지 않다면 현지시장에서의 경쟁에 아무런 도움이 되지 않는다는 점이다. 일반적으로 다국적기업의 독점적 우위요소는 소비자가 증가해도 타 소비자의 혜택이 감소하지 않고 소비에 대한 대가를 지급하지 않아도 개인의 소비가 배제되지 않는 공공재(public goods)적인 속성을 가지고 있어 이전이 용이할 뿐 아니라 이전에 수반되는 한계비용이 영(zero)에 가깝다.[6] 기술이 일단 개발되면 해외자회사는 추가적인 비용을 발생시키지 않고 낮은 기술이전비용만을 부담함으로써 이 기술을 쉽게 이용할 수가 있다. 이에 비해 현지기업이 이 우위요소를 습득하기 위해서는 오랜 기간의 연구개발투자를 통한 축적과정을 거쳐야 하므로 이 우위요소를 단기간에 습득할 수는 없다.

독점적 우위론은 종래의 거시적 및 국제자본이동론의 관점에서 설명하던 해외직접투자를 독점적 우위와 시장의 불완전성으로 설명함으로써 미시적·경영학적 관점에서의 해외직접투자이론을 본격적으로 태동시켰다는 점에서 그 의의가 크다.

이론의 한계점은 독점적 우위로 기업이 현지기업과의 경쟁에서 이길 수 있는 원천을 잘 설명해 주고 있지만 이러한 독점적 우위의 존재는 해외직접투자의 필요조건은 될 수 있지만 충분조건은 되지 못한다. 기업특유의 우위요소를 왜 수출이나 라이선싱 대신에 해외직접투자라는 위험이 큰 사업형태를 통하여 활용하는가에 대해 설명하지 못한다. 해외직접투자의 국가별 패턴을 설명하는 거시적 측면의 설명력이 부족하며 중소규모의 해외직접투자, 일본형 해외직접투자를 설명하기가

6) 첨단기술의 발달로 수천만 장의 소프트웨어 CD를 추가적으로 한 장 더생산하는 한계비용은 거의 제로에 가깝다. 제러미 리프킨은 상품 제조의 한계비용이 제로에 가까워질 수록 정보와 서비스, 재화를 공유하려는 공유경제(피어 투 피어 네트워크, 프리 소프트웨어, 오픈 소스 소프트웨어, 크라우드 펀딩 등)의 욕망이 커질 수 있다고 주장한다.

곤란하다.

02 과점적 경쟁이론

니커보커(F.T. Knickerbocker)는 과점산업에 속하는 기업들의 특유한 행동양식(과점적 경쟁)에 착안하여 해외직접투자를 설명하려는 과점적 경쟁이론을 주장하였다. 과점산업에 속하는 기업들은 경쟁기업의 행동에 극히 민감하며, 기업들 간의 이러한 상호의존성은 과점적 경쟁이라는 과점특유의 기업행태를 낳는다. 이와 같은 과점산업에서의 최적 전략은 경쟁기업의 행동을 그대로 모방하는 것이다.

예를 들어 과점산업에서 경쟁기업이 해외에 진출한 경우 여기에 대응하는 최선의 전략은 선두기업을 따라(follow the leader) 해외에 진출하는 것이다. 만약 선두기업을 따라서 진출하지 않았을 때 선두기업이 해외진출에 성공하면, 선두기업은 해외에서의 높은 수익 또는 원료산지의 확보 등을 이용하여 본국에서의 경쟁에서 우위를 누릴 가능성이 높다. 그러나 선두기업과 같이 진출한다면 해외시장에서의 성공이 국내시장의 균형에 영향을 주지 않을 것이다. 또한 해외에 진출하여 같이 실패한 경우에도 국내시장에서의 균형에 별다른 영향을 미치지 못할 것이다. 따라서 과점시장에서의 최적 전략은 선두기업을 따라서 해외로 나가는 것이며, 과점산업의 해외직접투자는 특정기간에 특정시장에 집중적으로 몰리는 현상이 나타나게 된다.

니커보커는 미국의 187개 다국적기업이 1948년에서 1967년 기간 중 23개국에 행한 해외직접투자를 분석한 결과에 따르면 미국 내에서의 산업집중도와 해외직접투자의 진입집중지수(entry concentration index)간에는 정(正)의 상관관계가 있는 것으로 나타나 산업의 국내집중이 증가되면 해외직접투자에 있어서의 과점적 대응이 증가된다고 결론지었다.

플라워즈(E.B. Flowers)는 미국에 대한 캐나다와 유럽의 해외직접투자가 산업별로 집중되는 정도는 캐나다와 유럽국 내에서의 산업별 집중과 상관관계가 높으며, 이러한 캐나다와 유럽의 대 미국투자는 미국의 대 캐나다 및 대 유럽 투자 이후 약 3년의 시차를 두고 이루어지는 반응을 보였음을 밝혔다.

이같이 과점적 경쟁이론은 과점산업에 있어서 선도기업의 해외투자에 대한 경쟁기업의 대응인 방어적 투자로써 해외직접투자를 설명하려는 이론이다. 이 때 이러한 과점적 경쟁의 결과로서 특정지역에 대한 동일산업 내 경쟁기업들의 진출이 집중(bunching)되는 현상을 보이게 되는데 이러한 현상을 「밴드웨건효과」(band wagon effect)라고 부른다.

과점적 경쟁이론은 특히 선진국 간의 동종산업 내의 상호투자를 설명함에 유용하며, 또한 해외직접투자가 일정한 지역에 집중되는 현상을 잘 설명할 수 있어서 1950년대와 1960년대에 걸친 미국 기업들의 대 유럽 집중투자를 설명함에 유용성을 지닌다. 그러나 이러한 대응적 투자를 유발하는 선발기업의 최초 투자를 있게 하는 이유를 설명하지 못하는 한계점을 지닌다.

03 내부화이론

독점적 우위이론 등과 같은 산업조직론적 접근이 시장불완전성을 통한 진출기업의 우위성에 대한 이론적 해답을 제시함으로써 다국적기업의 해외직접투자에 대한 필요조건은 제시해 주었다. 그러나 우위성을 수출이나 라이선싱 대신에 왜 해외직접투자를 통하여 이전하는가라는 문제를 해명하지 못하였다. 이러한 문제에 대한 해명을 제시하고자 제시된 이론이 내부화이론(internalization theory)이다.

내부화이론이란 불완전한 세계시장에 있어서 다국적기업의 특수적 우위를 활용하는 가장 능률적인 방법은 필요한 제거래를 시장을 경유하지 않고 그들 기업시스템 내부에서 이루어지도록 하는 내부화라고 파악하여, 해외직접투자를 이러한 내부화 내지 내부시장의 창조과정으로 규정하는 이론이다.

내부화이론은 코오스(R.H. Coase)의 연구로부터 시작되어 윌리암슨(O.E. Williamson)에 의해 보다 체계적으로 계승·발전되었다. 그 후 버클리(P.J. Buckley)와 캇슨(M. Casson)은 이를 다국적기업의 해외직접투자에 적용시켰으며 러그만(A. Rugman)은 내부화이론을 더욱 심화·발전시켜 이를 해외직접투자의 일반이론으로 제시하였다.

코오스 주장의 핵심은 어떤 종류의 거래를 수행하는데 있어서 시장은 비용이 많이 들고 비효율적이며 불완전하므로 기업이 시장기능을 대신한다는 것이다. 시장을 통해서 거래를 할 경우 거래비용이 발생하기 때문에 기업은 내부화를 통하여 시장거래를 대체하려고 한다는 것이다. 거래비용이란 시장거래를 완결시키기 위해서 지급해야 하는 비용으로 거래상대방을 찾는데 소요되는 발견비용(search cost), 거래의 협상비용(negotiating cost), 계약의 완전한 이행을 위해 필요한 감시비용(monitoring cost) 등이다.7) 만약 기업 내에서 낮은 비용으로 거래를 성사시킬 수 있다면 기업은 시장기능을 대신하여 거래를 내부화한다는 것이다.

최근 인터넷의 발달로 소비자가 생산자로부터 직접 구매함으로써 거래비용을 상당히 절감할 수 있게 되었다. 뿐만 아니라 4차 산업혁명시대 블록체인(bloc chain) 기술이 상용화된다면 계약이 완결되기까지 걸리는 비용과 시간의 획기적 단축이 가능해진다. 계약 내용과 실행 조건 등을 사전에 분산원장시스템에 입력해 놓고 해당 조건들이 충족되면 자동적으로 계약이 진행되도록 하는 스마트계약(smart contract)을 통해 각종 유·무형 자산에 대한 소유권을 온라인 장부상에서 쉽고 안전하게 거래할 수 있게 되는 것이다.8)

이상과 같은 코오스의 주장은 원래 여러 곳에 공장을 둔 국내기업을 설명하기 위한 것이었으나 다국적기업의 경우에도 이를 적용할 수 있다. 국제시장은 국내시장보다도 시장불완전성의 요소가 더 많기 때문에 그만큼 내부화의 유인이 강하고, 따라서 기업특유의 독점적 우위를 가지고 있는 기업은 이를 외부시장을 통하여 판매하지 않고 해외직접투자를 통하여 내부화하여 이용하게 된다. 해외직접투자를 통해서 외부시장에서 수행하던 여러 가지 시장기능들을 다국적기업 내부로 흡수하게 되는 것이다.

결국 이론의 핵심은 시장이 불완전하기 때문에 내부화한다는 것이다. 시장불완전성을 시장실패(market failure)9)라고 하는데 이는 크게 다음의 [표 6-3]에서와 같이 자연적 시장불완전성과 인위적 시장불완전성으로 나눌 수 있다.

---

7) 생명보험가입자(대리인)는 보험회사(주인)보다 더 많은 정보를 보유한다. 약간만 아파도 병원을 찾고 위장입원을 하는 등 도덕적 해이로 인한 태만비용(shirking cost)을 유발한다. 보험회사는 이를 감시하기 위한 감시비용(monitoring cost)이 든다. 보험회사는 대리인비용(태만+감시) 즉, 거래비용을 최소화하려고 한다. 보험가입자의 월 납부 보험료가 동일하다면 건강한 사람들은 기피하고 병원을 자주 드나드는 사람들만 보험에 가입하는 역선택(adverse selection)현상이 발생할 것이다.

8) 최공필, "다양한 직거래 가능케 하는 블록체인, IoT환경에 적합한 도구이자 기회" 「지금은 4차 산업혁명시대」, KDI(2017), pp.65-70.

9) 자원이 효율적으로 배분되지 못하는 시장실패의 원인에는 ① 제3자에게 대가를 지급하지 않고 이익과 손해를 주는 외부효과 ② 규모의 경제가 발생하는 기업이 여타기업을 도산시키고 장기적으로 독과점 체제 형성 ③ 무임승차문제로 시장에 맡겨두면 공급이 감소하는 공공재 ④ 불완전한 경쟁시장구조 ⑤ 불확실성과 정보 불충분 등이 있다. 이러한 시장의 실패를 개선하기 위해 정부가 개입하는 경우 정부의 실패 현상이 발생하기도 한다.

[표 6-3] 내부화의 유인

자연적 시장불완전성	인위적 시장불완전성
• 기업특유우위의 공공재적 성격 • 거래비용의 과다 ① 계약체결의 어려움 ② 구매자의 불확실성 ③ 품질관리	• 정부의 규제 ① 관세 및 비관세장벽 ② 외환통제 ③ 직접투자의 제한

자료 : A.M. Rugman et. al., *International Business*(McGraw-Hill Co., 1985), p.104.

먼저 자연적 시장불완전성이란 시장을 통할 경우 거래비용이 과다하게 발생하는 경우를 말하며 두 가지 요인이 작용하고 있다. 첫째는 다국적기업이 가진 우위가 공공재(public goods)의 성격을 띠고 있기 때문이다. 공공재란 한 사람의 소비에 의해 다른 사람의 소비가 배제되지 않는 재화이다.(경찰, 국방, 소방, 공원, 도로, 초등교육 등의 공공재는 대가를 지급하지 않는 자라고 하여 소비에서 배제할 수는 없다)[10)]

예컨대 어떤 기술이 일단 개발되면 기술은 여러 장소에서 동시에 이용할 수 있으며, 그에 따른 추가비용은 영(zero)에 가깝다. 따라서 사회적 관점에서 볼 때 기술의 가격은 한계비용과 같아지는 수준인 영일 때 효율적 자원배분의 조건이 된다. 하지만 어떤 기업도 기술개발에 많은 비용이 소요된 기술을 공짜로 팔려고 하지는 않을 것이다. 따라서 그 기술의 공급이 제한되거나 한계비용을 초과하는 가격수준에서 가격이 결정되는 시장실패가 일어난다.〈완전경쟁조건 P(가격)=MC(한계비용)〉

둘째, 거래비용이 과다하게 발생하는 이유는 계약체결의 어려움, 구매자 불확실성, 품질관리의 어려움 등의 세 가지로 요약할 수 있다. 구매자 불확실성이란 구매자의 입장에서 상품에 대한 정보가 불충분하여 구매를 주저하는 현상을 가리킨다. 다국적기업의 독점적 우위인 기술은 거래가 있기 전에는 그에 대한 자세한 정보를 알기 어려우므로 구매자 불확실성이 존재하게 된다. 기술구매자는 구입한 제품의 품질이 조악할 경우 판매기업의 이미지에 부정적 시각을 가진다. 기술판매자가 거

10) 미국(2010)에서는 화재신고를 받고 달려온 소방차가 소방세 $75를 미납했다는 이유로 진화작업을 거부한 적이 있었다. 현장에서 밀린 소방세를 지급하겠다는 집주인의 제안도 묵살하여 주택과 애완견 4마리가 불에 타는 참변을 당했고 여론의 비난을 받았다.

래 전에 이러한 불안감을 안게 되는 품질관리의 어려움이 있다.

인위적 시장불완전성은 정부의 개입으로 인해서 수출이나 라이선싱 등의 거래 형태가 어렵게 되는 상황을 가리킨다. 대표적인 경우는 관세 및 비관세장벽의 부과로 인해서 이미 개발해 놓은 수출시장이 위협을 받게 되는 상황으로, 이러한 불완전성을 극복하기 위해서 직접투자를 하게 된다.

결국 내부화이론은 기업이 시장불완전성을 극복하기 위해 거래를 내부화하는데 이와 같은 내부화가 국경을 넘어서 이루어질 때 해외직접투자가 발생하며 기업의 다국적화가 진행된다는 것이다. 내부화이론이 독점적 우위이론과 다른 점은 특별한 자원의 보유 그 자체가 우위를 주는 것이 아니라 그 자원을 기업 내에 내부화하는 과정이 기업에게 우위를 준다고 보는 점에 있다.

내부화이론은 시장불완전성만 가정한다면 어느 시장에서도 적용될 수 있는 이점이 있는 반면에 다음과 같은 한계점이 있다.

첫째, 해외진출동기가 명백하지도 않는데 내부화이론의 출발점인 시장불완전의 존재만으로 해외직접투자가 발생한다는 것은 지나친 확대해석이다.

둘째, 다국적기업은 다국적기업 집단 내의 자원뿐만 아니라 현지국기업의 자원을 활용하기 위하여 진출하게 되는데 이러한 투자의 설명이 곤란하다.

셋째, 해외직접투자가 어떤 국가로 행해지는냐에 대한 설명이 곤란하다. 왜냐하면 외부적 요인, 특히 입지적 요인을 고려하지 않기 때문이다.

끝으로 라이선싱보다는 해외직접투자를 선호하는 이유를 설명해 주지만 수출도 내부화를 활용하기 때문에 수출보다 해외직접투자를 선호하는 이유에 대해서는 설명이 곤란하다.

04 제품수명주기이론

제품수명주기이론(product life cycle theory)은 선·개도국 간의 기술격차와 제품수명주기에 따른 기업의 시장전략 변화에 착안하여 각국 간의 무역패턴과 직접투자를 설명하는 이론으로서, 버논(R. Vernon)에 의해 제시되고 그의 제자 웰즈(L.T. Wells) 등에 의해 발전되었다.

기업의 국제적 활동은 그 기업이 개발한 제품의 수명주기에 따라 크게 신제품기(new product stage), 성숙기(maturing product stage), 표준화기(standardized product stage) 등의 세 과정을 거치면서 변화하게 된다.

신제품기에서의 생산입지는 기술혁신 선진국이 된다. 이는 선진국의 일인당 소득이 높아서 신제품에 대한 수용성이 높기 때문이다. 이 단계에서는 제품의 체계가 확립되지 않았고 생산기술도 표준화되지 않기 때문에 소비자의 기호에 맞추어 끊임없이 변화·개선시켜 나가야 하므로 생산입지를 국내에 두게 된다. 두 번째 단계인 성숙기에 이르면 상품의 체계가 성립되고 소비자의 제품에 대한 인식이 높아져 시장이 확대되며 해외에서도 여타 선진국 제품의 수요가 발생하므로 수출이 이루어진다. 마지막으로 표준화기에 이르러 기술이 표준화되면, 무엇보다도 경쟁력의 원천은 저임금 노동력이 되므로 생산입지는 저임금국으로 이전하게 되고 기술모방국인 개도국에서 기술혁신국으로 역수출이 발생하게 된다. 이러한 제품수명주기와 변화에 따라 해외직접투자는 다음의 두 가지 경우에 일어난다.

첫째, 성숙후기에는 기술혁신국에서 여타 선진국으로의 시장방어적 투자가 발생한다. 성숙기에는 기술혁신국과 여타 선진국간에 기술격차무역이 발생하지만 시간이 경과함에 따라 점차 감소할 가능성이 커진다. 왜냐하면 여타 선진국에서도 신제품의 생산이 가능하게 되기 때문이다. 뿐만 아니라 정부가 국내생산을 보호·촉진시키기 위해 관세장벽 등을 설치할 경우 기존 수출시장이 위협을 받게 된다. 따라서 선진국의 기업들은 여타 선진국으로 시장방어적 해외투자를 하게 된다. 이는 본국에서 생산비용과 해외시장까지의 한계수송비용의 합이 해외생산에 따르는 평균비용보다 높아지는 코스트 요인에 의해서도 촉진된다.

둘째, 표준화기에는 기술혁신국 및 여타 선진국들로부터 개도국으로의 저임금지향적 투자가 발생한다. 표준화기에는 저임금이 무엇보다도 경쟁우위를 결정하므로 제품의 생산입지는 개도국으로 이전된다. 따라서 다국적기업들은 표준화기에 있어서 개도국의 저렴한 노동력을 이용하기 위해 해외투자를 하게 된다. 이론은 무역과 직접투자를 제품수명주기를 이용하여 동시에 설명하려는 점과 시간이라는 변수를 도입한 동태적인 이론이라는 점에서 의의가 있다.

제품수명주기이론은 어느 단계에서 직접투자가 발생할 수 있다는 것이지 직접투자가 꼭 발생한다는 필연적인 조건을 제시해 주지 못하고 있으며 또한 투자국간의 상호투자를 설명하지 못한다. 무엇보다도 이미 해외에 생산 및 마케팅체제를 갖고 있는 다국적기업의 행태를 설명하는데 미흡하다.

제품수명주기이론에 의하면 기술이 점진적으로 확산된다고 가정하여 세 가지의 수명주기를 거친다고 본다. 그러나 현재의 다국적기업은 이미 글로벌 조직을 가지고 있기 때문에 신제품이 개발되면 전 세계적으로 거의 동시에 제품을 생산하게 된다. 규모의 경제가 실현된 이후 주된 비용의 차이가 노동의 비용으로 단정하고 있으나 자본집약재의 경우 예외적일 수 있다. 또 일회성 생산기술상의 기술혁신의 소멸과정을 가정하고 있지만 실제로 지속적인 제품개발과 혁신이 발생한다고 볼 수 있다. 제품수명주기이론은 제2차세계대전 이후 미국의 서유럽에 대한 직접투자 현상을 규명하는데 상당한 설득력이 있었으나 최근의 투자이론으로서의 설득력이 매우 약해졌다.

버논은 1974년 초기 논문에 대한 수정을 가했는데 다국적기업의 해외직접투자 입지 문제에 초점을 두었다. 다국적기업을 과점의 형태로 파악하고 기술혁신독점(innovation-based oligopolies), 성숙독점(mature oligopolies), 노숙독점(senescent oligopolies)의 3단계로 구분했다. 제1단계인 기술혁신 단계에서는 초기 제품주기론의 1단계와 유사하다. 여전히 연구개발과 시장요인이 조정될 수 있도록 미국처럼 혁신이 이루어진 국가에서 생산이 이루어지는 유인을 가지게 되며 기술혁신적 요인이 중시된다. 제2단계인 성숙과점의 단계에서는 규모의 경제가 중시된다. 다국적기업의 생산 및 입지전략은 다국적기업들 간의 작용과 반작용에 의해 경쟁기업들은 세계시장에서 안정된 시장점유율을 유지하게 된다. 마지막 단계인 노숙독점 단계는 기술혁신적 요인과 규모의 경제적 요인의 중요성이 상실되고 광고를 통한 차별화 전략 등이 중시된다. 생산의 입지는 시장과의 인접성이나 과점적 반응 보다는 최저생산비가 중요한 결정 요인이 된다. 따라서 다국적기업은 세계적으로 자회사 네트워크를 사용해 원료, 중간재의 공급과 생산을 통한 이윤극대화를 추구한다는 것이다.

일본의 아까마스(赤松要) 교수는 [그림 6-2]와 같이 1930년대 추적제품주기(catching up product cycle) 모델을 주창했다. 버논의 제품주기론 초점이 혁신국의 신제품에 있는 반면 추적제품주기론의 관심은 혁신국을 추적하는 후발공업국의 표준화 제품에 대한 국내생산과 수요 및 수출과 수입의 변화에 있다. 이 모델에서는 신제품에 대한 수입이 먼저 시작되고 국내수요가 어느 정도 수준에 도달하면 국내생산이 시작된다. 외국의 우수한 기술적 노하우와 직접투자의 수용을 통해 외국의 기술을 습득하게 되면 대량생산을 통해 규모의 경제를 실현하고 제품의 질을 높이며 생산비를 인하함으로써 수입대체적인 생산을 한다. 이와 같은 과정에서 시간의 변화에 따라 수입, 국내생산, 수출이라는 세 곡선이 마치 기러기가 날아가는 모양을 하고 있다하여 안행(雁行)형태론(wild geese flying pattern)이라고 불리워진다. [그림 6-2]에서는 면직물과 같은 소비재에서 먼저 이러한 현상이 발생하고 시간이 지나면 시차를 두고 면직물 기계와 같은 생산재에서 동일한 현상이 발생한다. 안행형태론은 신제품이 아닌 표준화제품에 있어서 선진국이 아닌 후발공업국이 수입대체로부터 시작하여 수출을 이행함으로써 선진국에 대한 추적(catching up)을 달성하는 과정을 보여 준다. 시간이 지속되어 대열에서 선두 기러기가 지쳐서 뒤처지게 되면 힘센 기러기가 대신 선두를 차지하듯이 선진국과 개도국 간의 경제 관계에서 동태적 변화를 초래하게 된다.

고지마(Kojima) 교수는 안행형태론의 마지막 단계에서 임금수준이 올라가면 기술적으로 비교우위가 약화되는 섬유산업 등에서 인근 저임금 개도국가로 직접투자가 이루어지는 것을 일본형직접투자로 규정하였다.

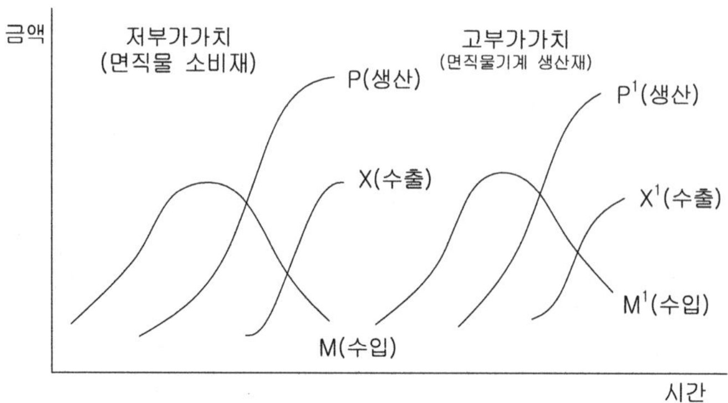

주: p: 국내생산 X: 수출 M: 수입

자료: Ozawa. *World Investment Report*(1995), p.259. 재인용

[그림 6-2] 아까마스의 산업성장 기본 모델

이때 개도국에 적합한 산업이 순차로 이식되며 선진투자국은 비교열위화된 노동집약산업을 축소하고 이를 개도국에서 수입하여 산업구조를 조정할 수 있다. 또 투자국이나 현지국 모두 비교생산비의 변동에 따른 산업구조의 고도화와 새로운 패턴의 무역을 창출하며 조화적으로 확대함으로써 선진국과 개도국 간의 남북무역(North-South trade)을 재편성하는데 도움을 줄 수 있다고 주장한다.

[그림 6-3]은 [그림 6-2]의 곡선 모양을 변화시킨 것이다. 전통적으로 기업들은 해외시장에 먼저 수출이 성공적으로 이루어지고 난 후에 현지국에서 생산을 시도한다. 오늘날 다국적기업들은 수출의 과정을 거치지 않고 바로 해외생산을 하기도 한다. 이 경우 해외생산은 현지국의 불필요한 수입을 유발하게 된다. 현지 개도국 정부가 외국인 다국적기업에 대해 일정한 수출과 현지국의 국산부품 의무적 사용(local content)을 요구하게 되면 소비재에 대한 생산곡선의 출현 이후 큰 시차(time lag) 없이 산업 성장의 초기단계에서는 생산재에 대한 생산 및 수출곡선이 거의 동시에 나타날 것이다. 이와 같이 다국적기업은 경쟁 소비재 산업을 강화하고 보다 높은 자본재 산업으로 이동하는데 필요한 시차를 단축시키는 도움을 줄 것이며 다국적기업은 경제 발전의 단계 간 중재자가 될 것이다.

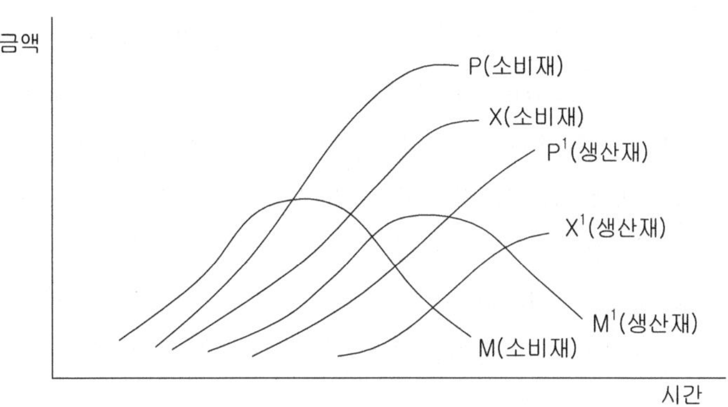

주: p: 국내생산 X: 수출 M: 수입
자료: Ozawa. *World Investment Report*(1995), p.259. 재인용

[그림 6-3] 다국적기업과 신산업 성장의 시차 단축

05 기업성장이론

기업성장이론은 기업의 발전단계 내지 기업의 국제화 과정을 몇 가지 단계를 설정한다. 동태적·발전사적·진화론적 관점에서 해외직접투자를 설명하려는 이론으로 해외직접투자를 기업성장의 자연발생적인 결과로 보고 있다.

콜데(E. Kolde)는 기업의 경영활동이 단계적으로 확대됨에 따라 기업이 해외로 진출하는 과정을 다음과 같이 설명하고 있다. 기업은 제1단계로 제품의 수출, 제2단계로 현지에 판매 및 저장시설 확충, 제3단계로 해외직접투자에 의한 현지생산의 과정을 거쳐 조직을 확대·발전시킨다는 것이다.

그라이너(L.E. Greiner)는 기업의 성장에 따른 국제화를 조직의 나이, 국제화의 정도, 발전단계 및 환경변화에 대한 적응속도 등의 요소로써 기업국제화의 모형을 만들었다.

로빈슨(R.D. Robinson)은 기업이 성장함에 따른 사업영역의 국제화 정도를 기준으로 기업의 발전단계를 국가기업(national firm), 국제기업(international firm), 다국적기업(multinational firm), 초국적기업(transnational firm) 및 초국가기업(supranational firm)으로 구분하고 각 단계마다의 기본적 특성을 설명하고 있다.

기업성장이론은 결국 기업의 국제화 내지 다국적화에 대한 논리적 단계를 발전사적 관점에서 정형화하고 그 구조속에서 다국적기업의 해외직접투자를 파악하려는 접근방법이라고 할 수 있다. 해외직접투자를 이론적으로 규명하기보다는 기업의 경영정책 측면에서 기업의 장기 경영전략으로 설명하고자 하는 특성을 가지고 있으나 해외직접투자에 있어서 경쟁상 우위의 원천 등 제요인을 종합적으로 설명하지 못하는 단점이 있다. 또 반드시 모든 기업들이 예외없이 정형화된 형태로 발전하는 것은 아니며, 초기의 해외직접투자는 설명할 수 있지만 이미 국제화가 이루어진 오늘날 다국적기업의 해외직접투자를 설명하지는 못한다.

06 기업행태이론

대부분의 해외직접투자이론은 대체로 기업은 이윤극대화의 목표하에서 합리적 행동을 행한다는 가정하에서 논리를 전개한다. 반면 아하로니(Y. Aharoni)가 주장한 기업행태이론(the behavioral theory of firm)은 기업의 해외투자가 반드시 그와 같은 경제적·합리적인 동기에서만 이루어지는 것이 아니라는 전제하에 해외직접투자 현상을 기업조직 내의 의사결정 과정과 독특한 기업행태적 현상으로 설명하려는 이론이다.

일반적으로 기업의 최고관리자들은 해외사업과 관련된 위험과 불확실성을 과대평가하는 경향이 있으며 이에 따라 자기들에게 익숙한 기업환경 속에서 안주하려는 경향이 강하므로 통상적으로 해외직접투자에 대해서 관심을 갖기가 매우 어렵다. 따라서 최초의 투자를 유발하는 것은 해외시장에 대한 조직적이고 합리적인 조사라기보다는 어떤 강한 외부적 자극이라는 것이다. 아하로니는 이러한 외부적인 자극으로,

① 외국정부나 기존거래선과 같이 기업내부와 관련 없는 원천으로부터의 제안
② 시장 상실의 위험
③ 타기업의 진출에 대한 대응
④ 외국기업의 국내진출에 대한 방어 등을 들고 있다.

이러한 외부적 자극을 통하여 일단 기업의 경영자에 의해 해외직접투자의 가능성이 고려되고 이에 대한 자료수집과 평가가 수행되면 이번에는 또 다른 행태적 관습의 투자가 이루어지도록 유도한다. 투자의 타당성 여부를 조사하는 사람은 그 일을 수행하는 과정에서 그 일에 깊은 관심과 이해를 느끼게 되며, 자신의 승진과 이익을 위하여 그 일이 성사되도록 투자를 실시하는 방향으로 결론을 이끌어 간다는 것이다.

아하로니의 기업행태이론은 대부분의 기존이론들이 이윤극대화라는 목표하에서의 합리적인 행동을 전제로 하여 해외직접투자를 설명하는 것과 다르다. 해외투자를 결정하는 조직내부의 의사결정 과정과 독특한 기업행태적 현상에 중점을 둠으로써 인간적 요인(human factors)이 보다 중요한 역할을 행한다. 또한 합리적 행태 가설이 완화되어도 기업의 행동에 대한 설명이 가능하다는 새로운 측면을 열어놓았다는 점에서 높이 평가할 수 있다.

기업행태이론은 해외직접투자 그 자체를 설명하려는 이론이기보다는 해외직접투자에 대한 의사결정 과정에 관한 이론으로 보는 것이 더 적절하다고 볼 수 있다. 따라서 해외직접투자를 설명하는 독립적 이론이라기보다는 타 이론의 설명력

을 보완하는 하나의 보완적 이론으로 보아야 할 것이다.

07 세계경쟁전략이론[11)]

세계경쟁전략이란 세계적 산업(global industry)에서 활동하는 기업의 경쟁전략을 말한다. 포터(M.E. Porter, 1985)에 의하면 기업의 국제경쟁우위는 세계적으로 분산 소재하고 있는 현지기업과 모기업 또는 현지기업 간의 생산 및 가치창출의 배치(configuration)와 조정(coordination)에 의해 큰 영향을 받게 된다는 것이다. 배치란 기업의 연구개발, 생산에서부터 판매, 서비스에 이르는 일련의 가치사슬(value chain)[12)]의 각 활동이 어디에서 수행되는가? 또는 기업의 제활동을 국가들 간에 어떻게 산재시킬 것인가? 하는 것이다. 집중과 분산으로 구분되어 지는데 집중(concentration)이란 가치활동을 지역적으로 어느 한 곳에 집중시켜 수행한 후 전 세계적으로 배분하는 것이며, 분산(dispersion)이란 기업활동을 각 개별 국가로 분산해서 수행하는 것이다. 조정이란 각 가치활동이 여타 가치활동과 어떻게 통합, 조정되는가 하는 것이다. 여기에는 전혀 통합·조정이 되지 않는 경우와 고도의 통합·조정이 이루어지는 경우가 있다.

배치의 측면에서 집중화는 규모의 경제(economies of scale)로 표준화된 제품의 대량생산이 이루어진다. 생산비용 및 유통, 마케팅비용의 절감, 가치활동을 한 곳에 집중시킴으로써 비교우위 발생, R&D 및 생산활동이 서로 연관되어 동일입지에 있음으로 인한 집중화의 이점이 발생한다. 한편 분산화를 통해 얻을 수 있는 이점은 범위의 경제(economies of scope)[13)]로 한 기업이 제품의 다각화를 통해 얻을 수 있는 시너지효과가 있다. 반면 통합·조정의 고도화로 인한 이점은 네트워크의 경

---

11) 마이클 포터의 정태적 산업구조분석으로 5 Force가 있다. 경영전략을 산업환경의 5가지 경쟁요인 ① 진입위협 ② 고객위협 ③ 공급자위협 ④ 대체품 위협 ⑤ 경쟁사 간의 경쟁위협의 결과에 따라 달리한다.

12) 가치사슬이란 가치를 창출해 내는 기업내의 가치창출 활동으로 기본적인 활동(내부 로지스틱스, 생산, 외부로지스틱스, 마케팅 및 판매, 서비스)과 지원활동(기업하부 구조, 인적자원관리, 기술개발, 조달)이 있다.

13) 범위의 경제는 경제학 용어는 아니며 최근 삼성전자가 개인용 선풍기, LG전자가 랜털용 안마의자를 판매하는 경우 등이다. 시스템 에어컨, 사무용 전자기기를 공급하면서 개인용 선풍기 판매 문의를 받고 B2B시장에서 고객만족을 주기 위한 목적이다. 필터관리가 필요한 공기청정기, 정수기처럼 안마의자도 모터의 정기적 관리 필요성에 착안하였다.

제(economies of network)로 모회사와 자회사, 자회사 상호간의 정보 연결로부터 발생하는 시너지효과, 신기술개발 효과, 학습효과 등이 있다.

포터에 의하면 [그림 6-4]와 같이 기업은 기업활동의 세계적인 배치와 조정을 통하여 국제화 전략을 수행하게 되며, 국제화전략의 유형은 수출중심전략(export-based strategy), 단순글로벌전략(simple global strategy), 현지국중심전략(host country-centered strategy), 고도해외직접투자의 전략인 통합적 글로벌전략(integrated global strategy)으로 나눈다. 수출중심전략은 기업의 가치활동의 배치는 지역적으로 본국에 집중시키고 마케팅은 현지에 맞게 분권화하는 전략으로 해외직접투자가 전혀 발생하지 않는다.

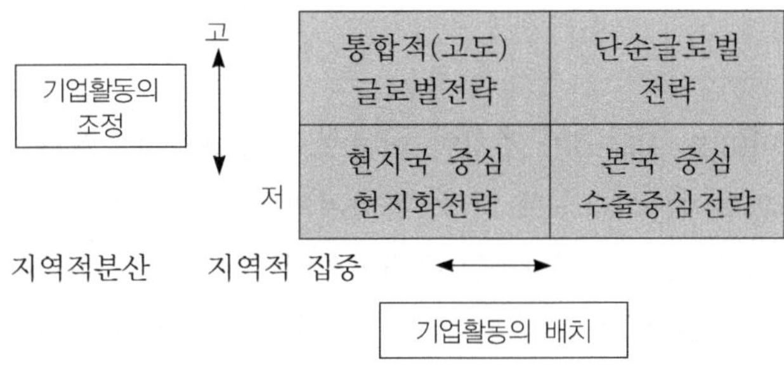

자료 : M.E. Porter, "Competition in Global Industries : A Conceptual Framework," in *Competition in Global Industries*, ed. by M.E. Porter(Harvard Business School Press, 1986), p.28.

[그림 6-4] 국제전략의 유형

단순글로벌전략은 기업의 가치활동의 배치에 있어서 규모의 경제에 민감한 부분들은 어느 한 국가에 가능한 한 집중시키고 현지화에 충실해야 할 기능만 최소한으로 분산시키며 가치활동의 조정은 중시된다. 여기에서는 본국중심의 기업활동을 통한 해외직접투자가 일부 발생한다. 현지국중심전략은 가치활동이 국제적으로 분산 배치되어 있고 서로 다른 국가간에 위치한 가치활동이 통합 조정되지 않는 전략이다. 이 전략하에서는 상당한 양의 해외직접투자가 이루어지고 현지국에 맞는 현지화전략이 주로 이용되고 있다. 끝으로 통합적 글로벌전략은 기업의 가치활동을 고도로 지역적으로 분산 배치하고 국가간 고도의 통합과 조정이 이루어지는 전략이다. 기업 및 산업특성에 알맞게 가치활동을 전 세계에 배치 및 조정

함으로써 경쟁적 우위를 확보할 수 있으며 대규모의 해외직접투자가 발생한다.

포터의 세계경쟁전략이론은 이론 그 자체가 해외직접투자의 동기를 규명해 주지는 못한다. 기업과 산업의 특성에 따라 해당기업이 어떠한 경쟁전략을 선택하느냐에 따라 해외직접투자가 어떻게 일어나는 가를 설명해 주고 있다. 통합적 세계화전략을 선택할 때 활발한 해외직접투자가 일어난다는 점을 밝힌 점은 의미가 있으나 해외직접투자의 발생요인 자체를 밝히고 있지는 못하다.

제4절 거시적·경제학적 접근이론

01 통화지역이론

통화지역이론은 알리버(R.E. Aliber)가 주창한 이론으로 통화가치우위론, 자본화율격차이론, 자본시장불완전이론이라고도 한다. 통화지역의 상이에 따르는 자본화율의 차이를 통해 해외직접투자를 규명하려는 통화지역이론(currency area theory)을 제시하였다. 이 이론은 투자국의 기업이 환율이나 통화가치의 차이 등에 의해서 현지국 기업보다 유리한 위치에 있으므로 비교우위를 가진다고 한다.

일반적으로 강세통화국으로부터 약세통화국으로 해외직접투자가 이루어지는데, 그 이유는 강세통화국이 약세통화국보다 동일소득 흐름에 대하여 높은 자본화율을 적용할 수 있기 때문이라고 한다. 자본화율(capitalization rate)이란 자본의 환원율로써 기업의 미래이익이나 배당의 현재가치를 구할 때 이용되는 객관적 할인율이며 이자율의 역수(1/r)로 나타낸다.[14)]

자본화율이 높다는 것은 낮은 이자율로 자금조달이 가능하며 동일소득 흐름에 대하여 더 높은 자산가치로 평가됨을 의미한다. 이는 다음과 같은 두가지 요인으로 설명이 가능하다.

첫째, 시장은 외환리스크의 불확실성을 커버하기 위하여 통화프레미엄을 요구

14) 1년 후 유입되는 $110가 현재 가치로 얼마인가? 자본의 환원 이자율이 연 10%이면 $100이고 연 5%이면 $104.8이다. 자본화율은 이자율이 10%인 경우는 1/0.1 = 10이고, 5%인 경우는 1/0.05 = 20이다. 강세통화국 기업은 높은 자본화율(낮은 이자율)을 이용해 약세통화국 기업보다 동일 소득 흐름에 대해 과대평가하는 편견을 가진다.

하게 되는데, 약세통화는 강세통화보다 높은 이자율을 요구받게 된다. 그러므로 강세통화국은 높은 자본화율(낮은 이자율)을, 약세통화국은 낮은 자본화율(높은 이자율)을 적용하게 된다.

둘째, 강세통화국의 투자자들은 해외의 약세통화권 국가에서 사업활동을 하면서도 본국과 같은 통화권에서 사업활동을 하는 것으로 생각하고 높은 자본화율을 적용하려고 한다는 것이다. 이는 강세통화국의 투자기업이 약세통화권의 현지국에서 발생한 동일소득의 흐름에 대해서 현지국기업이 획득한 경우보다 높은 자본화율을 적용하는 일종의 편견(bias)을 가지기 때문이다.

알리버의 주장에 의하면 강세통화 지역에 투자기업의 약세통화 지역으로부터의 수익은 분명히 위험이 수반됨에도 불구하고, 국제금융시장에서는 이를 무시하는 경향이 있어서 약세통화 지역의 낮은 자본화율이 적용되는 것이 아니라 강세통화 지역의 높은 자본화율이 적용된다는 것이다. 강세통화 지역의 기업들은 현지국의 경쟁기업보다 낮은 이자율로 차입을 하는 등의 유리한 조건에서 자본을 조달할 수 있어 많은 해외직접투자를 행할 수 있다는 것이다.

독점적 우위이론이 직접투자를 실물면에서의 우위를 통해 설명하는데 비해, 통화지역이론은 화폐면에서의 우위를 통해 투자기업이 가진 우위를 설명한다고 볼 수 있다. 이와 같은 알리버의 주장은 미국의 달러가 강세를 보였던 1950년대와 1960년대의 미국의 대 유럽지역 직접투자가 크게 증가하였던 사실을 설명하는데 설득력이 있었다. 일본기업들은 2011년 엔고의 영향으로 아시아지역에서 중국, 한국을 중심으로 해외 기업사냥에 나서 100여건의 M&A를 성사시키도 하였다.

통화지역이론은 다음과 같은 한계점이 있다. 첫째, 상이한 통화지역 간의 상호투자현상과 동일 통화지역 내의 해외직접투자 현상을 설명하기가 곤란하다. 둘째, 통화가치의 변동은 해외직접투자의 요인이라기보다는 시기에 영향을 미친다고 할 수 있으며 외환규제가 심한 개도국에 있어서의 직접투자 현상을 설명하기가 곤란하다.

결국 이 이론은 통화가치와 경제상황이 밀접한 상관관계가 있는 점을 감안할 때 해외직접투자의 동기를 전적으로 환율이나 통화가치의 차이에서만 비롯된다고 보는 지나치게 좁은 견해라는 한계점을 가지고 있다고 하겠다.

02 증권시장 불완전성이론

라가지(R. Ragazzi)는 증권시장의 불완전성 때문에 해외직접투자를 하게 된다는 증권시장 불완전성이론(security market imperfection theory)을 주창했다. 그는 외국의 증권시장이 개방되어 있어 간접투자가 가능한 경우에도 증권시장에 비효율성이 존재하면 증권구매를 통한 간접투자보다는 경영권을 장악, 행사할 수 있는 직접투자가 더 유리하기 때문에 직접투자를 한다고 보았다. 예컨대 A국은 효율적인 증권시장을 보유하고 있는 국가이고, B국은 비효율적인 증권시장을 가지고 있는 국가라고 하자. 그리고 A국 증권시장에서의 기대수익과 위험의 관계를 보이는 최적투자의 궤적이 [그림 6-5]에서와 같이 AA곡선이라고 하고 B국 증권시장에서의 최적투자궤적이 BB곡선이라고 하자.

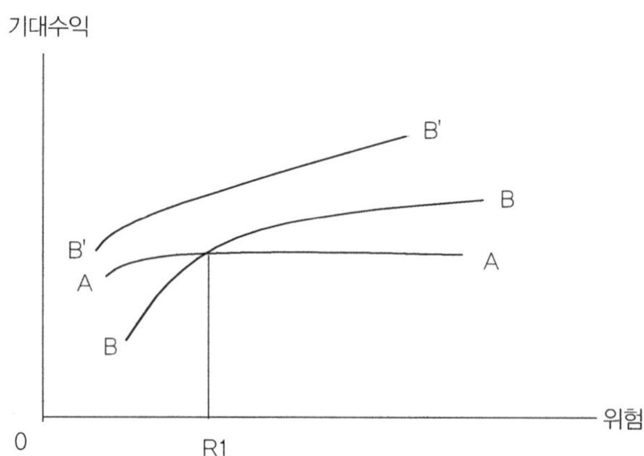

자료 : G. Ragazzi, "Theories of the Determinants of foreign Direct Inverstment ," *IMF Staff Papers*(July 1973).

[그림 6-5] A국과 B국의 최적투자의 궤적

아주 높은 위험에 처해 있는 경우(R1 이상)를 제외하고는 같은 위험수준에서 기대수익이 A국이 더 높기 때문에 A국의 투자자는 B국에 투자할 이유가 없다. 그런데 B국의 증권시장은 비효율적이어서 기대수익이 투자수익률을 제대로 반영하지 못한다고 하자. 이 경우 A국의 투자자가 직접투자하여 경영에 참가하게 되면 증권시장에서의 기대수익선인 BB곡선보다 훨씬 높은 B'B'곡선으로 나타나는 최적투자궤적을 얻을 수 있게 된다. 결국 B국에 직접투자를 함으로써 높은 기대수익을 얻을 수 있으므로 A국의 B국에 대한 직접투자가 이루어진다는 것이다.

이론은 증권투자 대신에 직접투자가 선호되는 이유를 잘 설명해 주고 있다. 하나의 독립적 해외직접투자이론 체계로서 보기에는 너무 부분적인 설명에 그치고 있고 이러한 이론을 뒷받침할 만한 실증적 연구도 미흡하다는 한계성이 있다.

03 국민경제적 접근이론

1) 고지마 이론

고지마(K. Kojima)는 현재까지의 해외직접투자이론은 모두 미시적인 기업의 관점에서만 해외직접투자를 설명한다고 보았다. 거시적 경제단위인 국가와의 마찰이 생기는 등 여러 가지 문제점이 발생하였다고 비판하면서 국민경제적 관점에서 해외직접투자를 설명하여야 한다고 주창했다. 고지마가 주장하는 미국형(American-type)과 일본형(Japanese-type) 직접투자의 차이를 정리하면 [표 6-4]와 같다.

[표 6-4] 미국형직접투자와 일본형직접투자의 차이점

미국형직접투자	일본형직접투자
• 역무역지향적(anti-trade oriented)	• 순무역지향적(pro-trade oriented)
• 첨단산업의 해외진출	• 사양산업의 해외진출
• 대기업 중심의 해외진출	• 중소기업 중심의 해외진출
• 단독투자 선호	• 합작투자 선호
• 기술집약적 생산방법	• 노동집약적 생산방법
• 현지국 고용효과 작다	• 현지국 고용효과 크다
• 현지국 기술이전 효과 작다	• 현지국 기술이전 효과 크다
• 철수까지의 사업활동 기간이 길다	• 철수까지의 사업활동 기간이 짧다

미국형직접투자는 역무역지향적(anti-trade oriented)이고 대기업 중심의 첨단기업이 해외로 진출하며 단독투자를 선호하고 생산방법은 노동보다는 자본(기계)을 집약적으로 사용한다. 첨단기술을 가진 미국 기업들은 구태여 해외로 진출하지 않더라도 높은 기술경쟁력으로 자국에서 수출이 가능하다. 이러한 기업들이 해외로 진출하면 미국에서의 수출은 감소하고 현지국에서 제3국으로의 수출이 증가하여 세계 전체적으로 보면 교역량은 불변이므로 미국형직접투자를 역무역지향적이라고

한다.

단독투자를 선호하는 이유는 미국기업의 기술보호 필요성과 기업경영 문화에 대한 현지국과의 마찰을 줄이기 위한 것으로 알려져 있다. 생산방법은 노동보다는 자본집약적이므로 현지국 일자리 창출 효과가 작고 현지국과의 기술수준 격차가 커 현지국 기술이전 효과도 낮다. 현지 진출한 기업이 철수하기까지의 기간이 장기인 이유는 첨단 기술수준이라서 현지경쟁 기업들이 기술을 따라 잡는데 상당한 기간이 소요되기 때문이다.

반면 일본형직접투자는 순무역지향적(pro-trade oriented)이고 수출경쟁력을 잃은 사양산업의 일본내 중소기업들이 개도국의 저렴한 임금을 활용하기 위하여 합작투자와 노동집약적 생산방식으로 해외에 진출한다. 일본에서 수출이 이루어지지 않았던 기업이 개도국의 저렴한 인건비로 경쟁력을 회복하여 제3국으로 수출함에 따라 세계 전체적으로 새로운 무역이 창출되어 순무역지향적이라고 한다. 미국기업에 비해 기술수준이 낮아 현지국과의 기술갭이 적어 현지국에 대한 기술이전효과가 크고 기계보다는 노동을 많이 이용해 현지국 고용효과도 높다. 일본기업은 기술수준이 낮아 기술보호 효과의 필요성이 적어 현지국과 합작투자를 선호하고 현지국의 경쟁기업들이 기술을 쉽게 모방하므로 진출 후 오래지 않아 경쟁력을 잃고 철수를 고려하게 된다는 것이다.

이론은 국제분업의 원리에 입각하여 해외투자를 하여야만 양국의 산업구조가 고도화되고 경제의 효율이 제고되어 국민후생이 향상된다고 주장하고 있다. 고지마의 주장은 해외직접투자의 문제를 단순한 개별기업적 영업활동이라는 차원에 국한시켜 논의할 것이 아니라 좀 더 시각의 범위를 넓혀 거시경제적 내지는 국민경제적 차원에서 논의하려고 했다는 점에서 의의가 있다. 하지만 투자가 이루어져야 할 거시적인 방향은 제시하지만, 실제 투자가 이루어졌을 때 투자국 기업이 현지기업에 대해 갖는 경쟁상 우위요인이 무엇인가에 대해서는 설명하지 못한다.

2) 오자와이론

오자와(T.Ozawa)는 고지마이론을 확장하여 일본기업의 해외직접투자 요인을 미국의 해외직접투자 요인과 비교하였다. 오자와는 독과점의 우위가 없는 일본기업의 경우 개발도상국에 대한 해외직접투자가 더욱 활발하게 일어난다고 주창했다. 경쟁적인 산업에 있어서 어느 한 기업이 개발도상국에 투자를 하면 이에 자극을 받아

각 기업들은 좀 더 유리한 부존요소가 있는 개발도상국으로 해외직접투자를 하게 된다. 그에 따라 어느 특정 개발도상국에 일본기업의 해외직접투자가 집중되는 밴드웨건효과(band wagon effect)가 나타나게 된다. 오자와는 일본기업의 경우 어느 특정 산업이 경쟁적일수록, 산업의 과점적 성격이 약할수록 해외직접투자가 활발하게 일어난다고 보았다.

오자와는 일본기업의 해외직접투자를 촉진하는 요인으로 일본경제 자체 내에 내부적인 산업구조조정에 의해 촉진되는 거시경제적 요인이 있다고 하였다. 거시경제적 요인은 산업 간의 경쟁이 강할수록, 즉 산업의 독과점력이 약하고 제품의 기술이 덜 고도화되어 있을수록 강하다. 따라서 일본의 산업은 내부적인 구조조정의 일환으로 생산비가 저렴한 해외생산에 보다 더 많이 의존하게 된다는 것이다.

오자와는 미국 및 기타 선진국 다국적기업의 해외직접투자에는 미시경제적 요인이, 일본의 경우에는 이러한 내부구조 조정 등의 거시경제적 요인이 더 크게 작용하고 있다고 하였다. 오자와 이론은 여러 가지 투자결정 요인들을 미시적인 요인과 거시적인 요인으로 구분하여 일본기업의 독특한 해외직접투자 현상을 설명하였다는 점에서는 의의가 있다. 연구가 투자결정 요인의 비교에만 한정되었다는 점과 고지마이론과 마찬가지로 정태적 분석이라는 점에서 그 한계가 있다.[15)]

04 순위이론

일찌기 허프바우어(G. Hufbauer)는 국가 간 기술격차와 노동비용의 차이를 근거로 국제무역의 발생원리를 설명한 바 있다. 순위이론(pecking order theory)은 웰스(L.T. Wells)가 허프바우어의 주장을 근거로 해외직접투자 이론으로 확장, 응용한 것이다.

허프바우어는 선진국의 기술을 모방한 중진국의 수출제품이 선진국에 수출이 가능한 이유는, 선진국에 비해 노동비용이 저렴하기 때문이며 후진국에 수출이 가능한 이유는 후진국의 기술모방에 따른 시차(time lag)가 존재하기 때문이라고 한다. 웰스는 이것을 선발개도국이 후발개도국에 해외직접투자를 하게 되는 요인으로 원용하였다.

---

15) 원종근, 「글로벌시대의 국제경영」(서울 : 박영사, 1999), pp.77-78.

선진국이 특정산업에 대해 해외직접투자를 하게 되면 보다 낮은 순위에 있는 선발개도국이 보다 낮은 후발개도국에 해외직접투자를 행하게 된다는 것이다. 이러한 순위이론은 기술의 가용성과 생산비의 차이에 그 이론적인 근거를 두고 있는데 시간이 흐름에 따라 비교우위요소인 기술이 순위에 따라 이동하게 된다는 것이다.[16] 순위이론은 개도국 다국적기업의 해외직접투자를 설명하는 이론으로 적합하다고 하겠다.

일반적으로 개도국 간의 해외직접투자는 선진국의 개도국에 대한 투자보다는 다른 특성을 가지고 있는 것으로 알려져 있다. 개도국 간 해외직접투자는 기술격차가 크지 않아 기술이전의 효과가 크며, 개도국 다국적기업의 기술은 선진국에 비해 노동집약적 기술방법을 사용하여 현지국 고용효과도 크다. 또 후발개도국의 시장은 수요가 작은 반면 다양한 시장 특성을 지니고 있어 규모의 경제에 익숙한 선진국 다국적기업보다 신축성이 있는 개도국 다국적기업이 보다 유리한 것으로 알려져 있다.

순위이론은 기업의 동태적 측면에서 해외직접투자가 어떻게 선진국에서 개도국으로 순차적으로 이전하는 가를 잘 설명해 주고 있다. 그러나 순위이론도 순위가 낮은 개도국이 선진국으로 해외직접투자가 행해지는 이유, 개도국 상호 간에 해외직접투자가 이루어지는 상호투자에 대한 설명을 해주지 못하는 한계성이 있다.

제5절 미시·거시통합적 접근이론

01 더닝의 절충이론

지금까지 먼저 전통적 경제이론의 다국적기업의 해외직접투자를 설명함에 있어서 그 한계점을 분석한 후, 미시적 관점 또는 거시적 관점에서 제시된 제이론들을 살펴보았다. 여기에서는 미시요인과 거시요인을 동시에 고려하고 기존의 제이론들의 통합화를 통해 새로운 이론체계를 정립하려는 더닝(J.H. Dunning)의 국제생

16) 어윤대, 「국제경영」(서울 : 학현사, 1996), pp.264-265.

산의 절충이론(the eclectic theory of international production)을 살펴보기로 한다.

더닝은 해외직접투자이론이 완전한 이론이 되기 위해서는 다음과 같은 세 가지 의문을 충족시킬 수 있어야 한다고 보았다.

① 외국기업이 국내기업에 비하여 가지는 우위는 무엇인가?
② 이러한 우위는 왜 직접투자를 통해 이용되는가?
③ 특정국가에 생산시설을 설립하는 이유가 무엇인가? 하는 것이다.

이러한 세 가지 의문은 첫째로 해외에 이동할 자원인 우위요소의 보유문제, 둘째로 우위요소를 해외에 이동시키는 방법문제, 셋째로 우위요소를 이동시키는 대상국인 현지국의 선정문제로 요약할 수 있다. 더닝은 이들 문제를 소유특유우위(ownership-specific advantage), 내부화우위(internalization advantage), 장소특유우위(location-specific advantage)로 설명하고 있다.

여기서 소유특유우위는 독점적 우위론의 기업특유우위에 그 이론적 근거를 두고 있고, 내부화우위는 내부화이론에 이론적 근거를 두고 있다. 따라서 더닝의 이론은 이들 두 가지 이론에다 장소특유우위를 추가로 도입하여 절충한 이론이라고 하겠으며, 이들 우위의 첫글자를 따 OLI패러다임이라고도 한다. 이들 세 가지 우위에 대한 예를 제시해 보면 다음의 [표 6-5]와 같다.

[표 6-5] 더닝의 절충이론의 세 요소

- 소유특유우위(ownership-specific advantage)
  - 기업특유의 지식우위
  - 경영과 마케팅 및 재무관리능력
  - 수직적 통합능력(원료와 시장에 대한 통제력)
  - 위험분산
- 내부화우위(internalization advantage)
  - 거래비용의 감소
  - 구매자 불확실성의 감소
  - 정부규제의 회피
- 장소특유우위(location-specific advantage)
  - 현지시장의 규모와 경쟁상황
  - 현지국의 요소부존도와 기술수준
  - 현지정부의 지원과 규제
  - 정치적 위험과 문화적 특성

기업특유의 소유특유우위 요소는 그 기업이 일정기간 동안 배타적으로 사용할 수 있는 무형자산으로써, 새로운 진입기업에 대해서는 진입장벽을 구축할 수 있는 우위라고 할 수 있다. 이러한 우위를 통해 해외진출기업은 외국비용을 상쇄하고 현지기업과의 경쟁에서 우위를 누릴 수 있다. 내부화우위 요소는 그 기업이 기업특유의 우위를 해외투자기업이 라이선싱을 통해 외국기업에 임대 또는 판매하는 것보다 이를 수출이나 직접투자로 직접 이용함으로써 얻는 이익이 더 클 때 누릴 수 있는 우위이다. 마지막으로 장소특유우위는 다국적기업을 특정국가로 끌어들이는 그 국가의 매력으로써 구체적으로 성장속도가 빠르고 큰 시장, 싼 인건비, 우수한 노동력, 정부의 지원 등이 포함된다. 이렇게 볼 때, 소유특유우위는 다국적기업의 해외진출을 작동시키는 푸쉬(push)적인 역할을 하고, 장소특유우위는 다국적기업을 특정국가로 끌어들이는 풀(pull)적인 역할을 하는 셈이다.

더닝에 의하면 해외직접투자가 일어나려면 세 가지 요소를 동시에 충족시켜 주어야 한다. 다시 말해 해외직접투자가 이루어지려면 외국기업으로서의 불리함을 극복하고도 현지에서 경쟁해 나갈 수 있는 기업특유의 독점적 우위가 있어야 한다. 또 국내보다 외국이 생산입지상 우위에 있어야 하며, 기업특유의 독점적 우위를 외국기업에 라이선싱 해주는 것보다 내부거래를 통해 이전하는 것이 유리해야 하는 내부화의 우위가 있어야 한다는 것이다. 절충이론에 의하면 기업특유의 독점적 우위를 외부시장에 판매하는 것보다 내부화하는 것이 유리할 때 기업은 라이선싱 방식을 버리고 수출이나 해외직접투자를 택한다. 또 자본·기술·경영기법 등을 해외로 이전하여 현지의 생산요소와 결합하는 것이 국내생산보다 유리할 때 즉, 장소특유우위가 있을 때 기업은 수출 대신 해외직접투자를 한다는 것이다.

이상에서 본 세 가지 우위요소와 해외진입 방식 간의 관계는 [표 6-6]과 같다. 절충이론은 해외직접투자이론 연구의 흐름이라는 관점에서 현재까지의 제이론을 포괄하는 가장 일반적인 이론이라는 평가를 받고 있다. 해외직접투자이론의 큰 줄기는 독점적 우위이론→내부화이론→국제생산의 절충이론의 흐름으로 파악되어 지고 있는 것이 일반적 평가이다.

[표 6-6] 우위요소와 해외진입방식

	소유특유우위	내부화우위	장소특유우위
라이선싱	○	×	×
수 출	○	○	×
해외직접투자	○	○	○

주 : 유 - ○ 무 - ×

이와 같은 절충이론은 유용하면서도 강한 설득력을 지니고 있으나 이론의 한계점에 대해 많은 비판이 제기되고 있다. 주요 비판으로서는 첫째, 이론의 독창성이 없으며 기존의 여러 이론을 결합한 글자 그대로 절충에 지나지 않는다. 둘째, 형식적으로는 미시와 거시의 통합모델이지만 본질적으로는 미시적 측면이어서 거시적 관점은 고려하고 있지 않다는 점 등이 제기되었다.

결국 절충이론도 미시적인 관점에서 해외직접투자를 본 전형적인 부분분석이론이다. 기업이 소유하고 있는 지식을 내부화함으로써 이윤극대화를 위해 해외에 진출하게 된다는 대기업의 행동원리를 설명하고 있다는 점에서 독점적 경쟁론, 산업조직론, 내부화이론과 맥락을 같이 한다고 볼 수 있다.

02 수정절충이론

해외직접투자는 다국적기업이 현지국에서 기술과 혁신을 지속적으로 수용할 수 있도록 하는 가장 강력한 매개체 중의 하나이다. 따라서 해외직접투자 활동은 다국적기업이 조직학습(organizational learning)을 위한 미래의 기회를 이끌어 내는 옵션(options)을 보유하게 하는 것으로 간주되어 진다. 옵션이란 최근의 전략적 경영에서 활용한 옵션이론(option theory : Bowman and Hurry, 1993; Hurry, 1993; Hurry et al., 1992; Kogut, 1991)에서 나온 것이다. 옵션시장에서 살 수 있는 콜옵션(call option)과 팔 수 있는 풋옵션(put option) 권리를 얻기 위해 옵션 프리미엄(option premium)을 지급해야만 하듯이 투자가는 소액의 해외직접투자를 우선적으로 하고 미래에 그 기업의 소유권을 완전 인수할 것인지 아니면 포기할 것인지 결정 시점이 오면 권리를 행사(strike)할 수 있다는 것이다. 따라서 투자는 소액의 투자에서 대규모의 투자로 점진적으로 이루어지게 된다는 것이다.

다국적기업은 다양한 국가에서 직접투자를 하여 갖게 되는 옵션과 글로벌 혁신 역량(global innovation capabilities) 사이에는 정(正)의 관계에 있다는 것이다. 다국적기업은 글로벌 경쟁력을 유지하기 위하여 세계적으로 다양한 기술과 조직혁신에 대한 학습기회(learning opportunities)를 가져야만 한다고 주장한다.

펭(Peng, 1995)은 기존 더닝의 절충이론에 학습옵션우위(learning option advantage)를 추가하여 [그림 6-6]과 같은 수정절충이론(revised eclectic theory of FDI)을 제시하였다. 수정절충이론에서 시장의 불완전성을 극복하기 위해 기존의 소유특수적 우위와 내부화우위, 입지특수적 우위 외에 학습옵션우위를 추가하고 있다. 학습옵션우위는 현지국에서 혁신에 대한 지속적인 접근을 위해서는 다국적 협력, 전략적 제휴, 조직학습에 대한 개념적, 실증적 연구 활동이 필요하다고 주장하고 있다. 결국 학습옵션의 관점은 다국적기업의 전략적 제휴(strategic alliances), 조직적 학습에 대한 개념적, 경험적 연구와 일치한다.[17)]

수정절충이론에 있어서 학습옵션 우위는 엄밀히 말하면 기존 절충이론의 입지특수적 우위에 포함될 수도 있을 것이다. 학습우위는 현지국에서 기술, 혁신 등을 수용할 수 있는 기회를 활용하는 것으로 현지국의 교육수준, 기술수준, 산업클러스트의 발달 등과 같은 기업환경 등이 주요 요인이 될 수 있을 것이다.

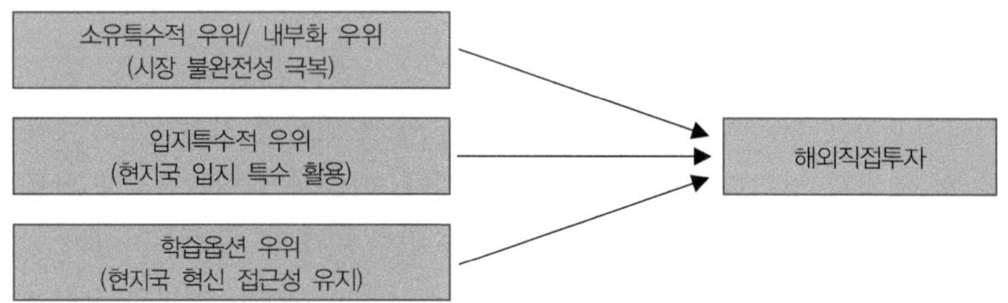

자료 : Mike W. Peng, "Foreign Direct Investmnet in the Innovation–Driven Stage : Toward a Learning Option Perspective," Edited by Green, Milford B. & Mcnaughton, Rod B. *The Location of Foreign Direct Investment*(1995), p.38.

[그림 6-6] 수정절충이론

---

17) Mike W. Peng, "Foreign Direct Investmnet in the Innovation-Driven Stage : Toward a Learning Option Perspective", Edited by Milford B. Green and Rod B. Mcnaughton, ***The Location of Foreign Directinvestment : Geographic and Business Approachs***(Bookfield USA : Avebury, 1995), pp.39-40.

03 포괄적 OLI 패러다임

더닝(Dunning, 1988, 1995)의 기존 전통적인 정태적 OLI 패러다임에서는 다국적기업의 국제적 생산을 O(ownership), L(location), I(internalization)의 세 가지 우위를 강조하였으나 더닝(2000)에서는 포괄적(Envelope) OLI 패러다임(paradigm)을 강조하였다. 더닝은 종전의 OLI를 정태적 OLI 패러다임, 새로운 OLI를 동태적 패러다임이라고 하였다. 동태적 OLI 패러다임에서는 지리적 입지를 소유우위에 대한 자산활용(asset-exploitation) 뿐만 아니라 자산증식환경(asset-augmenting environments)을 위한 학습 및 혁신능력(learning and innovative capabilities)을 매우 중시했다. 더닝의 포괄적 OLI 패러다임에서는 정태적 및 동태적 OLI 패러다임 모두를 내포하고 있다.

마키노 등(Makino et al., 2002)은 전통적인 자산활용 개념은 소유특수적 우위와 관련하고 흡수능력(absorptive capacity)에 기초한 전략적 자산추구(strategic asset-seeking)는 동태적 OLI 패러다임에서 자산증식활동과 관련 있다고 주장하였다. 프로스트와 조우(Frost & Zhou, 2000)는 해외직접투자의 학습과 지식창출 측면을 강조하며 입지 학습 선택의 진화적 측면이 포괄적 OLI 패러다임 이론에 보완성이 있다고 주장했다. 다국적기업은 지리적으로 혁신센터에 존재하고 있는 새로운 지식과 아이디어를 획득하기 위하여 해외로 진출하게 된다는 것이다.

제6절 체제론적 접근이론[18)]

01 마르크시스트적 접근

체제론적 접근은 왜 세계 자본주의체제 속에서 다국적기업이 발달하며 선진국과 개도국 간의 분업구조나 경제적 잉여가치의 분배에 어떠한 영향을 미치는가를 분석하였다.

---

48) 안세영, 「다국적기업의 경제학」(서울 : 박영사, 1995), pp.103-108.

마르크시스트적 접근은 레닌(Lenin)의 제국주의(imperialism)와 네오-마르크시스트(neo-Marxist)로 구분해 볼 수 있다. 먼저 레닌에 의하면 자본주의가 그 발전과정에서 독점자본주의 단계에서 제국주의로 변질되는 단계에서 다국적기업의 해외직접투자가 이루어진다고 한다. 초기 산업자본주의가 소수 자본가에 집중됨에 따라 독점자본주의로 전환되고, 산업자본에 은행자본이 결합되어 금융자본이라는 거대독점자본이 출현한 다음 단계로 서방 다국적기업이 해외직접투자 형태로 자본을 제3세계로 수출하는 것을 말한다. 다음 단계로 다국적기업이 독점 카르텔을 형성하고 현지 국민국가(nation state)와 담합하여 제3세계를 식민지화시킨다는 것이다.

레닌의 제국주의론은 부카린, 바란과 스위지(Baran & Sweezy) 등의 네오-마르크시스트를 거쳐 발전하였다. 네오-마르크시스트에 의하면 자본의 집중, 공급과잉, 이윤율 저하, 자본수출의 네 단계를 거치면서 다국적기업에 의한 세계시장의 지배를 초래하게 된다는 것이다.

네오-마르크시스트적 접근은 과거 제국주의시대 제3세계 식민지국가에 대한 서구 다국적기업의 진출을 어느 정도 비판적으로 설명해 주기는 하지만 오늘날 설득력이 매우 약하다. 자본의 수출 개념으로 다국적기업화를 설명한다면 오일 달러로 막대한 자본을 수출하는 중동 산유국의 위치, 1960년대 이후 유럽에 진출한 많은 미국 다국적기업이 유로시장에서 투자자금을 조달하고 있는데 이런 유형의 해외직접투자는 마르크시스트적 자본의 국제화로는 설명이 불가능하다. 뿐만 아니라 개도국기업의 선진국 진출을 전혀 설명할 수가 없다.

02 세계경제론적 접근

세계경제론(world economy theory)적 접근은 생산의 국제화 현상을 어떻게 설명하느냐에 따라 미샬레(Charles Albert Michalet) 중심의 낭떼르학파(Ecole Nanterre)와 라슈드리 듀센느(Lassudrie-Duchene) 중심의 소르본느학파(Ecole Sorbonne)가 있다.

낭떼르학파가 네오-마르크시스트적 분석의 틀을 이용해 세계자본주의에 의해 생산의 국제화를 설명한데 비하여 소르본느학파는 생산공정의 국제간 분업에 의해 생산의 국제화를 설명하고자 한다. 미샬레는 자본주의를 국가 간 상품이동의 경쟁자본주의, 자본의 국제화가 일어나는 독점자본주의, 생산의 국제화가 일어나는 세계자본주의로 발전한다고 주장한다. 세계자본주의는 생산활동이 선진국에서 제3세계로 이전되는 생산의 국제화가 이루어지며 이는 다국적기업에 의해 주도되므로 결국 세계자본주의는 다국적기업에 의해 통제, 조정된다고 본다. 이와 같은 생산의 국제화에 의한 제3세계의 산업화는 어디까지나 통제된 생산의 국제화에 불과하다고 본다.

소르본느학파는 생산의 국제화는 비교우위나 국제분업 측면에서 파악해야지 마르크시스트 경향의 체제론적으로 분석할 문제가 아니라고 주장한다. 선진국기업이 하나의 제품을 만드는데 일부공정을 개도국에 의존하는 경우 국제하청, 해외현지조립, 해외직접투자의 세 가지 중에서 선택하게 된다는 것이다. 국제하청이나 해외현지 조립의 경우 위험부담이나 자본조달의 어려움은 피할 수 있으나 생산기술의 유출, 품질관리, 이전가격조작(transfer pricing)에 어려움이 있다. 이러한 어려움을 극복하기 위해 해외직접투자를 통해 개도국에 현지 자회사를 설립한다는 것이다.

다국적기업에 대한 세계경제론적 시각은 다국적기업의 활동에 대해 어느 정도의 규제가 필요하다고 생각하며 규제의 주체가 개별국가 보다는 경제통합과 같은 공동의 규제정책이 효과적이라고 보고 있다. 세계경제론적 접근은 생산의 국제화에 분석의 초점을 두고 있으며 1970년대 이후 부상하는 신흥공업국의 국가 간 산업이전 현상 및 산업내무역을 잘 설명하고 있다. 마르크시스트 학파의 이념적 오류에 빠지지 않으면서 신고전파의 맹점을 보완했다는 점에서 장점을 지니고 있다. 그러나 1970년대 이후부터 급격히 증가하고 있는 개도국들의 대 선진국 투자 및 상호투자를 설명하는 데는 한계가 있다.

제 2 부

多國籍企業의 經濟的 效果

7 多國籍企業과 國民經濟

제1절 현지국에 미치는 영향

01 긍정적 영향

1) 자본부족 완화 및 생산증대 효과

다국적기업은 현지국의 부족한 자본부족을 완화시켜 주며 현지국의 생산량을 확대시켜 경제성장에 기여한다. 현지국이 개도국인 경우 사회간접자본 시설과 같은 막대한 자본의 조달 능력이 없는 경우가 많다. 이때 외국인 다국적기업의 유치로 부족한 자본을 완화시켜 줄 수 있다. 생산증대효과는 이론적으로 전통적 자본이동론인 맥두갈-켐프(MacDougal-Kemp) 모델에서 찾아 볼 수 있다. 자본의 한계생산력이 낮은 투자국에서 자본의 한계생산력이 높은 투자수입국으로 자본이 이동함에 따라 현지국의 생산증대는 물론 세계 전체의 생산량을 증대시킨다는 것이다. 현실적으로 다국적기업은 맥두갈-켐프 모델에서의 순수한 자본만 이동하는 것이 아니라 기술, 경영능력, 마케팅기법까지도 일괄적으로 이동하게 되어 현지국 유휴자원의 활용을 통해 현지국 생산의 확대효과는 더욱 클 수도 있다. 다국적기업은 거대한 생산규모, 풍부한 자본, 혁신된 기술을 이용하여 현지국 경제성장 및 생산성 향상에 기여하고 있다.

연구에 의하면 미국 다국적기업들이 1983~2003년 동안 44개 현지국의 경제성장에 미치는 효과는 시장지향적인 수평적 직접투자와 효율지향적인 수직적 직접투자 간에 차이가 있는 것으로 나타났다. 현지 선진국에서는 두 유형의 직접투자가 현지국 경제성장에 정(+)의 영향을 미치는 것으로 나타났고 수평적 직접투자가 수직적 직접투자자 보다 긍정적 효과가 상대적으로 큰 것으로 나타났다. 한편 현지 개도국에서는 수평적 또는 수직적 직접투자가 경제성장에 미치는 유의적 효과를 발견하지 못했다.[1)]

2) 고용증대 효과

다국적기업의 현지국 진출은 현지의 고용사정을 개선시키는 효과를 가져온다. 이론적으로는 맥두갈-켐프 모델에서 보는 바와 같이 외국인 다국적기업의 유치는 현지국에서의 노동소득을 증가시키고 자본소득을 감소시켜 고용을 증대시킨다. 고용증대효과는 당해산업의 직접적인 고용증대는 물론 연관산업의 고용증대로 인한 간접적 효과도 있다. 이는 일반적으로 현지국의 임금이 저렴한 개도국인 경우 고용의 효과는 크다고 하겠다.

다국적기업의 생산방법이 노동집약적인 경우에는 고용효과가 상대적으로 크지만 자본집약적, 기술집약적인 경우에는 고용효과가 크지 않을 수도 있다. 이러한 현상은 1960년대 남미에 진출한 미국계 다국적기업에서 찾아 볼 수 있다. 뮐러(R. Müller)는 콜롬비아에서 1960~1970년 사이에 다국적기업이 집중적으로 투자했던 5개 제조업 부문의 자본에 대한 인력소요 측정치를 산출해 낸 결과 1960년 노동 1을 고용하기 위하여 1.63의 자본이 소요되었던 것이 1967년에는 4.44의 자본이 소요되었다. 또한 라틴아메리카 지역의 257개 기업을 대상으로 한 결과에서도 다국적기업 매출액 1달러당 고용하고 있는 인원 수는 현지기업에 비하여 절반밖에 안 되는 것으로 밝혀졌다.

한편 고용증대효과와 더불어 고용감소효과도 고려하지 않을 수 없다. 거대한 자본의 외국인 다국적기업의 진출로 현지국 해당산업과 연관산업이 도산 또는 위축됨으로써 고용감소효과가 발생할 수 있다.

21세기 글로벌 경제하에서는 고용없는 성장(jobless growth)이 전 세계적으로 보편화되었다. 따라서 선진국은 물론 개도국에서도 일자리창출이 가장 큰 국가정책의 목표가 되면서 외국인직접투자의 유치는 모든 국가의 초미의 관심사가 되고 있다.

트럼프 정부는 미국의 일자리 창출을 목표로 미국 내 생산되지 않은 제품에 대한 높은 보호관세를 부과하겠다고 위협하자 한국 기업을 포함한 세계의 다국적기

1) Sjored Beugelsdijk etc. "The Impact of Horizontal and Vertical FDI on Host's Country Economic Growth", *International Business Review* 17(2008), 452-472.

업들이 미국 내 공장 신설을 서둘렀다.

3) 기술파급 효과

다국적기업은 현지국에 대해 혁신된 우수한 기술을 파급시킨다. 다국적기업의 해외직접투자는 자본에 수반하여 생산기술, 노하우 등이 함께 이전된다는 것이다. 따라서 다국적기업의 기술이전 역할이 큰 관심의 대상이 되고 있는 것은 당연하다. 다국적기업의 자회사는 근대적 생산방법을 택하기 위해 혁신된 우수한 기술을 이용 할뿐 아니라 기업본부에서 집중적으로 개발된 기술을 도입하여 이를 이용하므로 현지국은 그 기술의 상당한 영향을 받을 수 있다. 그러나 혁신된 우수 기술이나 첨단 기술의 경우에는 기술의 공개를 거부하고 이전을 기피함으로써 기술파급효과가 그다지 크지 않을 수도 있다. 기술이전의 방법은 크게 두 가지 경로에 의한다. 하나는 하청생산을 통한 기술이전이고 다른 하나는 다국적기업 내에서 근무하는 현지 근로자를 통한 기술이전이다.

기술이전의 긍정적 효과 못지않게 부정적 효과에 대한 논란도 없지 않다. 다국적기업의 기술이전에 대한 논란은 주로 선진국과 개도국 간에 일어났다. 특히 현지국인 개도국이 직접투자에 수반되어 이전되는 기술이 지나치게 자본집약적이기 때문에 일반적으로 노동과잉, 자본부족이라는 요소부존상태에 있는 개도국 경제에는 적합하지 않다는 점이다.

한편 기술이전과 관련하여 고지마 교수는 기술이전의 형태를 미국형과 일본형으로 구분하고 있다. 일본형 해외직접투자의 기술이전은 개도국인 현지국과의 기술격차가 비교적 작은 노동집약적 산업에 적합한 기술이 이전되는 반면, 미국형 해외직접투자에 의한 기술이전은 독과점적 시장지배를 목적으로한 첨단산업의 기술이 이전되는 경향이 있어 현지국과의 기술갭(technology gap)이 커 이전효과가 작다고 주장하였다.

최근 외국인 다국적기업은 현지기업에 기존의 기술을 이전시키는 조건으로 진출하기도 한다. 기술 발전이 하루가 무섭게 이루어지기 때문에 기술을 이전한 투자국 기업은 업그레이드된 기술을 다시 개발하여 기술이전으로 인한 부메랑효과를 피하기도 한다.

4) 지역사회개발 효과

개도국은 물론 선진국의 경우에도 입지조건이 좋지 못하여 개발이 부진한 지역에 대하여 제반 특혜를 제공하여 외국인직접투자를 유치하고 있다. 예컨대 미국·멕시코 국경지대의 마킬라도라(Maguiladora)는 상당한 효과를 거두고 있다. 1960년대 한국 정부도 외국인 다국적기업을 하나 유치하면 1개 사단 병력을 유치하는 효과가 있다고 하여 적극적 유치에 나선 적이 있다. 현지국 중에서도 특히 외국인 다국적기업이 유치된 그 지역사회는 고용기회 확대는 물론 전기, 수도, 통신 등 사회간접자본이 확충되므로 지역사회의 개발은 한층 더 촉진될 것이다.

한국도 종전의 마산 수출자유지역 이외에도 광주, 천안 등에 외국인 전용공단의 설립과 최근 인천, 부산·진해, 광양만권, 황해, 새만금·군산, 대구·경북지역을 경제자유구역(free economic zone)으로 지정하여 외국인직접투자를 적극 유치하고 있다. 국내 모든 지역자치단체들이 지역경제 활성화를 위해 외국인 직접투자에 열을 올리고 있다.

5) 국제수지개선 효과

현지국은 투자자본 유입을 통해 자본수지를 개선시키며, 현지국의 수입을 대체할 경우 경상수지를 개선시키는 효과가 있다. 또한 다국적기업이 수출산업에 특화하여 그 제품을 수출하여 외화를 획득한다면 현지국의 국제수지는 개선된다. 그러나 원자재, 부품조달의 수입으로 경상수지를 악화시키는 효과가 있으며, 현지국에서의 막대한 수익을 재투자하지 않고 본국으로 계속 송금한다면 국제수지를 악화시킬 수도 있다. 해외직접투자의 진출이 투자국 수출에 미치는 영향에 대해서는 논란이 없지 않지만 상당수의 연구에서는 정(正)의 긍정적 효과가 있는 것으로 나타나고 있다.

6) 기타 효과

이상의 효과 이외에도 다국적기업은 현지국 시장에서 기존의 독점을 파괴하고 경쟁을 유발하고 기술진보를 촉진하여 자원배분의 개선효과를 가져온다. 현지국의 조세수입효과를 증대시키고 생산시장 및 가격구조에 변혁을 초래하여 국제무역을 확대시키고 외부경제를 창출함으로써 현지국의 경제개발을 촉진시키는 효과도 있다. 또 다국적기업의 해외직접투자가 현지국에 미치는 중요한 영향으로 산업 전반에 미치는 생산성 향상을 통한 영향이다. 이러한 생산성향상효과는 기술전파, 관리능력 및 마케팅 능력 증대 등으로 인한 것이다.

02 부정적 영향

1) 경제적 침략 및 정치적 압박

다국적기업의 목표는 글로벌리즘에 입각하여 다국적기업 집단 전체의 이익을 극대화하는데 있다. 다국적기업은 현지국의 이익과 마찰을 일으키면서 거대한 자본과 우수한 기술을 무기로 현지국 경제에 심각한 폐해를 줄 수 있다. 현지국 정부가 다국적기업에 불리한 정책을 사용하고자 하면 정부에 압력을 가하거나 정부 전복 구데타까지 시도하기도 한다. 1970년 칠레 사회당의 아옌데 대통령이 자국 내 다국적기업의 국유화를 선거공약으로 당선되었다가 의문의 피살을 당한 것은 좋은 예이다. 이는 다국적기업이 현지국이 아닌 본국 정부의 영향과 제약을 받는 일종의 경제적 치외법권을 누리기 때문이다.

전통적으로 일본은 해외진출 직접투자액의 규모는 세계 상위권에 속하면서 외국인직접투자의 유입액은 매우 저조하다. 이는 일본의 복잡한 내국 유통구조, 외국인 기업에 대한 배타성 등에 원인이 있다고 하겠다. 이는 기술은 서양으로부터 받아들이나 혼은 일본이라는 일본의 전통적인 화혼양재(和魂洋才) 사상에 기초를 두고 외국인 기업의 내국 경제로의 진입에 소극적이라는 것을 암시한다고 하겠다.

반면 중국은 개혁·개방을 통해 외국의 기술을 받아들이기 위해 시장을 내어 준다는 이시장환기술(以市場換技術)에 바탕을 두었다. 외국기술만을 수입하는 일본과는 달리 외국인직접투자를 통한 기술을 받아들이는 정책을 고수하여 경제성장과 고용에 크게 성공을 거두었다고 할 수 있겠다. 그러나 중국도 외국인직접투자의 양적 유치에서 질적 유치를 강조하는 것은 주목할만하다.

다국적기업은 일반적으로 현지국의 경제주권을 위협하는 것으로 알려져 있다. 경제주권은 정책결정의 자율성이 저해되고 정책집행의 효율성이 저해되는 정책주권(policy sovereignty)과 산업활동이 다국적기업에 심각하게 의존하게 되는 산업주권(industrial sovereignty)으로 나누어 볼 수 있다.

정책주권은 진출한 다국적기업이 직접 로비스트(lobbyist)를 이용하거나 정치헌금을 통해 정치단체에 접근하거나 현지 경영인을 이용하기도 한다. 또 다국적기업 본사가 투자국 정부의 관료와 의회로비스트를 통해 투자국 정부가 현지국 정부에 압력을 가하는 방법을 사용한다. 한편 산업주권효과는 현지국 산업의 부가가치활동 중에서 외국인이 지배하고 통제하는 비중이 일정수준을 넘을 때 문제가 발생한다고 할 수 있다. 이러한 현상은 특히 중남미국가에서 미국계 다국적기업의 산업지배 현상을 예로 들 수 있겠다

예컨대 중남미국가의 상위 500개 기업의 1990년 총매출액 중 약 26%가 외국인 다국적기업에 의한 매출액이다. 또 다국적기업의 풍부한 자본과 거대한 생산시설, 강력한 경영조직, 광범위한 판매망, 혁신된 우수한 기술은 개도국내의 현지기업과의 경쟁에서 우위를 차지하게 될 것이며 동종의 국내산업은 위축되지 않을 수 없을 것이다. 또한 선진국의 개도국에 대한 투자의 경우 전문공정이 아닌 단순조립이나 단순제조 공정에 지나지 않는 경향이 높고 국내산업을 지배하는 경우도 있다.

1990년대부터 시작된 중국기업의 대 남미 직접투자액은 2005년 19억 7천만 달러에서 2010년 295억 2천만 달러로 급증하였고 남미 투자의 절반은 브라질에 집중되었다. 남미투자의 80% 이상이 농작물, 석유, 철광석, 구리 등 1차산업에 집중되었다. 초기에는 현지국들이 형제국의 칭송까지 하면서 중국으로부터의 투자를 적극 환영했으나 최근 산업주권의 위협과 신식민지의 경제적 종속을 우려하였다. 2011년 초 브라질은 외국자본의 토지매입을 규제하는 시행령을 발표하였고 아르헨티나는 외국인의 부동산 취득 규모를 대폭 제한하는 법안을 의회에 제출했다. 이에 중국기업들은 당초 계획한 투자의 전면 보류 등으로 맞서기도 했다.

최근 호주는 차이나머니 공포로 반 중국정책으로 돌아섰다. 중국은 호주 수출액의 30%를 차지하고 항만, 광산 등도 잇따라 매입함에 따라 위기감을 느끼고 있다. 중국 시진핑의 새로운 실크로드전략인 일대일로(一帶一路)전략을 차단하기 위해 2018년 호주는 미국의 인프라투자를 요구하고 미국과의 무역거래 및 국가안보 협력을 강화할 것이라고 발표했다.

그 밖에도 외국 다국적기업은 현지국의 현지 기업의 구조조정을 지나치게 가속화시키며 산업의 독과점화를 형성하는 부정적 효과를 초래할 수도 있다.

2) 공해에 의한 자연환경 파괴

선진국의 다국적기업은 자국의 엄격한 공해방지법으로 인해 공장 설립이 불가능한 공해유발 공장을 개도국인 현지국에 이전시키게 된다. 선진국들은 개도국들이 경제발전 초기단계에 공해에 대한 인식이 부족하고 관련규정이 미흡한 것을 이용하여 공해산업을 이전시키게 된다. 이러한 공해산업 공장을 선진국 자국내에서 설립하려고 하면 엄격한 공해방지법에 의해 공해방지시설을 하여야 하며 이는 엄청난 제품가격의 인상을 가져오게 된다.

공해산업은 제품 자체를 생산하는데 따른 근로자와 대기오염을 통한 자연환경에 심각한 공해물질을 배출하게 된다. 이러한 산업공해는 투자수입국인 현지국에만 영향을 미치는 것이 아니라 현지국 인접국가들에도 영향을 미치고 있다.

최근 중국은 인도에 석탄발전소를 짓겠다고 해 인도에서 환경단체로부터 거센 비난을 받았다. 한국 또한 한국산업은행과 수출입은행이 석탄발전소 건립에 수조원의 자금 지원을 국내·외에 하고 있다는 이유로 비난을 받았다.

특히 중국은 2016년 한 해 세계 전체 재활용 쓰레기의 절반에 달하는 730만 톤의 폐지와 금속 및 폐플라스틱을 수입해 가공하는 등 그동안 쓰레기 최대 수입국이었다. 2017년 7월 중국이 WTO에 환경보호와 보건위생을 위해 폐플라스틱과 종이 등 재활용 쓰레기 수입 제한 조치를 취하겠다고 통보했다. 중국이 쓰레기 수입을 금지하자 미국과 유럽 등 전 세계 국가들이 쓰레기 처리에 비상이 걸렸다.

한국도 외국인 다국적기업을 적극적으로 유치하던 1970년대 마산 수출자유지역에 일본의 공해산업이 많이 진출한 적이 있다. 최근 개도국에서도 환경문제에 대한 새로운 인식을 하게 되고 국제적으로는 그린라운드(Green Round)까지 거론되고 있어 공해문제가 세계적 관심사가 되고 있다.

북미자유무역협정(NAFTA)으로 미국과 멕시코 국경을 따라 설립된 일부 공해산업시설들은 정화시설 미흡으로 한 때 인근 해안과 강을 독극성 금속물질로 오염시키기도 하였다.

중국도 외국인직접투자의 양적 유치에서 질적 유치로 전환하고 전자제품의 오염억제관리규정(2007)를 신설하고 외국인직접투자의 환경관련 규제를 강화했다.

3) 부존자원의 고갈

다국적기업이 현지국의 석유, 임산, 광물 등의 채취산업에 집중하는 경우 재생산이 불가능한 현지국의 부존자원의 고갈 현상을 초래할 수 있다. 특히 1960년대 남미국가와 아시아 국가에 대한 투자가 좋은 예이다. 특히 자원확보형 외국인직접투자는 현지국의 무역을 창출하는 순무역효과도 있으나 현지국 산업에 미치는 연관효과가 거의 없으며 자원고갈로 인한 부정적 효과가 더 클 수도 있다.

역사적으로 다국적기업은 개도국의 천연자원을 장기간 지배해 왔다. 1970년대 전반 이전까지 엑손(Exxon)사 등 세계 7대 국제석유자본들이 세계석유를 완전히 지배한 바 있다. 또 미국의 아나콘다와 케네코트가 칠레의 동을, 벨기에의 유니온미니엘이 자이레의 동을, 미국기업이 잠비아의 동을 완전히 지배하는 한편 전체 자본주의 동광석의 70%를 장악하기도 하였다. 특히 일부 1차산품이 전체 무역의 대부분을 차지하고 있는 일부 개도국의 경우 1차산업에 대한 외국인 다국적기업의 지배는 부존자원의 고갈은 물론이고 이들 경제의 종속화 문제까지 야기하고 있다. 2006년 3월 베네수엘라는 석유 등 광물자원을, 동년 5월에는 볼리비아가 석유, 천연가스 국유화를 각각 발표하였다.[2)]

페루의 중도좌파 우말라 대통령이 당선되면서(2011.6) 자원국유화의 공약을 실행할 것인가에 한국의 SK이노베이션 등 외국계 다국적기업들이 긴장했다. 우말라 대통령은 집권시 외국기업이 독점한 광산업을 재분배하고 초과이득세 부과, 페루가 맺은 FTA 재검토 등을 대통령 후보공약으로 내세운 바 있다.

1992년 6월 리우데자네이루 리우회의에서 각국 정상들이 서명했고 1993년 12월 발효된 생물다양성보존협약(CBD)은 각국의 생물자원에 대한 주권적 권리를 인정하고 회원국은 생물종의 파괴행위를 규제하고 있다. 다양성은 개발 및 오염으로 매년 2만 5,000종에서 5만 종이 사라지고 있다. 개도국들의 유용한 자원이 선진국 다국적기업에 맞서 생물자원의 이익을 충분히 공유할 수 있도록 규정하고 있다.

4) 국제수지 악화

다국적기업은 현지국에서의 수출로 인한 무역수지 흑자요인도 있으나 단기적으

2) 호주는 2012년부터 철광석 등의 사업순이익의 30%를 세금으로 내는 광물자원임대세를 부과하며 중국은 원유, 천연가스 세율을 올리고 석탄 톤당 징수액을 상향 조정하였으며 에콰도르는 석유회사의 예상외 수익에 대한 자원세 50%를 징수하기로 하였다.

로는 원자재 및 부분품을 모국으로부터 수입하고 장기적으로는 본국으로의 과실송금 원본 회수가 이루어지게 된다. 현지국 입장에서 원자재 및 부분품의 수입은 무역수지, 과실송금은 소득수지, 원본의 회수는 자본수지의 적자 요인이 된다.

다국적기업의 현지국 국제수지에 미치는 영향은 실증분석의 대상과 기간에 따라 상이한 결과가 나오고 있어 일률적으로 답하기는 곤란하다. 분석기간의 장·단기와 분석 대상에 있어서도 투자자본 유입, 과실 및 로열티 지급과 같은 순수한 자본흐름만을 대상으로 하는 경우와 수출, 중간재 수입의 간접적 효과까지 대상으로 하는 경우 그 결과가 상이하다.

국제수지의 효과를 분석하는데 있어서 중요한 것은 만약 외국인 다국적기업의 진출이 없었다면 현지기업이 해당 재화를 어느 정도 생산 또는 수입을 하였을까 하는 문제이다.

유엔 다국적기업센타(UNCTC)는 1976년부터 1980년까지 5년간에 걸친 개도국에 진출한 다국적기업의 자본수지 효과를 분석한 바 248억 달러의 개도국 자본수지가 적자이었다. 이 분석에서는 간접적 효과를 배제하고 투자자본 유입과 과실송금 및 로열티 지불로 유출된 자본유출만을 분석했다. 반면 미국해외투자지원공사(OPIC)가 1976년 미국의 132개 해외직접투자 사례를 분석한 바에 의하면 현지국의 국제수지에 상당히 기여하는 것으로 나타났다.

5) 현지국의 인플레 및 통화가치 절상효과

과도한 외국인직접투자의 유입이 현지국의 물가를 상승시키고 현지국 통화가치를 절상시키는 효과가 있다. 브라질 경제가 과도한 외화유입으로 생성된 물가급등으로 몸살을 앓기도 했다. 2010년 외국인직접투자의 유입이 485억 달러로 전년도에 비해 86.8% 증가했다. 미국과 유럽 등 선진국 경제가 위기에 직면하자 글로벌 투자 자금이 신흥국에 집중된 탓이었다. 브라질 상파울루의 영화 관람료와 택시요금, 코카콜라 가격은 뉴욕보다 비싸고 리우데자네이루의 아파트 가격은 2008년 이후 두 배로 뛰었고 상파울루의 사무실 임대료는 맨해튼보다 높았다. 인건비도 치솟아 브라질 현지 투자은행에서의 직원 채용은 뉴욕 월가보다 더 많은 연봉을 지급해야만 했다. 또 브라질 통화인 헤알화가 급등하면서 제조업 경쟁력도 악화되고 수출 둔화 현상이 일어나자 중앙은행이 기준금리 인하조치를 단행했다.

브라질뿐만 아니라 중국, 터키 등 대부분의 신흥국들도 넘쳐나는 외화로 유사한 현상이 발생하였다. 중국에서는 식료품 가격이 급등하고 터키도 자국 통화가치가 급등하여 기준금리를 전격 인하하기도 했다. 문제는 급속도로 몰려든 외화자금이 썰물처럼 빠져나갈 경우 거품이 끼었던 신흥국 경제가 크게 흔들릴 수 있다는 우려가 잠재하고 있다는 점이다.[3)]

6) 현지국 피인수기업의 기술유출 우려

투자국 기업이 현지기업을 인수·합병(M&A) 시에 첨단기술이 현지국 안보에 위협이 된다고 생각할 때 현지국 정부가 투자를 꺼리거나 인수에 제동을 걸기도 한다. 원래 미국기업이었지만 싱가포르의 아바고가 인수한 반도체 4위인 브로드컴은 3위의 미국 퀄컴 인수를 끈질기게 추진했다. 싱가포르 본사를 미국으로 이전할 계획까지 발표(2017.11)하고 반도체업계 사상 최대 규모(약 125조 원)의 M&A로 주목 받았던 브로드컴의 퀄컴 인수에 미 재무부 산하 외국인투자심의위원회(CFIUS)가 제동을 걸기도 했다(2018.3). 이유는 5G 기술이 중국기업에 유출될 것을 우려했기 때문이다.[4)]

미국은 국가 안보를 앞세워 중국기업 진출에 빗장을 걸고 있다. 알리바바 관계사인 결제업체 앤트파이낸셜의 미국 송금회사 머니그램 인수도 2018년 초 CFIUS의 제동에 걸려 무산됐다. 미국 2위 통신사 AT&T와 손잡고 미국 스마트폰 시장에 진출하려던 중국 화웨이 계획도 미 당국 압박에 돌연 취소됐다. 표면적으로는 국가 안보를 내세우지만 미국 기업의 기술, 데이터 등을 보호하려는 차원이다.

중국 지리자동차가 메르세데스벤츠를 제조하는 다임러의 지분 9.7%를 매입(2017.11)해 최대 주주가 된 것과 관련해 독일 정부가 경고 메시지를 보내기도 했다(2018.2). 중국기업이 M&A를 통해 독일의 첨단기술을 빼낼 가능성이 있다는 것이다. 중국기업의 최첨단 기술 보유 독일 기업을 잇달아 M&A시키면서 독일 내 차이나 머니에 대한 경계심이 확대된 것이다.

---

3) 한국경제(2011.9.15) 인용

4) 중국은 세계슈퍼컴퓨터 500대 중 202대를 최다 보유(미국 143대)하고 있으며 가장 빠른 컴퓨터도 보유하고 있다. 중국은 2015년 기준 미국의 2배인 100만 건의 특허권을 갖고 있고 도·감청이 안되는 양자통신위성을 세계 최초로 개발했다(2016).

7) 이전가격조작을 통한 탈세

이전가격(transfer price)이란 대체가격 또는 내부가격이라고도 하며 다국적기업의 모회사와 자회사 또는 자회사 상호 간에 이루어지는 제품, 용역의 거래에 있어서 이루어지는 내부가격이다. 다국적기업은 이전가격을 시장의 정상가격인 암스랭스프라이스(arm's length price)보다 높은 과대가격책정(over pricing) 또는 낮은 과소가격책정(under pricing)으로 국가 간 상이한 세율을 이용하여 세금을 포탈하기도 한다. 선진국 다국적기업의 내부거래인 기업 내 수출입이 30%를 넘고 있는 실정에서 이전가격조작(transfer pricing)의 우려는 매우 높다.[5)]

다국적기업이 이전가격조작을 통해 어느 정도 탈세를 하고 있는지를 실증분석하기는 어렵다. 보다 정확한 이전가격의 폐해는 콜롬비아의 경험적 증거에서 찾아볼 수 있다. 1972년 콜롬비아 정부가 조사한 바에 의하면 1967~1970년 동안 평균과대가격 책정비율이 수입약품 155%, 전기제품 54%, 고무 44%, 화학제품 25%이었다. 개별 품목에 따라서는 3,000%가 되는 경우도 있었다. 이는 콜롬비아에 소재한 외국인 다국적기업의 대규모의 세금포탈을 의미한다.

한국의 경우도 모토롤라사 한국법인의 이전가격조작으로 세금을 포탈한 혐의로 국세청이 160억 원의 추징을 요구한 적이 있다. 국가 간 이전가격 분쟁에 적극 대처하기 위하여 1995년 OECD는 종전의 이전가격 결정방식에 그동안 미국이 자의적으로 사용해 오던 이익비준 방식(비교가능적정이익구간법 : CPM)을 제한적으로 사용할 것을 허용했다. 중국 정부는 상당수 한국기업을 포함한 현지 진출 기업들이 본국으로부터 반제품 수입가격을 높게 조작해 탈세하고 있다며 이전가격 조사를 강화하고 있다. 브라질 정부도 2009년 삼성전자와 LG전자 등 한국기업들에게 이전가격을 문제삼아 사상 최대 규모인 7,000만~8,000만 달러의 세금을 부과하기도 하였다.

---

5) OECD는 구글세(저세율 국가에 수익을 크게 하고 고세율 국가에 수익을 작게 조작해 세금 회피 방지 목적) 부과 방안으로 국가 간 '세원잠식 및 소득이전 방지 목적의 조세조약 관련조치 이행을 위한 다자협약(BEPS)'을 마련했다. 각국 조세 당국은 다국적기업의 조세 투명성을 위한 정보도 상호 교환할 수 있다. 2015년 11월 G20 정상회의에서 승인되었고 한국도 OECD 다자협약에 서명(2017.6.7)했으며 68개국이 다자협약에 서명했다.(2017.6.7. 기준)

8) 기타 효과

이상의 부정적 영향 외에도 다국적기업의 진출로 인한 다국적기업의 비윤리성을 들 수 있다. 주로 다국적 제약회사,[6] 농약회사, 식품회사, 담배회사, 무기판매회사들이 대표적이다.

1970년 좌파 칠레 인민전선의 행동강령 첫 번째는 15세 이하 모든 어린이에게 하루 0.5리터의 분유를 무상 제공하는 것이었다. 당시 칠레는 유아사망률과 어린이 영양실조 문제가 심각하였으며 이 공약을 내 건 소아과 의사출신의 좌파 아엔데(Allende) 대통령 후보가 당선되자 스위스 네슬레(Nestlé)가 무척 곤혹스러워했다. 커피와 우유를 주 품목으로 하는 네슬레는 칠레정부가 분유를 무상으로 공급한다는 것 자체도 문제지만 이러한 사례가 중남미 국가로 전파할 것을 염려했다. 칠레의 농장을 장악한 네슬레는 아엔데 정부가 우유 구매를 요구했으나 협력을 거절하였다. 그 후 아엔데는 피노체트(Pinochet)군부와 미국 CIA 가담 의혹 속에 1973년 9월 대통령궁에서 의문사[7]하였고 칠레의 어린이들은 여전히 영양실조에 시달렸다.

다국적기업은 현지국의 법률이나 정책의 허점을 이용하여 부정적인 영향을 미치는 경우도 많다. 예컨대 다국적제약회사들이 본국에서 시판이 금지된 AIDS처방제를 태국에서, 콘택 감기약을 한국에서 시험판매한 경우는 좋은 예이다. 그 밖에도 사망, 기형 등 심각한 부작용으로 자국내에서 판매가 금지된 약품을 개도국시장에서 자유롭게 판매했다. 이러한 비윤리적 제약회사로는 독일의 Hoechst, 스위스의 Ciba-Geigy 등이 있다. 또 미국의 Pepsico사가 치크로가 인체에 유해하다는 본국에서의 판정 이후에도 재고품을 해외시장에서 계속 판매했던 일화도 있다.

---

6) 화이자, 바이엘, 엘리 릴리, 아스트라제네카 등 세계적 대형 제약회사들이 4년 간 인도에서 미성년자와 문맹자 등을 대상으로 임상시험을 실시하는 과정에서 1,730여 명(2007~2010)이 사망했다는 주장이 나왔다고(영) 일간지 인디펜던트가 보도했다. 2005년부터 인도인 15만 명이 최소 1,600건의 임상시험에 참여했고 사망자에게는 3,00파운드(약 540만 원)를 지급했다. 현재 세계 178개국에서 진행되고 있는 임상시험은 12만 건에 이른다. 인도는 느슨한 당국의 규제와 12억 명의 인구, 인도 의사 대부분이 영어를 사용하는 점 등으로 임상시험의 새 식민지로 적격이다. 가족이나 본인의 적절한 동의 없이 일부 참가자는 무엇에 서명했는지 정확히 알지 못한 채 의사 권유로 참가하는 것으로 알려졌다. 동아일보(2011.11.15) 인용

7) 칠레법의학연구소는 38년만에 산티아고 묘지 시신 발굴 분석 작업을 통해 피노체트 주도의 쿠데타 기간 중 소총을 이용해 자살한 것으로 최종 결론내렸다.(2011.5)

본국에서 판매가 금지된 유독성 농약을 개도국시장에서 판매하고 있는 미국의 Dow Chemical, Occidental Petroleum, Pfizer 등이 있다. 스위스의 네슬레사는 분유판매로 인해 1979년 범 회교단체(ICRR)와 유아제품 항의운동연합(IMPACT)과 수많은 단체들로부터 6년 반 동안 불매운동을 당한 적이 있었다. 흡연의 엄청난 위험에도 불구하고 전 세계인을 대상으로 담배 판매에 열을 올리는 미국의 Phillip Morris사, 전쟁무기와 살상용 신경가스 생산 및 무기판매수입국과의 뇌물수수 스캔들로 유명한 미국의 Lockheed사 등이 있다.

1990년대 나이키는 제3세계 국가에 있는 공장에서 어린이들을 근로자로 활용하다 곤욕을 치렀다. 「나이키=아동 노동력 착취」라는 이미지 탓에 매출이 뚝 떨어진 것이다. 그 결과 1998년 대규모 적자를 냈고, 1,600명을 해고하는 구조조정을 단행해야 했다.

코카콜라 인도 공장은 공장 주변에서 지하수를 끌어올려 콜라를 생산하다 지역사회를 적으로 만들었다. 공장 인근 지역에 물 부족 현상이 심각해졌기 때문이다. 일부 지역에서 나타난 지하수 오염현상도 코카콜라에 책임이 돌아갔다. 인도 께랄라주는 지역 내에서 콜라 판매를 전면 금지했고, 인근 5개 주도 부분적으로 콜라 판매를 제한했다. 모건스탠리는 2004년 직장 내 성차별과 관련된 소송으로 620억여 원에 달하는 벌금을 물었고 성차별 기업이라는 오명까지 얻었다.

다국적기업이 생존하기 위해서는 미래에 발생할 수 있는 리스크까지 감안해 현지국의 소비자, 주주, 종업원, 협력업체, 지역사회 등을 두루 만족시켜야 하는 지속가능경영(sustainable management)의 목표를 달성하여야 한다.

제2절 투자국에 미치는 영향

01 긍정적 영향

1) 국민소득의 증대

현지국의 투자로 인한 과실송금, 로열티 수입은 투자모국의 국민소득을 증대시킨다. 또한 현지국에서 저렴하게 생산된 부품을 수입하여 모국에서 조립 생산하여

고가로 수출하는 경우 산업 생산상의 이익이 발생한다. 이론적으로는 맥두갈-켐프 모델에서 투자국의 소득효과를 찾아 볼 수 있다.

한계생산력이 낮은 투자국에서 한계생산력이 높은 투자수입국으로의 자본의 유출은 투자국 자본소득을 증가시키는 반면 노동소득은 감소시킨다. 왜냐하면 자본이익률이 낮은 투자국에서의 자본의 유출은 자본이익률이 높은 현지국에서 높은 투자소득을 얻을 수 있는 반면 투자국에서의 노동은 자본의 해외유출로 결합되어 질 수 있는 국내자본의 양이 부족하여 노동소득은 감소하기 마련이다. 그러나 투자수입국에 투자한 자본소득의 증가분이 투자국 내의 노동소득 감소분을 상회하여 투자국 전체로는 국민소득이 증가하게 된다.

2) 국제경쟁력 확보와 산업구조조정

일본형 해외직접투자는 미국형 해외직접투자와는 달리 자국에서 사양산업에 속하여 국제경쟁력을 상실한 기업들이 현지의 저렴한 노동력과 결합되어 국제경쟁력을 회복하는 경우이다. 최근 우리나라 기업들의 후발개도국에 대한 해외직접투자는 국내의 높은 인건비를 감당하지 못하여 생존전략 차원에서 국제경쟁력을 확보하기 위해 진출하는 경우가 많다.

해외직접투자는 국가 경제 및 산업발전 단계에 따라 투자국의 산업구조가 새로이 재편되는 계기를 마련하여 준다. 비교우위를 상실한 산업은 과감하게 해외로 진출시키고 부가가치가 높은 새로운 산업을 비교우위 산업으로 육성시킴으로써 해외직접투자는 일국의 산업구조조정과 국제적 산업구조 재편에 도움이 된다. 그러나 투자국의 산업이 사양산업부터 순차적으로 이전이 이루어지지 않고 주력산업까지 동시에 이루어지게 되면 투자국의 산업공동화 현상이 일어나게 된다.

3) 국제수지의 개선

다국적기업의 현지국 투자시에는 모국입장에서는 자본수지의 적자요인이 되지만 과실송금 유입, 원본회수 및 부분품의 수출은 국제수지의 흑자요인이 된다. 투자국 입장에서 볼 때 부분품의 수출은 무역수지 흑자, 과실송금의 수입은 소득수지 흑자, 원본회수는 자본수지의 흑자를 기록할 것이다.

도마(E.D. Domar)에 의해 해외직접투자가 국제수지에 미치는 영향에 대한 본격적인 연구가 처음으로 시도되었다. 주로 해외직접투자가 투자국의 국제수지에 미치는 영향이 관심사였다. 그에 의하면 투자국의 투자소득이 장기적으로 자본의 유출을 상회하여 투자국 국제수지에 유리하게 작용할 것이라고 했다. 샐런트(W.S. Salant) 등도 1960년대 미국의 국제수지를 대상으로 실증적인 연구를 하였는데, 이들은 투자소득이 자본유출을 상회하는 시기가 반드시 도래하며 자본유출은 투자국의 국제수지를 악화시키지는 않을 것이라고 주장했다.

반면 브루크(N.K. Brock)와 리스(F.A. Lees), 이들 이론을 보완·확대한 허프바우(G.C. Hufbauer)와 애들러(F.M. Adler)는 해외투자로 인한 투자소득이 자본유출을 상회하는 시기는 도래하지 않을 것이며 투자국 국제수지를 악화시키게 된다고 주장하였다. 이들의 주장은 미국의 해외투자 규제문제와 관련하여 커다란 논란을 불러 일으켰다.

한편 이들의 연구결과는 버만(J.N. Behrman)을 비롯한 여러 학자들에 의하여 비판의 대상이 되었다. 그는 해외투자가 반드시 자본의 유출을 의미한다고는 할 수 없으며 투자의 증가로 인한 현지국에 대한 수출의 증가를 경시하였다고 반박하였다. 실제로 다수의 연구에서 해외직접투자는 투자국의 부품수출을 증가시켜 무역수지 흑자를 기록하는 것으로 나타났다. 그러나 현지국 정부는 현지 국산 부품을 의무적으로 사용케 하는 국산부품 의무적 사용(local content) 정책을 사용하면 투자국의 흑자효과는 감소하게 된다.

[그림 7-1] 은 해외직접투자의 국제수지 효과를 모회사 기준으로 다양하게 나타낸 것이다. ①은 자본수지 적자 ②는 상품수지 흑자, ③은 상품수지적자, ④는 본원소득수지 흑자, ⑤는 서비스 수지 흑 · 적자, ⑥은 자본수지 흑자를 기록한다.

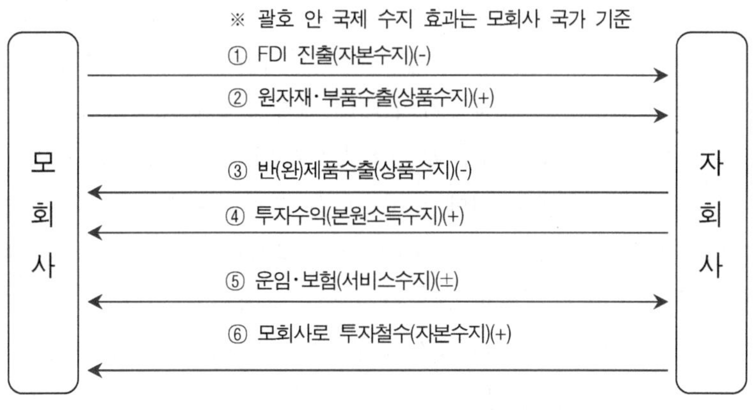

[그림 7-1] 해외직접투자의 국제수지 효과

4) 기타 효과

다국적기업 현지 자회사의 해외소득에 대한 과세가 이루어지므로 모국 정부의 세수입이 증대된다. 다국적기업이 이전가격조작으로 조세를 경감시키려는 경우 현지국 조세 당국과 마찰이 발생하기도 하며 투자모국 정부의 조세수입에도 영향을 미친다.

한편 다국적기업의 해외진출로 인한 투자모국의 고용에 대한 논쟁은 1970년대 초반 미국에서 활발하였다. 다국적기업의 해외직접투자로 인한 고용효과를 명확히 밝히기는 어렵지만 일반적으로 생산직 근로자의 고용은 단기적으로 상당히 감소할 것이지만 장기적으로 해외자회사에 파견할 고급전문직과 관리직에 대한 고용의 수요는 다소 증가할 것이다.

02 부정적 영향

1) 고용수준 저하

다국적기업의 해외직접투자가 처음으로 문제시된 것은 1970년대 초반 미국노동조합(AFL-CIO)측에 의해서이다. 당시 노조는 1966~1969년 동안 미국 다국적기업의 해외직접투자로 미국노동자 약 50만 명이 취업기회를 상실했다고 주장하며 다국적기업들의 해외진출을 강력히 반대했다.

이에 반해 정부 및 실업단체들은 해외직접투자가 수입의 대체보다는 수출의 창출이 더 크며 국내고용을 오히려 증가시켰다는 연구보고서를 제출하였다. 명확한 고용효과를 밝히기는 어렵지만 일반적으로 고급전문직과 관리직에 대한 고용은 다소 증가하지만 생산직 근로자의 고용은 감소시키는 것으로 알려져 있다. 1996년 3월 미국의 GM은 일본과 한국 자동차의 대미 판매공세에 대응하기 위해 원가절감을 위하여 브레이크 시스템의 일부 부품생산을 독일의 보쉬(BOSCH)사에 아웃소싱하여 조달할 것을 결정하였다. 이에 노동조합은 오하이오주 GM 데이턴 공장을 필두로 10만 명이 넘는 종업원들이 조업중단으로 맞섰던 일은 해외직접투자가 고용에 미치는 영향이 얼마나 심각한가를 단적으로 보여주고 있다.

1998년 6월에도 회사측이 일부 공장을 동남아 등지로 옮기려 하자 노조원들의 항의가 시작되어 미시간주 플린터공장이 파업에 돌입하였다. 이어서 북미지역 29

개 완성차 공장 중 26개 공장의 조업이 중단되었으며 전미자동차노조(UAW)까지 가세하여 더욱 악화되었으나 2개월 가량의 노사협상 끝에 진정된 적이 있었다. 이러한 파업은 미국의 GDP에 영향을 줄만큼 심각한 것이었다.

2) 국내생산력 약화와 산업공동화

다국적기업의 해외진출은 투자국 산업의 기반을 약화시키고 산업공동화(the hollowing out of industry)를 초래하고 자본 및 기술우위의 잠식이 우려되며 국제경쟁력 저하를 가져 올 수 있다. 공동화란 물리학에서 유체속에 흐름이 빠진 부분이 있을 때 그 곳에 기포가 발생하는 현상을 말한다. 따라서 산업공동화란 국내기업의 해외이전으로 국내고용, 생산, 국제수지 등의 부문에서 공동화 현상이 발생하는 것이라고 할 수 있겠다.

해외직접투자는 투자국의 고용 및 생산을 감소시키며 투자유형에 따라 무역량을 감소시키거나 대체시키기도 한다. 해외직접투자는 국내생산량을 감소시키고 국내산업의 기반을 약화시킬 수도 있다. 특정기업의 해외진출은 해당산업의 공동화는 물론이고 국내 연관산업의 기반까지 약화시키는 경향이 있다. 물론 최근 대기업의 해외진출로 중소기업의 동반진출이 이루어지기도 하지만 연관산업의 기반약화는 파급적으로 일어나기 마련이다.

다국적기업의 해외직접투자는 고용과 생산에 미치는 주된 효과 이외에도 국제수지에 미치는 영향도 무시할 수 없다. 최근 다국적기업 모·자회사간의 기업내무역이 급속히 증가하고 있어 이러한 효과는 국제수지에 거시적인 영향을 미친다. 문제는 투자국 내에서 경쟁력이 없는 기업이 해외로 진출하는 것은 산업의 구조조정 차원에서 바람직하다. 반면 첨단 대기업들이 해외로 진출하면 투자국의 산업공동화 효과가 크다.

3) 기타 효과

이상의 효과 이외에도 투자국의 현지국에 대한 기술이전으로 인한 부메랑효과의 우려, 투자국의 수출 감소, 조세피난지의 악용으로 인한 조세포탈 등이 있다. 합작투자로 인한 현지파트너에 대한 기술이전은 부메랑효과로 인해 새로운 라이벌을 만들고 제3국 수출시장에서 경쟁하게 되는 리스크를 가지게 된다. 특히 기술제공자가 선발개도국이고 기술도입 파트너가 후발개도국인 경우 양국 간 기술격차가 크지 않기 때문에 이러한 현상이 자주 발생한다. 왜냐하면 선발개도국의 경우 새로운 자체 기술개발과 선진국으로부터의 신기술 도입이 여의치 못한 상태에서 후발개도국으로의 기술이전이 이루어지기 때문이다.

또 다국적기업의 해외진출은 투자 모국의 수출을 감소시키고 이는 모국의 무역수지에 적자요인이 된다. 특히 자국의 첨단산업이 해외로 진출하는 미국형해외직접투자의 경우 자국의 수출이 해외직접투자로 대체되는 경우이다.

끝으로 다국적기업은 세율이 매우 낮은 국가 또는 세율이 거의 없는 국가에 해외자회사를 설립하여 이익센타로 삼고 있다. 다국적기업은 집단 내의 전체 조세액을 회피 또는 절세하기 위해 모·자회사간의 수출입 거래에 정상가격(arm's length price)보다 높거나 낮은 가격으로 이전가격을 조작한다. 이는 모국의 조세회피와 이익유출을 초래할 수도 있다.

제3절 다국적기업과 현지국과의 관계[8)]

01 1950년대~1960년대 중반

이 기간 중 다국적기업과 현지국은 밀월관계(honeymoon period)를 유지한 것으로 볼 수 있다. 투자국은 주로 미국이었으며 미국의 다국적기업은 유럽과 개도국에 진출하여 경제개발을 위해 필요한 현지국의 부족한 자금과 기술의 욕구를 충족시켰다. 당시 미국의 다국적기업들은 달러가치가 상승하였고 국내시장의 포화로 새로운 해외시장을 필요로 하였다. 피투자국들은 외국인직접투자의 유치를 적극적으로 환영하였고 유치된 다국적기업과 현지국정부는 서로의 필요에 의해 매우 우호적인 관계를 유지할 수 있었다. 또 다른 특징은 다국적기업의 현지 자회사는 모회사 중심의 글로벌 경영전략이라기보다는 현지국 중심의 경영전략으로 현지국 정부와의 마찰이 적었다.

8) 국제경영연구회, 「글로벌시대의 국제경영학」(서울 : 영지문화사, 1996), p.498.

02 1960년대 중반~1970년대 말

이 기간은 다국적기업과 현지국간의 우호적인 관계는 끝나고 갈등관계(counting the costs)를 유지한 기간이다. 1960년대 중반부터 미국의 해외직접투자 비중이 점차 감소하고 독일 중심의 유럽국가들의 해외직접투자가 증가하기 시작하였으며 1960년대 말부터 일본의 해외직접투자가 급격히 증가하기 시작하였다. 소위 미국 중심에서 다국적기업의 활동의 다극화시대가 전개되었다. 1970년대 말부터 한국, 대만, 브라질 등을 중심으로 한 개도국들의 제3세계다국적기업들이 부상하기 시작하였다. 자원 및 노동력이 풍부한 개도국 간에 이루어진 다국적기업과 현지국의 관계는 개도국 간의 상호 균형발전에 도움이 되는 것으로 알려져 있다.

UNCTAD 사무총장이었던 아르헨티나의 프레비쉬(R.Prebisch)[9]는 1964년 UNCTD 총회에서 선진국 북측과 개도국 남측간의 경제적 격차를 설명하면서 남북문제(North-South problem)를 제기하였다. 선진국의 전통적인 비교우위론(comparative advantage theory)이 무역이익의 분배면에서 실패를 가져옴에 따라 개도국들은 박탈된 공업화의 기회를 찾기 위하여 수입대체화(import substitution)를 시도해 본다. 수입대체화 역시 선진 공업국으로부터 지나친 부분품의 의존으로 실패를 하게 된다. 마지막 단계로 선진국의 외국인직접투자를 유치하는 다국적기업 단계에 의존할 수 밖에 없으며 지금도 진행 중에 있다고 보고 있다. 이 시기의 종속론자들은 다국적기업을 세계자본주의 체제내에서 중심부(center)가 주변부(periphery)를 착취하는 수단으로 간주하며 다국적기업과 현지국이 갈등관계를 가지게 된다.

03 1980년대

1980년대는 국제경제환경이 글로벌화 됨에 따라 다국적기업과 현지국이 상호간 도움이 필요하게 되어 비판적 우호관계로 반전하게 된다. 이 기간 중 일부 개도국

---

9) 프레비쉬-싱거가설(Prebisch-Singer Hypothesis)에 의하면 남측(개도국)과 북측(선진국)의 경제적 격차의 주요 원인은 개도국 남측의 1차산품 수출에 대한 상대국 수입수요의 비탄력성으로 인한 교역조건 악화이다. 예컨대 농산물 생산량의 증대는 수출가격의 하락을 초래하고 수출가격이 하락한다고 하더라도 수입수요가 크게 증가하지 않는다. 특히 생산량 증대로 인한 성장의 이익보다 교역조건악화로 인한 손실이 더 큰 것을 궁핍화성장(immiserizing growth)이라고 한다. 궁핍화성장을 밀의 역설 또는 손상화라고도 한다.

들은 심각한 외채부담[10]을 느끼기도 하였으며, 첨단기술의 도입을 다국적기업에 의존할 수밖에 없었다.

한편 선진국들은 자국내 경제성장의 둔화, 특히 일본의 경우 엔고의 영향으로 생산합리화를 위해 적극적인 해외진출이 있었다. 특히 1980년대 후반 들어 적대관계를 유지하였던 다국적기업들 간에 국경을 초월하여 수평적 전략적 제휴를 형성하고 제3국에 진출하는 새로운 방식의 진출이 일반화 되었다. 한편 개도국의 제3세계 다국적기업들도 단독 또는 중소기업과 수직적 제휴를 통하여 해외에 진출하기도 한다. 국가 간 장벽은 낮아지고 무한경쟁이 시작됨에 따라 다국적기업과 현지국 간의 비판적인 관계가 적극적인 우호관계로 발전했다.

04 1990년대 이후

1995년 WTO의 출범과 함께 세계경제는 본격적인 글로벌 환경을 맞게 된다. 국가 간 교역뿐 아니라 투자분야에서도 괄목할 만한 자유화의 조치가 이루어졌다. 다국적기업의 해외직접투자 역시 내국인투자와 동등한 대우 내지는 내국인기업보다 더 유리한 인센티브를 받으면서까지 진출하게 되었다.

현지국의 적극적인 외국인직접투자 유치정책은 현지국의 특수한 사정과 맞물려 선진국과 개도국을 가리지 않고 활발했던 것이 특징이다. 다국적기업과 현지국의 관계는 적극적 우호관계로 발전하게 되었다.

국내 실업률이 매우 높았던 영국의 경우 신자유주의와 글로벌화가 조화를 이루면서 외국인직접투자에 대한 인식을 달리했고 일정 조건의 외국인 다국적기업에게는 거의 무상에 가까운 공장부지를 제공하는 등의 특혜를 제공하였다. 영국은 국내의 고용효과와 조세수입효과에 기여한다면 내·외국인기업을 구분하지 않았다. 영국기업은 외국인에게 한때 팔리는 기업으로 알려지면서 자국 산업구조 측면에서 다소의 문제점이 지적되기도 했으나 그 후 경쟁력을 회복하면서 영국기업은 다시 외국기업을 사들이는 데도 활발했다.

한편 외국인직접투자의 유치에 다소의 경계심을 늦추지 않았던 개도국들도

10) 1980년대 중반까지 세계 4대 부채국가는 브라질, 멕시코, 아르헨티나. 한국이었다. 한국은 다행히 3저효과(유가하락, 이자율하락, 달러하락)의 외부효과에 힘입어 연평균 12% 경제성장과 1986년부터 3년간 경상수지가 흑자로 전환되면서 외채위기를 넘겼다.

1997년 태국발 동남아국가들이 외환위기를 맞으면서 외국인직접투자에 대한 태도는 달라지지 않을 수 없었다. 외국인 헤지펀드를 통한 간접투자가 일국 경제를 일시에 유동성 위기에 처하게 하자 보다 안정적인 외국인직접투자를 선호하게 되었다. 한국도 외환위기를 과감한 외국인투자 개방을 통해 극복한 바 있다.

이 기간 동안 현지국과 외국인 다국적기업과의 관계는 적극적 우호관계를 나타내며 협상교섭력(bargaining power)에 있어서는 외국인 다국적기업이 현지국보다 동등 내지는 보다 우월한 위치에 서게 되었다.

8 多國籍企業과 世界經濟

제1절 다국적기업의 역할에 관한 제 견해

01 주권 – 위기 모델

그 동안 약 4반세기에 걸친 근대화의 결과 개도국에서의 생산과 소비수준의 증가와 1인당 국민소득의 증가를 가져온 것은 사실이다. 그러나 세계 대다수의 개도국들이 선진국 대열에 어깨를 같이 하지 못하고 낙오되고 있는 것도 사실이다. 이러한 낙오의 원인을 다국적기업의 해외직접투자에서 찾고자 하는 연구가 있어왔다. 다국적기업의 해외직접투자에 대한 역할논쟁은 지난 1960년대와 70년대에 국제 경제·정치학에서 주요 관심사가 되어 왔다. 여기에서는 길핀(R. Gilpin)의 다국적기업의 미래모델을 중심으로 살펴보고자 한다.[1)]

이론적으로는 맥두갈·캠프의 이윤율격차이론을 근간으로 하고 있으며 버논(R. Vernon), 존슨(H. Johnson) 등의 자유주의학파가 이에 속하며 길핀은 버논의 유명한 저서, 「주권-위기(Sovereignty at-Bay)」를 인용하여 주권-위기 모델(Sovereignty at-Bay Model)이라고 명명하였다.

주권-위기모델에서는 커뮤니케이션과 수송에 있어서 경제적 상호의존과 기술진보는 국민국가(nation-state)를 시대착오적인 무용한 것으로 만든다는 것이다. 다국적기업의 경제적·기술적 발전은 국민국가의 전통적인 경제적 원리를 훼손시키며

1) 강한균·서민교, 「다국적기업론」(서울 : 진영사, 1997), pp.138-143.

또한 세계의 경제적 효율성과 후생을 위해 국민국가의 통제권은 다국적기업에게로 끊임없이 이양되어 질 것이라고 주장한다. 따라서 다국적기업은 세계의 자원을 능률적으로 배분하는 가장 효율적인 매개체로 간주하며 최대한 활동을 자유롭게 하여야 한다는 것이다.

나아가 디에홀드(J. Diehold)는 다국적기업의 발전이 국민국가의 국적과 국가정부의 종말을 가져올 것이라고 주장한다. 주권-위기 모델에서는 상호의존 경제체제의 자발적이고 협력적인 관계가 유지된다. 그리고 선진국의 자본 기술, 경영, 노하우의 지속적인 이동을 통해 저개발국의 성장과 발전이 이루어진다고 본다. 이러한 미래의 자유로운 비젼속에서 다국적기업은 국민국가로부터 자유로운 자본, 아이디어, 성장의 결정적인 전달체의 역할을 하는 것으로 인식되고 있다.

02 종속론적 모델

종속론자들에 의한 종속론적 모델(Dependencia Model)은 이론적으로는 마르크스주의자(Marxist)들의 제국주의론(imperialism)에 근거를 두고 있으며 다국적기업에 대한 철저한 규제를 주장하고 있다.

종속론자들의 견해에 의하면 해외직접투자의 파트너를 세계경제 질서의 계급적, 착취적 개념으로 받아들이고 있다. 부와 이익의 흐름은 저개발국인 주변국(periphery)으로부터 산업, 금융의 중심국(center)인 개발국으로 이동한다는 것이다.

다국적기업의 경제적·정치적 영향은 하이머(S. Hymer)의 기업규모 증대와 불균등발전(uneven development)의 두 가지 법칙에서 찾아 볼 수 있다. 기업규모의 증대는 산업혁명 이후 기업의 규모가 작업장(workshop) → 공장(factory) → 국내기업(national corporation) → 다분업기업(multidivisional corporation) → 다국적기업(multinational corporation)으로 발전하는 경향을 말한다.

불균등발전의 법칙은 발전과 동시에 저발전(under development)을, 부뿐만 아니라 빈곤을 초래하는 국제경제의 현상을 말한다. 다국적기업의 지배는 기업내에서의 노동의 계급적 분화를 낳으며 불균등과 저발전을 영속화시킬 것이라고 주장한다.

종속론자들은 여러 분류로 나눌 수 있으나 초기 종속론자와 후기 종속론자로 대별할 수 있다. 프랭크(A.G. Frank) 등의 초기 종속론자들은 자본주의의 선진국 중심부가 개도국 주변부를 착취하는 수단으로 다국적기업을 이용하고 있다고 주장한다. 종속=저발전(低發展)이라는 등식을 고집하며 극단적인 경우에는 현지국인 개도국은 투자국인 선진국과의 다국적기업을 포함한 일체의 경제관계를 단절(delinking)해야만 한다고 주장한다.

한편 후기 종속론자들은 초기 종속론자들과는 달리 종속 상태에서도 종속적 발전(dependent development)이 가능하다고 주장한다. 특히 에반스(P. Evans)는 브라질을 모델로 제시하면서 종속적 발전은 경제, 정치, 사회 부문에서 국내 경제구조의 분절(disarticulation), 노동자 계층의 공정한 이익배분으로부터의 배제(exclusion), 사회적 안정을 위해 노동자 계층의 정치적 참여 억압(repression)의 구조적 문제점을 수반한다고 주장한다.

03 신중상주의론적 모델

중상주의(mercantilism)[2]라 함은 타국의 이익을 희생하더라도 오직 자국의 이익만을 극대화하기 위하여 대외 경제관계를 조정하는 것을 말한다. 여기에서 신중상주의(Neo-Mercantilism)의 개념은 18세기 중상주의의 개념보다 훨씬 폭넓게 사용되어 지고 있다.

이 모델은 경제 내셔널리즘(nationalism)을 대표하는 학파들의 모델로 국가주권과 국가이익의 상호작용을 세계경제의 미래역할에 있어서 가장 중요한 결정요소로 간주한다. 여기에서 국가이익이란 완전고용이나 물가안정과 같은 국내적 문제뿐만 아니라 국가안보와 독립의 유지 등 정치적 성격의 부문도 있다. 따라서 무역을 통하여 국제수지 균형의 흑자에만 역점을 두었던 고전적 중상주의보다는 훨씬 포괄적인 광의의 개념이라고 할 수 있다.

신중상주의론적 모델의 견해에서는 국민국가(nation state)의 중요성을 강조할뿐 세계경제에 있어서 다국적기업의 역할을 크게 중시하지 않는다. 이 모델은 해외직접투자·시장·원재료 공급면에서의 치열한 국제경제적 경쟁으로 다국적기업에게

2) 중상주의는 중농주의와 함께 1776년 아담스미스의 국부론 출간 이전까지 16~18세기에 걸친 유럽의 경제사조이다. 중상주의는 국가의 부를 금·은과 같은 귀금속으로 보고 귀금속을 중시하는 중금주의(bullionism), 수출이 수입을 초과하여 귀금속이 유입되게 하는 무역차액주의, 국내산업의 수출경쟁력을 위한 보호주의를 내용으로 한다.

는 보다 불리한 신국제정치·경제질서가 도래할 것으로 예측한다. 또 개도국의 정치, 경제적 목표는 가장 효율적인 자원배분을 위하여 국가주권을 행사하는 일이라고 주장한다. 상호의존적인 세계경제체제는 점차 붕괴하고 각국은 지역경제동맹 혹은 경제블록을 형성하여 자국 또는 자국이 소속된 경제블록의 이익을 최대한 증가시키려고 한다고 주장한다.

이 모델에서는 다국적기업의 확대를 가져왔던 자유로운 국제환경과 태도와는 달리 내셔널리즘이 강화된 국가주권에 의해 수출입시장 및 다국적기업이 규제를 받게 된다는 것이다. 일 국민은 역사, 언어, 종교, 인종, 이데올로기 등의 공동사회로부터 공동의식을 나누게 된다. 이 경우 일 국민을 국적으로 결속하게 하는 감정적 접합(emotional cement)을 내셔널리즘이라고 한다.

이러한 중상주의는 양성중상주의(benign mercantilism)와 악성중상주의(malevolent mercantlism)로 대별된다. 양자 모두가 세계경제가 지역블록으로 분화된다는 점에서 견해를 같이 하고 있으나, 전자는 세계경제의 지역화가 오히려 자급자족적 경제관계를 긴밀히 하여 국제경제관계를 제고시킬 것이라고 보는 반면, 후자는 강대국의 경제블록 간에 시장·통화·투자 부문에서 심한 충돌을 가져와 국제적 경제 갈등을 심화시킬 것이라고 본다.

04 세계경제론적 모델

세계경제론(World Economy Theory)적 학자에 의해 주창된 것으로 세계시스템론(World System Theory)적 모델이라고도 한다. 세계는 하나의 시스템으로서 기능을 하고 있다. 각 국가 간의 상호의존은 상품, 자본과 노동력의 이동을 포함한 경제적 영역에 국한되지 않고 사회, 문화 등 모든 영역으로 확대되고 있다. 이러한 움직임을 왈러스타인(I. Wallerstein)은 세계시스템론의 시각에서 도출하려고 하고 있다.

현재의 세계시스템은 두 가지 특징을 가지고 있다. 먼저 기업의 다국적화를 통해 세계경제의 상호의존을 증가시킨다는 것이다. 직접투자에 의해 생성된 다국적기업은 글로벌적인 경영전략하에 각국에서 생산과 판매 및 연구개발 활동을 행하고 있다. 이 과정에서 기업 내 형성된 네트워크를 통해 상품과 자본거래를 현저하게 증가시켰다.

다국적기업은 기업 내 거래를 증대시키고 기업 내 경영자원을 축적시키기도 하고 수입국에 이전시키기도 한다. 따라서 다국적기업은 투자국, 투자수입국 및 세계경제의 상호의존을 밀착시킨다. 다음으로 정보화의 진전이 기업의 다국적화를 적극적으로 촉진시켰으며 다국적기업은 글로벌한 정보화의 담당자가 되었다. 다국적기업에 의한 생산과 소비시스템의 이전은 경제적 영역뿐만 아니라 정치, 사회, 문화적 영역에도 영향을 미치고 있다. 다국적기업에 의한 소비시스템의 이전은 선진국 간에는 미치는 영향이 적으나 선진국에서 격차가 큰 개도국으로의 이전은 개도국의 전통적인 생산과 소비의 시스템을 해체시키는 경향이 있다. 그 결과 노동이 개도국에서 선진국으로 이동하게 된다. 이러한 개도국의 전통적인 생산과 소비시스템의 해체와 노동력의 이동이 개도국의 빈곤으로부터의 탈출을 곤란하게 할 수도 있다.

세계경제론적 시각에서 국제경제 관계를 파악할 경우 다국적기업의 초 국가적 사업활동의 결과 각국 경제는 하나의 단일 세계시스템으로 접합되고 있다. 그 결과 국민국가 중심의 정책과 그 정책의 효율성은 점차 축소 내지 감퇴되지 않을 수 없다는 것이다. 따라서 각 국민국가는 배타적 성격을 지닌 국가단위의 경제정책을 지양하고 세계시스템으로의 접합이라는 측면에서 정책을 전개할 필요가 있는 것이다.

제2절 자본주의 축적구조와 포드주의 변화

01 자본주의 축적구조와 다국적 자본의 변화

다국적기업의 출현 가능성은 자본주의적 생산양식에서 비롯되며 특히 물질적 여건이 성숙된 독점자본주의의 성립에서 찾아야 할 것이다. 19세기 말 경 선진자본주의 제국에서는 거대한 은행들의 통제 아래 산업자본의 집중과 집적이 이루어져 금융자본(financial capital)이라는 형태의 독점자본이 형성되었다. 독점자본의 형성은 산업의 집중, 생산의 합리화, 카르텔의 확산 등 대량생산 기술과 생산물의 표준화 및 수송통신 수단의 발전과 밀접하게 연관되어 있다. 이렇게 증대된 생산조직

은 관리자본주의(managerial capitalism) 혹은 기업경제 등으로 표현되기도 한다.[3)]

전 후 자본주의의 축적구조는 소품종 대량생산을 중심으로 전후 장기적 호황을 지속해 왔던 포드주의(Fordism)가 석유파동 이후 1974~1975년을 기점으로 위기에 처하면서 포스트 포드주의(post Fordism)로 변화해 가는 것을 의미한다. 포드주의 축적구조의 위기인 1974~1975년경 세계적 공황에 직면하여 축적과정의 회복을 위한 자본의 근본적인 대응책은 자본의 다국적화였다. 이러한 자본의 다국적화를 구체적으로 실행하는 실체가 바로 다국적기업이었다.

이 과정에서 미국 다국적기업이 일본과 유럽에 포드주의를 이전시키는 역할을 수행하는 동시에 포드주위 위기를 세계적으로 확대시키는 결과를 초래하게 된다. 포드주의의 한계를 극복하고 포스트포드주의로 나아가는 과정에서 자본은 새로운 기술혁신을 생산에 적용하고 새로운 생산방식을 도입하는 등의 노력을 기울이게 된다. 포드주의의 위기를 극복하는 과정에서 다국적기업과 국민국가는 경쟁과 협조 등의 다양한 형태로 나타나게 된다. 1980년대 신자유주의 정책, 보호주의 정책 등으로 국민국가와 다국적기업 간의 마찰을 유발하기도 했다.

포드주의의 위기를 극복하는 과정에서 이루어지는 자본활동의 국제적 확산을 통하여 다국적기업이 본격적으로 등장하게 된다는 것이다. 자본이 다국적화하는 가장 큰 동기는 자본의 노동에 대한 지배력을 증대시키고자 하는데 있다. 이는 자본 간 경쟁을 증대시키고 국가 간 다양한 연계를 통해 경제의 글로벌화와 상호의존을 증대시키면서 다국적기업의 활동형태와 다국적 자본의 형태를 변화시키고 있다. 다국적 자본은 다국적 금융자본, 다국적 문화자본, 다국적 곡물자본 등의 다양한 형태로 국경없는 신자유주의의 바다를 누비게 되었다.

2000년대 초 다국적 자본은 신국가자본주의(new state capitalism)의 새로운 형태를 갖기도 하였다. 국가가 특정한 기업을 국가 관리체제로 편입하여 자국 내에서 독점적 지위를 이용하여 해당 기업의 수익성과 경쟁력을 높인 뒤 국제 M&A를 통하여 글로벌기업으로 육성시키는 것이다. 이는 세계화 이후 사적 자본이 경쟁을 이끌고 국가가 시장에서 개입하지 않는 것을 당연시하던 경향과는 판이한 흐름이며 러시아의 가즈 포럼, 중국의 캠 차이나 등은 대표적 기업의 유형이다.

개도국들이 잉여 외환보유액을 국부펀드(sovereign wealth fund)로 운영하여 선

3) 최성일, 「전후 자본주의의 변화와 다국적기업」(부산 : 세종출판사, 1998), p.12.

진국 등 전 세계 투자처에 과감하게 투자를 하기도 한다. 국부펀드는 2017년 말 기준 1조 달러 규모의 세계 1위 노르웨이 GPF에 이어, 아부다비 투자청, 중국투자공사(CIC), 쿠웨이트 투자청, 사우디아라비아의 SAMA 순이다.[4]

02 미국식 포드주의 생산방식

포드주의(Fordism)는 테일러주의(Taylorism)에 의한 과학적 노동관리 및 자동화와 결합하면서 20세기 초 자본주의에서 발생한 생산방식 중 가장 괄목할 만한 대량생산방식이다. 포드주의는 테일러주의에 의한 동작분할과 자동화의 결합에 의해 표준화된 제품의 대량생산이 가능한 생산방식이다. 포드주의의 형성은 1920년대까지 거슬러 올라갈 수 있으며 미국식 포드주의의 높은 생산성은 미국을 제2차 세계대전의 전승국으로 이끌었고 미국 주도의 세계자본주의 체제의 구축은 미국식 포드주의의 세계적 확산 계기가 되었다.

포드주의는 컨베이어 벨트(conveyor belt)의 이동에 의해 노동을 통제할 수 있으며 노동 대상의 이동이라는 점에서 획기적인 생산방식이며 생산력의 발전에 의한 표준적인 제품의 대량생산을 가져 온 것이다. 대량생산체제에 의해 노동생산성은 급격히 향상되었고 이를 기초로 노동자계급에 대해 높은 수준의 임금을 지급할 수 있게 되었다. 고임금은 다시 구매력으로 이어져 대량 생산된 제품을 대량소비할 수 있게 함으로써 전 후 호순환에 의한 고도 성장의 계기가 마련되었다. 전 후 호순환은 향상된 노동생산성에는 미치지 못했지만 상대적으로 고임금을 지속적으로 지급함으로써 노동자를 안정시키고 지속적인 성장을 이룩할 수 있었다.

대량생산체제의 호순환이 계속되기 위한 조건은 노동생산성 상승률이 실질임금 상승률보다 커야 한다. 따라서 대량생산체제는 노동생산성 상승률이 저하하게 되면 위기에 처하게 마련이다. 자본축적이 장애에 부딪히고 더 나아가 지속적인 실질임금의 상승이 불가능하게 된다.

포드주의를 요약해 보면, 제품 단위당 생산비용의 절감을 가져오는 규모의 경제를 실현시켰다. 포드주의의 대량생산체제는 노동생산성을 증가시키고 노동자의

4) 국부펀드는 상품(오일 등)에 기초한 펀드와 비상품국부펀드로 구분된다. 막대한 외환보유고로 운영되는 중국은 비상품국부펀드이다. 한국도 비상품국부펀드로 한국투자공사(KIC)가 1,300억 달러 규모(세계 16위)의 운용자산을 갖고 있다.

임금상승→구매력 증대→대량소비→대량생산→고생산성의 원활한 순환과정이 이루어졌다. 한편 포드주의는 자동화 기계구입에 따른 다량의 자본투하를 필요로 한다.

1960년대 중반을 정점으로 하여 미국의 노동생산성은 급격히 하락한 반면 실질임금 상승률은 비교적 안정적이었으므로 생산성 잉여와 이윤율은 급격히 저하했다. 한편 제2차 세계대전 이후 미국의 대량 원조 및 투자는 미국적 생산력 구조인 포드주의의 확산을 통해 서유럽 및 일본의 전 후 부흥을 가져왔으며 한편으로는 미국식 포드주의의 위기를 자극함으로써 미국기업의 해외진출을 촉진시키게 된 것이다.

03 포드주의 위기와 ME혁명

포드주의의 위기는 1960년대부터 가시화되기 시작하여 1차 오일쇼크가 발생한 다음해인 1974년과 1975년 사이에 구체화되기 시작하였다. 포드주의는 다음과 같은 문제점을 수반하였다. 첫째, 단순노동에 의한 소외 노동자의 반발로 과학적 노동관리가 곤란하고 둘째, 컨베이어 벨트상 작업 간의 불균등성으로 인해 노동생산성 상승에 제약이 있으며 끝으로, 대량생산으로 인한 규모의 경제를 전제로 하기 때문에 다양한 수요 패턴의 변화에 적응하기 어렵다는 점이 있다.

특히 1970년대의 석유파동에 의한 물가의 지속적인 상승은 실질임금의 저하를 초래하여 구매력의 저하를 가져오고 그 결과 생산의 과잉현상을 초래하였으며 노동조합 등 노동자계급의 저항에 직면하게 된다. 이러한 위기는 석유파동에 의한 물가상승을 매개로 하여 1974~1975년 이후 구체화되었으며 이를 계기로 포드주의의 대량생산방식은 변화의 계기를 맞게 된다.

1960년대 말부터 1970년대에 생산방식에 주요한 변화를 가져오는 계기가 된 것은 전자산업을 중심으로 한 컴퓨터화로 상징되는 극소전자혁명(Micro-Electronics) 또는 미세전자혁명이라고 할 수 있다. ME혁명은 기계에 대한 통제가 기계로부터 상대적으로 자립된 제어기구에 의해 수행되는 것이다. ME혁명은 기계적 기구 자체를 변경하지 않고 일정한 범위 내에서 그 기능 및 운동을 인간의 직접적 개입 없이 자동적으로 변경시킴으로써 이른바 유연자동화(탄력적 자동화)를 가능하게 하였다.

이는 종래 작업의 경험적 숙련을 과학적·공학적 지식에 의해 객관화하는 과정인 프로그래밍을 통해 기술자의 기술과학적 지식과 작업자에게 체득된 경험적 숙련을 결합시켰다. 이러한 측면에서 ME혁명은 종래의 기술자와 작업자의 분업을 폐기하는 기술적 기초를 제고시켰고, 생산력의 비약적 발전을 가능케 한 것이었다.

ME혁명의 성과는 자본을 생산에 도입함으로써 대량생산방식의 한계를 극복하려고 했다. 공장자동화(Factory Automation), 컴퓨터 통합생산(Computer Integrated Manufacturing) 등을 통하여 유연생산체제(Flexible Manufacturing System)가 형성되기 시작하였다. 이러한 생산방식의 도입은 연구개발·설계 및 마케팅 기능 등을 온라인화하는 것에 의해 기업전체를 네트워크로 연결함으로써 1980년대의 다국적 자본 축적전략 변화의 과학적 기초를 제공한 것이다.

석유파동 이후 물가의 상승이 노동자의 실질임금의 하락을 가져오고 이는 구매력의 감소, 재고 증가, 과잉생산의 문제를 초래하였다. 이는 그 동안 원활했던 포드주의 순환과정이 정상적으로 이루어지지 못하게 되었으며 대량생산체제 변화의 계기를 맞이하게 되었다.

특히 포드주의 대량생산체제의 가장 큰 약점은 다양한 소비패턴에 신속하게 적응하지 못하는 점에 있었다. 예컨대 X모델의 자동차를 연간 100만 대 생산하는 자동차 생산라인에서 갑자기 X모델의 수요가 50만 대로 감소하고 Y모델의 자동차 수요가 50만 대 새로이 창출되었다고 하자.

이 경우 포드주의 생산방식에서는 X모델 생산라인에서는 50만 대의 유휴설비가 발생한 채로 Y모델 50만 대 생산을 위한 생산라인을 신규 투자해야만 하였다. 그러나 기존 X모델 생산라인에서 Y모델을 동시에 생산할 수 있는 컴퓨터를 이용한 극소전자 혁명이 이러한 문제점을 해결해 줄 수 있었다. ME 혁명은 다품종 소량생산을 통한 범위의 경제(economies of scope)를 가능하게 하였으며 최근 도요타자동차의 경우 동일 생산라인에서 여러 종류의 모델을 생산하고 있다.

제3절 미·일 다국적기업의 다국적화와 생산방식

01 미국 다국적기업의 다국적화와 생산방식

1) 미국 다국적기업의 다국적화

미국식 포드주의는 1974~1975년의 위기에 대응하여 미국자본의 다국적화를 추구한다. 미국자본의 다국적화는 노동생산성 정체와 임금 상승에 대처하기 위해 상대적으로 저렴하고 양질의 노동력이 있는 국가로 단순 이전함으로써 이루어졌다. 포드주의 위기는 1960년대 노조로 인한 임금상승으로 노동생산성이 저하되면서 나타나기 시작했고, 1차 오일 쇼크(1973)로 인해 위기수준은 극에 달하였다.

일본 및 유럽의 다국적기업은 미국식 포드주의를 수용, 변형시켜 제2차세계대전 이전의 생산수준을 회복하고 미국자본과의 경쟁을 심화시켰다. 이러한 경쟁에서 미국 다국적기업의 일국 내 포드주의 축적 체제에 기초한 생산체제로서는 일본과 유럽 다국적자본에 대해 열세를 면치 못했다는 것이 미국자본이 다국적화를 추구하게 된 또 다른 원인이라고 하겠다.

미국자본의 다국적화는 일국 포드주의의 단순한 국제적인 전개를 의미하는 것으로 세계적 공정분할에 의한 포드주의의 세계적 확대를 추진하는 전략을 취하였다. 미국자본의 다국적화 현상은 1963년 미국의 관세법 개정으로 활발하게 되는 계기를 맞게 된다. 부가가치관세법의 개정으로 미국관세표(Tarrif Schedule of United States)에서 미국산 부품을 이용하여 해외에서 조립·가공 생산된 제품을 수입하는 경우 관세율 적용은 부가가치 분에만 한정하여 낮은 수입관세를 적용토록했다.[5)]

해외에서 조립·가공 생산을 위한 미국자본의 다국적화는 생산비용이 저렴한 현지국에 수직적 투자를 통해 제품생산 공정을 단순히 이전시키는 것이었다. 한편 이러한 녹다운 방식(knock down method)[6)]의 수출과 수입은 기업내무역으로 발전했다.

5) 이용우, "1980년대 다국적자본의 운동과 미일 경제마찰," 서울대 박사학위청구논문(1994), p.16.

6) 녹다운 방식 수출에는 최대한 분해하는 완전녹다운(Complete Knock Down), 반조립품의 세미녹다운(Semi Knock Down), 기 완제품을 재분해 수출하는 분해포장수출(Disassembled Knock Down)이 있다.

1960년대 초부터 시작된 미국식 포드주의의 위기에 대응하기 위하여 미국자본은 국제적 생산공정의 이전분할을 통한 자본축적 활동이 국제화를 추진했고 다국적기업화를 본격적으로 시작하였다. 그러나 미국 다국적자본의 다국적화로 미국 중심의 세계자본주의 체제는 동요하기 시작하였으며 이는 IMF체제의 위기로 나타났다. 1960년대 중반부터 미국 다국적기업의 해외진출이 활발해 짐에 따라 미국은 자본수지의 적자에 시달리게 되었고 달러화는 금태환(金兌換)[7]의 불안정을 초래하였다. 이에 미국은 달러가치의 안정을 위해 금리평형세(Interest Equalization Tax)[8]의 도입과 자본유출에 대한 강력한 규제를 실시하게 되고 이는 다국적기업 현지 자회사의 자본조달에 큰 어려움을 주게 된다. 모회사로부터 자본조달의 어려움이 있는 현지 자회사는 소요자본을 현지에서 조달하기 위하여 유로(Euro)달러시장을 이용하게 되었다.

요약하면 미국기업은 1960년대부터 다국적화를 통해 시장제약과 고임금을 회피하고 원료조달 및 시장 확보, 저임금 등을 목적으로 생산공정의 단순한 이전분할을 위해 해외로 진출했다. 이러한 다국적기업의 해외직접투자는 달러화의 불안정과 미국 내의 가용 투자재원의 축소를 가져와 국내 고용감소를 초래하게 됨에 따라 다국적기업에 대한 규제정책이 거론되었다.

2) 미국 다국적기업의 생산방식의 변화

석유파동으로 인해 전 후 최대의 공황에 직면했던 1974~1975년 각국은 생산의 합리화 등 전면적인 산업재편을 도모했다. 산업재편의 핵심적 주체인 다국적기업은 ME혁명의 성과를 산업재편에 도입함으로써 공황으로부터의 탈출을 시도하였으며 각국 자본마다 이를 활용하는 생산방식은 달랐다.

미국의 경우 미국자본은 1960년대부터 생산공정의 해외이전 분할에 의한 국제적 분업을 추구하는 다국적화를 포드주의 축적의 한계를 극복하는 전략으로 채택하였다. 포드주의를 국제적 차원으로 확장하는 것을 기본전략으로 삼았으며 ME혁

7) 브레턴우즈체제 하에서 미 달러는 금과 태환이 이루어졌으나 베트남 전쟁 등으로 달러화 발행이 남발되면서 금준비가 부족해져 미국은 닉슨조치(1971.8.15)를 발표하고 금태환정지선언을 했다.

8) 1964년 9월 발효되어 1974년 1월 철폐되었는데 금리가 높은 해외 선진국에 투자되는 미국 자금이 미국의 자본수지를 악화시킨다고 보고 해외 투자 자금에 세금을 부과함.

명의 성과를 생산에 활용하는 것도 이러한 차원에서 크게 벗어난 것은 아니었다.

포드주의의 구성요소 중 중요한 하나인 자동화를 통해 인력을 절감하는 생력화(省力化)를 거대한 규모로 달성하기 위하여 ME혁명의 성과를 이용한 것이다. 미국자본은 생산공정 연구를 엄격히 하여 단순히 생산공정을 분할해 노동집약적 공정을 해외로 이전시키고 국내에서는 자동화했다. 그리고 이들을 재결합해 국제적 차원에서 유기적 분업체제를 갖도록 산업의 재편성을 시도한 것이다.

미국자본의 다국적화는 이와 같이 ME혁명의 성과를 이용한 전면적 자동화와 생산공정의 이전분할이라는 단순한 국제분업체제를 구축한 것이다. 미국은 ME혁명을 전통적 일본 생산시스템과 결합해 효율화를 도모한 일본 다국적자본에 열세를 면치 못하는 결과를 초래하였다.

02 일본 다국적기업 생산방식

1) 일본 다국적기업의 다국적화

1960년대부터 세계시장에서 괄목할 만한 성과를 보이면서 미국자본의 경쟁 상대로 부각하기 시작한 일본자본은 1970년대 들어 ME혁명의 성과를 가장 적극적으로 이용하여 전자·자동차 등 핵심산업에서 미국자본을 능가하기 시작하였다. 1974~1975년 석유파동 이후 일본자본의 성장과 미국자본의 경쟁 상대로의 부각은 종전 미국자본의 일방적 우위에 결정적 변화를 가져왔다.

IMF-GATT체제의 확립에 따른 전후 자본주의의 부흥은 포드주의적 대량생산방식의 국제적 확산에 따른 것이었지만 그 적용방식은 각국의 노동자·자본가 관계의 전통과 특수성에 따라 상이하게 나타났다. 일본의 경우 가부장적 노사관계 및 독점적 대기업과 중소부품업체의 하청관계라는 특수한 생산구조를 가지면서 대량생산방식을 접합시키고 있다.

이러한 생산방식은 일본 도요타자동차에서 시작하였으며 미국의 대량생산방식을 일본식으로 변형하여 일본의 지배적인 생산방식으로 1960년대에 자리잡게 되었다.

1974~1975년 석유파동으로 인한 공황은 전통적인 포드주의적 생산방식의 한계성으로 인한 것이었고 각국 자본은 ME혁명의 성과를 활용하여 불황을 타개하기

위한 전략을 수립하였다. 일본자본은 이미 1960년대부터 지배적 생산방식으로 확립되어 있던 일본식 생산방식에 ME혁명을 적극적으로 채용하여 합리화를 진행하는 전략을 추구했다.

일본식 생산방식은 포드주의를 토대로 형성된 대량생산방식을 그 기본으로 하지만 여러 가지 변형이 가해져 대량생산 방식이 갖는 한계를 극복하고 있다는 것이 특징적이다. 미국자본의 전략은 일본자본과의 경쟁에서 그 한계를 노출했다. 한편 ME혁명을 생산에 적극 활용한 일본자본의 우위는 일본식 방식의 국제적 확산을 가져왔다. 일본식 생산방식의 특징은 도요타의 간판(看板)방식과 후공정인수방식으로 구체화된다.

2) 도요타 생산시스템[9]

(1) 적시조달 방식

도요타 생산시스템(TPS)은 1949년 오노 다이이치(大野耐一)기계 공장장이 취임하면서 시작되어 수많은 시행착오를 거쳐 제대로 체계화된 것은 1970년 이후부터이다. 포드자동차가 T형 단일 모델로 200만 대까지 생산하면서 소품종 대량생산체제인데 비해 일본은 자동차시장이 협소하고 소비자의 기호가 다양하며 국내 다수의 경쟁기업들이 존재하여 대량생산의 시장은 처음부터 존재하지 않았다.

도요타의 대표적인 생산방식은 포드주의의 일괄조달방식(Just In Case)이 아닌 부품의 적시조달방식(Just In Time)과 간판(看板)방식이다. JIT[10]란 용어를 처음 사용한 사람은 창업 당시부터 JIT를 벽에 붙여두고 강조한 창업자 도요타 기이치로(豊田喜一郎)이다.

적시조달방식이란 부품 재고를 일시에 대량으로 조달하는 것이 아니라 부품이 바닥나기 전 적시에 필요한 량을 하청업체로부터 공급받는 시스템이다. 도요타 자동차는 매출액의 증가에도 불구하고 영업이익이 기대에 미치지 못하자 그 원인을 파악하는 데 상당한 시간을 소비했다. 회사측은 종업원들이 작업에 몰두하지 않는

---

9) 김현철, "도요타자동차의 또 다른 경쟁력의 원천 : 판매력" 「한일경상논집」, 34권(2006.6), pp.39-46. passim.

10) JIT 생산방식은 1980년대 미국에 소개되어 린(lean)생산방식으로 알려졌다. 미국 MIT대학의 J.P. Wonack 교수는 도요타의 생산방식이 공정 간의 낭비를 철저히 없애주기 때문에 슬림(slim)화한다는 의미의 lean을 사용하였다.

다고 생각하고 기계를 추가적으로 배치하는 등 원인을 근로자들에게 돌렸다. 하지만 큰 효과를 얻지 못했고 마침내 근로자들 앞에 산더미처럼 쌓여 있는 부품 재고에 문제가 있다는 것을 뒤늦게 알게 되었다. 적재된 부품 재고는 은행의 차입이자, 마모 손실 등 상당한 재고관리비의 지출을 필요로 했다.

부품의 적시공급은 완성업체와 부품업체가 긴밀한 관계를 유지함으로써 이루어지는데 미국식의 경쟁적 부품공급과는 달리 부품업체가 완성업체와 한번 하청관계를 맺으면 정식계약 없이도 통상 4~5년간 부품공급을 담당하게 된다.

2011년 동일본 대지진[11] 이후 대규모 감산을 경험하고 지진 등 비상시를 대비하여 글로벌 부품·소재 공급망 서플라이 체인(supply chain)을 재조정 한 바 있다. 2016년 4월에도 구마모토현의 진도 6.5 지진으로 부품공급의 중단으로 규슈공단의 가동이 중단되어 부품조달 시스템이 또 다시 시험대에 오르기도 했다.

제품의 재고를 극소화하기 위해서는 제품의 질을 안정적으로 유지하는 것이 절대적으로 필요한데 이를 위해서는 제품의 질을 안정적으로 유지하는 전사적 품질관리(Total Quality Control)[12]가 요구된다. 엄격한 품질관리는 생산라인 전반에 대한 능력을 지닌 노동자들이 제품에 문제가 생길 때마다 즉각 개선함으로써 이루어진다. 이러한 것은 노동자의 종신고용, 순환근무 등 일본 노사관계의 특징에서 유래된 것이다. 노사관계가 나쁜 사업장에서는 자발적인 개선을 기대하기 힘들다. 강성노조로 유명한 미국 자동차 업체들은 도요타 생산시스템을 도입하고도 큰 효과를 거두지 못했다.

(2) 후공정 인수방식

일본식 생산방식의 가장 큰 특징은 생산의 흐름이 이미 세워진 작업계획에 의해 선(先)공정에서 후(後)공정으로의 컨베이어 벨트를 따라 노동대상이 이동하는 포드주의와 반대로 후공정에서 선공정으로 전개된다는 것이다. 이른바 주문생산처럼 완성제품의 생산량이 수요에 의해 결정된 후 이에 맞는 부품수가 결정되고 그

11) 교토식경영의 저자 스에마쓰 지히로교수는 2011년 동일본지진사태는 'JIT방식의 종언'을 알리는 사건이라고 하였다. 지진에 따른 일본 대표 제조업체의 부품 수급 차질은 그 동안 일본식경영의 정답처럼 신봉되어온 도요타식방식에 근본적인 변화가 필요하다는 점을 보여주었다. 한국경제(2011.5.23) A16.

12) 품질관리(QC) → 전사적 품질관리(TQC) → 전사적 품질경영(TQM) → 6 Sigma로 발전하게 된다.(제16장 4절 참조)

것이 공정을 타고 역으로 올라가는 후공정 인수방식이다.

물론 이러한 과정을 거친 후 제품의 생산은 포드주의와 동일한 컨베이어벨트 작업에 의해 이루어지며 이러한 생산방식이 갖는 가장 큰 장점은 재고를 대폭 줄일 수 있다는 점이다.

창업자의 이러한 사상을 실현한 방식이 후공정 인수방식이다. 이 방식은 후공정이 필요한 부품을 필요한 때 필요한 양만큼 바로 앞의 전(前)공정에서 가져오는 방식을 말한다. 이 때문에 전공정은 후공정이 인수해 간 양만큼 보충 생산함으로써 공정 간의 낭비를 제거하게 되는 것이다.

후공정 인수방식이 포드주의와 완전히 다른 점은 포드주의가 전공정이 부품을 생산하여 후공정에 전달하는 소위 푸쉬(push)방식인데 비하여 후공정 인수방식은 후공정이 필요한 부품을 전공정에서 가져오는 소위 풀(pull)방식인 것이다. 푸쉬방식은 밀어내는 방식이기 때문에 각 공정 사이에 부품의 재고가 쌓일 수 있지만 풀방식에는 공정 간 재고가 최소화된다.

후공정 인수방식을 실현하는 구체적인 수단이 간판(看板)이다. 간판은 가공품을 담은 상자에 부착하는 명찰인데 마치 상점의 간판처럼 보인다고 하여 간판이라고 한다. 종이나 플라스틱으로 만들어진 명찰에는 부품명과 수량 등이 기록되어 있어 이것을 보면 무엇을, 언제, 얼마만큼, 어디서, 어떻게 작업하여 어디로 가져가야 한다는 등의 정보를 한 눈에 알 수 있다.

간판에는 운반지시용 간판과 생산지시용 간판 두 가지가 있다. 전자는 후공정이 전공정에 부품을 인수하러 갈 때 사용하는 것이고 후자는 전공정이 생산해야만 하는 부품의 종류와 수량을 지시하는 것이다.

어느 생산 공정에서 부품을 사용할 때 부품상자에 붙어 있는 간판을 제거하게 된다. 제거된 간판이 일정 수가 되면 이것을 가지고 전공정에 부품을 가지러 가게 되는데 이것이 운반지시용 간판이다.

한편 전공정의 부품이 놓여진 장소에는 생산지시용 간판이 붙어 있는데 이것을 제거하고 그 곳에 운반지시용 간판을 부착한 뒤 그 부품을 후공정으로 가져오게 된다. 그러면 전공정에서는 제거된 생산지시용 간판 수에 해당하는 부품 수만큼 정해진 시간까지 보충하게 되는데 이것이 생산지시용 간판이다.

이처럼 간판은 공정 간에 운반이나 생산을 지시하기 위한 정보 매체이다. 이 매체를 통하여 전공정은 후공정이 필요로 하는 양만큼 부품을 생산해 제공함으로써 공정 간의 재고를 최소화하게 된다. 그리고 각 공정 간에 미리 표준적인 간판수를 확정해 두면 최종 공정에 생산을 지시하는 것만으로도 최초 공정까지 간판에 의한 생산 및 운반지시가 자동적으로 이루어지게 되는 것이다. 이러한 간판은 도요타 공장 안에서 뿐만 아니라 도요타 부품 하청기업과의 사이에서도 적용되고 있다.

(3) 다기능공화

도요타시스템의 또 다른 특성은 다기능공화이다. 컨베이어벨트를 이용한 대량생산체제에서는 대부분의 근로자들이 한 분야의 공정만 맡지만 도요타시스템에서는 근로자가 최소한 두 분야 이상의 공정을 맡아 다기능공이 된다. 근로자는 인접한 공정이나 특정 부품을 만드는 전체 공정에 정통해야 한다. 근로자의 작업량이 늘어나는 단점이 있기는 하나 인력의 효율적 편성 측면에서 장점이 크다.

(4) 원가기획[13)]

세계 최고의 이익을 내는 도요타의 비결은 원가기획에 있다. 도요타의 재경은 본사와 현장으로 구분되어 있고 현장에 파견된 재경은 현장에서 정확한 상품별 원가를 계산하기 위한 시스템 구축과 원가에 관한 교육을 실시한다. 도요타는 상품별 원가를 항상 공개하기 때문에 직원들이 매일 자신이 해야 할 일과로 개선활동을 하고 일 속에서 창의성을 발휘하며 아이디어를 낸다. 정확한 상품별 원가 파악은 경쟁업체의 부품가격 계산이나 협력업체에서 납품받은 부품원가까지 추정할 수 있다.

도요타는 '이익을 창출하지 못하는 행동은 일이 아니다'라고 생각한다. 즉 개선을 위한 연구 없이 하는 일은 일이 아니다. 회의[14)]를 하고 거래처에 나가고 기획서를 쓰는 일상적인 행동이 실제 이익에 공헌하고 있는지 단지 비용만 발생시키고 있는지를 확인한다.

매출을 올려 이익을 창출할 수 있고 또는 원가를 절감하여 이익에 공헌할 수도

13) 호리킬 도시오, 현대차 글로벌경영연구소, 「도요타의 원가-세계 No.1 이익 창출 비결」, 한국경제신문(2017.8.6. A24 발췌)

14) 회의는 생각보다 낭비가 많은 업무로 본다. 도요타 역시 회의가 많아 낭비가 적지 않다고 보고 있다. 물론 회의가 어느 정도 부가가치를 창출하기도 하지만 대부분 마이너스로 간주한다. 이 경우 직원들은 마이너스 회의를 제로 또는 플러스로 전환시키려면 어떻게 해야 할까를 의식하게 되며 무엇인가 성과를 내야 한다는 압박감을 갖는 것만으로 성공한 것이다.

있다. 이에 공통되는 것은 원가절감에 의한 이익창출이다. 매출은 책상 위에서 계산한 대로 움직이지 않지만 원가절감은 노력 여하에 따라 전 부문에서 실천할 수 있다. 일반적으로 원가절감이라고 하면 낭비제거[15]가 연상되며 ① 기획과 설계 ② 공정별 상세설계 ③ 양산의 3단계 중에서 낭비제거는 최종 ③단계에서만 해당된다. 도요타는 타 회사와 달리 원가절감을 ③단계에서 하는 것만으로는 한계가 있다고 보고 원가의 범위를 ①과 ②의 단계에서 결정된다고 본다. 따라서 도요타는 ①단계를 최대의 원가절감 포인트로 보고 이것을 원가기획이라고 부른다.

원가절감의 대안으로 공장부문에서의 낭비제거[16] 외에 관리부문에서 오베야 방식이 있다. 오베야는 '공동으로 사용하는 큰 방'이라는 뜻이다. 오베야 방식은 신차개발 또는 현장개선 시 관련부문의 전원이 한 공간에 모여 투명한 정보 공유 및 즉석 토론을 통해 신속하게 과제를 해결하는 업무 방식이다. 큰 방이나 복도 벽에 누구나 쉽게 볼 수 있게 관련정보를 전시해 두면 관련 사업이 어떻게 진행되는지 한 눈에 보고 더욱 정확한 판단을 내릴 수 있다.

도요타의 원가기획을 활용해 미국의 오토바이 제조사 할리 데이비슨은 신형 모델 개발 기간을 절반으로 단축했고, 보잉사도 생산성을 향상시켰으며 스리랑카에서는 경영부문에 도입해 상당한 효과를 보았다. 도요타의 원가기획은 침체된 제조업을 살리는 데 대안으로 떠오르며 무엇보다도 개개인에 의해 결정되는 부분과 시스템을 만들어 지원하는 부문, 마지막으로 최고 경영진의 의식을 잘 정비하면 이익을 창출하는 시스템이 완성되어 이익률을 높일 수 있는 기업이 될 수 있다.

(5) 판매력과 채찍효과의 최소화

도요타시스템에서 간과하고 있는 부분이 도요타의 판매력이다. 실제로 도요타생산시스템이 효율적으로 작동하기 위해서는 강력하고 안정적인 판매력이 필수불가결하다. 공정과 공정 사이뿐 아니라 도요타 공장과 협력 공장 사이에 JIT가 순조롭게 돌아가기 위해서는 마지막 후공정에 해당하는 판매단계가 안정화되어 있지 않으면 안된다. 만약 판매가 매일같이 변동하게 되면 그 이전의 전공정들에서의 생산변동이 더욱 큰 편차로 변동하게 되는데 이를 채찍효과(bullwhip effect)라고 한다.

소를 몰고 갈 때 긴 채찍의 경우 손잡이 부분에서 작은 힘을 가하더라도 채찍의

15) 낭비는 과잉생산, 작업대기, 운반, 가공, 재고, 동작, 불량품 재작업에 의에 발생한다.
16) 낭비제거의 대표적 아이디어는 실수방지장치(풀푸르트)가 있다.

끝부분에서는 큰 힘이 생긴다. 이와 같이 후공정에서의 작은 수요 변동이 전공정을 거슬러 올라 갈수록 더욱 파급되어 큰 변동을 가져오는 채찍효과를 가져오게 된다. 이 효과를 최소화하기 위해서 생산활동의 후공정에 해당하는 판매단계에서 매출변동의 불확실성을 최소화할 필요가 있다. 도요타자동차에서 이 기능을 수행하는 곳이 바로 영업현장이며 판매부문과 딜러부문으로 구분되어 진다. 딜러는 판매점포와 판매원을 두고 최종 고객에게 자동차를 판매하게 된다. 도요타자동차의 경우 판매부문과 딜러, 딜러와 최종고객과의 관계가 대단히 밀접하고 강력하여 매출의 기복이 대단히 작다. 이러한 점이 채찍효과를 최소화시키는 역할을 한다.

(6) 도요타의 재택근무

도요타는 2016년 8월부터 전체 직원 7만 2,000명 중 3분의 1에 해당하는 입사 5년차 이상 사무직, 연구개발(R&D) 부서 기술직 등 2만 5,000명을 대상으로 파격적인 재택근무제를 도입했다. 근무시간은 부서별로 개개인의 사정을 고려해서 정한다. 여직원들도 출산·육아 휴직을 할 수 있고 복직 후에도 초등학교 4학년이 될 때까지는 탄력적으로 근무시간을 조정할 수 있다. 이러한 현상은 혼다, 미쓰이물산, 리코, 일본MS 등도 도입 확산 중에 있다.

일본 정부 또한 기업과 수시로 접촉해 일하는 방식의 개혁을 촉구하고 있다. 여성의 우수 인력을 확보하고 남성의 육아 참여 촉진, 노인 간병을 위한 이직의 최소화를 기할 수 있다.

(7) 도요타 시스템의 문제점

부품 재고비용을 절감하는 JIT 방식은 일본의 지진, 태풍 등의 비상사태에서 많은 문제점을 야기했다. 작은 부품 하나 때문에 공장 가동이 전면 중단되는 상황이 발생하기 때문이다. 도요타를 비롯한 일본 제조업체뿐 아니라 GM 등 일본으로부터 부품을 공급받는 미국 회사들도 일본의 유통망 붕괴에 대비하여 수개월 간의 부품을 미리 확보하는 등 JIT 방식의 수정을 시도했다.

도요타 자동차의 지나친 원감절감 정책이 문제가 되기도 했다. 1970년대 후반부터 도요타시스템은 전 세계 자동차회사의 모델이 되었다. 하지만 2010년 2월 미국에서 시작된 도요타 자동차의 대규모 리콜(recall)사태는 도요타 시스템에 대한 반성과 문제점을 뒤돌아보는 계기가 되었다.

첫째는 '마른 수건도 다시 짠다'는 도요타의 지나친 원가절감정책은 결국 품질관리 정책과 배치되는 결과를 낳았다. 무리한 원가절감은 미국 현지 부품공장의 품질저하뿐 아니라 일본내에서도 저임금의 비숙련 외국인 노동자를 고용함으로써 품질 문제를 야기시켰다.

둘째는 서비스부문 말콤 볼드리지상을 수상한 페덱스사의 페덱스 법칙(Fedex's Law)[17]을 지키지 않았다는 점이다. 페덱스 법칙은 불량이 생길 경우 즉각 고치는데 1의 원가가 소요되는 반면 책임소재, 문책 등을 이유로 숨기고 그냥 내보낼 경우 10의 원가가 소요된다. 또 고객의 손에 들어가 클레임으로 되돌아 오면 100의 원가가 소요된다는 것이다. 실제 도요타는 2006년부터 소비자로부터 불만 신고가 증가하기 시작했고 그 당시 도요타는 이를 숨기기 급급하였고 때로는 부품회사에 책임을 떠넘기는 비겁함을 보이기까지 하면서 소비자들로부터 신뢰를 잃고 외면당하기까지 하였다.

최근 토요타의 한계를 마케팅이나 디자인에서 우려하는 지적도 나온다. 도요타가 품질을 바탕으로 한 생산성 극대화로 세계 최강에 올랐지만 고급차에서 유럽업체에 밀리는 것은 마케팅이나 디자인에서의 전략이 미흡하기 때문이다. 품질과 합리적인 가격을 중시하는 소비자에서 소비자의 개성을 중시하는 트렌드를 주목할 필요가 있을 것이다.

3) 도요타의 미래 자동차 경쟁[18]

창업 80주년(2017)을 맞은 도요타 자동차는 3년 연속 1,000만 대 판매달성, 벤츠를 꺾고 시가총액 세계 1위에 올랐다. 종신고용과 노사화합을 우선시하고 현장 기술 중시의 가이젠(改善)으로 품질을 높여 오너와 전문경영인의 협치가 돋보인다. 자력주의를 탈피하고 전략적 제휴를 강화하고 끊임없는 혁신의 노력이 성공의 비결이다.

---

17) 유사한 법칙으로 하인리히법칙(Heinrich's Law)과 깨진 유리창이론이 있다. 하인리히법칙은 큰 재해가 1회 발생하면 통계적으로 그 전에 동일 원인으로 발생한 작은 재해가 29회, 운 좋게 재해는 피했지만 동일 원인으로 부상을 당할 뻔한 사건이 무려 300회 존재했을 가능성이 있다는 것이다. 깨진 유리창이론(broken windows theory)은 작은 무질서와 사소한 범죄를 방치하면 심각한 범죄가 발생한다는 이론이다. 한편 깨진 유리창의 오류(parable of the broken window)는 아이들이 빵집 유리창을 깨면 마을 유리가게 주인의 소득이 증가하는 긍정적 효과가 있지만 빵집 주인은 옷을 사지 못해 보이지 않는 기회비용도 발생한다는 것이다.

18) 한국경제(2017.8.5) 발췌

도요타는 미래 자동차 시장의 주도권을 잡기 위해 경쟁업체와 적과의 동침인 전략적 제휴 전략을 강화하고 있다. 전기차, 자율주행차 개발에 있어서 테슬라, 구글과의 경쟁에 뒤지지 않기 위해서이다. 도요타는 자회사 및 제휴업체와 분업을 명확히 하고 중복되는 인력과 자금을 전기차나 자율주행 등에 투입해 구글 등 새로운 경쟁자에 대응한다는 전략이다.

전기차 개발을 위해 마쓰다와 16억 달러 규모의 상호출자로 미국 남부에 새 공장 건립 계획을 발표(2017.8)하고 스바루와 스포츠가 공동개발, 이스주, 히노와 트럭생산을 위해 지분을 취득했다. 소형차 생산으로 신흥국 시장에 대응하기 위해 스즈키와 업무제휴, 다이하쓰 자회사를 설립하기도 했다.

도요타는 전략적 제휴 외에도 R&D 및 신생벤처기업인 스타트 업에 대한 투자도 강화하고 있다. 미국뿐 아니라 일본 현지에서도 관련 정보기술(IT)인력 확보에 박차를 가해 규모의 경제와 경쟁의 질적 변화에 적극 대응하고 있다.

소비자의 운전방식을 이해하기 위해 미국 텍사스주 플라노에 데이터센터 설립을 골자로 한 인터넷과 모바일이 연결된 커넥티드카(connected car) 전략을 발표했다. 도요타는 2017년 1억 달러 규모의 AI벤처펀드 운용도 시작했고 자율주행차 상용화를 앞두고 일본의 실리콘벨리로 불리우는 일본철도(JR) 난부센(南武線) 지역에서 IT 인력을 채용하고 있다.

도요타는 30억 달러를 투자해 인공지능(AI) 등 자율주행 기술연구를 담당하는 자회사를 2018년 3월 도쿄에 설립했다. 2016년에 이미 미국에서는 도요타 리서치 인스티튜트(TRI)를 설립한 바 있다. 부품 자회사인 덴소, 아이신과 공동으로 '도요타 리서치 인스티튜트 어드밴스드 디벨롭먼트(TRIAD)를 설립해 300명 정도의 연구진으로 출발해 수년 내 해외 인재까지 포함해 1,000명까지 확대할 예정이다. 도요타는 단독 개발을 계속 진행하다가는 구글 등 정보기술(IT)거인과의 경쟁에 이기지 못한다는 위기감이 팽배해 있다. 구체적으로는 AI를 사용해 화상인식이나 고해상도 지도 자동생성 등 기술 등을 집중 개발해 2020년까지 자율주행차 판매를 목표로 하고 있다.

03 포드주의 생산방식과 일본식 생산방식의 차이점

1970년대 후반부터 주목받게 되는 일본식 생산방식은 효율적인 노동통제, 완성업체와 부품업체 간의 효율적인 관계인 결합생산의 효율화, ME혁명에 의한 컴퓨터 제어로 요약할 수 있다.

물론 ME혁명의 생산에의 적용은 일본뿐만 아니라 미국, 유럽 등 각국의 자본에 의해서도 시도되었지만 일본자본은 기존 생산방식과 ME혁명의 친화력을 바탕으로 빠르게 적응할 수 있었고 그 결과 자본 간 경쟁에서 우위를 점하게 되었다. 일본자본의 경쟁상의 우위는 1980년대 들어 일본자본의 생산방식이 전 세계적으로 확산되는 결과를 낳았다. 일본 다국적기업의 생산방식과 전통적 포드주의의 대량생산방식의 차이는 [표 8-1]과 같다.

[표 8-1] 포드주의 대량생산 방식과 일본식생산 방식의 차이

	포드주의 대량생산 방식	일본식생산 방식
특성	• 표준화된 제품의 대량생산 • 규모의 경제 • 대량소비시장	• 다품종소량(대량)생산 • 범위의 경제 • 세분화·민감한 소비시장
기업조직	• 구상과 실행의 분리	• 구상과 실행의 부분적 결합 • 참여적 경영
기술	• 표준화된 제품 • 전용기계 • 조립라인 생산	• 다양한 첨단제품 • 유연자동화(범용기계) • 조립라인 생산
노사관계	• 세분화된 직무(탈숙련화) • 기계의 흐름에 종속 • 단순반복적 고립노동 • 고임금·저동기 부여	• 직무의 통합(다능공화) • 직무순환·확충 • 자율적 집단작업·부분적 • 높은 작업의욕·연공서열

04 교토식 경영

부동산 버블 붕괴 후 잃어버린 10년(1991~2002) 동안의 불황속에서도 교토지역 첨단 IT기업들[19]은 지난 14년 동안 연평균 6.7%의 매출이익률을 기록하여 동종 타기업인 소위 도쿄식 경영 기업인 소니, 마쓰시다, 히타치, 도시바, 후지쓰, 미쓰비

19) 교세라, 무라타제작소, 일본전산, 호리바제작소, 옴론, 도세, 니치콘, 산코인터네셔날 연구소 등

시, NEC 등보다 훨씬 높았다.

고도 교토에는 도요타 자동차나 마쓰시다전기(2008.10.1 이후 Panasonic Corporation) 처럼 완제품을 만드는 제조업체가 없을 뿐 아니라 교토기업들은 일본의 전통적인 기업 간 거래방식인 계열기업도 아니다. 이처럼 시장이 없는 척박한 토양에서 창업 당시부터 해외시장을 개척하지 않으면 안된다는 배수진을 치고 적극적으로 기술경쟁력을 제고시키는 길만이 생존의 유일한 길이라는 것을 인식했다.

교토기업들은 열린 수평적 분업구조와 특화기술을 지향해 세계 기업들과 거래를 하고 자기 것에 대한 집요한 고집을 허용하고 있는 교토 특유의 지역적 특성 즉, 다양성을 존중하는 역사적 환경도 있다.

1933년 오사카에서 창업해 1945년 교토로 본사를 옮긴 옴론은 2001년 190억 엔 규모의 손실을 냈다. 창사 이후 첫 적자였다. 기술의 옴론으로 명성을 떨쳐서 온 터이라 충격이 컸으며 부품외에도 현금자동입출금기(ATM) 1위 메이커였다. 세계경기가 하락한 데다 정보기술 부문의 버블 붕괴에 따른 경영환경 악화로 매출과 영업이익률이 떨어진 측면이 없지 않았다. 불황에도 종신고용을 유지해온 전통 일본기업들과는 달리 경영진은 방만한 경영을 근본적인 문제로 지목하고 돌파구에 나섰다. 조기퇴직 우대제도 도입의 인력 구조조정과 국내 3개 생산 자회사와 3개 연구소를 폐쇄했다. 이러한 노력의 결과로 옴론은 2003 회계연도에 220억 엔, 2004 회계연도에 245억 엔의 흑자를 냈다.

옴론은 장애인 재활공장을 운영하는 등 인간중시의 기업이념을 가지고 있으며 사운을 걸고 개발한 기술도 남보다 앞섰다고 판단되는 기술이라면 숨기지 않고 홈페이지에 공개해 버리는 열린 사고를 가지고 있다. 옴론이 보유한 기술 경쟁력을 보여 주면 전략적 제휴를 요청하는 기업이 쇄도한다. 옴론은 이를 협동해서 창조한다는 의미의 협창(協創)마인드라고 하였다. 교토식 경영은 [표 8-2]와 같이 전통적 일본식경영인 도쿄식 기업경영과는 달리 카리스마 있는 오너의 독창적 경영, 무차입 경영, 특화기술을 바탕으로 한 높은 세계시장 점유율, 탈 대기업 계열인 수평분업구조, 기업·대학·정부의 클러스트 등의 특성이 있다.[20]

최근 한국의 중견기업들은 교토기업들을 방문해 벤치마킹의 노력이 활발하고 일본의 도요타, 마쓰시다, 히타치, 닛산, 소니 등 일본의 주류 경제를 이끌어 온 도

20) 한국경제(2006.3.22)

쿄식 기업들은 교토식 기업의 특성인 선택과 집중에 관심을 쏟고 있다. 히타치의 경우 종전에는 모든 것을 만든다는 것이 원칙이었지만 일부 사업에 손을 떼고 고속철도와 원자력발전소 등에 주력하기로 했으나 후쿠시마 원전 사고로 이마저도 어렵게 되었다. 전문경영인 체제의 도쿄식 기업들의 혁신과 변신이 어려운 근본적인 원인은 오너가 아니기 때문에 힘이 없고 연공서열, 평생고용 방식의 구조를 손대려다 보니 많은 저항을 받게 되었다.

교토식 경영의 저자 스에마쓰 지히로 교수는 한국의 대기업들은 도쿄식 기업이 아닌 교토식 기업에 가깝다고 했다. 그리고 향후 기업환경의 변화는 다수의 대기업과 중소기업이 오픈 소스·오픈 인터페이스를 통해 개방된 플랫폼에서 유연하게 파트너를 바꿀 것으로 예상하였다. 대기업들은 더 강한 중소기업을 찾고 더 뛰어난 인재를 찾게 된다는 것이다. 플랫폼(platform)의 역할을 누가 할 것인가 하는 것도 중요한 과제이다. 중국의 경우 정부가 플랫폼 역할을 하기도 한다.[21)]

[표 8-2] 일본식 경영과 교토식 경영

	일본식(도쿄식) 경영	교토식 경영
경영자 출신	현장 출신자 내부승진	기술자 출신 오너
사고방식	동질성요구, 전체주의적	다양성 존중
기업지배구조	법인자본주의	주주자본주의
사업구조	종합형, 다각화	전문·특화형
시장지향성	국내시장 → 세계시장	세계시장 + 국내시장
자금조달방식	간접금융(차입경영)	직접금융(무차입경영)
인사시스템	연공서열, 종신고용	성과주의, 유연한 고용
기업간 거래	계열중심 수직적 거래	개방형 수평적 거래

자료 : 삼성경제연구소(2006)

05 미·일 다국적기업의 전략적 제휴

1) 1980년대 일본 다국적기업의 우위

1980년대 일본 다국적 기업은 포드주의의 변형인 전통적 일본식 생산방식에 ME

21) 한국경제신문(2011.5.23) A16 발췌

혁명을 합리적으로 활용하여 포드주의의 단순한 확대를 추진한 미국 다국적기업에 비해 경쟁력에서 우위를 차지했다.

1980년대 다국적 자본의 경쟁에서 가장 두드러진 특징은 일본자본의 본격적인 등장과 함께 자본들 간의 전략적 제휴(strategic alliances)가 증대하고 있다는 점이다. 1979년경부터 미국 자동차 산업이 불황에 빠지고 미국 자동차 자본은 경쟁력 우위의 일본 자본과 제휴전략을 모색하기 시작하였다. 1983년 GM은 일본의 도요타 자동차와 50 : 50 합작으로 캘리포니아주 프리몬트시에 NUMMI[22]사를 설립하여 전략적 제휴를 통해 기존의 생산방식이 가지는 문제점을 극복하였다.

1980년대 다국적기업 활동의 또 다른 특징은 ME혁명의 결과로 서비스산업이 새롭게 부각되고 산업의 전통적인 경계가 사라지고 있다는 것이다. 제조업, 서비스 등에서 정보를 다루는데 있어 ME혁명의 결과를 받아들여 유연성, 품질, 협동을 강조하는 조직과 생산관리의 혁신이 현저하게 나타났다.

서비스업의 비중이 증가한 이유는 제조다국적기업이 해외에 서비스자회사를 설립하여 그들의 활동을 강화하고 내부화하기 시작했기 때문이다. 또 컴퓨터, 통신 등과는 직접적 관련이 없다고 할 수 있는 철강산업 등의 다국적기업도 이에 진출하는 등 전통적 산업분류가 무의미할 정도로 산업의 재편과 자본의 재편이 활발히 전개되었다. 그 밖에도 1980년대 후반부터 한국, 대만, 브라질 등을 중심으로 한 제3세계 다국적자본의 출현도 시작되었다.

2) 1990년대 미국 다국적기업의 우위

1985년은 일본이 미국을 제치고 세계 최대 최권국으로, 미국은 세계 최대 채무국으로 전락하였으며 역사적인 플라자합의(Plaza Accord)[23]가 성사된 한 해이었다. 그러나 기쁨도 잠시 1980년대 말부터 일본경제에 거품(bubble)이 빠지기 시작하면

22) NUMMI사는 GM브랜드인 폰티악과 소형차 모델인 바이브와 도요타의 소형차 코롤라를 생산해 왔다. 미·일자동차업계의 우호관계를 상징해 왔던 NUMMI사는 2009년 8월 GM과 도요타가 비용절감 차원에서 폐쇄를 동시에 발표하면서 2010년 3월 말부터 가동 중단 및 모든 직원의 정리해고가 결정되었다. 2010년 초부터 시작된 도요타의 리콜사태로 비난 여론을 무마하기 위하여 직원 4,500명에게 2억 5천만 달러의 넉넉한 해고 보상금을 지원했다.

23) 뉴욕 플라자호텔(1985.9.22)에서 G5재무장관회의를 통해 저달러 엔가치 절상에 합의 하였고 달러당 260엔의 환율은 1987년 말 122엔대로 급락하였다. 일본은 해외진출과 원가절감으로 엔고를 극복했지만 훗날 거품경제와 잃어버린 10년의 후유증에 시달리게 되었다.

서 1990년대 이후에도 정체 상태를 보이고 있다. 1980년대 욱일승천(旭日昇天)의 기세로 미국을 추월할 것 같았던 일본경제가 1990년대 들어 좌절과 퇴조를 거듭했다. 1991년 초 거품붕괴와 함께 시작된 복합불황에서 아직도 헤어나지 못하고 잃어버린 10년을 지나 20년에 이르고 있다.

원인은 일본이 성공의 함정에 빠졌다는 분석이다. 1990년대 들어 디지털경제와 글로벌마켓으로 상징되는 경제패러다임에 일본 다국적기업들이 적응하지 못했고 끊임없이 변화하는 환경에서는 약점이 많았다.[24]

1990년대 들어 디지털기술로 시장의 승자를 결정하는 게임의 법칙(rules of game)이 바뀌면서 역동성이 뛰어난 미국 다국적기업에 일본 다국적기업이 밀리게 된 것이다.

반면 1980년대 말부터 경쟁력을 서서히 회복하기 시작한 미국 다국적기업들은 1990년대 중반이후 국제경쟁력면에서 일본 다국적기업들을 완전히 압도하였다. 그 동안 생산성과 경영합리화를 중시한 미국 다국적기업들은 양적 성장을 중시한 일본 다국적기업들을 압도하면서 주도권을 가지게 되었다.

연공서열, 종신형 평생직장을 중시한 일본식 경영방식에 대한 비판이 일기 시작하였다. 소위 미국식 글로벌스탠더드에 대한 일본식경영의 반성이 일기 시작하였다. 1995년 WTO의 출범으로 국경 없는 글로벌기업의 인수·합병과 전략적 제휴의 규모가 더욱 심화되었고 21세기 접어들면서 영원한 승자와 패자가 없는 기업 간 전쟁이 지속되고 있다. [표 8-3]은 일본식경영과 글로벌스탠더드의 차이를 나타낸다.

[표 8-3] 일본식경영과 글로벌스탠더드의 차이

일본식경영	글로벌스탠더드
• 기업의 현재가치 중시 • 연공서열, 평생직장 • 종신형 생활보장 • 부동산 자산선호 • 종업원 마인드의 보수경영	• 기업의 미래가치 중시 • 서열파괴, 젊은층 선호 • 재취업 교육강화 • 사업수익성 강조 • 경영진 지분강화로 책임경영

24) 동아일보사, 『Dong-A Business Review』, Vol.52(2010.3.1)

06 린 스타트업

1) 개념

린 스타트업(Lean Statrup)이란 미국 실리콘밸리의 벤처기업가 에릭 릭스(Eric Ries)가 도요타 자동차의 낭비를 줄이고 생산성을 높이는 것을 핵심으로 한 린 제조방식(Lean Production System)을 벤처경영에 접목해 소개한 것이다. 짧은 시간 동안 제품을 만들고 성과를 측정해 다음 제품 개선에 반영하는 것을 반복해 성공 확률을 높이는 경영방법론이다.

린 스타트업은 극심한 불확실성의 상황 하에서 새로운 제품이나 서비스를 만들기 위해 디자인된 확장 가능하고 반복 가능한 임시 조직이다. 우선 시장에 대한 가정을 테스트하기 위해 빠른 프로토 타입(prototype)을 만들고 고객의 피드백을 받아 기존의 소프트웨어 엔지니어링 프랙티스보다 훨씬 빠르게 진화할 것을 주장한다.

핵심 철학은 고객과 시장이 가장 불확실한 요소이므로 최소한의 제품을 만들어 빠르게 시장에 검증하면서 PMF(Product Market Fit)를 찾아 가는 것이다. 6개월 이상 타당성만 검토하면서 시간낭비하지 말라는 것이다. 답은 시장에 있으므로 발로 뛰어서 시장에서 답을 찾는 것이 핵심이다.

2) 도입 배경

2011년 에릭 릭스의 저서가 출간된 후 실리콘밸리에서 큰 인기를 끌었고 미국에서는 휴렛패커드(HP), 인투이트(Intuit) 같은 글로벌 대기업이 린 스타트업 방법론을 도입해 화제가 되었다. 국내에서도 2013년부터 삼성전자, NHN(네이버 전신), 전자책 사업을 하는 리디북스, 아모레퍼시픽 등이 활용했다.

삼성전자는 국내 전 직원을 대상으로 혁신적인 아이디어를 공모하고 1차 사업성 분석을 거쳐 선정된 아이디어는 1년 간 창의력(creativity)연구소라는 의미의 자회사인 C랩(Lab)에서 실제 사업으로 이어지게 한다. 아이디어를 사업화하는 기간은 최대 1년으로 하고 시제품을 제품화하는 과정에서 실패는 용인된다. 몇 차례씩 만들어보고 결과물을 다듬어 그 과정을 신속하게 해야 한다. 삼성전자의 C랩은 2015년 9개를 시작으로 2017년 현재 25개를 분사(spin off)시켰다.[25)]

전자책 사업을 하는 벤처기업 리디북스는 린 스타트업 방식을 도입해 상당한 효과를 거두었다. 2주에 걸쳐 '스토리 홀릭'이란 응용프로그램 전자책 앱을 만들어 베스트셀러 소설을 무료로 읽을 수 있게 했다. 리디 북스는 매출액이 정체 상태에 있을 때 다음과 같은 가설을 세웠다. '사람들이 전자책을 읽지 않는 것은 스마트폰으로 책을 읽기 싫어해서가 아니라 읽을 만한 콘텐츠가 없어서이다'라는 것이었다.

과거 베스트셀러였지만 시간이 지나 거의 팔리지 않는 소설의 작가들과 협의해 무료로 제공 받고 소비자의 거부감을 고려해 로그인도 요구하지 않았다. 결과적으로 재사용률이 높아졌고 전자책 선호도도 높아졌다.

[표 8-4]는 리디북스의 만들기→측정→학습의 과정의 린스타트업 방식을 단계별로 나타낸 것이다.

[표 8-4] 리디북스의 린 스타트업 방식

단계	내용	단계	내용
① 과제	전자책 시장크기 늘리자	⑥ 학습	사용자는 대중서적을 로그인 없이 읽기 원한다는 가설유효
② 고객분석	고객불만 '읽을 책이 없다'	⑦ 새가설	스토리 홀릭 앱으로 전자책을 경험한 고객은 유로 책도 살 것이다.
③ 가설	회원 가입 필요없이 베스트셀러를 보여주면 사용자 증가할 것이다.	⑧ 만들기	스토리 홀릭에 리디북스 앱을 연결해 전자책 구입 유도
④ 만들기	무료로 베스트셀러를 보는 앱 '스토리 홀릭' 제작	⑨ 측정→학습 등을 반복함	
⑤ 측정	사용자 85%가 스토리 홀릭 재사용		

자료: 동아일보(2013.4.9)

25) 삼성전자의 C랩보다 더 파괴적인 시도를 하는 기업은 하이얼의 샤오웨이(매우 작다는 뜻)운동이다. 2013년부터 2년간 전체 직원의 30%를 해고 했는데 이들은 회사 내부에서 창업토록 했다. 200개 이상의 작은 회사가 탄생했고 연 매출 1억 위안 이상의 기업도 100여 개에 달한다.

3) 도요타 생산시스템과의 비교

린 스타트업은 가설을 세우고 시제품을 빨리 만든 후 시장에서 고객 반응을 측정해 교훈을 얻는 방법이다. 만들기 → 측정 → 학습의 과정을 반복하는 것이 도요타가 품질을 제고시키기 위해 생산과정에서 지속적으로 현장 엔지니어의 작업 개선을 독려하는 린(lean)제조방식과 유사하다. 린 스타트업은 이를 벤처기업 경영에 도입한 것으로 [표 8-5]와 같이 비교된다.

[표 8-5] 도요타 생산시스템과 린 스타트업 비교

도요타 생산시스템(린)		린 스타트업	
가이젠 (改善)	현장 근로자가 직접 개선에 참여해 반복 개선	만들기 → 측정 → 학습	작은 창업기업이 직접 시제품 제조해 작업개선
간판 (看板)	전공정 완성 뒤 후공정으로 넘겨 생산 문제 파악	스플릿테스트	한 요소만 다른 동일한 제품을 2개 만들어 비교해 문제 파악
안돈 (行灯)	생산에 문제가 발생시 종업원이 라인을 멈추어 큰 오류를 방지함	지속적 배포	제품에 문제 발생시 하루에도 수차례 팀원들이 추가변경을 중단하고 수정본을 배포함

자료: 동아일보(2013.4.9)

토 의 자 료

통제불능 현대차 노조
방치하면 10년 내 심각한 사태 발생할 것

현대차는 한국 제조업의 중심이다. 삼성전자도 제조업이지만 협력업체 등 연관효과를 포함하면 제조업에서 현대차가 차지하는 비중이 훨씬 크다. 생산라인은 노조가 쥐고 시간당 생산량까지 노조가 결정하고 있다. 노조 대 관리직의 결정권한 비율이 9대 1이라고 했는데 사실은 그 이상이다.

생산성은 세계에서 가장 낮은데 노조의 장악력은 가장 크다. 노동강도와 생산성을 좌우하는 편성효율을 보면 해외공장이 모두 90%인데 울산공장은 약 60%에 그친다. 해외공장에서 송금해 온 이익금을 더해 울산공장이 높은 임금을 받고 있는 실정이다. 한 마디로 그건 편취한 임금이며 노동의 정당한 대가가 아니다.

생산직 사원들이 자신의 고액연봉을 부정하는 이유는 기본급 외에는 월급이 아니

라고 생각하기 때문이다. 예를 들면 50대 중반의 한 노동자는 연간 세전 소득이 약 4,800만 원, 성과급과 각종 수당 및 학자금이 2,000~3,000만 원, 특근수당이 2,000만 원 정도 된다. 그런데도 기본급만 연봉으로 치려고 한다. 2015년 통계에 의하면 임금 근로자 1,000만 명 중 절반이 월 200만 원 이하를 받고 있는데도 자신들은 고액 연봉자가 아니라고 주장한다.

10년 안에 심각한 사태가 생길 수도 있다. 전기차, 자율주행차가 상용화돼 생산량의 20% 정도를 차지하면 공장을 많이 바꾸어야 한다. 엔진공장부터 시작해 엄청난 구조조정이 불가피하다. 그러면 5년 안에 노조와 일대 전쟁이 벌어질 것이고 그게 어떤 식으로 해결되느냐에 따라 10년 안에 운명이 결정될 것이다. 잘못하면 한국 제조업의 20~30%가 무너진다.

노동자들이 2050년에 자신은 어떻게 될 것인지 상상해 보라. 현대차가 당대에 끝나버릴 수도 있다. 10년 앞도 내다보지 못하고 세상에 무슨 일이 벌어지고 있는지 외면한 채 이대로 가면 앞날을 장담할 수 없을 것이다.

자료: 인사이드 인터뷰(송호근 교수, 동아일보, 2017.5.20 발췌)

01 3차원(3D) 프린터 맞춤 생산방식[26)]

자동차생산방식이 진화하고 있다. 컨베이어벨트에서 부품을 조립하는 복잡한 생산방식에서 클릭과 3D 프린팅으로 이어지는 단순한 과정으로 변화를 시작한 것이다. 미국 로컬 모터스가 개발한 워싱턴 DC의 쇼핑객을 위한 무인 미니 전기버스 '올리'는 차체를 잇는 너트와 볼트도 없이 3D프린터로 플라스틱 소재 등을 출력해 제조한 것이다.

로컬모터스는 오픈소스 방식으로 맞춤형 주문생산을 한다. 신차를 개발하고 생산설비를 구축한 뒤 대량생산하는 기존 방식과 전혀 다른 제조법이다. 차량 디자인은 홈페이지를 통해 공모한 뒤 온라인 투표로 선정한다. 디자인 소스가 공개돼 있어 파일을 내려 받아 소비자가 스스로 수정할 수도 있다. 3D프린팅은 출력을 위한 파일만 수정하면 되므로 생산을 위한 시간과 비용이 크게 줄어 든다. 로컬모터스가 3D프린터로 전기자동차를 생산하는데 걸리는 시간은 불과 44시간이다. 생산방식은 클라우드 소싱을 통한 자동차 디자인공모 → 온라인에서 최종 디자인 선정

26) 한국경제(2016.9.23), A14 발췌

→3D포인트 모형출력, 부품은 BMW · 포드 등 자동차업체 제품 활용→초소형 공장에서 자동차 조립→온라인 판매이다.

주문에 맞춰 생산하기 때문에 재고도 없고 공장이 클 필요도 없으며 가동중인 미국내 3개 공장 직원들을 합쳐도 100명이 채 안된다. 로컬 모터스는 10년 내 세계 200곳에 소형 공장을 세울 계획이다. 한국의 울산과 제주에도 공장 설립을 추진 중이다.

자동차 소재도 변화해 세계적으로 강하되고 있는 연비 규제에 대비해 차량무게를 알루미늄으로 대체하고 있다. 알루미늄이 철강을 완전히 대체할 수는 없지만 알루미늄 적용비율을 2025년까지 차체는 18%, 루프는 30%, 도어는 46%, 후드는 85%를 목표로 하고 있다.

토의자료

시동 건 머스크 교통혁명 – 뉴욕-워싱턴 30분에 주파

영국 일간지 가디언은 일런 머스크 테슬라 회장이 벌이고 있는 여러 사업에 '일런 머스크의 몽상(dream ideas)'이라는 수식어를 붙여오고 있다.

머스크 회장은 전기자동차 제조회사 테슬라의 창업자이자 최고경영자(CEO)이다. 전자결제 서비스업체 페이팔의 전신인 X닷컴에서 우주 탐사기업 스페이스X, 태양광 업체인 솔라시티, 인공지능(AI)기술개발회사 오픈 AI까지 47세 머스크 회장은 지금도 창업 중이다.

머스크의 이런 몽상이 현실로 한 걸음 다가갔다. 최근 워싱턴포스트(WP)는 더보링 컴퍼니가 미국 워싱턴 DC교통국으로부터 터널 굴착을 위한 예비허가를 받았다고 보도했다. 보링 컴퍼니는 머스크 회장이 2016년 창업한 회사이다. 이 기업이 뚫을 터널은 단순한 터널이 아니다. 보링 컴퍼니의 주력사업은 하이퍼루프(Hyperloop)다. 시속 1,100~1,200Km로 달리는 신개념 운송시설이다. 작동원리는 이렇다. 지하에 밀봉된 튜브 형태의 터널을 뚫는다. 그 안에서 자동차와 비슷하게 생겼지만 바퀴도, 엔진도 운전석도 없는 '포드(승객 이동설비)'가 오간다. 하이퍼루퍼의 기술은 진공청소기의 작동원리에서 따왔다. 빠른 바람을 타고 옮겨 다니는 물체가 먼지 · 쓰레기가 아닌 사람 · 자동차(포드)란 점만 다르다.

완공되면 비행기로 2시간 가까이 걸리는 뉴욕-워싱턴 이동 시간이 30분으로 줄어든다. 서울과 부산도 15분이면 주파가 가능하다.

하이퍼루프가 머스크의 구상대로 성공한다면 또 하나의 교통혁명이 가능하다. 버스 · 기차 · 비행기 중심의 교통망에 큰 변화를 가져올 수 있다. 한편 우려도 적지 않다. 흡입호스에 구멍이 뚫리면 청소기가 먹통이 되는 것과 같은 원리다. 더 큰 과제도 있다. 안정성이다. 터널은 지하에 건설된다. 포드는 외부의 압력에 견디기 위해 밀폐된 상태로 운반된다. 시속 1,200Km로 오갈 포드에 돌발상황이 발생시 안전성이 문제이다. 워싱턴 포스트도 "총알과 마찬가지인 경악할 만한 속도와(기술적 한계로) 터널을 건설하는데 걸릴 매우 오랜 시간"을 문제점으로 지적했다.

자료 : 중앙일보(2018.2.21) 경제 2면 발췌

제4절 공룡기업의 몰락과 부활

01 일본식·미국식 경영의 한계

1) 일본식 경영의 문제점

1980년대 미국식 경영보다 우위에 서며 각광 받던 일본식 경영에 대한 회의론이 일었다. 잃어버린 10년의 불황이 끝없이 이어지고 일본식 경영의 상징인 도요타의 리콜사태(2010), 일본항공(JAL)의 침몰 등을 보면서 일본식 경영이 더 이상 창의성과 다양성이 중시되는 21세기 글로벌 경쟁에서 적절하지 못하다는 지적이 쏟아졌다.

엄격한 위계질서를 중시하는 일본식 기업문화도 과거 대량생산체제에서는 최적의 모델이었지만 지속적인 변화와 혁신을 추진해야 하는 21세기 글로벌 경쟁에서는 유연하고 활력이 넘치는 기업풍토가 필요하다. 전통적으로 일본기업들은 개인보다 집단을 중시하는 문화적 전통으로 인해 부서 간 갈등이 표출되는 것을 매우 두려워하였다. 갈등을 없애기 위해 중간관리자들이 중심이 되어 조직 특유의 합의 문화를 바탕으로 집단의 역량을 극대화해 고도성장을 이루어 왔다. 그러나 글로벌 환경이 급변하면서 일본식 경영의 장점은 퇴색되고 일본기업이 내부합의에 치중하면서 외부 환경 변화에 적응하지 못하는 동안 한국이나 서구 경쟁기업들은 파괴적 혁신을 지속하면서 글로벌 시장을 잠식해 왔다.[27]

장기시장 점유율 목표, 폐쇄형시스템, 안정성 중시, ① 종업원 ② 고객 ③ 주주 순으로 중시하는 일본식 경영과 주주가치 향상을 위한 단기성과 중시, 투명성 강조, 높은 유연성 중시, ① 주주 ② 고객 ③ 종업원 순으로 중시하는 미국식 경영과는 차이가 있다.

2) 미국식 전략경영의 문제점

글로벌스탠더드(global standard) 소위 아메리칸 스탠더드는 자본주의 경제의 모범서로 받아들여지고 경영의 바이블로까지 여겨졌다. 하지만 기업문화가 다른 일본에서의 결과는 달랐다. 일본 3위의 증권업체인 닛코(Nikko)가 시티그룹과 제휴를 맺고 본격적으로 미국식경영을 도입했으나 몰락한 것은 좋은 예이다.

철저한 성과주의에만 집착하는 미국식 경영방식은 궁극적으로 고객의 가치가 아니라 내부의 가치 만족에만 몰두하게 만들었다. 성과급의 과다 수령을 위해 수익 증대를 보여주려고 부정회계를 서슴치 않았던 닛코는 정치인의 차명계좌 개설까지 적극적으로 협력하는 등 내부의 이익 추구만을 꾀하였다. 미국의 리먼브러더스(Lehman Brothers)와 엔론(Enron)처럼 닛코 역시 부정회계의 적발과 함께 몰락의 길을 걸었다.

CEO를 미국식 전략경영을 주도하는 외국인으로 내세운 소니(Sony)와 닛산(Nissan)의 경우도 글로벌스탠더드의 도입은 성공하지 못했다. 이질적인 경영문화의 차이를 인식한 일본기업은 자신들의 문화로 유턴하기 시작했다.

GM의 파산이나 2008년 미국발 금융위기 재앙의 소식은 미국식 전략경영이란 것이 더 이상 글로벌스탠더드가 아니라는 것을 보여주었다. 월스트리트 금융가의 도적적 해이(moral hazard)까지 합해진 시장자율을 중시한 신자유주의는 전 세계적으로 반성이 일고 있다.

완벽에 가까운 품질경영과 혁신의 기법인 6시그마(six sigma)의 원조였던 모토로라(Motorola)는 오히려 경영 성과가 더 악화되어 2011년 구글에 인수·합병되고 2016년 1월에는 모토로라의 휴대폰 브랜드는 역사 속으로 사라졌다. 한때 6시그마 운동을 기업 선진화와 미래경영의 교본으로 받아들였던 국내 기업들도 역시 새로운 길을 모색하고 있다.

02 공룡기업의 몰락과 변화

공룡은 기온이 높고 기후변화가 크지 않으며 초목이 우거졌던 약 1억 년전 중생대에 번성했으나 기후변화에 적응하지 못하고 결국 지구상에서 사라졌다.

27) 동아일보사, 『Dong-A Business Review』, Vol. 52(2010.3.1)

만들기만 하면 팔리고 한번 정상에 오르면 영원히 자리를 유지할 것이라고 믿는 기업들은 소비자의 진화에도 불과하고 여전히 공룡의 모습을 유지하려고 했다. 기업 환경의 변화를 깨닫지 못한 기업은 한 순간에 도태될 수밖에 없다. 130년이 넘는 역사를 가진 아날로그 시대의 코닥(Kodak)은 분명 지존의 자리에 있었지만 미국법원에 파산보호신청을 하기에 이르렀다(2012.1). 심지어 최초로 디지털 카메라의 원천기술(1975)을 가지고 있었음에도 상용화하지 않았고 성공에 도취한 나머지 변화의 흐름을 읽지 못하고 그 자리에 머물러 있다가 언젠가 정신을 차리고 시장을 직시했을 때에는 이미 아날로그 필름 시장 자체의 종말을 목도했어야만 했다.

미국의 자동차 빅3인 GM, 포드, 크라이슬러도 휘청하다 못해 파산신고까지 할 지경에 이르자 2008년 GM이 도요타에게 1위의 자리를 빼앗기는 수모를 당했다. 그나마 2010년 초 도요타의 대규모 리콜사태로 미국 자동차회사들이 반사이익을 얻기도 했다.

지난 20년 동안 세계 휴대전화 제왕으로 군림하고 2008년까지 휴대폰 세계 시장 점유율 40%를 상회하던 노키아(Nokia)가 2011년 15년 만에 적자를 기록하는 위기에 처했다. 노키아는 핀란드 경제의 25%를 차지하여 노키아의 핀란드라는 말까지 있을 정도이다. 노키아는 2011년 스마트폰 시장에서 애플과 삼성에 1위와 2위 자리를 각각 내주고 3위로 추락했고 휴대전화 사업부가 마이크로소프트사(MS)에 매각(2014.4)되었다.

애플(Apple)의 아이폰과 구글의 안드로이드가 스마트폰 시장의 주도권을 잡아갈 때 노키아는 자신의 제품이 시장표준이라며 자체 운영체제(OS) 심비안을 고수했다. 이러한 자만심에 빠져 애플의 아이폰에 적극적으로 대응하지 못한 것이 몰락의 가장 큰 원인이 되었으며 신용은 거의 투기등급으로 강등되었다. 글로벌 대기업의 위기는 노키아뿐만 아니라 샤프(Sharp), 도시바(Toshiba)[28], 소니(Sony), 후지필름(Fujifilm)[29], 닌텐도(Nintendo), 마이크로 소프트사(MS) 등 다양하다.

---

28) 도시바는 회계부정, 파벌주의, 연공서열 기반 수직형 조직, 지나친 정부의존, GE기술을 순전히 모방하고 상품화하는데 주력한 것이 몰락의 원인이었다.

29) 글로벌 필름시장의 3대 강자였던 독일 아그파는 2005년, 코닥은 2012년 초에 파산했다. 후지필름도 2000년 절정을 이루었다가 디지털 카메라의 등장으로 필름 카메라 시장 규모가 12분의 1까지 줄어들어 위기를 맞이했다. 2003년 고모리 시게타카 사장이 취임해 강도 높은 구조조정과 창의적 혁신을 단행했다. 후지는 기존기술 및 새로운 기술로 기존시장 또는 새로운 시장에 적용할 4분면 분석을 했다. LCD TV에 투입되는 편광판 색상 조절 TAC 필름에 투

세계 최대 규모 전자기기 제조업체 폭스콘(Foxconn: 대만 홍하이정밀공업 자회사)은 일본 샤프(Sharp)를 편입(2016.3)시키고 2016년 12월 마이크로소프트사(MS)의 모바일 사업부를 사들였다.

1987년 최초로 낸드(NAND) 플래시 메모리를 개발했던 도시바의 반도체는 SK 하이닉스가 포함된 한·미·일 연합이 인수를 확정(2017.9)했으나 중국 정부의 반독점심사로 지연되고 있다. 글로벌 대기업의 빈번한 몰락의 원인은 글로벌경제의 불확실성과 상호의존성의 심화, 지나치게 급속한 기술혁신, 표준화된 기술의 불분명한 방향성, 제품수명의 초단기성 등이라고 할 수 있다. 기업세계에서 영원한 일등은 없고 실제로 1~2년 후 잠재적인 경쟁자가 누가 될지 아무도 모른다. 경쟁력의 원천이 급격히 변동하는 것도 글로벌 대기업의 붕괴를 부추기고 있다. 제조업 중심의 산업사회에서는 기술이 가장 확실한 경쟁력의 기반이었다. 그러나 지금은 경쟁력의 원천이 오히려 시스템과 문화에서 비롯되는 경우가 많다. 라이프스타일을 바꾸는 새로운 문화의 창조자가 시장을 선도하고 경쟁력도 확보하는 패러다임이 등장했다. 애플의 아이폰은 시장점유율이 4%에 불과한데 전체 수익의 40% 이상을 가져가고 있다. 휴대전화를 새로운 문화의 창조물로 변환시킨 결과이다. 일등기업은 항상 새로운 삶의 양식을 선도하며 기존의 패러다임을 완전히 바꾸어 놓고 있다. 이 과정에서 오랜 전통에 갇혀 변화를 간과한 거대기업의 몰락이 되풀이되고 있는 셈이다.[30]

03 창조경영의 사례

1) 닌텐도의 진화

대량생산과 대형화를 지향하던 미국의 자동차 산업은 미국의 경영방식을 상징적으로 보여 주었다. 풍부한 내수시장 덕분에 제품을 만들기만 하면 저절로 팔리던 그 시절 포드자동차의 컨베이어벨트 방식의 대량생산 시스템은 대량생산, 대량판매, 대량소비시대 성공의 아이콘으로 여겨질 정도이었다. 그러나 1980년대 일본의 제품이 경쟁력을 갖추게 되자 작지만 튼튼한 일본 제품은 생활용품에서부터 자동차, 전자제품까지 전 영역에서 시장을 장악하면서 기존의 미국기업들은 단순한

자하여 세계 3분의 2 시장점유율을 차지하고 있다. 또 필름의 원료인 콜라겐을 이용해 노화방지 화장품 시장진출과 도야마화학을 인수해 의약품 시장에도 진출했다.

30) 정갑영, '글로벌 대기업의 몰락이 주는 교훈', 동아일보 오피니언(2011.6.17).

위기를 넘어 줄줄이 도산까지 하는 지경에 이르렀다. 그 동안 천적이 없어 세상을 호령하던 공룡이 작은 포유류의 공격에 속수무책으로 당할 수밖에 없었다.

기존의 체질을 뜯어 고쳐야만 생존경쟁에서 이길 수 있다는 전략적인 판단 아래 정부, 기업, 학계할 것 없이 제도와 더불어 새로운 경영기법인 6시그마(six sigma), 균형성과표(BSC; Balanced Scorecard), 기업자원관리(ERP; Enterprise Resource Planning)와 같은 경영기법을 적극적으로 도입하여 반격을 하였고 다시 경쟁력을 회복하기 시작하였다. 대량생산에만 치중하던 경영전략을 버리고 품질관리와 프로세스 중심의 경영으로 진화한 미국기업들은 1990년대가 되자 전략경영(strategic management)을 통해 세계시장을 지배하고자 했다. 이처럼 일본기업을 압도하고 미국기업이 다시 호령할 때 한국과 일본은 미국식 전략경영의 도입을 주저하지 않았다.

한 시대를 풍미했던 전략경영은 데이터 중심의 논리적 사고와 사고의 결과물이라서 공식과 법칙이 통하지 않는 변수 앞에서는 위기를 맞게 된다. 전략경영의 버블이 꺼지자 이제 시장은 또 다시 진화를 요구하고 있다. [그림 8-1]에서 보는 바와 같이 생산방식에서 품질개선으로 다시 창조경영(creative management)으로 변화하고 있다. 시스템 위주의 전략경영에서 시장이 원하는 새로운 가치를 창조해 내는 창조경영으로 진화를 요구하고 있다.

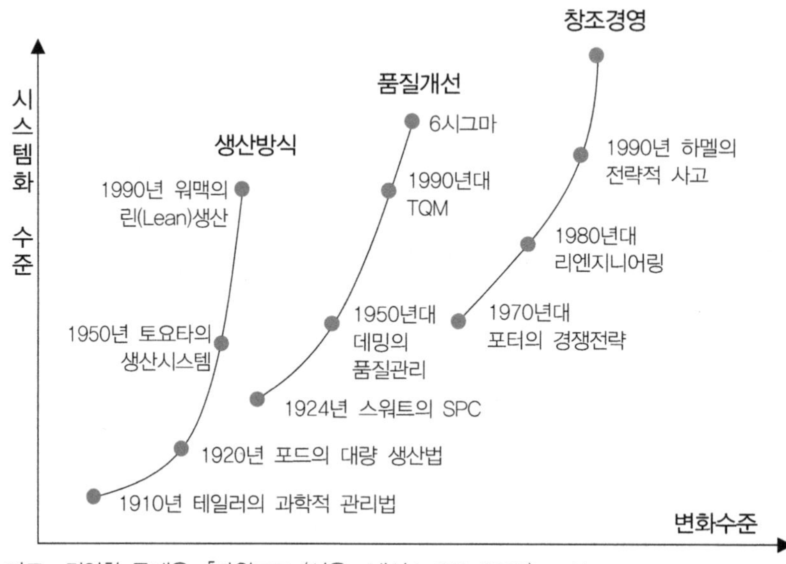

자료 : 김영한·류재운, 「다윈코드」(서울 : 넥서스 BIZ, 2009), p.44.

[그림 8-1] 창조적 경영

창조경영의 훌륭한 롤 모델(role model)은 일본의 닌텐도(Nintendo)이었다. 화투 회사로 시작한 닌텐도는 고비때 마다 새로운 가치를 들고 나와 시장을 평정하였다. 백 여년 역사에서 닌텐도가 경험한 변화는 현대 자본주의의 온갖 부침을 겪은 것과 다름없다. 휴대용 전자계산기를 보고 휴대용 게임기의 아이디어를 얻은 것이나 모든 게임업체가 기술의 완벽성만을 추구하고 있을 때 고객의 새로운 가치를 발견하는 것에 주목한 것까지 닌텐도는 항상 남들이 생각하지 못한 창의적인 생각으로 기업을 이끌어 왔다.

닌텐도의 역발상과 창조경영은 기존의 경영방식으로 해석하기에는 무리가 있으며 기존의 경영방식에서 벗어나 새로운 패러다임을 창조하고 있다고 할 수 있다. 닌텐도의 성공을 보면 거창한 경영이론의 잣대가 아니라 때로는 야생의 직감으로 새로운 먹이를 찾는 본능으로 위기를 극복하고 게임시장을 평정하였다.

2) 닌텐도의 위기와 부활 노력

2008년 글로벌 금융위기 상황에서도 세계 비디오게임 시장의 최강자 닌텐도는 5,500억 엔이 넘는 사상 최대 실적을 올렸지만 2010년 회계연도 닌텐도의 순이익은 2009년 대비 3분의 2로 감소하였고 영업이익은 반 토막이 났다. 1947년 창사 이래 최대 위기를 맞았다. 2011년 들어 닌텐도는 최악의 실적 부진에 빠졌다. 닌텐도의 2011년 2분기 실적은 매출 939억 엔에 영업적자 377억 엔이다. 매출은 1년 전보다 반 토막이 났다. 영업적자는 분기 결산 사상 처음 겪는 수모이었다.

닌텐도의 추락은 글로벌 게임 시장에서 스마트 시대의 도래를 간파하지 못한 점에 있다. 다시 말해 닌텐도는 애플이 자신의 경쟁상대가 될 수 있다는 생각은 전혀 하지 못했다. 스마트폰 등장 이후 급속히 늘어난 모바일 게임기가 DS 전용 게임기 시장을 잠식해 갔지만, 닌텐도 경영진은 이런 시장 트렌드에 제대로 대처하지 못했다.

결과는 참담했다. 스마트폰이나 태블릿PC의 앱스토어를 통해 게임을 즐기는 소비자가 많아지면서 닌텐도의 전용 게임기는 시장에서 외면을 받았다. 여기에 경쟁사인 소니와 마이크로소프트가 동작인식 게임을 내놓으면서 닌텐도 고유의 차별성마저 퇴색돼 버렸다.

2011년 신형 게임기 3DS의 야심찬 출시에도 불구하고 이렇다 할 성적을 기록하지 못했고 결국 40% 가격인하라는 칼을 빼들었지만 기대를 모으지 못했다. 아이폰과 소셜네트워킹(SNS)용 게임을 능가할 만한 게임 소프트웨어가 부족하다는 이유에서다. 게이머들이 아이폰, 아이패드와 페이스북 등을 통해 게임을 즐기면서 닌텐도를 등지고 있기 때문이다.

이와타 사토루 닌텐도 최고경영자는 닌텐도의 게임 소프트웨어는 자사 게임기용으로만 개발돼야 한다는 입장이었다. 닌텐도가 재도약하기 위해서는 현재 스마트폰이 대세인 시장에 닌텐도는 이전과는 완전히 다른 새로운 제품을 개발하거나 스마트폰에 적용할 수 있는 소프트웨어를 도입이 절실했다.

닌텐도는 소니, 마이트로스프트 등과 함께 세계 콘솔 게임 시장을 주도하고 있는 기업으로 위기와 극복을 반복했던 기업이다. 2016년 전 세계적인 열풍이 불었던 포켓몬고(Pocketmon Go)에 이어 2017년 3월 출시한 콘솔 게임기 스위치닌텐도의 인기에 힘입어 주가가 연일 상승 9년 만에 최고치를 기록해 소니의 시가총액에 거의 육박할 정도이다. 그동안 닌텐도는 강력한 지적재산권(IP)을 외부 개발사에 개방하지 않고 자체 게임 개발에만 사용해 왔다. 하지만 최근 캐릭터 IP를 외부에 적극적으로 개방하면서 미국 마블, DC코믹스와 같은 수퍼 IP기업으로 변모하면서 부활을 시도하고 있다.

3) 소니의 몰락과 부활 노력

소니(Sony)는 1946년 도쿄의 니혼바시 백화점에서 라디오 수리점으로 시작했으며 본래 사명은 도쿄통신공업주식회사였으나 1956년 사명을 소니로 변경했다. 소니는 전기 전자제품 제조업 회사에서 엔터테인먼트와 금융기업으로 확장을 한 상태로 세계에서 유일하게 영화, 애니메이션, 비디오게임 등 미디어와 하드웨어를 동시에 생산, 공급, 유통할 수 있는 기업이다.

1980년대까지 전자제품 이미지가 강했으나 소니 제품들끼리만 연동이 되는 폐쇄적인 소니의 태도, 미래기술의 판단 실패, 소니라는 이름만 믿고 덤빈 해외시장의 안일한 대처, 무리한 콘텐츠 산업의 투자 등으로 후발주자인 삼성과 LG에게까지 밀리면서 전자제품 제조업분야에서 암흑기를 걷게 된다.[31] 소니는 삼성에게

---

31) 소니는 성공 후의 기업문화 실종, 성과주의, 자회사의 포맷을 지키려는 지독한 고집정신, 효율적이지 못한 매출 지상주의 경영, 한 가지에 집중하지 못하고 컨텐츠 부문에 과도한 투자 정책들이 실패의 요인이었다. 결국 소니는 혁신의 이미지는 애플에, 기술의 이미지는 삼성에 빼앗겼다. 회사구조는 관료화되고 사내 파벌까지 일게 되었다.

TV와 가전제품을, 애플에게는 스마트폰 등의 주요시장을 잃었고 동일본 대지진 참사는 외국 소비시장에서 방사선 노출 제품이라는 신뢰도까지 떨어졌다.

소니는 1995년부터 심각한 부채상황에 놓이면서 2003년에는 소니 쇼크[32] 사태가 발생했다. 2006년 세계 TV 시장에서 삼성에 추월 당하고 2010년 LG전자에도 밀리면서 3위권으로 추락했다. 소니컴퓨터와 노트북 역시 고급화 특성화 전략으로 세계 노트북 시장에서 두각을 나타냈으나 애플의 맥북을 위시한 고급 노트북 시장의 트렌드를 따라가지 못하고 PC 사업부분을 전부 매각했다.

하지만 게임기 시장에서는 콘텐츠와 하드웨어의 적절한 결합의 성과인 플레이스테이션은 단독 1위를 고수했다. 세계 최초로 디지털 카메라를 개발한 코닥은 망했지만 세계최초로 디지털 카메라를 상용화시킨 소니는 카메라와 캠코더 및 방송장비부분은 전 세계 1위 업체의 위상을 이어가고 있다.

암흑기에 접어들던 소니는 2012년 평사원 출신 히라이 가즈오 CEO는 모노즈쿠리(장인정신)의 기술중시 경영철학을 강조하며 스마트폰, 게임기 시장과 이미지센서를 3대 핵심사업으로 결정했다. 그러나 삼성과 애플이 장악한 스마트폰 시장에 뛰어들었으나 처참한 실패를 경험하게 된다.[33] TV시장과 디지털카메라 사업도 점차적으로 하향곡선을 타고 있지만 소니는 2015년 10월을 기점으로 그동안의 적자상태에서 벗어나 흑자상태로 전환하면서 부활이 예사롭지 않다.[34]

2016년에는 10년 만에 다시 AI 로봇개발에 착수와 가상현실(VR) 사업을 성장 동력으로 삼으며 VR뮤직비디오, 안경 형태의 플레이스테이션 VR생산을 계획했다.

2017년 1.4분기 들어 세계 프레미엄 TV($1,500 이상) 시장에서 시장점유율(39.0%)로 삼성과 LG를 제치고 1위를 차지했다. 2018년 3월 결산에서 20년만의 최대 영업이익(7,348억 엔)을 기록했다. 소니는 어둠속에서도 사물을 분명히 인식하는 자동차 카메라용 첨단 이미지 센서 기술 개발에 힘입어 주가는 주당 4,000엔을 돌파하며 시가총액이 5조엔 대로 치솟았다. 이는 매출이 비슷한 미쓰비시·파나소닉의 시가총액 3조 엔대와 크게 대비된다.[35]

32) 소니 주가가 2003년 4월부터 3일 간 27% 하락해 시가 8,950억 엔(약 10조 원)이 공중분해되면서 일본 전체 전자산업이 쇠퇴를 맞이했다. http://codus10731.tistory.com/82 [codus]

33) 영업이익은 2011년 적자(673억 엔), 2012년 흑자(2,265억 엔), 2013년 흑자(265억 엔), 2014년(685억 엔), 2015년 흑자(2억 엔), 2016년 흑자(2,887억 엔), 2017년 예상 흑자(5,070억 엔)이다.

34) http://codus10731.tistory.com/82 [codus]

4) 애플의 창조적 경영

2011년에는 세계 첫 휴대전화를 만든 83년 전통의 모토로라가 불과 창업 13년차의 구글에 인수되고 세계 1위의 PC제조업체이자 실리콘벨리의 상징이라던 세계 최대의 PC 제조업체 휴렛페커드(HP)[36]가 PC사업을 분사하고 스마트폰 사업도 접었다. 이 모든 사건의 원인 제공은 애플 때문이었다. 시가총액 기준 500대 기업에서 10년 전 순위에도 들지 못했던 애플이 2011년(6월 말 기준) 3,104억 달러로 1위에 올랐다.

1976년 스티브 잡스(Steve Jobs)는 지분 45%를 가지며 애플을 공동 창업하였다. 1991년 최초의 노트북 파워북이 발매되어 노트북 시장 1위의 자리를 차지하게 된다. 1985년 이사회의 결정으로 매킨토시사업부에서 쫓겨난 스티브 잡스는 넥스트를 창업하였고 1995년 애플이 넥스트를 인수하면서 스티브 잡스는 애플의 특별고문 직위에 오르고 다시 임시 CEO가 된다. 1998년 돌풍적으로 아이맥이 발매되면서 3년간 적자에 허덕였던 애플이 3억 9천만 달러의 흑자기업으로 변신한다. 2000년 샌프란시스코에서 열린 맥월드에서 스티브 잡스는 정식 CEO로 취임하였고 2001년 MP3 플레이어 아이팟(iPod)을 발매하여 2010년 4월 기준 약 2억 6천만 개를 판매하였다. 2003년 아이튠스 뮤직 스토아가 시작되어 서비스 개시 7년만에 90억 곡을 판매할 정도로 인기가 있었다.

췌장암 수술로 한 달간 병가 후 복귀한 스티브 잡스는 2006년 애플 최초로 인텔 CPU를 채택한 맥북과 아이맥을 발매하고 기존의 파워맥, 아이북, 파워북 등의 브랜드를 중지시킨다. 2007년 애플이 휴대폰 시장에 진출하여 불과 2년 만에 3천만 개가 넘는 판매 돌풍을 일으키고 2008년 앱스토아 서비스를 시작하여 2년 만에 20만 개를 상회하는 프로그램이 등록되었고 50억 회의 다운로드를 기록하였다. 2009년 iPad1과 2011년 iPad2를 출시하면서 타 기업의 추종을 불허하면서 애플은 날개를 달게 되었다.

---

35) 소니 창업자 모리타 아키오는 구조조정 무용론을 주장했다. 하지만 소니는 1999년 이후 6번에 걸쳐 8만 명, 2008년 이후에도 10회에 결쳐 명퇴신청을 받아 직원을 정리했다. 소니 본사에는 '목자르는 방(캐리어 개발실)'이라는 비밀의 방이 있었다. 주간조선, '소니부활의 이면'(2015.6.28)

36) HP가 PC사업부문을 포기한 것은 구글과 같은 소프트웨어 전문기업과 직접 경쟁하는 대신 IT컨설팅 및 솔루션 판매에 집중하겠다는 의도였다.

2010년 5월 시가총액이 2,220억 달러를 기록하며 2,190억 달러의 마이크소프트사를 추월하였고 타블릿 컴퓨터 아이패드를 발매하여 80일만에 300만 대의 판매를 기록하였다. 2011년 8월 25일 스티브 잡스는 건강상의 이유로 사임하고 새 CEO로 팀 쿡(Tim Cook)이 취임하면서 애플은 새로운 국면을 맞이하게 되었다.

애플의 역사도 다른 기업들과 마찬가지로 수 차례의 침체와 도약을 반복하였으며 그때마다 애플이 재도약할 수 있었던 것은 소비자의 눈을 번떡이게 하는 매력적인 신제품이었다. 아이팟은 윈도우 사용자의 관심을 끌지 못하는 애플의 가장 큰 장애물을 제거해 주었고 아이폰(iPhone)은 누구도 추종할 수 없는 고유한 애플만의 영역을 확고히 해주었다.

스티브 잡스는 항상 기술(technology)뿐만 아니라 인문학(humanities)을 함께 강조하고 애플은 양자의 교차점에 있다고 한다. 기술과 인문학 두 가지를 융합한 것이 바로 애플의 창의적인 제품들이다. 애플의 제품들은 소비자가 욕망하는 니즈(needs)를 충족시키는 것이 아니라 니즈를 새로이 창출한다는 것이다. 애플의 제품들은 "당신이 찾던 제품은 바로 이것이다"라고 단언하여 소비자의 욕구를 일깨우는 것과 같다. 이러한 혜안은 바로 애플이 인문학을 중시하기 때문이다. 또 혁신은 단순한 이노베이션이 아니라 궁극적으로 어떻게 해야 고객이 성공하도록 도와줄 수 있을까?라는 질문에 답을 발견하는 것이라고 한다. 다시 말해 혁신의 최종목표는 고객을 행복하게 하는 것이다. 이에 비해 다른 기업들은 자신들의 꿈과 이상을 추구하기보다는 시장조사와 그룹조사를 통해 제품을 만든다.[37)]

병가로 물러났던 창의적 천재 스티브 잡스가 사망(2011.10.5)함에 따라 애플의 질주가 밝은 미래만 보장하는 것은 아니다. 대대적인 특허전쟁을 벌이면서 적과 동지의 관계를 동시에 유지해 왔던 삼성전자가 MS, 구글 등과 함께 연합전선을 펴고 반격을 시작함에 따라 반도체 시장 총성의 결과는 어떻게 결말이 날지 아무도 모른다. 하루가 다르게 새로운 상품과 비즈니스가 소비자 선택을 기다린다. 잠깐 한 눈을 팔거나 의사결정이 조금만 늦어도 혁신의 대열에서 멀어진다. 영원한 일

---

37) 스티브 잡스를 혁신의 대가로 만든 7가지 원칙이 있다. ① 좋아하는 일하라(Do what you love) ② 세상을 바꾸라(Put a dent in the universe) ③ 창의성을 일깨우라(Kick start your brain) ④ 제품이 아닌 꿈을 팔아라(Sell dreams, not products) ⑤ No라고 천번 말하라(Say no, to 1,000 things) ⑥ 최고 경험을 선사하라(Create insanely, great experiences) ⑦ 스토리텔링의 대가되어라(Master the Message Carmine Gallo), 「박세연 역, 스티브 잡스-무한혁신의 비밀」(서울: 비즈니스북, 2010).

등은 없다는 냉혹한 기업의 세계에서 애플 역시 언제까지 승자의 기쁨을 구가할지는 두고 볼 일이다.

2011년 팀 쿡이 애플 CEO로 취임한 이후 애플 매출은 계속해서 증가했고 시가총액에서도 엑손(Exxon Mobil)을 제치고 1위로 올라섰다. 스티브 잡스 때는 소극적이었던 투자자에 대한 수익 환원과 사회 공헌에도 적극적으로 대처하고 있다.

팀 쿡이 CEO로 애플을 이끌기 시작한 이후 지금까지 순탄하지 만은 않았다. 지도 서비스가 처음 나왔을 때만 해도 완성도가 떨어져 많은 비난을 받았고 아이패드 매출은 떨어지고 밴드 게이트나 FBI와의 대립 등과 같은 문제도 적지 않았다. 큰 매출과 이익에 가려져 주목받지는 않았지만, 팀 쿡의 애플은 실패를 하더라도 두려워하지 않았다. 팀 쿡은 직원들의 실패와 실수를 받아들이는 용기를 갖게 해주는 것이 자신의 가장 중요한 직무라고 생각했다. .

잡스가 어떤 제품을 혁신으로 도약시키는 스타일인 반면 팀 쿡은 큰 목표를 향해 조금씩 지속해서 혁신적 솔루션으로 성장시켜 나가는 타입이었다. 예컨대 애플 지도(iOS)가 처음에는 책임자를 경질할 만큼 완성도가 떨어지고 큰 혼란을 초래했다. 하지만 지속적 투자로 지금은 애플 플랫폼의 기둥이 되는 서비스로 성장시켰다. 팀 쿡의 애플을 보이지 않게 변화시켜왔다는 평가를 받고 있다.

오늘날 애플의 체험은 맥이나 아이폰 같은 기기에서 시작해 플랫폼으로 점차 확대되고 있다. PC, 스마트폰, 태블릿 등 다양한 장치가 클라우드와 서비스를 연계하는 역할을 하고 다시 타사 앱이나 서비스로까지 연결되는 형태로 발전하고 있다.

매킨토시 컴퓨터에서 출발해, 세계적으로 음악을 청취하는 방법을 변화시킨 아이팟에 이어 진정한 스마트폰의 출발이라고 할 수 있는 아이폰에 이르기까지 애플의 역사는 우리 삶을 송두리째 혁신의 역사로 전환시켰다. 애플은 휴대폰이라는 전자기기를 단순한 전화기에서 삶의 일부로 만들었고 기존의 글로벌 공룡기업들을 무참하게 무너뜨렸다. 애플은 과거 화려했던 혁신적 이미지만큼은 아니지만 아직도 글로벌 창조 혁신기업의 절대적 위치를 유지하고 있는 것만은 사실이다. 하지만 내일을 모르는 글로벌 기업들의 혁신 전쟁에서 애플이 언제까지 승승장구 할지는 두고 볼 일이다.

5) 한국의 글로벌 혁신기업 출현과 공정경쟁 생태환경

일본의 세계적 글로벌 기업들의 몰락과 부활은 한국 기업들에게도 반면교사가 될 것이다. 한국경제는 그동안 대기업 중심의 압축경제성장을 이룩해 왔고 10대 재벌이 한국 경제의 50% 이상의 과도한 비중을 차지하고 있다. 만약 한국 대기업들이 글로벌 경쟁에서 밀려나고 몰락한다면 일본과는 비교할 수 없을 정도의 국가경제에 심대한 타격이 올 것이다. 한국 대기업의 몰락 후 이를 뒷받침 해 줄 중견 플랫폼 기업이 없다는 점이다.

한국은 미국, 중국, 이스라엘 등의 국가처럼 창업 대기업의 출현이 왜어려울까. 젊은이들은 창업보다는 안정적인 공무원을 지향하고 사회는 창업을 통한 기업가 정신이 발휘되도록 충분한 인프라를 제공하지 못하고 있기 때문이다.

다양한 원인이 있겠지만 대기업과 중소기업의 양극화 생태환경 또한 지적하지 않을 수 없다. 대기업과 중소기업 간 임금격차 등 노동시장의 차별이 커서 혁신 중소기업은 불리한 환경에서 중견기업을 넘어 대기업으로 성공하기가 어렵다.

국내에서는 창업 혁신기업도 게임이나 화장품 등 기업과 소비자간 B2C시장에서 일부 성공을 거두고 있고 대기업과의 대등한 입장에서 즉 B2B 시장에서 경쟁에서 성공한 기업은 찾기가 힘들다.

이는 대기업들이 인건비 상승요인을 중소 벤처기업의 납품단가 하락으로 해결하고 중소기업의 기술탈취와 인력 빼가기, 일감 몰아주기 등의 악습으로 이어졌기 때문이다. 국내 대기업과 중소기업의 동반성장을 위한 경제민주화가 반드시 이루어져야 경제양극화를 해결할 수 있을 것이다.

벤처에서 중소기업, 중견기업으로의 육성이 시급하다. 정부도 2022년까지 월드챔프 1조 클럽 80개가 육성되고 중견기업 수는 5,500개로 목표로 하고 있다.

토 의 자 료

혁신 강박증에 기업 망칠뻔한 레고(Lego)의 교훈

요즘 직장인들은 퇴근 후 삶이 더 바쁘다. 유명 강의를 수소문해 찾아다니는 것도 모자라 이른 새벽에 독서 모임까지 참석하고 출근하는 이들도 있다. 그런데도 일부 직장인은 자신이 혼자 뒤처지고 있다는 불안감에 시달린다. 이른바 '자기계발 중독' 이다.

기업에서도 비슷한 증상이 나타나고 있다. 요즘 기업들은 변화하지 않으면 죽는다는 강박에 시달린다. 이른바 '혁신 중독'에 빠진 것이다. 기업들의 입장이 이해가 안 가는 것도 아니다. 4차 산업혁명 시대를 맞아 비즈니스 환경이 급변했다. 우버와 같은 스타트업이 갑자기 등장해 기존 운송 서비스업체들을 위협했듯, 예상치도 못한 경쟁자가 나타나 비즈니스의 판도를 한순간에 바꿔놓을 수 있다. 이제 1등 기업도 언제 사라질지 모르는 세상이 된 것이다.

그렇다고 혁신이 만병통치약이 될 수는 없다. 명확한 방향성 없이 맹목적으로 혁신을 시도하면 오히려 기업에 해가 될 수 있다. 1932년 덴마크에서 사업을 시작한 장수기업 레고가 대표적 예다. 레고는 1990년대 전자게임기가 등장하면서 위기를 겪었다. 레고에 대한 아이들의 관심이 시들해졌기 때문이다. 레고는 더 이상 주력 제품인 레고 블록만으로는 생존할 수 없을 것이라 판단했다. 서둘러 TV 프로그램과 영화, 각종 상품을 개발했다. 디즈니랜드를 본떠 만든 레고랜드도 이때 처음 등장했다.

하지만 고객들의 반응은 싸늘했다. 레고의 혁신 강박 때문에 '레고다움'이 사라졌기 때문이다. 레고는 다시 정신을 차리고 레고 고유 제품인 블록으로 돌아가 위기를 극복했다.

여기서 우리는 노자의 가르침을 되새겨 볼 수 있다. 노자는 '무위(無爲)'를 설파했다. 있는 그대로 세상을 바라보고 그 안에서 조화를 찾을 것을 강조한다. 혁신에도 이를 적용할 수 있다. 뭐라도 해야 할 것 같아서 목적 없이 쫓기듯 하는 혁신은 혁신이 아니다. 세상의 변화를 주체적으로 바라보고 그 안에서 무언가를 바꿔야 비로소 진정한 혁신이 이뤄진다.

자료: DBR 경영의 지혜(안병민 열리비즈랩 대표) 동아일보(2017.10.11) B5 인용

토 의 자 료

솔개경영

솔개는 최고 70세 가량의 수명을 누릴 수 있는 장수 조류이다. 이렇게 오래 살기를 원하면 약 40세에 매우 고통스럽고 중요한 결심을 해야 한다. 솔개는 40년을 살면 발톱이 노화해 사냥감을 낚아 챌 수 없고 부리도 길게 구부러져 가슴에 닿고, 깃털이 짙고 두껍게 자라 날기도 어렵다.

솔개는 두 가지 선택이 있다. 그대로 죽을 날을 기다리든지 고통스런 갱생과정을 수행하든지이다. 갱생의 길을 선택하면 솔개는 먼저 산 정상 부근으로 날아가 둥지를 틀고 부리로 바위를 쪼아 부리가 깨지고 빠져 새로운 부리가 돋아나게 한다. 새로 돋은 부리로 발톱과 날개의 깃털을 뽑아내 새로운 발톱과 깃털이 나도록 한다. 이렇

게 하는 데 약 6개월이 걸리고 새로운 모습으로 변신한 솔개는 30년의 수명을 더 누린다. 기업 역시 변화와 개혁이 필요하다.

자료: http://blog.naver.com

多國籍企業 倫理와 社會的責任

제1절 기업윤리의 배경

01 기업윤리의 개념

어학사전에는 윤리(ethics)는 '사람이 마땅히 지키거나 행해야 할 도리나 규범'이고 윤리학이란 '인간의 행위에 대한 도덕적인 가치판단과 규범을 연구하는 학문'이라고 나와 있다.

기업윤리란 '기업이 경영활동에서 지켜야 할 가치 기준 및 규범'이라고 할 수 있다. 최초 윤리학에서는 개인의 행복, 쾌락 등을 중심으로 한 개인의 윤리가 문제시되었고 점차 사회가 발전하면서 기업윤리가 부상하였다. 기업윤리는 기업의 경영활동에서 사용되는 가치, 기준 및 원칙이라고 정의할 수 있으며 체험에 근거한 사실적 요소뿐만 아니라 규범적 요소도 포함한다. 기업윤리는 정답이 없고 옳고 그름에 대한 판단을 위해 필요한 충분한 정보가 없으며 철학, 경제학, 경영학, 법학, 공공정책 등을 포함한 다양한 학문 분야들이 융합된 종합적 영역이다.[1)]

02 기업윤리의 딜레마

일찍이 조선의 다산 정약용은 [표 9-1]에서 보는 바와 같이 개인의 윤리적 행동에 대해 의(義)와 이(利)를 강조한 바 있다. 사람은 모름지기 어떤 행동을 할 때

1) 강보현, 「기업윤리」(서울: 도서출판 라온, 2015), p.12.

그 일이 윤리적으로 '옳으냐(義) 그리고 자신에게 이익(利)이 되느냐' 하는 두 가지 기준을 먼저 생각해야 한다고 했다. 첫 번째는 옳고 이익이 되는 경우로 마땅히 행동에 옮겨야 할 것이고 두 번째는 옳지도 않고 개인에게 이익도 되지 않는 경우로 당연히 하지 말아야 할 것이다. 문제는 옳지만 자신에게 이익이 되지 않는 경우와 옳지는 않지만 자신에게 이익이 되는 경우로 가장 선택하기 어려운 상황이다. 이 경우 다산은 개인에게 이익은 되지 않지만 옳지 않은 경우보다는 개인에게 이익이 되지 않더라도 옳은 일을 먼저 선택해야 한다고 도덕적 의(義)를 우선시 했다.

[표 9-1] 다산의 윤리기준

	의(義)	이(利)
1순위	○	○
2순위	○	×
3순위	×	○
4순위	×	×

기업의 경영자들은 윤리적 딜레마를 극복하기 위해 법규를 준수하고 내부적으로는 윤리부서를 두기도 한다. 기업은 최소한의 법적 기준을 지키는 것만으로 윤리적 책임을 다했다고 할 수는 없을 것이다. [그림 9-1]은 옳고 그릇됨을 쉽게 판단할 수 없는 윤리적 딜레마 상황에서 윤리성과 합법성을 축으로 하는 영역을 보여 준다. 모든 윤리적 딜레마는 4가지 영역 중에서 한 영역에 속한다.2)

A 영역은 비윤리적이고 불법적 영역으로 판단하기가 가장 쉬운 영역이다. 예컨대 2010년 교도소 출소 3개월 된 30대 남자가 다세대 주택 옥탑방에서 흘러 나오는 행복한 웃음소리가 자신의 기분을 상하게 한다는 이유로 끔찍한 묻지마 살인을 한 경우가 이에 해당한다고 하겠다. 기업의 경우 이익만을 고려해 해외 불법 마약단체와 거래를 한다면 이는 윤리적으로나 법적으로 책임을 면할 수 없을 것이다.

B 영역은 법적으로는 문제가 없지만 윤리적으로는 옳지 않은 영역이다. 다국적기업이 현지국에서 법규를 어기지는 않지만 윤리적으로 문제가 되는 영역으로 기

2) 강보현, 상게서, pp.15-17.

업으로서는 합법성과 윤리성 어디에 더 가치를 두어야 할 것인지에 대해 판단하기가 다소 어렵다고 하겠다. 예컨대 면화수확을 위해 아동노동을 강제하고 국민을 강제노동에 동원했던 현지 우크라이나 정부의 지원을 받았던 다국적기업은 법적으로는 직접적인 책임이 없겠지만 인권침해라는 국제사회의 비윤리적 여론의 화살은 피할 수 없을 것이다.[3)]

C 영역은 윤리적으로는 옳지만 법적으로는 옳지 않은 영역이다. 국내 민간단체와 기업들이 북한 주민들에게 대북 인도적 지원을 하는 것은 윤리적으로 옳지만 국제적 기준에 맞는 대북 인도적 지원 조건을 충족하지 못하여 북한인권법(2016)에 저촉되는 경우이다. 북한인권법은 대북 지원이 어떻게 이용되는 지에 대한 투명성 확보를 위한 모니터링을 강조하는 조항으로 국내 민간 단체들의 무분별한 지원을 지양하고 북한 주민들에게 실질적 도움을 주고 그들을 자립할 수 있는 방향으로 추진하자는 내용이다.

이 영역에 속하는 윤리적 딜레마는 4가지 영역들 중에서 판단하기가 가장 어렵다. 만약 국내 민간단체가 교류하고 있는 북한 측으로부터 아동용 의약품을 보내달라는 간절한 요청을 받는 경우 통일부가 투명성을 이유로 허가하지 않는 경우로 합법성과 윤리성 간의 고민에 빠질 것이다.

D 영역은 윤리적으로도 옳고 법적으로도 옳다. 홍수, 지진 등 천재지변으로 위난에 처한 어려운 사람들을 도와주는 것이 이 영역에 속한다.

미국의 캘리포니아 주에서 대형 산불이 발생 시 콜라회사가 제품 생산을 중단하고 생수를 제조해 무상 공급했던 경우도 그러하다. 이 영역에 속하는 윤리적 딜레마는 4가지 영역들 중에서 판단하기가 가장 쉽다. 윤리적으로도 옳고 법적으로도 옳다.

요약하면 위의 4가지 영역들 중에서 A와 D영역은 윤리적 딜레마 상황에서 크게 문제가 되지 않는다. 윤리적으로나 합법성 측면에서나 A영역은 옳지 않고 D영역은 옳다고 판단할 수가 있기 때문이다. 따라서 기업이 딜레마에 빠지는 영역은 언제나 B와 C의 영역이다.

---

3) 애플은 자사 스마트폰이 추운 환경이나 노후화된 배터리를 탑재한 구형 기기가 꺼지는 현상을 방지하기 위해 아이폰의 속도를 낮추었다고 밝혔다. 소비자들은 신제품 구매를 유도하기 위해 애플이 의도적으로 속도를 늦췄다고 주장하고 2017년 세계 각국에서 소송을 제기했다. 불법 여부는 재판에서 가려지겠지만 소비자들 주장대로라면 비윤리적 태도임에는 틀림없다.

합법적	B	D
불법적	A	C
	비윤리적	윤리적

자료: 강보현, 전게서, p.16.

[그림 9-1] 윤리적 딜레마

제2절 기업의 사회적 책임에 대한 시각

01 프리드먼의 자유시장주의적 시각

노벨 경제학 수상자인 밀턴 프리드먼(M. Friedman)은 기업의 사회적 책임이란 용어가 일반화되기 전인 1970년 논문에서 비즈니스의 사회적 책임(social responsibility of business)이란 용어를 최초로 사용하였다. 비즈니스(business)가 책임이 있다는 말에 대해 비판적인 견해를 가했다. 오직 자연인인 사람들만 책임이 있을 뿐이다. 자연인이 아닌 가공(artificial)의 성격을 지닌 기업(corporation) 즉, 가공의 법인이기에 그런 의미에서 가공의 책임이 있을 수는 있다. 그러나 비즈니스라는 말은 어떤 책임을 가질 수 있는 개념이 아니다. 그는 '비즈니스는 단순히 이윤만 추구하는 것이 아니라 바람직한 사회적 목적을 추구하는 것이며 비즈니스가 사회적 양심을 가지고 고용을 창출하고 차별을 철폐하며 환경오염을 줄이는 것'이라고 주장하는 자들을 맹비난 했다. 심지어 골수 사회주의 이념을 전파하고 다니는 자유세계의 근간을 암암리에 위협해 온 지적인 세력들이라고까지 혹평했다. 사회적 책임을 받아들인다는 것은 정치적 메카니즘을 인간생활에 적용시키는 것과 같으며 이것은 노골적 집단주의 즉 사회주의와 그 철학적 측면에서 다르지 않다고 했다.

이러한 주장은 자유세계에서 근본적으로 파괴적인 이념이며 비즈니스의 사회적 책임은 유일하게 오로지 하나라고 보았다. 다시 말해 기업이 개방된 자유경쟁 상태에서 속임수나 사기없이 공정한 룰을 지키면서 자신의 자원을 활용하여 수익을 극대화하는 것이라고 강조하였다.[4)]

프리드먼은 기업이 이익을 추구하는 것에 대해 어느 정도의 제약은 필요하다고 주장하기도 했다. 이는 기업이 사기나 기만을 하지 않고 정당하고 공정한 법과 윤리를 준수하여야 한다는 것을 의미한다.

프리드먼은 법이 허용하는 범위 내에서 기업의 경영자는 이익을 극대화할 사회적 책임이 있다고 하였다. 프리드먼은 주주의 부를 증대시키는 것을 우선시하며 기업의 사회적 책임을 협의의 개념인 최소책임(minimalist) 모형으로 보는 시각이라고 하겠다. 기업은 부의 창출을 위해 효율성에 초점을 맞추어야 하며 최적의 경제적 성과를 달성하는 것이 사회에 공헌하는 방법이라고 주장했다.

프리드먼은 뉴욕타임스(1970)의 기고문을 통해 기업의 사회적 책임 운운하는 지식인들을 사회주의를 선동하는 꼭두각시(puppies)라고 표현하기도 했다. 그러나 기업경영자의 책임이 아닌 순수한 개인으로서 인간의 사회적 책무에 대해서는 거부감을 나타내지 않았다.[5)] 프리드먼에 의하면 기업의 사회적 책임은 이익창출로 수많은 일자리를 창출하고 종업원들에게 기술을 전수하고 세수의 원천을 만드는 것이라고 보았다.

02 공리주의적 시각

공리주의(utilitarianism)란 19세기 이후 영국을 중심으로 발달한 윤리적 사상으로 양적 쾌락을 중시한 벤담(Jeremy Bentham), 질적 쾌락을 중시한 존 스튜어트 밀(J.S. Mill) 등이 대표적이다.[6)]

---

4) 이웅희 역, M. Friedman "The Social Responsibility of Business is to Increase its Profits", New York Times Magazine(September 13, 1970). 자유기업원 e-지식 시리즈 pp.16-76.

5) 김성택, 「NEW CSR 개인과 기업의 사회적 책임」(서울: 도서출판 청람, 2015), pp.400-401.

6) 벤담은 질적 쾌락은 모두 동일하고 양적 차이만 존재한다고 보고 쾌락의 총합이 최대가 되도록 해야 한다는 것이다. 반면 벤담의 수제자인 밀은 양적 차이뿐 아니라 질적 차이를 중시해야 한다는 것이다. 예컨대 '배부른 돼지보다 배고픈 인간이 되어라', '만족하는 바보가 되기보다 만족하지 못하는 소크라테스가 되어라' 등의 주장이 이에 속한다.

인간 행위의 윤리적 기초를 개인의 이익과 쾌락의 추구에 두고, 무엇이 이익인가를 결정하는 것은 개인의 행복이라고 하며, '도덕은 최대 다수의 최대 행복을 목적으로 한다'라고 주장한다. 이를 최대행복의 원리(Greatest Happiness Principle)라고 부른다.

이 사상은 근대 시민사회의 윤리적 기준이 되었을 뿐만 아니라 영국 고전경제학의 사상적 기초와 자본주의 질서 구축의 토대가 되었다. 그러나 공리주의의 제1원리인 개개인의 사익추구가 공익의 보장과 직결되는 것은 아니며 오히려 배치될 수도 있다는 점에서 비판을 받고 있다.

하바드대학의 마이클 샌델 교수는 「정의는 무엇인가」라는 저서에서 브레이크가 고장난 기차가 시속 100Km로 플랫폼을 향해 달려오고 있는데 진행 선로에 5명의 인부가 작업을 하고 있었다. 바로 옆 철로에 한 명의 작업자가 작업을 하고 있었다. 기관사는 진행 선로 방향으로 달려야 하느냐 아니면 선로를 변경해 피해가 적은 한 사람의 작업자가 있는 선로로 변경해야 하느냐는 문제를 제기한다. 공리주의 입장에서 본다면 희생자가 적은 한 명의 작업자가 있는 선로를 선택해야 하겠지만 윤리적으로는 결코 바람직하다고 할 수는 없다.

공리주의에 의하면 시장경제의 목표는 소비자와 생산자를 포함한 최대 다수의 최대 만족이다. 하지만 이것이 윤리적으로 바람직하다고 할 수는 없다. 예컨대 도시 공장이 많아지고 차량 증대로 교통사고가 증가하여 병원의 수입이 증가하고 공해를 유발하는 공장이 증가하여 제품 생산량이 증가하는 등과 같이 일국 국내총생산(GDP)은 증가하지만 국민의 건강과 복지라는 질적 측면과 윤리적으로는 바람직하지 않을 수도 있다.

03 이해관계자 중심 시각

경영자는 기업의 주인인 주주의 이익을 극대화 하는 것이 대리인으로서의 가장 우선적인 의무이기도 하다. 하지만 경영자는 주주의 이익과 기업의 이해관계자인 종업원, 소비자, 정부, 지역사회, 여러 사회단체 등의 이익과 상충 시에는 주주의 이익만을 고집하여 결정할 수는 없다. 따라서 경영자들은 다수 이해관계자들의 이익을 위해 균형적인 감각을 유지할 필요성이 있다.

이해관계자 중심 시각이 공리주의적 시각과 차이는 공리주의는 결과적으로 전체의 이익이 극대화되도록 의사결정이 이루어져야 한다. 반면 이해관계자 중심 시각은 개별 이해관계인들의 이익이 균형적으로 고려되어지도록 해야 한다는 점이다.

이해관계자 중심 시각은 이론적으로는 상당히 바람직하게 보이지만 현실적으로 이해관계자의 이해가 서로 배치되는 경우가 많아서 적용하는 데는 상당한 문제점이 있다. 예컨대 경영자가 국가 전체 산업 구조조정 차원에서 기업의 인수·합병을 찬성하였지만 개별 주주의 이익을 해치는 경우가 있을 것이다. 이 경우 개별 이해관계자들과 전체의 이익을 동시에 고려한다는 것은 불가능할 수도 있다.

04 록의 기업시민 활동 모형

록(R. Locke)의 기업시민 활동 모형은 [표 9-2]에서 보는 바와 같이 4가지 유형으로 분류하고 있다.7)

[표 9-2] 기업시민 활동모형

수혜자 \ 동기	수단적 동기	도덕적·윤리적 동기
주주	최소책임 모형	자선적 모형
이해관계자	포괄적 모형	사회운동가 모형

자료: Locke, R.M.(2002), Note on Corporate Citizenship, in a Global Economy, MIT Working paper IPC-02-008, August, p.3; 정재훈, 전게서, p.177 재인용.

최소책임모형(minimalist)은 프리드먼 모형이 대표적이며 비교적 전통적 개념에 가까운 것으로 '기업의 사회적 책임은 주주의 부를 증대시키는 것이라고 본다. 또 기업은 부의 창출을 위해 효율성에 초점을 맞추어야 하며 최적의 경제적 성과를 달성하는 것이 사회에 공헌하는 방법이라고 주장한다.

자선적 모형(philanthropic)에서는 주주의 부와 효율성의 최적화를 기업의 주된 관심사로 보고 도덕적 혹은 윤리적 동기에 의해서 개별관리자, 주주, 또는 회사가 자선활동에 참여하는 형태를 보인다.

---

7) 정재훈, 「CSR과 윤리경영」(서울: 북넷, 2016), pp.176-177.

포괄적(encompassing)모형에서는 경영은 주주뿐만 아니라 기업의 행위에 의해 영향을 받을 수 있는 피고용인, 소비자, 공급자, 지역사회 등 다수의 이해관계자에 대해서도 책임이 있다고 본다.

사회운동가(social activist)모형에서는 기업의 사회적 책임활동의 수혜자를 기업의 결정에 의해 직접적으로 영향을 받는 집단을 넘어서 사회 전체로 본다.

제3절 ISR과 CSR

01 개인의 사회적 책임(ISR)[8)]

1) 개념

개인의 사회적 책임(ISR: Individual/Personal Social Responsibility)은 인류 최초부터 부과된 도덕성에 기인한다고 할 수 있으며 기업의 사회적 책임(CSR)의 첫 출발점이며 근원적인 것이라고 할 수 있으며 불가분의 관계에 있다.

개인의 사회적 책임이란 자신의 가족, 친지, 영역을 포함하여 지역사회 전반에 끼치는 영향에 대한 책임을 말하며 세상에 대한 개인이 마땅히 실천해야 할 공헌이라고 할 수 있다. 자신의 책임을 다하며 타인의 권리를 존중하고 타인의 행복을 배려하는 것이다.

한편 자신이 속해 있는 지역사회에 대한 관심을 표현하고 지역의 문제를 해결하려는 노력과 활동의 실질적 참여라고 할 수 있다. ISR은 단순히 개인의 자선행위가 아니라 지역사회를 위해 실질적이고 유익한 영향을 미칠 수 있는 자발적 활동으로 반드시 정의, 윤리, 도덕적 가치관에 기반을 두어야 한다.

2) ISR의 중요성

CSR은 ISR 없이 수행될 수 없으며 CSR이 몸통이라면 ISR은 손과 발에 비유된다. 예컨대 기업이 탄소배출 제한 등의 환경규제법을 준수하려고 해도 정작 최고경영

---

8) 김성택, 전게서, passim. pp.356-372.

자의 개인의 윤리적 결단이나 실천적 행동이 뒷받침 되지 않는다면 아무런 의미가 없다.

최근 재벌총수 일가족들의 종업원에 대한 군림하는 갑질행위가 논란이 되었다. 나아가 재벌총수 가족들의 생활용품이 세관을 통과하지 않고 항공기로 불법 반입되기도 했다. 이는 기업의 CSR이 아무리 노력해도 비윤리적 ISR이 기업이미지에 얼마나 큰 타격을 주는지를 잘 보여준다.

때로는 정당한 ISR과 소속된 기업 문화가 충돌하여 조직이나 상사의 비윤리적이고 부도덕한 명령과 지시를 거부할 수 없는 경우도 있다. CSR과 ISR은 상호 보완적이며 아무리 좋은 CSR도 ISR이 바탕이 되지 않는다면 성과는 없게 된다.

하지만 CSR의 시대적 요구로 중요성은 강조되고 있지만 CSR 개념 속에 개인의 사회적 책임을 강조하는 연구는 크게 많지 않다. ISR은 글로벌 시민으로서 인류의 보편적 가치를 추구하고 구현할 수 있는 정신과 윤리 규범으로 글로벌 사회의 다양하고 복합적인 문제를 공동의 노력으로 해결해야 하는 시대적 요구이자 새로운 보편적 가치라고 할 수 있다.

3) ISR의 당위성

기업과 사회는 상호의존적이고 기업은 사회로부터 결코 분리될 수 없다. 기업은 노동의 수요자로 개인에게 일자리를 제공하고 개인은 노동의 공급자로 기업에게 노동을 제공하여 사회를 이루게 된다. ISR에서 언급하는 책임은 일반화된 사회적 책임을 의미한다고 하겠다. 개인의 행위에 대한 책임은 자발적, 의지적, 의도적인 행위에 한한다. 개인의 의지에 반하여 행해지는 행위에 대해서는 사회가 책임을 물을 수가 없다. 순수하게 자발적 의지에 따라서 행해지는 개인의 행위가 과연 있을 수 있는지에 대한 논란은 있다. 개인의 모든 행위는 그 이전에 발생했던 모든 원인과 행위에 의해 필연적으로 영향을 받을 수밖에 없다.

흔히들 기업은 사회적 또는 법적으로 모든 책임을 져야 하는 존재로 인식된다. 하지만 기업은 본인의 의지에 따라 자발적으로 행동하는 개인의 집합체이고 기업경영은 개인의 의도적 행위의 산물이다. 기업을 도덕적 공동체로 간주할 때 기업뿐 아니라 최고경영자, 관리자, 노동자 등도 기업의 행위에 대해 책임을 지게 되는 것이다. 그러므로 노동자나 경영자 등 기업 구성원이 기업의 경영방침에 의거 행동을 하였다고 하여 책임을 피할 수는 없다.

02 CSR

1) 정의[9)]

기업의 사회적 책임의 개념은 20세기 중반 미국의 학계와 기업가들을 중심으로 주창되기 시작했다. 1951년 미국 최대 석유회사 이사회 의장이었던 아브람스(F. Abrams)는 CSR은 "주주, 종업원, 고객, 그리고 일반 공중 간의 조화로운 균형"이라고 했다. [표 9-3]은 CSR의 기관별 정의를 보여주고 있다.

[표 9-3] CSR의 정의

구분	정의
유럽연합(EU) 집행위원회	기업들이 자발적 방식으로 사회·경제적 문제들을 자사의 기업활동 및 이해관계자들과의 상호작용에 통합시키는 개념
UNCTAD (유엔무역개발협의회)	기업들이 사회의 요구사항과 목표에 어떻게 대응하고 영향을 미치는가에 관한 것
ILO(국제노동기구) 이사회	법 준수를 뛰어 넘는 기업의 자발적이고 다양한 경제·사회·환경 이니셔티브
ILO 세계이사회	기업이 법적 의무를 뛰어 넘어 자발적으로 전개하는 이니셔티브이며 기업의 자사활동이 모든 이해관계자들에게 미치는 영향을 검토할 수 있는 방식
IOE (국제사용자기구)	법 준수를 뛰어 넘는 다양한 사회·경제·환경 분야에서의 자발적이고 긍정적인 활동
WBCSD (지속가능 개발 위한 세계기업협의회)	직원, 가족, 지역사회 및 사회전체와 협력해 지속가능한 개발에 기여하고 이들의 삶의 질을 향상시키고자 하는 기업의 의지

자료: 이형준 · 서영진(2004), 「기업의 사회적 책임이란 무엇인가」, 노동경제연구원, pp.19-20; 정재훈(2016), 전게서, p.173 재인용.

2) CSR 유사 개념[10)]

CSR의 유사용어로 기업시민의식(CC: corporate citizenship), 기업의 책임(CR: corporate

9) 정재훈, 전게서, pp.172-173.

10) 정재훈, 전게서, p.174.

responsibility), 조직의 사회적 책임(OSR: organizational social responsibility), 조직의 책임(OR: organizational responsibility), 사회적 책임(SR: social responsibility), 비즈니스의 사회적 책임(SRB: social responsibilities of business) 등이 있다.

기업시민의식(CC)은 기업을 하나의 개인시민으로 본 개념으로 기업은 권리와 책임을 동시에 지니며 그 책임은 사회 · 경제 분야를 뛰어 넘는다는 의미이나 이에 대한 반론도 있다. 기업의 책임(CR)에서 사회적(social)이란 단어를 사용하는 경우 기업의 책임은 사회문제들에 한정시키기 때문에 사회 · 환경 문제를 모두 포함시켜야 한다는 의미이다. OECD는 기업과 사회와의 공생관계를 성숙시키고 발전시키기 위해 기업이 취하는 행동이라고 하고 ICC(국제상업회의소)는 기업들이 책임 있는 방식으로 기업활동을 하고자 하는 자발적 의지라고 정의한다. 기업의 사회적 책임은 정부가 기업에 부과한 의무이며 경영층의 책임을 묻기 위한 기업지배 구조의 기본 틀을 의미한다.

조직의 사회적 책임(OSR), 조직의 책임(OR), 사회적 책임(SR)에서는 CSR을 기업만을 따로 떼어내 다른 조직들이나 정부들과 다르게 취급해서는 안 된다고 본다. 국제표준화기구(ISO) SR 자문그룹은 OSR이란 조직들이 경제 · 사회 · 환경 문제에 대처함에 있어서 사람, 지역공동체 및 사회에 혜택을 줄 수 있는 균형잡힌 접근방법이라고 하였다.

기업의 사회적 책임(SRB)이란 일부 노동조합을 중심으로 사용되며 그 구속성 여부에 관계없이 기업행동에 대한 사회의 정당한 기대감을 의미한다고 하였다.

3) CSR의 진화 개념[11)]

CSR은 다음과 같은 4기의 역사적 진화과정을 거치면서 발전해 오고 있다. 제1기는 1950~1960년대로 기업경영자는 공적 신탁자와 사회적 관리인(public trustees and social stewards)으로서 자발적이고 자선적으로 행동해야 한다. 제2기는 1960~1970년대에 해당하며 기업은 범위를 더욱 확장하여 다수의 사회적 요구에 대해 법적 요건의 준수 차원에서 반응한다. 제3기는 1980~1990년대로 기업은 사회적 계약을 통해 광범위한 이해관계자들과 지역사회를 지원하는 윤리적 기업문화를 개발할 것을 요구 받았다. 제4기는 1990~2000년대로 기업은 인류사회와 자연환경에 끼친

11) 정재훈, 전게서, p.173.

나쁜 영향을 제거하고 바로잡아 글로벌시민으로 거듭나야 한다고 보고 있다.

4) CSR의 단계[12)]

웨인 비서(W. Visser)는 CSR의 단계를 탐욕의 시대(방어적 단계) → 자선의 시대(자선적 단계) → 마케팅의 시대(홍보적 단계) → 경영의 시대(전략적 단계) → 책임의 시대(총체적 시스템적 단계)로 구분하였다.

탐욕의 시대는 방어적 CSR로 규정된다. 탐욕의 시대는 월스트리트(Wall Street)의 글로벌 금융시장을 중심으로 이루어져 왔는데 주로 규제되지 않은 금융시장과 경영진의 탐욕이 원인이 되었다.

회계부정의 탐욕으로 2001년 12월 파산한 미국 에너지 회사 엔론(Enron Corporation)과 2008년 9월 파산한 투자은행 리먼브러더스(Lehman Brothers)가 대표적이다. 여기에서 리먼브라더스 조차도 CSR활동을 하였는데 이를 탐욕의 시대에 방어적 CSR이라고 할 수 있다. 방어적 CSR에서 주요 이해관계자는 주주, 정부, 임직원 등이고 CSR의 운용 방법은 필요에 따라 개입한다.

리먼브러더스는 2007년 CSR연례보고서를 통해 '강력한 기업시민의식은 우리 문화의 핵심요소이다'라고 하였고 런던 이스트엔드(East End) 소재 중학교에서 10년 동안 멘토링 프로젝트를 진행한 공로를 인정 받아 CSR 어워드(Award)를 수상하기도 하였다.

자선의 시대에 있어서 자선적 CSR 단계에서 자선의 운용방법은 기부이며 주요 이해관계자는 공동체이다. 자선의 역사는 인류의 역사만큼이나 오래지만 기업의 자선은 19세기 철강왕 앤드류 카네기(Andrew Carnegie), 석유 부호 록펠러(J.D. Rockefeller), 투자의 귀재 워런 버핏(Warren Buffett), CNN 설립자 테드 터너(Ted Turnner), 월 스트리트 거물 투자자 조지 소로스(George Soros), 빌 게이츠(Bill Gates) 등이 있다.

여기서 자선은 '사회에 환원한다'는 개념이고 자선활동이 경쟁력과 연결될 수 있다고 보고 기업의 이미지를 제고하면서 자선을 PR이나 광고의 일환으로 활용하며 지역사회와의 유대를 강화하기도 한다.

마케팅의 시대에서 홍보적 CSR단계에서는 CSR을 강력한 마케팅 수단으로 보고

12) 정재훈, 전게서, passim. pp.184-196.

있다. CSR의 운용방법은 PR이며 미디어를 통한 일반대중을 주요 이해관계자로 보고 있다. 기업들은 지속가능 경영활동을 위해 브랜드의 신뢰와 평판을 원하고 이를 달성하기 위해 홍보적 CSR을 활용한다는 것이다.

하지만 홍보적 CSR 마케팅 이면에는 부정적인 측면도 없지 않다. 예컨대 담배회사 브리티시 아메리칸 토바코(BAT)는 흡연의 이미지를 불식시키기 위해 2001년 이후 40여개 지역에서 BAT지점들이 CSR보고서를 발간하고 UN환경프로그램, 영국공인회계사협회 등으로부터 사회책임 활동 관련상을 수상하기도 했다.

경영의 시대 전략적 CSR단계에서는 CSR활동을 기업의 핵심 비즈니스와 연결시킨다. 주로 CSR 규범준수와 사회적, 환경적 경영시스템 실천을 통해 이루어진다. CSR의 운용방법은 경영시스템을 이용하고 규범을 통해 주주, 비정부단체(NGO; Non-Government Organization), 민간사회단체(Civil Society Organization) 등의 이해관계자를 대상으로 한다. 1990년대 이후 제정된 각종 CSR규범에는 ISO 14001, OHSAS 18001, SA8000, 산림관리협의회(FSC), 공정무역 및 윤리공정이니셔티브 등이 있다.

전략적 CSR을 활용한 대표적 기업으로 코카콜라(Coca-Cola Company)가 있다. 2002년 인도 서남부의 케라라(Kerala)주의 플라시마다(Plachimada) 마을 주민들이 지하수를 고갈시키고 오염시킨다는 혐의로 코카콜라 보틀링(Bottling) 공장을 고소했고 지역정부는 2년 후 공장 폐쇄를 요구했다. 이후 코카콜라는 문제해결의 근본적인 전환을 시도하여 2007년 세계자연보호기금(WWF)의 세계 7대 강 보존사업에 2,000만 달러를 지원하고 1,000만 달러를 투자하여 코카콜라 인도재단을 설립했다. 이를 통해 4,000개 이상의 빗물수거 및 환원프로그램을 설치하고 1,000개 학교에 깨끗한 식수를 제공했다.

21세기 접어들면서 책임의 시대에 있어서 총체적, 시스템(system)적 CSR 단계에서는 비즈니스모델로 제품을 통해 고객과 규제자의 이해관계자를 대상으로 하는 CSR이 요구된다. CSR은 더 이상 기업의 경제적 성과를 창출하는데 필요한 도구가 아니고 기업경영의 본질적 과제로 다루어져야 하며 기업의 사회적 책임이라는 말보다는 기업의 책임이라는 용어가 더 절실하다고 주장한다. 여기서 총체적, 시스템적 CSR이란 일부 전략을 바꾸는 전략적 CSR을 넘어 전체적 접근방식을 활용하여 조직 전체에 영향을 주거나 사회 전체에 변화를 가하는 변혁적 CSR이라는 의미이다.

03 CSR과 CSV[13)]

사회가 2차 산업혁명의 기업에게는 재무적 투명성을 요구했다면 3차 산업혁명의 기업들에는 CSR[14)]을 요구했고 이에 기업들은 이미지 관리를 위해 사회공헌 전담 부서를 운영했다. 하지만 4차 산업혁명 시대에서는 기업들은 CSV를 통해 경제적 가치와 사회적 가치를 동시에 추구해야만 한다. 이는 기업이 더 이상 일방적 기부가 아닌 진실성 있게 사회적·환경적 가치를 추구하고 관리해야 소비자들로부터 존경을 받을 수 있다는 것을 의미한다.[15)]

CSR은 기업들로 하여금 '책임'이라는 용어의 부담이 있는 반면 CSV는 상대적으로 책임이 완화된 개념으로 기업들로 하여금 보다 선호되고 CSR보다 발전된 개념처럼 인식되고 있다. 물론 CSV는 이해관계자들과 공유가치를 찾아 공생의 영역을 나누는 것이 CSR의 중요한 역할의 일부분인 것은 틀림없지만 그렇다고 CSR을 완전히 대체할 수 있다고 볼 수는 없다.

전략적 CSR은 기업의 핵심사업과 연관된 다양한 사회적, 환경적 이슈를 해결하지만 결국 기업의 전략 혹은 핵심 비즈니스를 바꾸지 못한다는 것이다. 이는 전략적 CSR의 대표적 학자인 마이클 포터(M. Porter)가 주장하는 공유가치창출인 CSV (Creating Shared Value)가 있다.

[표 9-4]에서 보는 바와 같이 CSV는 기존의 CSR이 기업핵심 경영활동을 확정한 후 이를 기반으로 사회공헌활동을 부차적으로 기획하는 방식인데 비하여 기업이 핵심경영활동 기획단계부터 사회적 혜택을 고려하여 기획하고 경영하는 것을 의미한다. CSV의 핵심은 기업이 이윤을 창출한 후 사회공헌활동에 수익을 투입하는 것이 아니라 기업의 책임활동을 기업의 비즈니스와 연계하여 지역사회와 가치를 나누면서 기업의 수익도 동시에 창출한다는 점이다.

---

13) 정재훈, 전게서, pp.196-197.

14) 미국 노스캐롤라이나대, 듀크대, 캐나다 토론토대 연구진이 전 세계 27개국 2천여 개 기업을 대상으로 CSR이 투자수익률에 미치는 영향을 조사했다. 17년간(1999~2015) 미미한 수준이나마 긍정적 효과가 있는 것으로 나타났다. 동아일보(2018.4.13)

15) 형원준, "기업들, 글로벌 오픈 플랫폼 생태계에 조기 참여해야" KDI, 「지금은 4차 산업혁명 시대」(2017), pp.165-171.

[표 9-4] CSR과 CSV의 차이점

	CSR	CSV
공통점	준법행동과 윤리기준을 준수하고 폐해를 줄이려고 노력함	
가치	선행	투입비용 대비 높은 경제적 사회적 혜택
수행방식	시민의식에 기초. 자선 지속가능성 추구	기업과 공동체 모두를 위한 가치창출
의지	임의적 외부압력에 반응	경영전략에 통합
인식	이윤극대화와 무관	이윤극대화의 핵심활동
활동내용	외부 보고용 항목. 혹은 개인적 취향	내부개발 통한 기업특수성 반영
영향력	기업생태발자국이나 CSR 예산에 제약	기업전체 예산에 반영되어 영향력 큼
사례	공정무역 구매	구매방식의 변혁을 통한 품질개선과 산출량 증대

자료: M.E. Porter & M.R.Kramer(2011), "Creating Shared Value: How to Reinvest Capitalism and Unleash a Wave of Innovation and Growth", *Harvard Business Review*, 89(1–2), p.76; 정재훈(2016), 전게서, p.197 재인용.

04 공유가치창출(CSV)의 허실[16)]

마이클 포터(M. Porter)와 마크 크래이머(M. Kramer)가 제안한 CSV는 기업의 경쟁우위전략을 위한 기회(opportunity)에 중점을 두고 이윤극대화전략 내에서 사회적·환경적 가치를 통합하면 이룰 수 있다는 다소 비현실적이라는 비판을 받기도 한다.

마이클 포터는 CSV를 기존 경쟁우위전략에 CSR을 결합한 것으로 공정무역(fair trade) 커피를 사례로 든다. 가난한 커피 재배자와 부유한 커피 사업자가 공유가치를 찾아내기 위해 커피 재배방법을 개선하여 효율적이고 지속가능한 방법으로 수확량과 품질을 높여 농가소득을 올린다는 것이다.

문제는 현실적으로 용이하지 않다는 것이다. 포터와 크래이머도 CSV를 실현하기 위해서는 법과 윤리를 준수하고 기업활동을 전개하는데 불필요한 위험요소를 제거해야만 한다고 했다. CSV는 사회적 가치와 경제적 가치가 일치해야만 가능한데 현실적 비즈니스에서는 두 가치가 서로 상충되는 경우가 많다.

16) 김성택, 전게서, passim. pp.345-355.

CSV의 다른 사례로 취약계층 서민들의 자립을 돕는 소액대출 금융업인 방글라데시의 그라민은행[17]이 있다. 치타공대 경제학과 교수인 무하마드 유누스는 1973년 20여 달러로 고리대금업자의 횡포에 시달리던 빈민들에게 자신의 돈을 빌려 준 것이 마이크로 크레디트의 시작이었고 1983년 그라민은행을 설립하여 빈민들에게 담보없이 소액 대출을 제공해 빈곤퇴치에 기여한 공로로 2006년 노벨평화상을 수상하였다.

한편 멕시코에서는 그라민은행을 모델로 해 2000년 들어 영리기업(for profit)으로 변신하고 2006년 정식으로 설립된 그라민은행보다 높은 고수익을 올려 성공한 콤파타모스은행(Compartamos Banco)[18]이 있다.

콤파타모스의 공동 창업자 칼로스 다넬(Carlos Danel)은 '콤파타모스는 더 이상 자선 사업이 아니고 많은 사람들에게 금융서비스를 제공하여 사업기회를 제공하고 있다'라고 했다. 초기에 연 115% 고이자율로 CSV 미명하에 출발한 마이크로 금융이 상업 자본주의적으로 변신한 콤파타모스를 과연 성공적인 CSV사례라고 할 수 있을까. 자금을 빌리는 취약계층 서로 간에 부채를 책임지며 높은 이자에 원금을 상환하기도 힘든 모델인데도 콤파타모스 측은 자신들이 없었더라면 멕시코 빈곤계층의 금융환경은 더 악화되었을 것이라고 반박했다.

과도한 수익을 올리는 콤파타모스를 비난하는 그라민은행은 다소 낮은 이자율을 받는다고 해서 착하고 양심적이라고 할 수 있는가. 그렇다면 2008년 미국발 글로벌 금융위기의 주범인 서브프라임 모기지는 무주택자들에게 약간 높은 이자의 주택담보 대출로 집을 사도록 한 주택저당채권은 CSV성공사례라고 주장할 수는 없는가. 최근 한국에서도 고율의 대부업체들이 CSV개념이라는 광고를 하여 주목을 받고 있다.[19]

17) 그라민은 시골, 마을을 의미하는 방글라데시어임.

18) 콤파타모스는 '나누며 살자(Let's Share)' 의미임.

19) 주빌리은행(Jubilee Bank)은 2012년 미국 '롤링 주빌리(Rolling Jubilee)' 프로젝트 영향으로 설립되어 장기 연체된 부실 채권을 사들여 채무자들의 빚을 탕감해 주는 프로젝트 은행이다. 롤링 주빌리는 미국 시민단체인 'Occupy the Wall Street'가 진행하는 프로젝트로 시민들에게 성금을 모아 부실채권을 사들인 뒤 무상 소각하는 운동이다. 주빌리는 기독교의 희년(禧年)으로 몇 십년에 한 번씩 돌아오는 특별한 해로 죄를 용서 받고 부채를 탕감하고 노예를 해방하는 전통이 있다. 한국에서는 2014년 (사)희망살림과 사회적 기업 에듀머니 등의 시민단체를 주축으로 롤링 주빌리 프로젝트가 시작되었다.

기업들이 개념적으로 책임이 강조되는 CSR보다는 대외적 부담이 덜한 공유가치 창출이라는 CSV를 거론하면서 취약계층을 이용해 자신들의 이익을 챙긴다면 사회적 비난 또한 면할 수 없을 것이다.

마이클 포터가 주장하는 CSV는 실제 비즈니스 세계에서는 빈곤, 환경, 의료, 에너지, 재활용, 교육 등의 일부 영역에 한정되고 지나치게 일반화하기에는 상당한 문제점이 있다는 비판을 받기도 한다.

05 New CSR[20)]

1) ICSR

개인의 사회적 책임(ISR)과 기업의 사회적 책임(CSR)은 유기적 선순환 관계에 있다고 하겠다. 예컨대 기업이 대학에 많은 장학금을 기부하고 질 높은 대학에서 교육을 받은 학생들이 기업에 취업이 되어 기업의 생산성을 높이는 경우이다. 즉 기업에 이로운 것은 공동체에도 이롭다고 할 수 있다.

현실적으로 많은 기업들은 CSR을 시민사회와 정부의 압력에 의해 의무적으로 수행해야 하는 준조세 정도로 인식하는 것이 현실이다. 국내에서도 대기업과 중소기업의 동반성장 공생의 차원에서 이익공유제라는 단어가 등장하자 어느 재벌 CEO는 자본주의 사회 교과서에 나오지도 않는 용어라고 불평했다. 따라서 ICSR은 CSR과 ISR의 확장된 개념으로 CSR에 대한 기업들의 거부감을 우회적으로 피해가면서 책임윤리를 사회적 공익의 기준으로 제시하고 환경적 · 사회적 · 경제적 차원에서 공동체의 정의를 실현해 나갈 수 있는 전략적 대안이 될 수 있다.

그러나 ISR개념이 너무 부각될 경우 CSR이 지나치게 축소될 가능성이 크다. ISR은 CSR을 보완할 수 있는 전략적 수단이 될 수는 있어도 완전히 대체할 수는 없기 때문에 조정과 통합의 개념으로 ICSR의 개념이 절실하다.

2) ICSR 사례

(1) 긍정적 사례

첫 번째 사례는 기업이 아닌 CEO 개인이 사회적 책임 행동에 의한 경우이다. 냉

20) 김성택, 전게서, passim. pp.398-436.

장고에 보관해야 하는 백신과 같은 의약품을 전기가 없는 아프리카지역에서는 보관상 어려움이 많았다. 일정 온도가 상승하는 곳에 보관한 백신은 접종의 효과가 전무하기 때문이다. 빌 게이츠는 Intellectual Ventures Lab과 Global Good이라는 회사를 만들어 얼음과 특수구조로 설계되어 약 50일 동안 보관이 가능한 백신냉장고를 개발하여 이러한 문제를 해결했다.

여기에서 빌 게이츠의 ISR이 CSR보다 당위성이 더욱 강조된다고 하겠다. 기업의 몫으로 지급하는 CSR은 주주 등 이해관계자들의 불평과 논란을 야기할 수도 있지만 CEO 자신의 개인 재산으로 기부하는 ISR은 그러한 문제를 피해갈 수 있다. 빌 게이츠의 사회적 책임행동은 ISR로써 CSR을 한 차원 높인 ICSR의 한 사례라고 할 수 있을 것이다.

두 번째 사례는 사법부의 권력에 의한 ICSR의 사례이다. 뉴욕시의 한 노인이 3일 동안 굶주린 배를 참지 못해 빵을 훔치다가 재판을 받게 되었다. 주심판사인 라과디어(F. Laguadia)는 “피고가 빵을 훔쳤지만 양도 적고 행위가 상습적이지 않아 석방해 줄 수도 있지만 엄연히 절도죄에 해당되어 벌금 10달러를 선고한다. 한편 노인을 3일 간 굶게 만든 사회적 책임을 물어 나에게도 벌금 10달러를 선고한다” 라고 판결했다. 판결에서 보듯이 법을 준수하면서도 개인의 사회적 책임을 통감하는 라과디어 판사로부터 개인의 책임과 우리 사회 모든 이해관계자들의 사회적 책임을 요구하는 ICSR의 한 단면을 볼 수 있다.

(2) 부정적 사례

기업의 CEO 자신이 고객에게 부정적 이미지를 제공함으로써 기업이 그 동안 수행해 온 CSR에 부정적 영향을 미치는 사례도 있다. CEO의 불법행위, 폭력, 성매매 행위, 가맹점에 대한 갑질행위 또 세계적으로 확산된 #Me Too운동이 좋은 사례이다. 특히 #Me Too운동은 2006년 미국의 사회운동가 타라나 버크가 제안했고 2017년 10월 폭로된 하비 와인스타인의 성폭력 사건을 계기로 빠르게 확산했다.

3) New CSR의 추구 영역단계

사회발전과정을 5가지 단계로 구분할 수 있는데 첫 번째 단계는 공유가치(CSV: Creating Shared Value)를 인식하고 찾아내는 일이다. 두 번째 단계는 협력과 화합 (CSH: Collaboration with Stakeholder in Harmony)이며 세 번째 단계는 기업의 사회적 가치(CSO: Corporate Social Opportunity)를 찾는 과정이며 네 번째는 기업의 사회적 책임(CSR: Corporate Social Opportunity)을 실행하는 단계이다. 마지막 단계는 인류의 궁극적 목표와 지향점인 공동의 번영(CSP: Create Shared Prosperity)을 이루는 새로운 CSR이 추구해야 할 과정이다.

4) New CSR과 공정자본주의

공정자본주의(fair capitalism)란 공정한 사회와 자본주의의 융합으로 지구상 어느 나라의 고통과 불행이 나와 관련이 없지 않다는 데서 출발한다. 특히 글로벌 시대에서 절감할 수 있다. 최근 유가의 하락으로 일부 산유국들의 소득 감소와 경제적 어려움은 산유국들의 수입 소비수요 감소, 자국 내 건설 등 인프라 수요 감소 등으로 세계 경제성장을 떨어뜨리고 선진국들의 자국 우선 보호무역주의로 선회하게 만들었다. 뿐만 아니라 무국경 시대 중동지역의 질병인 중동호흡기 증후군 즉 메르스(MERS)는 한 사람의 여행자로 인해 2015년 한국 경제성장률을 떨어뜨리고 전국을 공포로 몰아 넣기도 했다.

공정자본주의는 나의 행복이 타인의 불행과 증오의 원인이 되지 않으며 모두가 더불어 사는 잘 사는 따뜻한 글로벌 사회를 구현하는 것이다. 공정자본주의를 실현하기 위해서는 ICSR이 필수적이다. ICSR은 우리 사회에서 기업뿐 아니라 모든 이해 당사자들에게 구체적인 책임항목과 지수를 지시하여 실제적인 우리 사회 패러다임의 전환을 이룰 수 있는 실천적 대안으로서 새로운 사회시스템으로 자리 잡는데 효과적인 도구이다.

공정자본주의는 기업뿐만 아니라 정부, 정당, 주주 및 투자자, 산업계, 소비자, 노동계 등 우리 사회 모든 이해관계자들에게도 동등한 수준의 사회적 책임을 요구한다. 따라서 공정자본주의는 ICSR 정신을 기초로 한 글로벌 공동체의 지속 가능한 발전을 이룰 수 있는 유일한 방법이다.

공정자본주의를 실현하기 위해 기업을 비롯한 모든 조직의 사업실행에 있어서 반드시 고려해야 할 다섯 가지로 효과성, 의미성, 실현성, 지속가능성, 운영가능성이 있다.

첫째, 효과성은 목적을 위해 수단과 방법을 가리지 않는 효율성 대신 효과를 중시하고 결과 보다 결과로 인한 영향을 우선시해야 한다. 둘째, 의미성은 조직과 기업이 수행하는 사업은 인류의 보편적 삶의 가치를 보완하거나 높일 수 있어야 한다. 셋째, 실현성은 조직과 기업이 실행하는 사업의 계획은 전략적이고 현실적이어야 하며 실패로 인한 경제적·사회적·환경적 영향을 최소화해야 한다. 넷째, 지속가능성은 모든 중요한 경영상의 결정에서 경제·환경·사회적 측면이 반드시 고려되어야 하며 장기적으로 사회적 지지를 얻어야 하며 자원의 사용이 적절해야 한다. 끝으로 지속가능성은 운영가능 해야 한다. 지속성을 추구하는 조직과 기업의 궁극적인 목표는 성과를 위해 업무를 추진하되 지속가능성의 수행결과를 측정 평가 관리하여 운영 가능해야 한다.

5) New CSR과 경제민주화·포용적 성장

New CSR은 경제민주화, 사회적 경제, 포용적 성장을 달성하는데 공헌해야 한다. 경제민주화는 우리 헌법에도 명시되어 있는데 경제활동 과정에서 과도한 경제력 집중이나 소득격차가 발생하는 경우 국가가 이를 조정할 수 있도록 되어 있다. 경제민주화는 소득불평등 완화의 측면에서 포용적 성장[21]과 맥을 같이 한다고 볼 수 있다. 포용적 성장(inclusive growth)은 불평등 완화를 통한 지속가능한 성장을 의미하며 경제 주체인 모든 국민들이 경제성장에 기여할 기회를 공평하게 갖고 성장을 통한 경제적 혜택이 사회 전체 구성원들에게 공정한 규칙에 따라 분배되는 것을 말한다. 기회와 분배의 공정성을 강조한다는 측면에서 공정자본주의와 상통한다고 볼 수 있다.

사회적 경제는 경제활동에 참여하거나 경제활동을 조정하는 시장과 국가가 적절한 자원배분의 실패로 소외당하는 경제주체들이 발생하게 되고 그들이 협동조합, 마을기업 등의 형태로 경제활동에 참여할 기회를 갖는 것을 말한다.

이는 포용적 성장이 강조하는 취약계층에 대한 지원을 하는 사회적 기업, 경쟁적 시장구조 속에서 참여 기회를 잃은 기업에 새로운 기회 창출을 지원하는 협동조합 또는 마을기업과 통하는 부분이 있다. 물론 경제민주화와 사회적 경제가 곧 포용적 성장을 의미하는 것은 아니다.

소득불균등 완화는 성장을 위한 전략 중 하나이며 만약 소득불균등 완화를 위해 어떠한 수단을 사용했는데 결과적으로 소득 불균등은 해소되었지만 경제성장에

---

21) 포용적 성장을 처음 언급한 미국 매사추세츠 공과대학 경제학과 대런 애쓰모글루와 제임스 로빈슨 하버드대학 정치학과 교수의 저서 「국가는 왜 실패하는가」에서 국가의 성패는 포용적 경제제도에서 비롯된다고 했다.

역행한다면 포용적 성장이라고 할 수 없다.

06 OECD의 다국적기업 사회적 책임[22]

OECD는 1976년 「다국적기업 가이드라인」(Guidelines for Multinational Enterprises)을 제정하고 정보의 공개, 고용 및 노사관계, 환경, 뇌물, 과학 및 기술, 경쟁, 조세 등에 관한 조항을 담고 있다. 2011년 다국적기업 가이드 라인 개정에서 인권에 관한 장이 추가되었다.

다국적기업 가이드라인은 다국적기업들이 반드시 법적으로 준수해야 할 의무가 있는 것은 아니지만 가이드라인을 따름으로써 다국적기업이 최소한 유치국 내에서 책임있는 기업 활동을 하고 있다고 주장할 수 있다.

다국적기업 가이드라인에 마련된 절차에 따라 인권이나 환경 관련 NGO 등 누구든지 해당 다국적기업이 가이드라인을 준수하지 않는다는 이유로 국가 연락사무소(National Contact Point)[23]에 이의 제기를 할 수 있다. 따라서 기업의 입장에서 이의 제기로 인한 시간적, 경제적 피해를 방지하기 위해서도 다국적기업 가이드라인을 준수하는 것이 바람직하다.

다국적기업이 비용절감 등을 목적으로 의도적으로 인권침해 행위를 하는 경우도 있지만 우크라이나 사례[24]에서처럼 다국적기업이 활동하고 있는 현지국의 정부가 인권 침해 행위를 하는 경우나 다국적기업이 속한 공급망의 또 다른 기업이 인권침해 행위를 하는 경우가 있기 때문에 다국적기업이 인권침해 실태를 제대로 파악하는 것을 돕기 위해 다국적기업 가이드라인은 「제4장 인권에 관한 장」에서 인권 실사(human rights due diligence)를 제안하고 있다.

인권실사는 4단계로 이루어지는 데 첫째 다국적기업의 인권에 대한 악영향을 파악하고 둘째, 인권침해를 방지 또는 완화하거나 구제책을 마련해 대응하고 셋째, 다국적기업의 인권침해 상황에 대한 자신의 대응을 지속적 감시하며 마지막 단계는 다국적기업이 사회적 책임을 실현하는 단계로 인권실태를 대외적으로 공표하고 특히 심각한 인권침해 상황에 대해서는 정기적으로 보고 하는 것을 제안한

22) 박덕영, "OECD 다국적기업 가이드라인과 기업의 사회적 책임", 한국경제연구원(2015.6.11).

23) 한국의 경우 국내연락사무소는 대한상사중재원임.

24) 정부가 면화수확을 위해 아동 노동을 강제하고 국민을 강제노동에 동원하였음.

다. 인권보호와 관련해서 다국적기업이 외부와 소통하는 것을 보장하기 위해 이해관계자와의 협의도 필요하다.

다국적기업은 사회의 일원이자 상호 간 불가분의 관계를 맺고 있기 때문에 글로벌 활동이나 제품의 판매에 커다란 영향을 미치고 있다. 다국적기업이 활동과정에서 예기치 못한 인권 침해 문제와 이의 제기를 당하게 되면 글로벌 이미지에 부정적인 영향을 받게 되고 해당 기업이 국제적으로 활동하는데 있어서도 많은 지장을 받게 될 것이다.

다국적기업들은 준법 경영과 인권 환경 보호 등 국제적 관심사에 대해서도 보다 많은 신경을 써서 기업의 사회적 책임을 다하는 국제사회에서 존경 받는 기업으로 성장하는 모습을 보여야 할 때이다.

제4절 다국적기업의 CSR 동기와 표준화 결정요인

01 다국적기업의 CSR 동기[25)]

1) 제도화이론과 CSR

제도화이론(institutional theory)에 의하면 다국적기업들은 정치, 문화, 경제를 비롯해 전방위적으로 현지국 사회의 영향을 받지 않을 수 없다. 따라서 현지국 시장에서 사업을 영위할 기업들은 현지국의 제도가 기업들에게 주는 압박은 권위를 통한 강압적 형태, 오랜 시간 쌓여 온 규범적 형태 또는 문화 인지적으로 나타나기도 하고 심지어 시장 내 기존 기업들 간 모방적 형태를 띄기도 한다. 만약 다국적기업이 현지국의 제도에 순응하지 않을 경우 기업들은 시장 내 정당성(legitimacy)을 습득하기 어려워지고 이는 그들의 성과 및 생존에 부정적인 영향을 미친다.

다국적기업은 해외로 진출할 경우 제도적 차이로 인해 정부 및 시장 구성원들로부터 더 많은 사회적 행동 수행을 요구받게 된다. 현지국 내 환경관련 규제 등 입

25) 강지훈 · 최순규 · 손생, "중국진출 한국기업들의 CSR 영향 요인", 「무역통상학회지」, 17(1) (2017), pp.1-21, passim.

법 수가 증가할수록 다국적기업들의 CSR 수행빈도가 증가한다. 다국적기업들은 본국과 달리 현지 시장 내에서 정당성을 갖고 제한된 자원을 습득함에 있어 높은 외국인 비용(liability of foreignness)을 지급해야 하기 때문에 CSR을 통해 이를 효과적으로 절감하는 것이 CSR을 시행하는 목적이다.

02) CSR 동기의 영향 요인

(1) 현지국 시장의 경영환경 변화

기업들의 CSR 수행은 기본적으로 제도적 압력에 의해 결정된다. 사회적 압력수준은 기업의 내 · 외적 상황 또는 동기에 따라 가변적이다. 즉 개별기업의 동기에 따라 사회적 책임을 수행하는 정도가 달라지는데 일반적으로 현지시장 내 경영환경의 변화, 현지시장 판매 목적, 지분율 등이다.

먼저 현지국 경영환경은 기업들이 통제할 수 있는 범위를 벗어나 여러 요인들이 복합적으로 어우러져 있으며 상황에 따라 개별 기업들에게 위기 또는 기회를 가져다준다. 경영환경이 악화된다는 것은 기업이 필요한 자원을 외부로부터 습득함에 있어서 경쟁이 심해지고 제약 및 고려 대상이 많아지는 환경적 결핍 또는 불확실한 상황을 의미한다. 현지 기업들은 경영환경이 악화됨을 인지했을 때 단기적 전략 보다는 생존에 필요한 단기적 방어적 전략을 수립한다. 기업들은 단기적으로 효과가 나타나기 어려운 CSR 수행에 소극적이며 현지국 기업에 비해 자원 및 정보 습득에 불리한 다국적기업들은 CSR 활동에 소극적인 경향이 있다.

(2) 현지국 시장 판매 목적

기업의 CSR 활동은 현지기업이 단순히 생산만 하는 것 보다는 생산과 판매가 동시에 이루어지는 경우에 보다 더 높은 CSR 활동이 요구된다. 즉 소비자들은 동일한 조건하에서 사회적 책임 활동을 충실히 이행하는 기업의 상품을 선호하는 경향이 있기 때문이다. 특히 소비자들을 대상으로 판매하는 기업들은 노출정도가 높고 경쟁이 심한 산업에 속하므로 사회적 공헌활동의 요구 수준 또한 높다.

현지시장에서 생산만을 목적으로 하는 경우에는 CSR 수행을 고용증대, 작업환경 개선 등에 한정할 것이다. 하지만 현지시장에서 생산, 유통, 판매까지 목표로 한다면 전략적 필요성에 따라 종업원들의 복지, 직무환경 개선뿐 아니라 파트너 및 최종 소비자들에게까지 사회 공헌활동이 필요하다.

(3) 소유지분율

제도화이론에 의하면 다국적기업들은 현지 사회로부터 받는 제도적 압력에 순응함으로써 정당성을 인정받을 수 있다. 다국적기업들은 이질적인 환경에서 외국인비용을 부담해야 하고 현지국 정부와 사회는 외국인 투자지분율이 높은 기업에 대해 높은 수준의 사회 공헌활동을 요구한다.

반면 외국인지분율이 낮고 현지 파트너의 지분비율이 지나치게 높은 경우에는 CSR에 대한 제도적 압박을 상대적으로 적게 받기 때문에 추가적인 CSR비용 지급을 불필요하다고 생각한다.

02 다국적기업의 CSR 능력

1) 자원기반 관점과 CSR

자원기반 관점에서 자원이란 가치 있고 희소성이 있으며 모방 또는 대체하기 어려운 자산을 의미한다. 동시에 사회에서 요구하는 제품 및 서비스를 생산 또는 제공하기 위해 기업들이 갖추어야 하는 기본적인 구성요소이기도 하다. 자원은 유·무형의 형태로 구분되는데 유형적 자원에는 금융적 자산, 물리적 자산이 있고 무형적 자산에는 평판적 자산이 있다.

2) 기업의 재무적 자산

CSR을 수행하기 위해서는 많은 자금과 자원이 요구된다. 기본적으로 CSR은 비영리적 성격을 지니고 있기 때문에 구체적인 투자성과를 계획하기는 어렵다. 따라서 재무적 또는 자원적 여유가 없는 기업들은 장기적 시각을 가지고 CSR을 수행하기는 어렵다. 따라서 재무적 성과가 큰 기업일수록 여유자본이 더 많이 존재하기 때문에 기업의 가치를 올리기 위해 자선적 행위를 많이 하려고 할 것이다. 다수의 연구에서도 CSR이 기업의 성과에 긍정적 영향을 미치는 것으로 나타났다.

3) 기업의 물리적 자산

물리적 자산이 큰 기업들은 충분한 자원과 지식이 있어서 규모가 작은 중소기업에 비해 경쟁우위에 있고 낮은 비용으로 효율적 운영이 가능하다. 한편 사회의 일반대중들은 중소규모 기업보다는 상대적으로 규모가 큰 기업에 더 높은 수준의 CSR을 기대하기 마련이다.

규모가 작은 기업은 전통적인 경쟁우위를 위해 자원을 투자하는 반면 규모가 큰 기업은 이미 다양한 자원을 통해 전통적 우위를 확보하고 있다. 따라서 규모가 큰 기업은 CSR과 같은 새로운 접근을 통해 시장에서 우위를 점하려고 할 것이다.

04) 기업의 평판적 자산

기업의 평판적 자산은 제품에 대한 이미지를 제공하며 제품이나 서비스의 최종 구매에 있어 중요한 역할을 한다. 기업들은 자사의 긍정적 이미지 또는 높은 인지도를 유지하기 위해 많은 자원과 노력이 필요한데 그 노력의 일환 중 하나가 CSR의 실행이다. 특히 이미 인지도가 높은 기업들은 소비자 및 대중 매체의 노출이 쉽고 빈번하기 때문에 사회공헌활동 등을 통해 자신들의 인지도 및 긍정적 이미지를 유지 또는 강화하려고 할 것이다. 따라서 평판적 자산이 높은 기업일수록 현지의 CSR 수행정도를 높이려고 하는 경향이 있을 것이다.

03 다국적기업 CSR의 표준화 결정요인[26)]

1) CSR의 현지화와 표준화

기업의 국제경영 CSR전략에 있어 가장 중요한 이슈 중 하나가 현지화 또는 표준화 전략의 선택이다. CSR의 현지화란 현지시장의 상황이나 이해관계자들의 관심사에 맞춰 사회적 책임 활동을 수행하는 것이다. 한편 CSR의 표준화는 본국에서 모회사가 실시하고 있는 사회적 책임활동을 해외 자회사 소재국에서도 동일하게 이행하는 것이다. 따라서 CSR의 현지화는 본국에서 표준화된 CSR 프로그램과 상이할 수 있다.

세계시장이 균질화됨에 따라 다국적기업들은 비용을 낮추고 수익성을 높이기 위해 제품과 서비스뿐만 아니라 CSR 역시 표준화하려는 경향이 있다. 특히 해외시장에서 CSR을 통한 가치창출을 이루기까지에는 많은 시간과 비용, 지식들이 수반

---

26) 강지훈 · 최순규 · 유경태, "한국기업의 글로벌 CSR 표준화 결정요인", 「무역연구」, 12(2), (2016), pp.339-353. passim.

되어야 한다. 이 경우 CSR전략을 표준화하게 되면 기업들은 본국에서의 경험을 통해 보다 효율성을 높이거나 비용을 절감시킬 수 있는 이점이 있다.

그러나 각국의 시장에서 요구하는 기업의 사회적 책임은 현지의 문화와 가치 시스템에 따라 범위와 정도가 매우 상이하기 때문에 표준화를 하는데 어려움이 있다.

2) CSR 표준화의 결정요인

(1) 연구개발 역량

연구개발 역량은 기업 내 자원 중 기술에 국한되는 것으로 신제품 개발, 혁신적인 제조과정 등이 있다. 자원기반 관점에서 이러한 역량은 기업의 경쟁우위와 지속적인 발전을 가능케 하는데 연구개발 역량이 높은 기업일수록 본사와 자회사 간 지식과 자원조달이 효과적으로 이루어진다.

본국에서 선행적으로 수행했던 CSR활동의 경험과 자원을 가진 상황에서 자회사에 이전하여 CSR 비용을 절감학고 자원효율화를 극대화시키려고 할 것이다. 따라서 기업의 연구개발 역량이 높을수록 기업의 CSR 활동 표준화 비율이 높은 경향이 있다.

(2) 국제 다각화 경험

국제다각화 경험은 과거 기업이 국내 시장을 넘어 사업 범위를 해외로 확장시킴으로써 얻는 자원이다. 기업이 국제다각화를 도모하는 동기는 규모의 경제, 범위의 경제, 국가 간 요소비용의 차이를 통한 기회포착, 시장위험 감소 및 경영효율성 증대, 국내 손실의 분산 등이다.

다수의 기업들은 국가 간 제도적 · 문화적 차이로 인해 기업의 핵심역량과 그에 기초한 경쟁우위를 해외 자회사로 이전시키는데 상당한 어려움이 있다. 따라서 해외 다각화 경험이 많을 기업일수록 CSR 전략 선택에 있어 자회사들의 자율성이 높아지고 이는 진출시장 특성에 적합하면서 보다 구체적으로 CSR 수행으로 이어지는 경향이 있다.

(3) 모·자회사 규모

다국적기업의 CSR 표준화는 모회사와 자회사의 규모에 따라 달라질 것이다. 모기업의 규모가 큰 기업들은 활동의 범위가 크고 사회적 영향력이 강하기 때문에 규모가 작은 해외 자회사보다 사회적으로 책임 수행에 적극적으로 관여할 것이다.

일반적으로 자회사의 특성은 외부적으로 잘 드러나지 않기 때문에 이해관계자들은 모회사의 본국 내 CSR 활동을 미루어 자회사의 CSR 활동을 기대하게 된다. 따라서 모회사의 규모가 클수록 CSR 활동의 표준화 비율이 높을 것이라고 기대해 볼 수 있다.

반면 자회사의 규모가 클수록 이질적인 현지 환경에서 사업을 운영하는데 따르는 불확실성을 낮출 수 있고 핵심자원 및 정보를 보유할 가능성이 높다. 자회사 규모가 크면 자회사의 자율성(autonomy)을 획득하는데 모회사의 지식이전 없이도 가능하다는 것을 의미한다. 즉 자회사 규모가 크면 진출국에서 보다 신속하고 안정적으로 적응하여 시장특유의 지식을 통해 CSR 활동을 진행할 수 있다는 것이다. 따라서 자회사의 규모가 클수록 기업의 CSR 활동 표준화 비율이 낮은 경향이 있다고 할 수 있다.

(4) 자회사 내 주재원 파견비율

제도적 이론에 의하면 해외시장 진출 시 기업들은 현지 지식과 정보를 보다 정확하게 이해하고 외국인비용을 줄이기 위해 현지국 출신의 직원을 고용한다. 반면 자원기반 관점에 따르면 모국으로부터 인력파견은 모회사의 지식, 기술, 역량 등을 이전시킴에 있어서 중요한 역할을 한다. 다국적기업들이 본국에서 시행했던 CSR과 동일한 활동을 통해 일관성을 가지고자 하는 경우 당시의 경험을 통해 축적한 지식, 역량 등을 자회사로 이전시키고자 할 것이다. 이 경우 모회사는 주재원 파견을 통해 통제 및 자원 이전의 대리인 역할을 하도록 할 것이다. 따라서 자회사 내 주재원 파견비율이 높을수록 기업의 CSR 활동 표준화 비율이 높은 경향이 있을 것이다.

(5) 현지경험

다국적기업의 의사결정에 있어서 해외진출 경험이 쌓일수록 자회사는 모회사에 대한 의존성을 줄이게 된다. 한편 현지시장에서 발생되는 운영 사안에 대한 독자적인 의사결정을 내릴 수 있는 통제권의 획득은 물론 현지화 수준을 높일 수도 있다. 이는 해외 자회사가 모회사보다 현지국 상황에 특화된 지식을 보다 효과적으로 축적할 수 있기 때문에 CSR 활동의 표준화 비율을 낮게 유지하려는 것을 의미한다.

토 의 자 료

앞으로 100년은 빅데이터 싸움
– 구글·MS·아마존 연 36조 원 투자

미국 오리건주(州) 더댈러스에 있는 구글 데이터센터. 약 3만 1,000㎡(약 9,300평) 부지에는 가로 60m, 세로 150m, 높이 10m가 넘는 초대형 건물 세 동(棟)이 나란히 서 있었다. 데이터센터의 동·서·남쪽은 약 3m 높이 철제 울타리로 둘러싸였고 출입이 가능한 정문 초소는 보안 요원이 24시간 상주하면서 출입자를 일일이 확인했다.

구글이 군사 시설을 연상케 할 정도로 보안을 유지하는 이유는 구글 사용자의 데이터 정보가 보관돼 있기 때문이다. 이곳을 포함해 전 세계 15곳 서버 250만여 대에 사용자 30억 명이 만드는 데이터가 실시간으로 쌓인다. 구글 데이터센터에 현재 보관된 데이터양은 최소 15엑사바이트(EB · 1EB는 10억 7000기가바이트)에 이른다. 4단 캐비닛 3,072억 개 분량이다.

구글 데이터센터에서 차로 약 두 시간 떨어진 농촌 지역 프린빌 외곽에는 2차선 도로를 사이에 두고 애플과 페이스북의 데이터센터가 들어서 있다. 페이스북 데이터센터는 총면적 3만㎡(약 9,000평) 건물 두 동으로 구성돼 있다. 데이터센터 뒤편에서는 세 번째 데이터센터를 짓는 공사도 진행되고 있다. 이미 건물 외관은 거의 완성됐고 내부에 서버를 반입하는 최종 작업이 한창이었다.

공장이 필요 없는 인터넷 기업들이 데이터센터 건설에 현금을 쏟아붓고 있다. 미국 월스트리트저널에 따르면 작년 아마존 · 구글 · 마이크로소프트 3사(社)는 데이터센터 건립 등 데이터 수집에만 315억 달러(약 36조 원)를 투자했다. 알리바바와 텐센트 등 중국 인터넷 기업들도 데이터를 수집하고 분석할 수 있는 인공지능 개발에 본격적으로 뛰어들었다.

차상균 서울대 빅데이터연구원장은 “지난 100년간 석유가 세계 산업을 이끌었다면 앞으로는 데이터가 세계 산업을 이끌 것”이라며 “이 경쟁에서 밀려나면 국내 기업들은 세계 데이터 기업들의 하도급업체로 전락할 것”이라고 말했다.

자료: http://biz.chosun.com(2017.10.8)

토 의 자 료

빅데이터로 해운대 피서객 수 계산

그동안 페르미추정(단위면적 인원 × 전체 면적)으로 인파수를 계산해왔는데 유동 인원을 파악하지 못하는 단점이 있었다. SK텔레콤고 넥스앤 정보기술이 주변 이동통신 기지국내 스마트폰 위치를 기반으로 측정하는 기술을 개발했다. 통신 신호세기 기준이용객(30분 이상 체류자) 수를 파악한다. 통신사별 시장점유율 × 휴대폰 꺼놓은 비율 × 휴대폰 미소지자 비율로 산출한다.

또 해운대구청은 관광객이 백화점보다 재래시장을 민박보다 게스트하우스를 선호한다는 것도 빅데이터를 통해 파악했다.

자료: http://mediask.co.kr/35462

10 多國籍企業과 國際貿易

제1절 국제무역의 종류

01 전통적 무역과 전자무역

전통적 무역과 전자무역(electronic trade)은 국가 간 상거래라는 점에서는 동일하다. 전자무역은 디지털혁명의 확산과 정보통신 기술의 급속한 발전과 더불어 인터넷을 기반으로 하는 국경을 넘어 이루어지는 생산자와 소비자의 직접적인 전자상거래(electronic commerce)이다. 전자무역의 특성은 시간적·공간적 한계를 극복하여 저렴한 거래비용이 소요되며 인터넷을 통해 전 세계시장을 상대로 한 지속적 글로벌마케팅이 가능하다. 또 전자무역은 생산과 유통에 있어서 국가 간 장벽과 지리적 제한을 넘어 글로벌네트워크(global network) 형성이 가능하다.

인터넷무역[1], 사이버무역[2], 전자무역 등 다양한 용어로 혼용되어 사용되어 지고 있으나 대외무역법 상의 공식용어는 전자무역이다. 엄밀히 말하면 인터넷무역보다는 사이버무역이 포괄적이고 사이버무역과 전자무역은 동의어로 사용되지만 전자무역이 보다 일반적인 용어이다. 이와 같이 전자적으로 이루어지는 모든 거래를 포함하는 상위의 개념을 전자상거래[3]라고 한다.

---

1) 인터넷무역이란 개념이 별도로 존재하지 않으며 무역에 수반되는 모든 절차를 전자적으로 해결한다는 의미의 전자무역에 포함된다고 할 수 있다.

2) 사이버무역은 e-market place와 같은 가상공간에서 불특정 다수의 공급자와 수요자가 만나는 국가 간 상거래이다.

3) B2B(B to B)는 기업간, B2C는 기업과 소비자, B2G는 기업과 정부간, C2C는 소비자 간, B2G는

02 중계무역·중개무역·통과무역

중계무역(intermediary trade)은 수출목적으로 외국에서 물품을 수입하여 원형 그대로 혹은 약간 가공하여 제3국에 수출하는 무역을 말한다. 중계업자는 수출·수입 2건의 계약을 별도로 체결해 대금의 차액을 수취하게 된다. 교통이 편리하고 외환거래가 자유롭고 무관세 등의 조건을 갖춘 홍콩, 싱가포르 등은 중계항으로 적합하다.

중개무역(merchandising trade)은 거래 당사국간 수출·입 계약이 직접 체결되지 않고 제3국 중개업자가 개입하는 경우이다. 중개업자는 거래를 단순히 알선하고 수출업자에게는 수입상, 수입업자에게는 수출상 입장에서 매매차익 또는 중개수수료를 취득한다. 해당 물품은 A국에서 B국으로 직송되나 대금결제는 수출업자는 중개업자로부터 중개업자는 수입업자로부터 대금을 받는 것이 일반적이다. 중개무역과 중계무역의 차이점은 중개무역은 중계무역과 달리 사전에 수출상과 수입상이 확정되어 있고 물품의 이동이 중계무역은 중계국을 반드시 거치는 반면 중개무역은 중개국을 경유하지 않는다는 점이다.

통과무역(transit trade)은 수출상품이 수출국으로부터 수입국으로 이송되어 가는 도중에 부득이 제3국을 통과하는 경우 제3국 입장에서 본 무역이다. 통과국은 운임, 보험료, 통과수수료 등을 수입으로 한다. 통과무역은 중계무역과는 형식적으로는 유사하지만 수출입·계약이 수출국과 수입국의 당사자 간에 직접 체결된다는 점에서 구별된다. 통과국의 업자는 주로 지리적 여건으로 거래에 개입되며 중계업자와 같이 자신의 비용과 책임하에 자발적으로 거래에 참여하는 것이 아니라는 점에서 차이가 있다.

03 유형무역과 무형무역

유형무역(visible trade)은 거래의 대상이 눈으로 확인되는 상품거래의 무역으로 상품수지(trade balance)를 구성한다. 무형무역(invisible trade)은 거래의 대상이 운임, 보험료, 노임, 관광수입, 각종 수수료, 투자수익 등 형태가 없는 용역이나 자본거래이다. 무형무역은 통관절차를 거치지 않아 무역통계에는 나타나지 않지만 외화의 수취 또는 지급이 이루어지므로 서비스수지(service balance), 본원소득수지

기업과 정부간, C2G는 소비자와 정부 간 거래이다.

(income balance)를 구성한다.[4)]

04 수평적 무역과 수직적 무역

수평적 무역(horizontal trade)은 생산단계가 동일하거나 유사한 상품 간의 무역으로 공산품간의 무역 또는 1차산품 간의 무역을 말한다. 수직적 무역(vertical trade)이란 생산단계가 서로 다른 상품 간의 무역으로 공산품과 1차산품 간의 무역을 말한다. 또 상품단계에 국한하지 않고 경제수준이 비슷한 선진국 간의 무역 또는 개도국 간의 무역을 수평적 무역이라고 하고 선진국과 개도국 간의 무역을 수직적 무역이라고도 한다.[5)]

국가 간 무역마찰과 연관지어 보면 생산단계가 동일 또는 유사한 상품 간의 수평적 무역이 생산단계가 서로 다른 수직적 무역보다 통상마찰이 심한 것으로 알려져 있다. 왜냐하면 이는 보완적 성격의 수직적 무역보다는 수평적 무역이 보다 시장에서 경쟁적이기 때문이다.

05 산업간무역과 산업내무역

양국 간 무역이 이루어지는 대상품목이 상이하면 산업간무역(inter industry trade)이고 동일하면 산업내무역(intra-industry trade)이라고 한다. 예컨대 한국과 태국간에 한국은 태국에 TV를 수출하고 태국은 한국에 고무를 수출하는 것은 산업간무역이고 한국과 미국 간에 한국은 미국에 소형자동차를 수출하고 미국은 한국에 중·대형 승용차를 수출하는 것은 산업내무역이다.

산업내무역과 대비되는 기업내무역(intra-firm trade)은 다국적기업의 모회사와 자회사 또는 자회사 간의 수출·입거래를 말한다. 기업내무역은 산업내무역과 산업간무역으로도 구분할 수 있다.

산업내무역의 발생원인은 주로 제품차별화, 한 제품의 제조공정 단계가 여러 국

4) 국내 거주 외국인 근로자 중 1년 이상 거주자는 내국인 거주자로, 1년 미만 근로자는 비거주자로 취급한다. 따라서 1년 이상 외국인 근로자의 임금은 국제수지표 작성에서 제외되고 1년 미만 근로자의 임금은 본원소득수지에 기록된다.

5) 동구 공산권 국가의 붕괴 이전 서구 자유진영과 동구 공산 진영간의 무역을 동서무역(east west trade)이라고 하였다.

가에 분할되어 있는 경우, 한 제품의 운송비, 저장비, 판매비가 차이가 발생하는 경우 등이다. 그루벨(H.G. Grubel)과 로이드(P.J. Lloid)의 산업내 무역지수(T)는 다음과 같다.

$$T = 1 - \frac{|X - M|}{X + M}$$

X는 특정산업의 수출액이고 M은 특정산업의 수입액이다. T는 0부터 1까지의 값을 취할 수 있다. 만약 일국이 해당 상품을 수출만 하거나 수입만 한다면 T=0으로 산업내무역이 존재하지 않는다. 반대로 양국 간 상품의 수출과 수입이 같다면 T=1이며 산업내무역이 극대화된다.

06 가공무역

가공무역(improvement trade)이란 물품을 가공할 목적으로 원자재를 외국에서 수입하여 이를 가공한 후 다시 외국에 수출하는 가공수출무역과 원자재를 외국으로 수출하여 이를 가공한 후 다시 수입하는 가공수입무역이 있다. 일반적으로 가공수출무역을 가공무역이라고 하기도 한다. 여기서 가공이란 일정한 공정을 거쳐 경제적 가치를 부가시키는 것을 말한다. 가공무역은 거래 상대방과의 위탁관계 유·무, 가공의 주체, 원자재 수입방식에 따라 일반가공무역, 수탁가공무역, 위탁가공무역, 보세가공무역 등으로 구분된다.

07 공정무역

공정무역(fair trade)이란 두 가지 의미로 사용되고 있다. 하나는 선진국 측 입장에서 본 것으로 1987년 미국의 레이건 대통령이 연두교서에서 최초로 사용하였다. 미국 등 선진국의 수입국들이 통상압력을 가할 때 상대 수출국으로부터 덤핑이나 보조금이 없는 무역을 공정무역이라고 한다. 특정상품의 수입 급증으로 수입국 산업에 심각한 피해가 우려되는 경우 자국산업을 보호하기 위한 긴급수입제한조치인 세이프가드(safeguard)가 있다. 미국은 외국산 제품이 미국 국가안보에 위협이 될 경우 발동하는 무역확장법 232조도 있다.[6] 트럼프 대통령은 미국 수출품에 대한 상대 수입국 관세율만큼 동일 품목에 대해 미국에서도 같은 관세율을 부과할 수 있다는 상호세 혹은 호혜세(reciprocal tax)를 주장하기도 했다.

다른 시각에서의 공정무역은 가난한 제3세계 국가에서 생산된 원재료 또는 제품에 대해 적절하고 합리적인 가격을 지급하자는 착한 소비운동의 일환에서 나온 무역거래를 일컫는다. 제3세계 국가의 농장에서 커피를 생산하는 가난한 노동자는 제대로 된 노동의 대가를 받지 못하고 심지어 커피조차 마실 소득이 안 되어 커피찌거기를 우려낸 물을 마시는 실정이다. 초콜렛의 원료인 코코아의 아프리카 농장에서는 대부분 14세 이하의 아동들이 학교를 포기하고 살충제 살포를 하고 열악하고 위험한 환경에서 노예처럼 일하며 정작 초콜렛이 무엇인지도 모르는 실정이다.

노동의 착취에 가까운 대가를 지급하고 스웨트 숍(sweat shop)의 비난을 받는 커피 생산은 중간상과 커피 제조업자의 과도한 이윤으로 스타벅스점에서는 엄청나게 높은 소비자가격으로 팔리고 있는 것이다.

이러한 부당한 무역거래에 이의를 제기하고 생산자와 소비자의 직거래를 통해 공정한 가격을 형성하고 건강한 노동과 환경을 유지하고 생산자들의 경제적 독립운동을 포함한 윤리적 소비운동의 개념을 포함하고 있다. 가난한 제3세계 국가들의 생산자들이 만든 환경친화적 제품을 제 값에 사는 윤리적인 녹색 소비자운동 국제기구로 옥스팜(Oxfam), 글로벌익스체인지(Global Exchange) 등이 있다.[7]

08 구상무역

구상무역(compensation trade/barter trade)이란 수출입 상품 대금을 그에 상응하는 수입 또는 수출로 상계하는 것을 말하며 무역 당사국 간 무역불균형을 시정할 목적으로 조약이나 협정에 의한 무역거래를 말한다. 구상무역과 유사한 쌍무무역(trade by bilateral agreement)은 무역 당사국이 청산계정을 두고 어느 일국이 일정

6) 미 상무부는 「무역확장법 232조」를 활용해 수입철강 25%, 수입알미늄에 10%의 고율 관세를 부과하기로 결정했다(2018.3). 한국은 최근 3년간 철강 수출실적의 70%를 쿼타로 정하고 관세 면제국에 포함되었다.

7) 한국의 '아름다운 옷가게', '두레생협' 등에서도 네팔과 방글라데시 노동자들이 만든 옷과 악세서리를 공정무역 차원에서 취급한다. 한편 영국 최대규모 NGO 옥스팜은 생사를 오가는 참혹한 구호현장에서도 원조를 미끼로 성매수 비행을 저질러 #Me Too 운동 여파로 고발되기도 했다(2018.2).

기간에 이르러 무역거래에서 발생한 채권·채무를 상쇄시킨뒤 잔여분 만을 지급토록 하는 무역을 말한다.

09 녹다운방식 무역

녹다운방식 무역(knock-down method trade)이란 현지조립 방식의 수출·입을 말한다. 수출업자는 완제품이 아닌 부품이나 반제품을 수출하는 한편 수입업자는 이를 현지에서 조립하여 제품으로 완성시키는 방식의 수출을 말한다. 이 방식은 주로 수출국이 자국의 고임금이나 공해문제 등을 회피하기 위하여 또는 완제품에 대한 높은 관세장벽을 피해 상대시장에 침투하기 위한 전략으로 활용되기도 한다.

녹다운 방식은 최대한 해체를 해 완전 분해된 제품을 수출하는 완전녹다운(Complete Knock Down; CKD), 반조립의 세미녹다운(Semi Knock Down; SKD), 기존 완성품을 재분해하여 수출 후 현지에서 조립하는 DKD(Disassembly/ Disassembled Knock Down)방식 수출도 있다. 완성차→DKD→SKD→CKD 순으로 갈수록 수입관세율은 낮고 수입국 입장에서는 자동차 공장의 규모가 더 커지며 기술이전 정도도 높다. DKD의 경우 조립 자체가 단순하기 때문에 현지 업체가 수입해 직접 작업 후에 완성차 판매를 한다. 현대차 앨라바마 공장(HMMA), 기아차 슬로바키아 공장(KMS), 현대차 체코 공장(HMMC)이 대표적이다.

10 병행수입과 병행수출

병행수입(parallel import)과 반대개념의 병행수출(parallel export)이 있다. 병행수입은 통상적인 수입경로와는 다른 경로를 통해 정상적인 통관절차를 거쳐 수입된다. 국내에서는 1995년 11월부터 수입공산품의 가격인하를 유도하기 위해 허용하고 있다. 가격이 저렴한 대신 애프트서비스(A/S)에 제약이 있을 수 있다. 미국에서는 병행수입품이 유통되는 시장을 회색시장(gray market)이라고 하기도 한다.

병행수출은 정식공급업체가 아닌 제3자가 공식적인 딜러 유통망을 거치지 않고 별도로 동일 상품을 수출하는 행위이다. 최근 국내 자동차 가격이 해외보다 저렴해지면서 유럽, 아시아 등에서 병행수출이 일어나고 있다. 현지 시장질서를 어지럽히고 현지대리점에 타격을 주며 브랜드 이미지를 손상시키기는 부정적 효과도 있다.

11 해외직구와 역직구

해외직구란 쇼핑몰 등을 통해 해외에서 직접 구매하는 수입해서 소비하는 행위의 신조어이다. 소비자들이 직접 해외 온라인 쇼핑몰에서 직접 구매하는 직접구매방식, 구매한 상품을 배송 대행업체에 맡기는 배송대행방식, 제품의 구매부터 배송까지 모든 것을 맡기는 구매대행방식이 있다. 한미 FTA 발효 이전에는 100달러 이상 또는 15만 원 이상 물품에 대해서는 세금을 부과했으나 발효 이후에는 150~200달러 이하 물품을 자가용으로 수입 시는 세금이 면제된다. 또 특송화물에 대한 관세청의 신속통관제도도 도입되었다. 반면 역직구는 해외 소비자들이 국내 온라인 쇼핑몰 등에서 상품을 직접 구매하는 소비행위로 제품생산국 물품의 수출에 해당한다.

제2절 고전파 무역이론

01 절대생산비설

애덤 스미스(A.Smith)는 국부론(1776)에서 중상주의를 비판하고 자유방임주의(laissez faire)의 자유무역을 국제분업의 원리를 이용하여 강조했다. 절대생산비설(principle of absolute cost)은 노동만이 유일한 생산요소로 보는 투하노동가치설, 2국이 2재화를 생산하고 무역 후에는 절대우위에 있는 재화만 모두 생산하는 완전특화(specialization)를 가정한다. 또 양국의 노동의 질은 동일하다고 가정한다.

[표 10-1] 단위당 생산 소요 노동량

	X재화	Y재화	절대우위
A국	100명	160명	X재화
B국	200명	100명	Y재화
무역전 세계총생산	2단위	2단위	-
무역후 세계총생산	2.6단위	3단위	-
세계 총 무역이익	0.6단위	1단위	-

[표 10-1]에서 보는 바와 같이 A국은 X재 1단위 생산에 100명의 노동자가 필요하고 Y재 1단위 생산에는 160명의 노동자를 필요로 한다. 한편 B국은 X재 1단위 생산에 200명의 노동자를 필요로 하고 Y재 1단위 생산에는 100명의 노동자가 필요하다. 이 경우 A국은 X재화를 B국보다 적은 비용으로 생산할 수 있고 X재 생산에 절대우위에 있다. 반면 B국은 Y재화를 A국보다 적은 비용으로 생산할 수 있고 Y재 생산에 절대우위에 있다고 한다. 자유무역이 이루어 지면 A국은 전체 노동자(260명)가 절대우위에 있는 X재화만을 생산하는 완전특화를 하여 2.6단위를 생산하여 수출하게 된다. B국은 전체 노동자(300명)가 절대우위에 있는 Y재만을 생산하게 되어 3단위를 생산하여 수출하게 된다. 따라서 무역 후 세계적인 총 생산량은 X재 0.6단위, Y재화 1단위를 무역 전보다 더 많이 추가적으로 생산할 수 있고 이는 자유무역으로 인한 이익이 된다.

절대생산비설의 한계점은 일국이 두 재화 생산 모두 절대우위에 있거나 절대열위에 있는 경우 무역발생의 원리를 설명하기가 불가능하다. 또 양국 노동의 질이 동일하고 노동만을 유일한 생산요소로 간주하며 노동의 이동이 국가 간 불이동한다는 가정과 더불어 양국의 국제 가격비율이 어떻게 결정되는가에 대한 설명을 하지 못한다.

02 비교생산비설

비교생산비설(principle of comparative cost)은 리카도(D. Ricardo)의 1817년 정치경제 및 조세원리(principles of political economy and taxation)에서 절대생산비설의 단점을 보완 발전시킨 것이다.

[표 10-2] 단위당 생산 소요 노동량

	X재화	Y재화	비교우위
A국	100 명	120명	X재화
B국	90명	80명	Y재화
무역전 세계총생산	2 단위	2단위	−
무역후 세계총생산	2.2단위	2.125단위	−
세계 총 무역이익	0.2단위	0.125단위	−

[표 10-2]에서 보는 바와 같이 B국은 A국보다 X재, Y재 모두 저렴하게 생산할 수 있어 두 재화 생산 모두 절대우위에 있다고 할 수 있다. 절대생산비설에 의하면 B국이 X재, Y재 모두 완전특화하여 수출하여야 함으로 A국과는 무역이 발생할 수가 없다. 그러나 비교생산비설에 의하면 B국이 X재, Y재 모두 절대우위에 있다고 하더라도 상대적으로 절대우위의 정도가 큰 Y재화에 비교우위가 있다고 하고 작은 X재화에 비교열위가 있다고 한다. 반대로 A국 입장에서는 X재, Y재 모두 절대열위에 있지만 절대열위의 정도가 상대적으로 작은 X재화에 비교우위, 절대열위의 정도가 상대적으로 큰 Y재화에 비교열위가 있다고 한다.

A국은 전체 노동자(220명)가 비교우위에 있는 X재화만 생산하게 되면 2.2단위, B국은 전체 노동자(170명)가 비교우위 재화인 Y재만을 생산하게 되면 2.125단위 생산하게 된다. 자유무역으로 인한 생산의 이익은 X재 0.2단위, Y재 0.125단위이다. 비교생산비설의 한계점 역시 절대생산비설의 한계와 유사하다.[8)]

어느 한 가지 재화만을 전부 생산하는 완전특화와는 달리 불완전특화는 두 재화를 생산하되 비교우위 재화를 상대적으로 더 많이 생산하는 것을 말한다.

제3절 신고전파 무역이론

01 헥셔 – 오린정리 제1명제

고전파 무역이론에서 생산요소가 노동만을 유일한 생산요소로 한 반면 신고전파 무역이론은 노동과 자본 두 가지 생산요소를 이용하고 완전경쟁(가격=한계비용), 완전고용(생산량 증가는 생산요소가격을 인상시킴), 불완전특화(incomplete specialization)를 가정한다. 스웨덴의 경제학자인 스승과 제자인 헥셔와 오린이 주창한 헥셔-오린정리(Heckscher-Ohlin theorem)는 무역발생의 원리를 제1명제인 요소부존이론[9)]과 제2명제인 요소가격균등화 정리로 구분된다.

---

8) 밀(J.S. Mill)은 리카도가 규명하지 못한 교역 당사국 무역이익의 배분비율을 상호수요균등법칙을 이용하여 수출품과 수입품의 국제교환비율인 교역조건(terms of trade)으로 규명하였다.

9) 부존량은 있는 것으로 추정되는 총자원, 자원량은 현재 기술로 발굴가능한 자원량, 매장량은

제1명제인 요소부존이론에 의하면 일국은 타국보다 상대적으로 풍부하게 부존되어 있는 생산요소를 보다 집약적으로 생산하는 재화에 불완전 특화하여 수출하고 상대적으로 희소하게 부존되어 있는 생산요소를 보다 집약적으로 생산하는 재화를 수입하게 된다는 것이다. 예컨대 A국은 노동풍부국, B국은 자본풍부국, X재는 노동집약재, Y재는 자본집약재라고 가정하면 노동이 풍부한 A국은 노동집약재(노동자 사용)인 X재화에 비교우위를 가지고 생산하여 수출하게 되며 자본이 풍부한 B국은 자본집약재(기계 사용)인 Y재화에 비교우위를 가지고 생산하여 수출하게 된다는 것이다.

02 헥셔-오린정리 제2명제

헥셔-오린 제2명제인 요소가격균등화정리는 제1명제에 의해 무역이 이루어지면 비록 국가 간에 생산요소가 직접 이동하지 않더라도 국가 간 재화의 자유로운 이동이 두 교역국 간 요소의 상대가격이 균등화되는 경향이 있다는 것이다. 이는 국가 간 생산요소인 노동이 직접적으로 이동하지는 않지만 재화속에 생산요소가 체화(embodiment)되어 간접적으로 이동되기 때문이다.

예컨대 제1명제에 따라 무역이 이루어 지면 A국은 비교우위재인 X재의 생산을 늘리고 자본집약재인 Y재의 생산은 줄이게 된다. 노동집약재인 X재 생산이 증가함에 따라 더 많은 노동을 필요로 한다. A국내에서 노동의 수요는 증가하고 생산이 감소되는 자본집약재 산업인 Y재로부터 상대적으로 적은 양의 노동이 공급되어 노동의 가격은 상승하게 된다.

한편 A국내에서 Y재 생산량이 감소함에 따라 Y재 산업에서 많은 자본이 흘러나오는 반면 자본에 대한 수요는 줄어 든다. 따라서 자본의 가격은 하락하게 된다. 결국 노동이 풍부하고 자본이 희소하여 노동의 가격(임금)이 싸고 자본의 가격(이자)이 비싼 A국에서 무역 이후에는 반대로 노동의 가격이 비싸지고 자본의 가격은 싸지게 된다. 이러한 논리는 자본풍부국인 B국에서도 그대로 적용되어 무역 전에는 자본의 가격이 싸고 노동의 가격이 비쌌지만 무역 이후에는 반대로 노동의 가격은 싸지고 자본의 가격은 비싸지게 된다. 결국 A, B국의(자본/노동) 가격 비율은 서로 균등화되어가는 경향이 있다는 것이다.

현재 기술과 경제적 조건하에서 발굴이 가능한 양이다.

03 헥셔-오린정리의 비판적 평가

헥셔-오린정리는 무역이 소득분배에 미치는 영향, 경제성장에 미치는 영향 등에 상당한 기여를 한 점은 크다. 그러나 헥셔-오린정리는 완전경쟁, 완전고용 등 현실과 일치하지 않는 여러 가정 위에 정립되어 있으므로 추상적 명제에 지나지 않는다는 비판을 받기도 한다. 요소가격균등화 명제는 정태적 경제 환경하에서는 타당성이 어느 정도 인정되나 생산요소의 공급량이 변동되고 생산기술이 혁신되는 동태적 경제환경하에서는 설득력이 낮다는 비판을 받는다.

04 레온티에프 역설

레온티에프 역설(Leontief paradox)은 미국의 경제학자 레온티에프가 헥셔-오린정리의 제1명제를 두 차례(1953~1956)에 걸쳐 미국에서 검정하고 헥셔-오린정리와는 배치된다는 결과를 발표했다. 자본이 풍부하고 노동이 희소한 것으로 알려진 미국이 자본집약재를 수입하고 노동집약재를 수출하는 것으로 나타났기 때문이다.

레온티에프는 1947년 달러가격 기준으로 실시한 제1차검증(1953) 결과 미국의 수출품에서는(자본/노동) 비율이 14,010백만 달러이었고 수입대체품에서는 18,180백만 달러이었다. 이는 예상과 달리 수출품 보다 수입대체품에서 자본의 투입비중이 더 높아 미국은 자본집약재를 수입하고 노동집약재를 수출한다는 것이 검정의 결과이다. 제2차검정(1956)에서도 노동자 1인당 자본소요액(자본/노동)은 수입대체품이 수출품 보다 1.06배 높은 것으로 나타났다.

레온티에프 역설은 몇 가지 점에서 비판을 받았다. 먼저 검정 방법상의 문제이다. 수입대체품을 미국에서 생산한다고 가정하고 필요한(자본/노동)의 비율을 미국내에서 추정한 것은 문제가 있다. 산업연관표는 정확한 미국의 패턴을 설명하지 못하며 1947년 자료는 당시 제2차세계대전으로 인해 미국 이외의 타국의 생산 체계가 정비되어 있지 못하며 자료의 신빙성이 약하다는 약점이 있다.

둘째, 노동생산성의 국제적 이질성에 대한 문제이다. 미국 노동자는 외국 노동자에 비하여 건강하고 교육도 많이 받아 약 3배 정도의 생산성이 높아 미국은 노동의 질 즉, 인적자본을 고려하면 미국은 노동이 희소한 국가가 아니라 노동이 풍부한 국가라고 할 수 있다는 것이다.

셋째, 천연자원의 역할에 대한 문제이다. 헥셔-오린정리는 노동, 자본 두 생산요소만 사용한다고 가정하고 있지만 현실적으로 천연자원 등 특수 생산요소도 사용하므로 이를 고려한다면 미국은 노동집약재를 수출하고 자본집약재를 수입했을 것이라는 것이다.

넷째, 무역장벽 및 시장 불완전성 문제이다. 헥셔-오린정리는 자유무역을 전제로 하지만 현실적으로는 관세(tariff)나 비관세장벽(non tariff barrier) 등 무역장벽이 존재하였기 때문에 결과가 다를 수 있다는 것이다.

끝으로 수요패턴 편중 문제이다. 헥셔-오린정리는 어느 국가에서도 수요상태가 동일하다는 전제적 가정에 기초를 두고 있으나 만약 자본 풍부국이 자본집약재를 더 많이 선호하여 소비한다면 그 나라는 자본집약재를 수출할 수 없고 오히려 노동집약재를 수출할 수 밖에 없을 것이다.

제4절 신무역이론

01 숙련노동설

키싱(D.B. Keesing)은 미국 근로자의 노동생산성이 외국 노동자 생산성의 3배가 된다는 레온티에프 주장에 근거를 두고 숙련노동설(theory of skilled labor)을 주창하였다. 이는 숙련노동의 상대적 이용 가능성이 각국 공산품의 생산입지와 무역패턴을 결정한다는 것이다.

인적자본설(theory of human capital)이라고도 하며 숙련노동을 상대적으로 풍부하게 이용할 수 있는 국가에서는 숙련노동집약재가 비교우위를 차지할 수 있고 미숙련노동을 상대적으로 풍부하게 이용할 수 있는 국가에서는 미숙련노동집약재가 비교우위를 차지한다고 본다.

02 기술격차론

기술격차론(technology gap theory)에 의하면 포스너(M.V. Posner)와 허프바우어

(G.C. Hufbauer)는 각 국가 간에 생산기술상의 격차가 무역발생의 원인이 되고 무역패턴 결정에 지배적 작용을 한다고 하였다. 기술격차는 일국 전체의 평균적인 기술수준의 격차가 아니고 어떤 산업의 개별적인 생산기술상의 격차를 말한다.

기술선도국에서 기술혁신이 발생해 여타 선진국 또는 개도국으로 시차를 두고 기술이전이 이루어지며 기술 모방국은 일정시점 경과 후 저임금에 의해 비교우위를 확보하고 자체 생산을 하여 기술선도국으로 역수출하게 된다.

03 연구개발론

연구개발론(theory of research & development)은 그루버(W. Gruber), 메타(D. Mehta), 버논(R. Vernon), 키싱(D.B. Keesing) 등에 의해 주창되었다. 연구개발론에서는 연구개발 활동을 중시하고 미국의 연구개발 활동과 수출실적 간의 연관성을 실증적으로 검토하고 연구개발 활동이 활발할수록 수출실적도 높다는 결과를 얻었다.

미국 제조업 중 비교우위산업은 요소부존 이론에서 정설화되고 있는 노동집약산업이나 자본집약산업이 아니라 연구개발에 종사하고 있는 우수한 과학자나 기술자를 많이 고용하면서 대규모의 연구개발비를 지출하고 있는 연구개발 집약산업이라고 하였다.

04 입수가능성이론

입수가능성이론(availability theory)은 크라비스(I.B. Kravis)에 의해 주창되었으며 무역패턴의 결정요인을 생산물의 입수가능성 여부, 혹은 공급가격의 가격탄력성 차이에서 규명한 이론이다. 일국이 어떤 제품을 수입하지 않을 수 없는 것은 그 제품의 입수가능성이 없거나 희박하기 때문이라는 것이다.

일국이 원유 등 천연자원을 외국으로 수출할 수 있는 것은 국내에 부존되어 있는 원유의 입수가 가능하기 때문이며 원목을 수입하는 경우는 국내에서 원목의 입수가능성이 없기 때문이다. 입수가능성이론은 천연자원에만 국한되는 것이 아니고 공산품의 경우에도 국내생산 기술 여부에 따라 입수가능성을 결정할 수 있을 것이다.

05 대표수요이론

린더(S.B. Linder)의 대표수요이론(theory of representative demand)은 무역패턴의 결정요인을 수요측면에서 찾고 있으며 어떤 제품이 저렴하게 생산되고 비교우위를 갖추어 수출품이 될 수 있는 전제조건은 대규모의 수요가 국내에 존재하기 때문이라고 보고 있다.

대표적 수요란 대량의 수요 혹은 구매력을 갖춘 유효수요를 말하며 각국 간의 소득수준이 비슷하고 이들 간의 수요구조가 유사하면 공산품의 무역이 발생할 가능성이 있다. 또 각국 간의 수요구조의 유사성과 중복성이 클수록 대표적 수요는 한층 더 크며 무역의 가능성은 더욱 크다는 것이다.

일본의 가전산업이 발달한 원인 중의 하나는 일본은 전통적으로 주택가격이 비싸고 주택의 크기는 작다. 따라서 주부들이 집안의 좁은 공간 때문에 가구와 같은 부피가 큰 내구재보다는 부피가 작은 가전제품 등에 관심을 갖게 되었다. 이처럼 가전제품에 대한 애착을 갖는 까다로운 국내소비자들의 수요가 크게 증가하면서 국내에서 가격, 기술, 디자인 등에 경쟁력을 확보한 가전제품은 세계 수출시장으로 진출하게 된 것이다. 유사한 예로 한국의 휴대폰 산업을 들 수 있다. 1997년 외환위기 직후인데도 불구하고 과소비에 가까울 정도로 휴대폰에 대한 국내 수요는 폭발적이었다. 이러한 국내의 대표수요는 국내에서 상당한 경쟁력을 확보하고 세계시장에서 선두그룹에 진입할 수 있게 되었다.

06 제품수명주기론

버논(R. Vernon), 웰스(L.T. Wells.Jr) 등은 무역패턴의 결정요인을 제품의 수명이 도입기, 성장기, 성숙기, 쇠퇴기를 거치면서 생산기술이 기술선도국에서 여타 선진국, 개도국의 순으로 이전되며 성숙기 후반에는 노동비용이 저렴한 개도국이 가장 높은 비교우위를 가지게 된다고 하였다.

도입기와 성장기에는 신제품을 개발한 기술선도국이 수출을 하고 여타 선진국과 개도국이 수입을 하며 성장기에는 여타 선진국의 국내생산 증가로 수입량은 감소한다. 여타 선진국의 생산은 도입기 후반, 개도국의 생산은 성장기 중반부터 이루어진다. 한편 본격적인 수출은 여타 선진국은 성숙기 초반부터 개도국의 수출은 성숙기 후반부터 이루어진다.

이러한 현상은 1940년대와 1950년대 미국의 TV 수출이 1960년대에는 일본과 유럽의 TV 생산을 가져왔으며 1970년대 표준화기 이후에는 한국과 같은 개도국들이 생산을 하기 시작한 것은 좋은 예이다. 그러나 지금과 같은 글로벌환경하에서는 다국적기업들이 전 세계 모든 시장을 대상으로 동시에 글로벌 제품을 출시하기 때문에 기술수준 및 수요형태의 시차를 통한 갭이 없어짐에 따라 제품수명주기론의 이론적 설득력은 약해졌다.

07 환경격차설

맘그렌(H.B. Malmgren), 왈트(I. Walter)가 주창한 환경격차설(environment gap theory)은 산업공해 방지를 위해 투입되는 환경관리비용이 각국 간의 비교우위 구조를 변동시키고 무역패턴을 결정한다는 것이다. 환경파괴 방지를 위하여 투입되는 환경관리비용이 제품의 생산비를 상승시켜 수출상품의 국제경쟁력을 변동시킬 뿐만 아니라 무역패턴을 변동시킨다는 것이다.

환경보호에 관심을 갖고 산업공해를 규제하는 국가에 비해 이를 규제하지 않는 상대방 국가에서는 제조비용이 낮아 비교우위가 발생하여 수출이 이루어진다는 것이다. 최근 국내·외적으로 탄소세(carbon tax)와 탄소배출권거래소(Carbon Emission Reduction Exchange) 도입에 대한 논란이 일고 있다. 국내에서도 기업들이 할당 받은 온실가스의 과부족에 대해서는 탄소배출권 거래소를 통해 매매하고 있다.[10)]

한편 이산화탄소 감축의무가 없는 국가로부터 수입되는 제품에 대해서는 국경세(border tax) 부과도 검토되고 있다. 그 외 탄소발자국(carbon footprint)[11)]제도를 도입하는 방안도 거론되고 있다. 국제해사기구(IMO)는 선박 연료의 유황산화물(Sox) 규제강화를 전 세계 일반 해역을 항해하는 모든 선박을 대상으로 2020년부

10) 한국정부는 『저탄소녹색성장법(2010)』, 『온실가스 배출권의 할당 및 거래에 관한 법률(2012.5)』을 제정하고 2015년 1월부터 탄소배출권 거래를 시행했다. 세계 192개국이 2010년부터 도입키로 한 탄소배출권거래제를 한국은 5년 앞당겨 실시했다. 정부가 연간 기업별 허용량을 100% 무상으로 할당(2019년부터 3% 유상할당)하고 한 거래소를 통해 부족분은 매입하고 잉여분은 판매토록 했다. 할당량을 초과했지만 배출권을 사지 못하면 과징금을 물어야 한다. 배출권 거래가격 상한선을 톤당 1만 원으로 하고 과징금은 3만 원이다.

11) 사람의 활동이나 상품을 생산, 소비하는데 직·간접적으로 발생하는 이산화탄소의 총량을 포장지에 표기하도록 수입국이 수출국에 요구하는 일종의 비관세장벽이다.

터 시행하기로 했다. 선박 환경규제 강화로 LNG 연료 선박 기술경쟁력이 관련 산업 무역패턴의 중요 요소가 될 것이다. 도요타 자동차는 환경규제에 대응하기 위해 현재 월 60척 이상의 선박을 통해 수출 중인데 해운회사와 함께 약 2,000억 엔을 투자해 LNG 자동차 운반선 20여 척을 발주할 계획이다.

환경과 관련한 푸드마일리지(food mileage) 개념이 무역과 투자에 거론되고 있다. 푸드마일리지란 식재료의 중량(weight)과 거리(distance)를 곱한 것을 말한다. 푸드마일리지에 운송수단에 따른 이산화탄소 배출계수를 곱하면 식재료가 목적지에 오기까지 배출된 온실가스의 양이 된다. 만약 푸드마일리지의 값이 크면 수입국에서 수입품에 대한 관세 등 수입규제의 벽을 높일 수도 있을 것이며 수출국 입장에서는 수출경쟁력이 약화될 것이다. 푸드마일리지의 값이 커 수출경쟁력이 낮은 경우에는 수출업자는 수출 대신 현지국에 직접투자 등의 방법을 선호할 수도 있을 것이다. 21세기 들어 각 국가들은 지구온난화 방지의 필요성을 절감하고 있고 자의적 및 타의적으로 다양한 수단의 온실가스 방지대책을 시행하고 있다.[12)]

08 규모의 경제론

켐프(M.C. Kemp)의 규모의 경제론(theory of economies of scale)에서는 개별기업의 생산규모가 증대될 경우 개별기업 내 제품의 평균생산비가 하락하는 내부경제(internal economies)와 해당 산업 전체의 생산규모가 커지면서 그 산업에 속한 개별기업의 평균생산비가 하락하는 외부경제(external economies)의 효과에 의해 비교우위를 가지고 수출산업이 된다는 것이다.

규모의 경제란 대량생산으로 인해 장기 평균 생산비가 하락하는 현상이다. 규모의 경제가 작용하지 않는 산업은 작용하는 산업에 비해 장기적으로 경쟁력이 불리하고 도산의 우려가 발생한다. 따라서 규모의 경제가 발생하는 산업은 생산비 절감 효과로 수출산업으로 부상할 가능성이 높다.

---

12) UN식량농업기구는 2006년 기후변화의 최대 원인 중 하나로 축산업에서 소, 돼지의 방귀와 트림, 분뇨에서 나오는 메탄가스를 지목했다. 메탄은 이산화탄소보다 23배나 강한 온실효과를 낸다. 온실가스 배출량에서 소 한 마리는 자동차 1대와 같고 돼지 25마리와 비슷하다. 소가 일국 전체 메탄가스의 25%를 차지하는 에스토니아와 뉴질랜드에서는 방귀세(fart tax)를 부과하고 덴마크는 추진중에 있다. 사료로 미국농가에서는 옥수수 대신 콩을 프랑스에서는 오메가3 지방산을 첨가하여 메탄가스 감축노력을 하기도 한다. http://blog.daum.net/fresh~air/663(2010.8.27)

제5절 비교우위론의 재평가

01 비교우위론의 정치경제학적 의미

선진국인 북측(North)은 개도국인 남측(South)을 교역 파트너로 끌어들이기 위한 설득의 논리로 비교우위론을 활용하였으며 비교우위론에 입각한 자유무역하에서 선진국과 개도국이 다함께 번영할 수 있다고 주장했다. 비교우위론은 소위 근대화 이론으로 불리워지며 수십 년 동안 금과옥조로 여겨져 왔으나 선진국과 개도국의 빈부격차가 확대되면서 소위 남북문제(North-South problem)를 야기했다. 근대화이론은 확산이론(diffusion theory)이라고도 하며 개도국에 있어서의 정치·경제·사회적 발전은 외부의 영향과 원조를 통해 현대적이고 발전된 지역으로부터 자본·기술 제도 기타 현대적인 여러 가지 요소들이 전통적이고 낙후된 지역으로 확산됨으로써 비로소 이루어질 수 있다는 선진국의 발전론자들이 개발한 보수주의 발전이론이라고 할 수 있다.

02 프레비쉬 – 싱거 가설

아르헨티나의 경제학자 프레비쉬(R. Prebisch)는 1949년 UN제출 보고서「라틴 아메리카의 경제발전과 그 주요 문제」, 1958년 미경제학회 제출논문「저 개발국의 통상정책 역할」, 1964년 제1차UNCTAD 제출보고서「경제개발을 위한 무역정책을 향하여」에서 개도국 1차산품의 교역조건 악화 및 개도국 경제발전 저해 요인에 대한 논문을 발표했다. 산업화를 이룩한 선진국(center)과 그렇지 못한 주변부(periphery)로 나누고 중심부는 주변부에 공산품을 수출하고, 주변부는 중심부에 농산물과 자원을 수출하는데 공산품 거래가격은 시간이 흐름에 따라 장기적으로 상승하는데 반하여 농산물과 자원의 가격은 단기적으로는 불안정하고 장기적으로 가격이 하락한다고 주장했다.

싱거(H. Singer)는 1950년대 투자국과 투자대상국의 이익배분에 있어서 개도국에서는 공산품에 대한 수요의 소득탄력성은 높으나 1차산품에 대한 탄력성이 낮아 1차산품의 가격이 주기적 혹은 구조적으로 하락한다고 주장했다.

프레비쉬-싱거가설은 1950년대 프레비쉬, 싱거, 미르달(G. Myrdal)[13] 등의 개발론자들에 의해 이론적, 실증적으로 체계화되었다. 프레비쉬-싱거 가설(Prebisch-Singer Hypothesis)은 세계경제 체제 구조상의 기본적 불균등설을 제기하고 개도국 1차산품의 교역조건은 장기적으로 악화되는 반면 선진국 공산품의 교역조건은 개선됨에 따라 양측 간의 교역에서 발생하는 무역이익이 선진국 측에 흡수 당해 개도국의 경제적 후진성이 해소되지 않는다고 주창한 가설이다.

구체적으로는 1차산품에 대한 수요의 소득탄력성이 비탄력적이고 1차산품의 생산성 향상은 가격하락을 초래하여 궁핍화성장(immiserizing growth)[14]을 야기한다. 또 경기변동에 따른 1차산품 가격변동 폭이 확대되므로 교역조건의 장기적 악화를 가져 오고 개도국의 공업화 기회는 박탈당한다는 것이다. 이를 극복하기 위한 정책적 권고로 개도국의 수입대체적 공업화를 추진하고 개도국이 수출하는 반제품, 제품에 대한 선진국의 관세를 인하해 줄 것, 개도국의 생산자원을 제조업 부문으로 대폭 할당할 것 등이다.

03 수입대체화단계의 실패

개도국의 선진국과의 소득격차가 확대되는 원인을 비교우위론에서 찾고 개도국의 공업화 기회의 박탈을 개선하기 위해 종전의 선진국으로부터 수입하던 공산품을 개도국 내에서 직접 자체 생산하는 것을 수입대체화(import-substituting)라고 한다.

개도국은 프레비쉬-싱거가설의 권고대로 1차산품의 교역조건 개선, 대 선진국 종속(dependency)관계를 탈피하고 국민소득 향상, 국제수지 개선 등을 추구하기 위해 수입대체적 공업화를 통한 경제개발이 불가피하였다.

개도국의 이러한 수입대체화 전략은 실패하지 않을 수 없었다. 왜냐하면 개도국 내에 부품산업의 기반이 갖추어져 있지 않은 상태에서 선진국으로부터 부품을 거

13) 미르달은 선진국의 비인간적인 대 개도국 원조정책인 비극이론(tragedy theory)에 반대하였다. 비극이론이란 제1차대전 중 의약품이 부족한 연합군 야전병원에서 사용한 전략이다. 환자를 구분하여 치료하지 않아도 생존가능한 자, 치료하여도 생존이 불가능한 자에게는 의약품 사용을 중단하고 치료해야만 꼭 생존할 수 있는 자에게 의약품 사용을 허용하는 비인도주의적 치료전략이다.

14) 풍작빈핍, 대어궁핍, 손상화, 밀(Mill)의 역설이라고도 하며 생산량 증가에 따라 발생하는 이익보다 교역조건 악화로 인해 발생하는 손실이 한층 더 큰 경우의 경제성장을 말한다.

의 수입에 의존해야 하므로 완제품을 선진국으로부터 수입하는 것보다 자체 생산 비용이 더 높게 되어 결국 실패하고 말았다.

개도국의 수입대체화전략이 실패하고 차선책으로 선진국의 다국적기업이 개도국으로 진출하는 단계로 현재까지 진행되고 있다고 본다. 수입대체화전략의 실패는 미국 다국적기업들이 남미지역으로 진출하는 계기가 되었다.

04 종속이론

푸르타도(Furtato)의 저(低) 발전과정에 의하면 비교우위단계, 수입대체화단계를 거쳐 마지막 다국적기업단계로 이행한다. 다국적기업단계에서 선진국의 다국적기업이 저발전국에 미치는 부정적 효과는 다음과 같다. 첫째, 선진국 다국적기업이 저발전국 실정에 적합한 기술개발을 하지 않고 선진국 내에서 사용하던 자본집약적 기술방법을 그대로 사용하여 현지국 고용효과가 낮고 현지국과의 기술갭(technology gap)이 커 기술이전 효과 또한 크지 않다. 둘째, 현지국의 계층 간 소득 불균등의 심화, 재투자 보다는 본국으로의 송금 등 현지국과의 마찰, 외국계 다국적기업에 대한 반감 등이다. 끝으로 상품과 용역 소비증가로 생활이 행복해진다는 광고메시지 전달로 현지국 소비패턴을 왜곡시킬 수 있다는 점이다.

종속이론에는 선진국의 다국적기업을 저발전국 착취의 수단으로 보는 초기 강경 종속론자와 후기 온건 종속론자로 구분된다. 강경 종속론에서는 저발전국이 선진국과의 종속관계를 탈피하기 위해 선진국과의 경제관계를 단절(delinking)시켜야 한다고 주장하였다. 반면 에반스(P.Evans)는 브라질 모델을 예로 들어 종속적 발전(dependent development)이 가능하다고 주장하였다. 그러나 종속적 발전의 경우 현지국의 경제, 정치, 사회부문에서 국내 경제구조의 단절(disarticulation), 노동자계층의 공정한 이익배분으로부터의 배제(exclusion), 사회적 안정을 위해 노동자 계층의 정치적 억압(repression) 등 구조적 문제점을 수반한다고 하였다. 이러한 종속이론은 1970년대와 1980년대 중반까지 국내에서도 관심의 대상이 되기도 했다. 그러나 1980년대 후반 개도국의 다국적기업이 선진국에 진출하는 현상을 종속이론이 설명할 수 없게 되자 종속이론은 설득력을 크게 잃게 되었다.

토의자료

공유경제에 빠진 차이나
– 중국경제의 끝판왕 중국... BMW, 헬스장까지 공유

베이징 시내 곳곳의 공터에 공중전화박스 같은 시설들이 하나, 둘 등장했다. 베이징미파오(北京覓跑)라는 스타트업이 선보인 공유 헬스장이었다. 내부 면적이 4㎡로 TV가 달린 러닝머신이나 헬스사이클이 들어서 있고 최신 공기청정기도 설치돼 있다. 전용앱을 휴대폰에 다운받아 회원으로 등록한 사람이 휴대폰으로 QR코드를 스캔하면 문이 열린다. 이용료는 30분에 5위안(약 870원). 자신이 원하는 시간에 사용할 수 있도록 온라인 예약도 가능하다.

중국 랴오닝성의 수도 선양 시내에서는 화사한 색상만으로도 눈길을 끄는 로열 블루 BMW1 시리즈 승용차가 크게 늘었다. 현지의 한 벤처기업이 중국 최초로 BMW 공유 자동차 1,500대를 도입, 시내 곳곳에 배치한 것이다. 이 BMW 공유 자동차를 이용하려면 휴대폰에 전용앱을 깐 뒤 보증금 999위안(17만 원)을 결제하면 된다. 중국 대륙을 휩쓸고 있는 공유 자전거의 최고급 승용차 버전이 탄생한 것이다.

두 사례는 끝없이 새로운 사업 모델을 만들어 내고 있는 중국 공유경제의 단면을 보여준다. 차량·숙소·자전거를 함께 쓰는 데서 출발한 대륙의 공유경제는 세탁기·냉장고 같은 가전에 우산과 농구공까지 공유하는 수준을 넘어 이제는 공유 BMW에 공유 헬스장까지 등장한 것이다. 이뿐만 아니라 지하철, 쇼핑몰에는 박스형 공유 가라오케가 등장했고 공유 전기스쿠터, 공유 유아보행기까지 이제 없는 게 없을 지경이다.

그러나 중국의 공유경제는 기업이 유휴 자원과 그걸 필요로 하는 사람을 연결해주는 본연의 공유경제와 달리, 기업 주도의 저가(低價) 단기 렌트 형태에 가깝다. 공유 BMW, 공유 헬스방도 예외가 아니다. 기존의 자원을 활용하는 게 아니라 기업 주도의 대규모 투자가 불가피한 것이다. 이에 따라 중국의 끝 간 데 없는 공유경제 붐이 또 다른 공급 과잉의 주범이 될 수 있다는 우려마저 나오고 있다.

현재까지 등장한 공유 모델 중 가장 혁신적이라는 평가를 듣는 공유 자전거만 해도 이미 대부분의 업체가 돈벌이 되기 힘든 구조라는 것이다. 각 업체가 보급하는 자전거의 대당 비용은 평균 33만 500원. 이 같은 투자 비용을 건지려면 자전거당 사용 빈도가 하루에 최소 5번은 돼야 한다. 하지만 2014년 베이징대 재학생들이 만든 오포, 상하이에서 시작된 모바이크 단 두 개 업체뿐이었던 공유 자전거 시장엔 이제 70개 업체가 할거하고 있다. 업체가 늘면서 자전거 대당 사용 빈도는 턱없이 낮아지고 있다.

중국 신문망은 "일부 공유경제 사업 모델은 말 그대로 '돈과 자원의 낭비'로 이어지고 있다"고 보도했다. 가장 대표적인 예가 공유 우산이다. 이 분야의 초기 주자인 상하이의 셰어링 E 엄브렐러라는 업체는 비가 잦은 중국 남부지역 도시 11곳에 개당 60위안(1만 원)을 들여 총 30만 개의 우산을 뿌렸다. 사용자들이 보증금 19위안만 내면 30분당 0.5위안의 저렴한 사용료로 언제든 우산을 사용할 수 있다. 하지만 단 몇 주 만에 30만 개 우산이 모두 사라졌다. 결국 이 업체는 우산 30만 개 제작, 보급에 들인 1,800만 위안(31억 원)의 초기 투자금을 몽땅 날렸다. 그런데도 이 업체는 "실망하지 않는다. 30만 개로 안 되면 3,000만 개 우산을 뿌리겠다"는 식이다.

◇ 거리 점령한 공유자전거에 분노

처음에는 값싼 공유경제 서비스의 등장에 환호하던 중국인들도 차츰 부작용에 신물을 내고 있다. 그 극단적인 형태가 '공유 자전거 반달리즘(파괴행위)'이다. 단 3년 만에 무려 1,600만 대로 늘어난 공유 자전거가 중국 주요 도시의 도로와 인도, 공공주차장, 공원, 주택가를 모조리 점령하면서 화가 난 주민들이 자전거를 훔쳐서 숨겨버리거나 건설 현장에 파묻고 심지어 강이나 호수에 던져버리는 일이 빈번해지고 있는 것이다.

무엇보다 현재 중국 공유경제의 문제는 제대로 된 수익 모델을 갖춘 곳이 없다는 점이다. 선양의 공유 BMW만 해도 차량 가격은 대당 수십만 위안이지만, 사용료는 몇십 위안에 불과하다. 베이징의 공유 헬스방도 10대의 운영 수익이 하루 70위안에 불과하다. 그런데도 버티는 것은 사용자들이 미리 낸 보증금 덕분이다. 이 돈을 굴려 형편없는 수익을 보전하는 것이다. 하지만 보증금 돈놀이도 이제 어려워지고 있다. 도산으로 인해 사용자들에게 보증금을 반환하지 못하는 사례가 나오지 않도록 중국 정부가 엄격하게 감시하기 시작한 것이다. '공유경제의 미래가 중국에 있다'고 극찬하던 서구 매체들도 이제 "중국의 공유경제(sharingeconomy)가 과잉공유(oversharing) 단계로 접어들었다"고 말하기 시작했다.

자료 : 조선일보(2017.9.6). B7 부분 발췌

토 의 자 료

상대가격(relative price)의 비밀

절대가격과 달리 상대가격은 각 상품의 가격을 상품 상호 간의 교환비율로 표시한 것이다. 부산 대저짭짤이토마토(1kg) 최상급품은 1만 원이고 중급품은 5천 원으로 가정하자. 생산자는 왜 최상급품을 부산보다 서울로 보내 판매하는 것을 선호할까. 부산에서 두 상품의 상대가격은 2 : 1(1만 원 : 5천 원)이다. 만약 1kg당 부산 → 서울 운송비가 5천 원이라면 서울에서 상대가격은 1.5 : 1(1만 5천 원 : 1만 원)이다. 최상급품의 상대가격은 서울이 부산보다 낮아 서울에서 잘 팔리게 된다.

多國籍企業과 글로벌環境 戰略

第11章 多國籍企業의 글로벌環境

第12章 多國籍企業의 戰略的 提携

第13章 國際組織 및 人事管理

第14章 國際마케팅 管理

第15章 國際財務管理

第16章 國際生産管理

11 多國籍企業의 글로벌環境

제1절 다국적기업의 국제통상환경

01 WTO체제하의 국제무역 규범

세계무역기구 WTO체제란 우루과이라운드의 다자간협상이 타결됨에 따라 종전의 관세 및 무역에 관한 일반협정, GATT체제의 뒤를 이어 창설된 새로운 무역기구이다. WTO는 1993년 12월 15일 우루과이라운드가 종결됨에 따라 1994년 4월 모로코의 마라케시에서 개최된 113개국 각료회의에서 우루과이 라운드 다자간무역협상 최종의정서 등이 서명됨에 따라 1995년 정식 출범하게 된다.

WTO체제가 종전의 GATT체제는 관세철폐를 통한 자유무역의 달성이란 점에서는 공통점이 있다. 차이점은 GATT체제는 주로 공산품 중심인데 비하여 WTO는 공산품은 물론 농산품, 서비스, 지적소유권 등을 포괄적으로 다루며 GATT체제에서는 가입국이 규정을 위반시 처벌 조항이 없었으나 WTO체제에서는 강력한 분쟁해결기구(DSB)가 있다는 점이다. WTO의 기능은

① WTO 설립협정의 내용과 부속된 여러 다자간 무역협상이 각 회원국에서 원활히 이행되도록 하고
② 협정에 포함된 다자간 무역문제를 협상할 수 있는 장을 제공하며
③ 회원국 간의 분쟁해결에 관한 절차를 관리하고
④ 각 회원국의 무역정책을 검토하며

⑤ IMF, IBRD 등 기타 국제경제기구들과 협력하는 등의 기능을 수행한다.

한편 WTO의 조직은 각료회의, 일반이사회, 사무국, 특별기구, 산하 전문위원회 등으로 구성된다. GATT와 WTO의 차이는 관장분야, 법적권한, 분쟁해결, 기구성격 등에서 차이가 있으며 WTO체제는 최혜국대우(MFN)의 원칙, 내국민대우의 원칙, 시장접근 보호의 원칙, 투명성 등의 원칙을 기본원칙으로 한다.

국제통상환경의 새로운 변화는 국제금융의 비중인데 세계경제의 네트워크화로 보다 자유로워진 국제자본은 국제금융의 중요성을 크게 높이고 있다. 소위 몸체(실물경제)가 꼬리(금융)을 흔드는 것이 아니라 꼬리가 몸체를 흔드는 웩드독(wag the dog) 국제통상환경으로 바뀌게 되었고 세계 어느 특정지역의 국제금융위기는 순식간에 세계전체의 금융·경제 혼란으로 파급되고 있다. 국제금융환경은 자본시장의 개방화와 함께 선물, 옵션 등의 파생금융상품의 중요성이 크게 부각되고 있다.

02 도하라운드

세계무역질서는 이전의 관세 및 무역에 관한 일반 협정(GATT)체제가 마지막 라운드인 우루과이라운드(UR : 1986~1994)를 끝으로 막을 내리고 새로운 통상질서인 세계무역기구(WTO)가 1995년 1월 76개 회원국으로 출범하여 2018년 5월 현재 가입국 수는 총 164개국이다. GATT와 WTO 두 체제는 국가 간 관세를 인하하고 자유무역을 실시하자는 공통된 이념을 가지고 있다. GATT체제는 회원국이 규정을 위반하여도 강제적인 처벌조항이 없고 주로 상품무역에 비중을 둔 반면 WTO체제는 국가 간 분쟁이 발생시 강력한 분쟁해결기구(DSB)가 존재하여 중재를 하고 상품뿐만 아니라 서비스, 농산물, 지적소유권, 시장규범 등의 분야까지 포괄적으로 다룬다.

도하개발어젠다(DDA; Doha Development Agenda)는 WTO가 출범하고 2001년 11월 카타르의 도하(제4차 WTO각료회의)에서 출범을 선언한 첫 다자간협상으로 도하라운드(Doha Round)라고도 한다. 농산물과 공산품, 서비스 시장의 개방, 각종 무역규범 논의와 함께 개도국의 경제개발 지원에도 초점을 두었다. 최대 쟁점은 농업에 대한 관세와 보조금 감축문제로 이에 대한 협상은 현재까지 미타결로 표류해왔다.

2008년 7월 21일부터 스위스의 제네바에서 열린 30여개 주요국 통상회의에서는 진통 끝에 잠정협의안까지 도출되기도 했으나 불과 나흘 후 7대 무역국인 G7(미국·캐나다·호주·일본·브라질·인도·중국)이 끝내 첨예한 입장 차이를 좁히지 못하고 최종합의안 도출에는 실패하고 말았다. 협상결렬의 주요 원인은 개도국의 긴급수입관세(SSM) 발동 요건이었다. 미국 등은 잠정협의안 대로 수입물량 증가폭이 이전 3년간 평균물량의 40% 이상이 되어야 한다고 요구한 반면 인도는 수입물량 증가분이 10% 이상만 되어도 발동할 수 있도록 해야 한다는 주장을 굽히지 않았다. 그 밖에도 미국의 면화 보조금 삭감, 중국의 면화수입관세 감축 면제 등 9개 잔여 쟁점에서 성과를 내지 못하였다.

마침내 2013년 12월 WTO 제9차 각료회의에서 타결 가능성이 높은 의제만으로 구성된 발리패키지(Bali Package)가 타결됨으로써 통관절차 간소화, 비관세장벽 등 일부 타결에만 합의하였다.

03 새로운 통상관련 이슈

1) 무역 – 환경 이슈(Green Issue)

환경보호를 이유로 하여 취하는 무역규제조치와, 무역에 영향을 미치는 환경조치들에 관한 국제규범 제정 논의이다. 이렇게 될 경우 각국이 시행하고 있는 환경관련 조치와 정책의 내용에 따라 무역이 제한될 수 있으며, 환경보호와 환경기술 수준의 차이를 감안할 때 많은 국가들에게 훨씬 더 많은 경제적 부담을 초래하고 무역제한의 결과를 가져올 것으로 우려된다.

WTO는 환경무역위원회에서 무역조치와 무역효과를 동반하는 환경조치를 중심으로 무역규범을 보완해야 하는지에 관한 논의를 계속하고 있다. 주요 국제환경협약에서도 규제 대상물질의 추가문제, 추가적인 협정의정서 채택 등에 관한 논의를 교토의정서[1]에서 파리기후변화협약[2]으로 구체화하고 있다.

---

1) 유엔기후변화협약을 이행하기 위해 만들어진 국가 간 이행 협약으로, 교토기후협약이라고도 한다. 1997년 12월 일본 교토에서 개최된 유엔기후변화협약 제3차 당사국 총회에서 채택되었으며, 미국과 오스트레일리아가 비준하지 않은 상태로 2005년 2월 16일 공식 발효되었다. 교토의정서에서 온실가스 감축목표가 구체적으로 정해짐에 따라 온실가스를 효율적으로 감축하기 위해 배출권거래제도와 공동이행제도, 청정개발제도를 도입했다. 제재되는 6가지의 온실가스 중 배출량이 가장 많은 것이 이산화탄소이므로 일반적으로 배출권이라 하면 탄소배

향후 협상과정에서 첨예한 입장대립이 예상되는 이슈는 제조공정 및 생산방식의 차이에 따른 제품차별화 허용 여부이다. 동일한 제품이라도 제조과정에서 일정한 환경기준을 준수하지 못하는 제품에 대하여 차별적 조치를 통한 수입규제를 허용할 것인지에 관한 문제이다.

최근 탄소세(carbon tax), 국경세(border tax), 탄소발자국(carbon foot print), 탄소배출권거래제(Emission Trading Scheme)[3] 도입 등의 논란이 뜨겁다. 탄소세는 국내에서 생산업자가 배출하는 이산화탄소 정도에 따라 세금을 부과하는 것으로 기업들은 생산비용이 증가하고 가격경쟁력이 하락한다. 상대 수입국 측에서는 수출국에서 탄소세 등 환경규제를 받지 않고 생산한 제품을 수입할 때 국경세를 부과하자는 것이다. 탄소발자국제도는 제품의 원료구매, 생산, 운송, 폐기에 이르는 전 과정에서 배출하는 온실가스 배출량을 최종소비재에 표기하는 제도이다. 선진국의 감축의무 적용기업이 개도국의 하도급 업체에게 탄소발자국을 요구하는 것은 비관세장벽의 일종이다. 탄소배출권거래제는 국가나 기업별로 탄소배출량을 미리 정하고 미사용 분은 팔고 부족한 분량은 사도록 하는 제도이다.

미국무역대표부(USTR)의 「2010 연례무역장벽보고서」는 한국정부의 녹색성장법(안)에 대하여 제동을 걸기도 하였다. 한미 FTA 재협상(2017.12)에서 미국은 한국 자동차 연비규제와 CO_2 배출량 규제(1km당 97g 이하) 완화를 요구했다. 미국은 1km당 113g이다. 또 한국의 안전기준을 미충족 시에도 무조건 미국 자동차 업계 1개당 연 5만 대(종전 2만 5천 대)의 수입을 요구했다.

2) 무역 – 노동이슈(Blue Issue)

국제적으로 인정된 노동기준을 설정하여 이 기준보다 낮은 노동기준을 채택하고 있는 국가에서 생산된 제품 또는 이런 제품을 수출하는 국가에 대하여 무역제

출권을 말한다.

2) 파리 기후변화 협약은 2020년 만료되는 교토의정서를 대체하기 위해 지난 2015년 11월 파리에서 열린 제21차 유엔 기후변화협약 당사국총회(COP21)에서 195개국의 합의로 마련됐다. 기후변화와 관련해 사실상 전 세계의 모든 국가가 참여한 첫 번째 협약이다. 가장 큰 목표는 산업혁명 이전보다 지구의 온도를 2℃ 이상 상승하지 못하게 하자는 것이다. 2017년 6월 1일 미국의 도널드 트럼프 대통령은 파리 협약에서 탈퇴한다고 선언했다.

3) 국내 온실가스 배출권거래제는 2차계획 기간(2018~20) 중에는 상당수 기업들이 온실가스 배출권 허용량의 3%를 유상으로 매입해야 한다. 실제 3% 유상 할당은 2019년부터 시행한다.

제조치를 취할 수 있는 근거를 다자간 무역규범에 마련하려는 움직임이다. 이 문제는 당초 WTO 내에서 다룰 새로운 통상이슈의 하나로 포함하려 했으나 성사되지 않았으며 대신 OECD에서 1994년부터 무역-노동에 대한 연구보고서를 작성하는 등 큰 관심을 보이고 있다. 이는 주로 선진국을 중심으로 한 OECD 회원국들은 찬성하는 반면, 노동환경이 열악한 인도를 중심으로 한 개도국들은 반대하고 있어 향후 많은 논란이 예상되고 있다.

1990년대 나이키는 제3세계 국가에 있는 공장에서 어린이들을 근로자로 활용하다가 곤욕을 치루었다. 나이키가 아동 노동력을 착취한다는 이미지에 매출이 급격히 감소하였고 1998년 대규모 적자를 내었고 직원들의 대규모 해고를 단행하기도 하였다. 최근 다국적기업의 제3세계 노동착취에 대응해서 정당한 노동의 대가를 지급하자는 공정무역 운동이 비정부기구 등을 통해 대두되기도 했다.

파키스탄에서는 2010년대에도 10대 소년들이 가계를 돌보기 위해 맹독성 화공염료와 앞을 볼 수 없는 분진의 가죽공장에서 장갑도 없이 일하다가 심한 피부염을 앓기도 한다. 하루 2천 원이 채 안되는 저임금을 주고 불법고용을 하는 기업들이 국제적 비난을 받고 있으나 쉽게 시정되지 않고 있는 현실이다.

3) 무역 – 경쟁정책 이슈(Competition Issue)

경쟁정책에 관한 논의 역시 OECD를 중심으로 전개되어 오다가 제1차 WTO각료회의에서 이에 대한 실무작업반 설치에 합의했다. 현재 일부 선진국을 제외한 대부분의 국가에서는 경쟁정책과 관련된 제도가 미비된 상태이고 특히 국가 간 차이가 크기 때문에 국제규범화에는 많은 논란이 예상된다. 따라서 초기에는 선진국과 주요 개도국을 중심으로 하는 복수국 간 협정으로 시작하여 점차 WTO 전 회원국을 대상으로 확대 적용되는 형태로 협상이 진행될 가능성이 높다. 실제로 미국은 WTO에서의 논의와 병행하여 자국 독점금지법의 역외적용 및 양자 간 협정체결을 동시에 추진하기를 원하고 있다.

각국의 경쟁여건이 국제무역에 큰 영향을 준다는 인식에서 무역과 경쟁정책의 연계문제에서는 각 국가 간 경쟁조건을 평준화하자는데 논의의 중점을 두고 있다. 경쟁조건의 평준화 논리는 그 동안 GATT에서 진행되어온 국경에서의 무역장벽 제거만으로는 실질적인 무역자유화에 충분하지 못함으로 국경안에서의 장벽도 제거되어야 한다고 강조하고 있다. 경쟁조건이란 기업의 경제행위와 직·간접적으로 연관된 모든 환경적인 요인인 경쟁 제한적인 영업관행과 반 경쟁적인 시장구조, 산업정책, 산업조직 등을 광범위하게 포함한다.

4) 국제투자규범 이슈(Investment Issue)

WTO 무역관련 투자협정(TRIMs)과 서비스교역에 관한 일반협정(GATS)에서 국제투자에 관한 다자간규범의 틀이 부분적으로는 일단 마련되었지만 기업의 범세계적인 투자활동을 촉진하기 위해서는 좀 더 포괄적이고 구속력이 강한 투자규범이 필요하다는 인식이 대두되고 있다. 이러한 인식에서 OECD에서는 범세계적으로 적용될 다자간투자협정(MAI)을 추진하고 있다.

OECD는 1995년 제1차 각료이사회에서 협상을 시작하였으며 그 협정에는 기존 OECD투자규범의 강화, 신규투자 자유화 조치, 투자보호, 분쟁해결절차, OECD 비회원국의 참여 문제 등을 다루고 있다. 그러나 WTO에서의 투자규범 논의에 대해 회원국 간 큰 견해 차이를 보이고 있어 상당한 어려움이 예상된다. 다자간투자협정의 경우에도 영상산업 투자자유화, 투자자-현지국 정부-직접소송제도(ISD)[4] 등 일부 쟁점사항에 대한 이견으로 타결이 무산되었다. 따라서 OECD의 MAI 협상 성공여부가 WTO의 투자논의에 상당한 영향을 미칠 것으로 예상되엇으나 OECD자체 내의 MAI협상이 타결을 보지 못한 채 현재 유보되고 있는 상태이다.

2017년 12월 아르헨티나 부에노스아이레스에서 WTO회원국 164개국이 참여하는 제11차 WTO 각료회의에서는 투자원활화 분야에서는 각료 결정문(ministerial decision) 채택에도 실패했다.

5) 부패방지 이슈(Anti-Corruption Issue)

국제상거래시에 만연된 뇌물수수 및 부패관행을 제거하기 위한 국제적 논의는 미국의 주도 아래 선진국을 중심으로 전개되어 왔다. 그 결과 OECD에서는 1997년 12월 외국공무원에 대한 뇌물 제공행위 방지에 관한 협약을 채택하여 1999년 2월 15일부터 발효되었다.

이 협약은 뇌물로 쓰인 비용에 대한 세금공제 혜택 금지, 국내 공무원에 대한

4) 다국적기업의 자회사가 현지 정부의 부당한 정책으로 피해를 입은 경우 소송을 현지 법원이 아닌 세계은행 산하 국제투자분쟁해결조정센터(ICSID)에 조정 중재를 신청할 수 있다. 미국 사모펀드 Loan Star는 한국 정부를 상대로 현재 ICSID에 소송을 제기해 진행 중에 있다.

뇌물제공과 동일한 수준의 형사처벌 등을 골자로 하고 있다. 이 같은 뇌물방지 협약이 OECD회원국에만 국한될 경우 비회원국들의 무임승차(free riding) 문제가 발생하게 되므로 뇌물방지에 관한 논의도 결국은 WTO차원에서 다루어져야 한다는 주장이 제기되고 있다.

한편 2016년 5월 G20 서울정상회의에서는 반부패 국제공조를 위한 행동계획에 합의했다. 반부패 협약의 조속한 비준 및 이행, OECD 뇌물방지협약 관련 논의, 민간의 반부패 참여 노력 등을 논의했다.

6) 전자상거래 이슈(Electronic Commerce Issue)

미국을 중심으로 한 전자상거래[5] 활성화 및 자유화를 위한 국제적인 논의가 급진전되고 있다. WTO는 1998년 말 제2차 각료회의에서 처음 공식 의제로 다루었다. 그 동안 인터넷 관련 분야를 미국이 실질적으로 지배하고 있다는 점 때문에 다른 선진국이나 개도국으로부터 적극적인 지지를 얻지 못했었다.

2017년 12월 아르헨티나 부에노스아이레스에서 열린 제11차 WTO 각료회의에서는 전자상거래 각료 결정문(ministerial decision)을 채택했다. 하지만 전자상거래 무관세에 대한 선진국과 개도국 간 이견으로 각료선언(ministerial declaration)채택에는 실패했다.

향후 전자상거래 관련 WTO 논의를 지속하는 한편 전자적 전송물에 대한 무관세 관행을 2년 연장하기로 합의했다. 한국은 관심국들과 함께 전자상거래 이슈에 대해 보다 체계적인 WTO 논의 필요성을 강조하는 공동성명(joint statement)에도 참여했다.

04 지역경제통합

지역경제통합(regional economic integration)이란 지리적으로 인접하거나 경제적으로 공동의 이익을 추구하는 2개국 이상의 국가들이 그들 간의 경제적 장벽을 낮추기 위한 정책적 노력으로 하나의 시장과 하나의 경제체를 형성해 나가는 과정이나 상

5) 소셜커머스(social commerce)는 소셜 미디어와 온라인 미디어를 활용하며, 소셜네트워크로 제품을 홍보하고 응용프로그램을 활용하여 전자상거래를 하는 모든 비즈니스행위이다. 인터넷 카페와 블로그 같은 곳에서 진행되는 공동구매, 중고품거래도 소셜커머스의 일종이다.

태라고 정의할 수 있다. 이보다 광의로 사용되는 경제통합의 개념은 통신기술과 교통의 발달, GATT의 최혜국대우(MFN) 원칙에 의한 무역자유화 노력 등으로 지구촌의 각국 경제가 훨씬 더 깊은 상호의존적인 관계를 가지며, 모든 국가 간의 교역이 무차별적으로 증대되는 과정을 의미하기도 한다. 지역경제통합은 산업구조가 경쟁적 또는 보완적 국가들 간에 이루어지는데 각각 장 · 단점이 있다. 발라사(Bela Balassa) 교수의 분류에 의하면

① 자유무역협정(Free Trade Agreement)
② 관세동맹(Custom Union)
③ 공동시장(Common Market)
④ 경제동맹(Economic Union)
⑤ 완전경제통합(Complete Economic Intergation)으로 구분할 수 있다.

이들의 특징을 요약하면 [표 11-1]과 같다.

[표 11-1] 경제통합의 발전단계

	FTA	관세동맹	공동시장	경제동맹	완전경제통합
역내관세철폐	○	○	○	○	○
공동역외관세		○	○	○	○
생산요소자유이동			○	○	○
경제정책조정				○	○
초국가기구통합					○

세계적으로 많은 지역경제통합체가 존재하지만 대표적인 경제통합체는 유럽연합(EU)과 북미자유무역지대(NAFTA) 등이다. 특히 EU는 리스본조약(Risbon Treaty)이 2009년 12월 1일 발효함으로써 경제적 통합을 넘어 정치적 통합의 첫걸음을 내딛었다고 할 수 있다.[6] EU 탈퇴를 선언한 영국을 포함한 28개국과 19개국의 단일통화 유로존 국가들이 당초 완전경제통합을 넘어 정치적 통합을 지향하던 애초 목표 달성이 어렵게 됐다. 경제적 여건과 상황이 너무 다른 19개국들이 무리하게 단일통화를 사용하는 것이 문제였다. 리스본조약 발효 이후 얼마 되지 않은 2010년

6) 2010년 러시아, 벨라루스, 카자흐스탄 3국은 관세동맹을 체결하였고 2012년에는 공동경제구역(common economy space)으로 발전시키고 2013년에는 우크라이나 등 인접국가들을 포함하여 유라시아 경제연합을 창설할 계획이다.

초 그리스를 필두로 남유럽국가들 소위 PIIGS(포르투갈·아일랜드·이탈리아·그리스·스페인) 국가들은 재정위기와 국가신용등급 강등 등으로 큰 위기를 맞기도 했다. 영국 또한 과도한 EU분담금, EU의 지나친 간섭, 난민 유입 등을 이유로 브렉시트(Brexit)를 선언(2017.3)했다.

미국을 중심으로 타결되었던 12개국의 환태평양경제동반자협정(TPP)은 미국이 불리하다는 이유로 트럼프가 공식적으로 탈퇴 선언(2017.1)했고 일본중심으로 11개국이 포괄적 · 점진적 TPP(CPTPP)를 추진 중이다.[7] 미국은 최근 중국을 견제할 목적으로 재가입을 저울질 하고 있다. 한국은 12개국 중 FTA 미체결국은 일본과 멕시코뿐이라는 이유로 애초 가입을 포기했다가 추후 많은 논란이 많았고 추가 가입 여부를 고민 중이다.

중국 주도로 한국 포함 16개국이 추진 중인 역내포괄적경제동반자협정(RCEP)[8]도 추진 중에 있다. 2010년 미국 주도 TPP에 대항마 성격으로 2012년 11월 협상이 시작되었고 2017년 미국이 TPP 탈퇴를 선언하자 반작용으로 RCEP 협상이 급물살을 타게 됐다.

한국도 다자간협상보다는 쌍무협상인 지역주의의 FTA에 주력하여 왔다. 현재 한국과 FTA가 발효된 국가는 칠레(2004), 싱가포르(2006), 유럽자유무역연합(EFTA : 2006), ASEAN(상품 2007, 서비스 2009, 투자 2009), 인도(CEPA, 2010), EU(2011), 페루(2011), 미국(2012)[9], 터키(상품 2013), 호주(2014), 캐나다(2015), 중국(2015), 뉴질랜드(2015), 베트남(2015), 콜롬비아(2016)로 2017년 현재 15개 협정 52개국[10]이다. 한국과 중미 5개국[11] 간 FTA는 타결(2018.2)되어 2018년 상반기 국회비준을 거쳐 발효된다. 일반적으로 FTA의 체결에 따른 득과 실은 [표 11-2]와 같다.[12]

7) 11개 회원국(일, 호, 캐, 칠, 말, 멕, 뉴, 페, 싱, 베, 브루나이)은 칠레에서 협정문에 정식 서명했다(2018.3.8). 6개국이 의회 동의를 거쳐 비준하면 즉시 발효된다. 11개국 CPTPP의 비중은 세계 총 GDP의 13%(미국 참여시 37%)로, 세계 총교역량의 15%(미국 참여시 26%)이다.

8) 세계 총 GDP의 31% 비중으로 NAFTA의 28% 비중보다 높다.

9) 한-미 FTA체결 당시 논란이 되었던 조항은 ① 투자자-국가소송제도(ISD) ② 역진(ratchet) 방지조항 ③ 미래 최혜국 대우(MFN)이었다. 한-미 FTA 재협상(2018. 3)을 통해 미국 자동차의 한국시장 진출규제 완화 등의 개정이 있었다.

10) EU는 28개국이며 영국은 탈퇴(Brexit)절차가 완료(2019.3) 후 27개국이 됨.

11) 코스타리카, 엘살바드로, 온드라스, 니카라과, 파나마

12) 일국이 다수국과 동시에 FTA를 발효시켜 국가별 원산지증명 등의 절차들이 국수가 서로 뒤엉키는 것처럼 중첩되어 FTA효과가 반감되는 효과를 스파케티 볼 효과(spaghetti bowl effect)

[표 11-2] 자유무역협정의 득과 실

득	실
• 시장확대 및 무역창출효과*	• 무역전환효과**
• 경제성장 효과	• 관세수입 감소
• 해외직접투자 증대	• 취약산업도태·실업증대
• 해외간접투자 증대	• 보호주의 확산
• 산업구조조정 가속화	• 주권침해
• 국제협상력 강화	• 불법이민·마약 및 범죄증가

주 : * 경제통합 후 역외 저코스트 제품이 역내 고코스트 제품을 대체하는 긍정적 효과.
** 경제통합 후 역외 고코스트 제품이 역내 저코스트 제품을 대체하는 부정적 효과.

제2절 다국적기업의 문화적 환경

01 문화의 정의와 속성

로복과 시몬즈(Robock & Simmonds)에 의하면 문화(culture)는 사람들 행위의 사회적 규범 및 반응의 전체적 체계로 인간이 사회의 일원으로서 소유하고 생각하고 행동하는 모든 것이다. 문화는 인간의 지식, 신념, 도덕, 예술, 관습 등 사회의 일원으로 요구되는 능력과 습관의 총체이기도 하다. 문화는 습득되어 지고 훈련되어지는 것으로써 한 개인이 학습하는 일련의 규칙 및 행동패턴으로 태어날 때부터 물려받는 것은 아니다.

모든 사회에는 이와 같은 규범 및 행동체계가 그 사회의 독특한 문화적 환경으로 발전되어 계속적인 변화과정을 통해 다음 세대에게 계승 전수된다. 문화의 학습과정은 미묘하여 개인은 자기도 인식하지 못하는 사이에 사회적 처벌과 보상기제를 통하여 문화적 규범을 받아들이게 된다.

국제경영활동과 관련된 문화적 환경은 각종 요소로 복잡하게 구성되어 있다. 한

라고 한다.

사회의 문화는 그것을 구성하는 많은 요소들이 무작위로 또는 각기 독립적으로 존재하는 것이 아니라 상호 긴밀한 관계를 유지하면서 하나의 전체(whole) 또는 체계(system)를 이루고 있다.

이와 같이 복잡 다양하게 구성되어 있는 문화 요소들은 기업활동에 지대한 영향을 미치는 것으로써 국제경영활동을 수행하기 위해서는 외국의 이질적인 문화환경을 파악하고 그에 적합한 조직행위, 전략, 조직구조 및 기술 등을 개발해야 한다.

02 문화적 세계화

문화적 세계화는 가끔 문화적 미국화와 동의어로 들리기도 하며 할리우드의 영화, 나이키신발, 코카콜라의 의기양양한 성공에서 구체화되면서 문화적 제국주의에 대한 우려를 야기하기도 한다. 문화란 우리가 평등하게 그러나 서로 다르게 더불어 살아갈 수 있게 해주는 현장이며 객관적이라기보다는 주관적인 판단의 대상이며 문화적 세계화가 바람직한가의 여부 또한 매우 주관적이다.

서구사회의 문화가 다원주의의 메시지를 전파하여 지구촌의 장기적인 평화를 가져다 주는 유일한 희망일 수도 있으나 통제되지 않은 자본주의의 탐욕스런 속성이 자유의 메시지보다 더 일찍 도착하는 경우도 적지 않다.

경제적 세계화가 경쟁력 있는 일국의 산업이 타 산업을 정복, 지배하듯이 문화적 세계화가 원시적이고 토착적인 문화들을 착취하고 파괴하여 복종시킨다면 결코 바람직하지 않을 것이다.

세계화시대 문화중심 패러다임(paradigm)이 대두되고 인류사회의 진보를 촉진 또는 저해하는 요인이 문화이기도 하다. 문화가 발전과 경쟁력의 원천이기도 하지만 세계화로 인한 문화의 장벽이 되기도 한다. 세계화는 모든 것을 표준화하는 기술과 시장의 힘을 상징하고 국가 정체성의 위협요인으로 인식되기도 한다. 문화는 우리라는 집단의 뿌리이며 정체성(identity)과 귀속감을 제공하며 국제경영의 새로운 장벽이 되기도 한다.

정보통신의 힘으로 세계문화는 세계 구석 구석에 실시간의 광속으로 전파되어 혼합되어 지는 융합(fusion)의 문화이며 문화적 세계화는 서구문화와 토착문화가 적절한 조화를 이루면서 다양성을 추구하는 새로운 발전을 이루게 될 때 글로벌문화(global culture)의 미래는 밝을 것이다.

03 다문화경영

세계 여러 조직내 사람들의 행위를 비교 설명하여 상호작용의 증진방법을 모색하며 문화가 경영과 조직에 미치는 영향을 연구함으로써 다문화경영(multicultural management)을 이해하는 것은 국제경영거래의 성공요인이다.

지역별 기업시스템(business system)의 차이를 이해하는 것이 중요하다. 영·미·북유럽형은 법률과 권위기관을 통해 각 당사자로부터 하여금 의무의 성실한 이행을 보장하게 하는 관습의 발달로 사업관계와 사적관계를 불일치한 관계로 본다. 한편 아시아형은 가족연대와 그 밖의 확장된 연대에 바탕을 둔 긴밀한 개인관계와 거래안전을 위한 상호 신뢰에 의존하는 관습으로 사업관계를 사적관계로 본다.

[표 11-3] 체계적 조직과 유기적 조직

체계적 조직	유기적 조직
• 조직이란 뚜렷한 목표를 달성하기 위해 고안된 기계임	• 조직이란 구성원들의 관계와 필요에 의해 생기는 사회적 유기체
• 조직의 기본 구성요소가 명확히 규정됨	• 구성원과 조직체간 구성원의 기능이 변함
• 직무체계에 의한 구성원 기능이 조정됨	• 질서는 기능적 체계보다 개인적 관계와 위계에 기초함
• 효율성은 얼마나 제대로 조직의 기능들이 목표를 달성하도록 고안되었는가	• 효율성은 구성원들이 공동의 목표를 달성하기 위해 얼마나 잘 협력하는가
• 사람들간의 관계는 그들이 행하는 기능에 의해 결정됨	• 효율성은 구성원들이 공동의 목표를 달성하기 위하여 얼마나 잘 협력하는가

조직시스템은 [표 11-3]에서 보는 바와 같이 조직을 목표 달성의 고안된 기계로 보는 체계적 조직(systematic organization)과 구성원들의 사회적 유기체로 보는 유기적 조직(organic organization)으로 구분할 수 있다.

04 문명의 충돌

험볼트(Humbolt)는 문화와 문명(civilization)의 차이를 문화가 학문, 종교, 예술 등의 정신문명, 내적생활을 의미하는데 비해 문명은 산업, 공업, 법률제도 등의 진보를 의미하며 물질문명, 외부생활 등을 의미한다고 하였다.

헌팅톤(Samuel Huntington; 1993)은 저서 『문명의 충돌』에서 세계를 기독교, 정교, 이슬람, 유교, 불교, 힌두, 라틴아메리카, 아프리카(비이슬람), 일본권의 9개 문명권으로 나누고 기독교와 이슬람문명의 충돌이 미·소냉전 역할을 대신해 세계평화의 장애가 되며 중국 등 유교문명은 대체로 이슬람문명을 지원하고 일본권은 서구문명을 지원하는 경향이 있다고 하였다. 유사 문화국 간에는 서로 뭉치려는 경향이 있으며 그 안에서 질서 부여 기능을 할 수 있는 핵심국가가 출현하게 된다고 하였다.

문명충돌의 사례로 보스니아내전(1992~1995)에서 서구는 카톨릭 국가인 크로아티아를, 정교 국가인 그리스는 세르비아를, 이슬람은 보스니아를 각각 지원하였다. 미국의 9. 11사태(2001)도 미국이 편향적인 이스라엘 편을 드는 것에 대한 이슬람의 반발에서 비롯되었고 미국 역시 아프카니스탄과 이라크를 공격함으로써 보복을 가하였다.

2005년 9월 덴마크의 한 일간지가 이슬람의 무함마드를 풍자하는 만평을 게재하여 이슬람권이 크게 분노하였다. 또 2012년 6월 이스라엘계 미국인이 제작한 무함마드를 사기꾼으로 묘사한 영화 무슬림의 순진함(Innocence of Muslims)은 주 리비아 미국 대사를 죽음으로 몰고 말았다.

반면 비 기독교 문명권을 위협세력으로 보는 미국 중심 기독교 문명권의 시각이라는 문명충돌론에 대한 비판도 없지 않다. 이슬람 세력은 한 때 영화를 누렸지만 서구에 패권을 내어준 후 정체성을 종교를 통해 찾기 위해 문명충돌론을 이용하는 경향도 없지 않다는 것이다.

뮬러(Harald Müller; 1998)는 『문명의 공존』이라는 저서에서 복잡한 국제관계를 문명충돌로 지나치게 단순화하는 것은 문제가 있다는 것이다. 21세기 세계위기는 문명충돌이 아닌 과도한 국가주의에 있다는 것이다. 문명의 충돌은 대립과 갈등의 원인이 아니라 국가 간 충돌이 빚어낸 결과이며 국가 간 충돌은 문명, 인종, 사회계급 등 다양한 요소가 중첩되어 있어 신중하게 접근하여야 하며 문명의 공존이

가능하다고 하였다.

유엔사무총장이었던 코피아난(Kofi Annan, 2005)은 국제 테러에 대하여 이슬람과 서구문명 간에 편견과 오해를 버리고 상호 이익의 증진을 위해 문명의 동맹을 제안하기도 하였다. 예로써 스페인에서의 기독교 문명, 터키에서의 이슬람 문명이 공존할 수 있는 것은 서로 다름을 인정하는 데서 출발하였다고 하였다.

2011년 7월 노르웨이 우퇴위아 섬에서 32세의 극우주의자이며 기독교 근본주의자인 아네레스 베링 브레이비크(Anders Behring Breivik)가 다문화주의를 비판하고 76명의 대규모 학살을 자행한 사건은 문화의 공존이 얼마나 어려운가를 여실히 보여주고 있다.

05 현지국 기업윤리

문화는 소비패턴과 구매자 행동에 영향을 미치는 동시에 거래행동에도 영향을 준다. 현지국의 기업관행(business practices and behavior)이나 기업윤리(business ehtics)를 모르면 거래 및 협상시에 불리한 위치에 놓인다. 모든 문화는 기업행태의 도덕적 기준을 설정하는데 이것이 기업윤리이다. 윤리적 문제들이 주로 종교 혹은 신념 등에 기초를 두고 있기 때문에 행동기준에 벗어나게 되면 심한 감정적인 반발을 야기한다.

윤리문제의 핵심은 국제거래에서 발생하는 뇌물(bribery)이며 현지국 관료 등에게 지급되며 범죄행위로 간주되나 일부 개도국에서는 암암리에 이루어지고 있다. OECD는 29개 회원국과 5개 비회원국 대표들은 프랑스 OECD본부에서(1997.12.17) 뇌물행위에 관련된 기업이나 기업인을 제재하는 내용의 국제뇌물방지협약『국제상거래에 있어서 외국공무원에 대한 뇌물방지 공여 방지협약』에 서명하고 이에 관한 각료 선언을 하였고 1999년부터 협약이 발효되었다. 한국도 OECD 사무국에 비준서를 기탁하였다(1999.1.4).

국제투명성기구(Transparency International)는 1999년부터 뇌물공여지수(Bribe Payers Index)를 발표하고 있는데 이는 주요 수출국 기업들이 수출 대상국인 신흥시장국의 고위 공무원 등에게 뇌물을 줄 가능성이 어느 정도인가를 설문조사해 작성한 지표이다. 또 국제투명성기구는 매년 세계 각국의 부패정도를 평가한 부패지수(CPI)도 발표하고 있다.

UN은 세계 반부패의 날(2003.12.9)을 맞아 한국을 포함한 90개 국가는 부패방지의 중요성을 인식하고 멕시코 메리다에서 각국이 연루된 부패문제를 국제법으로 처벌할 수 있는 방안을 담은 유엔 반부패협약(UNCAC) 조인식을 가졌고 현재 150여 개국이 가입했다. OECD, UN 등 국제기구에서는 비윤리적인 기업의 제품과 서비스를 규제하는 윤리라운드(Ethics Round) 제정을 거론하기도 한다.

06 문화적 환경요소

모든 사회는 그 사회의 규범과 행동체계가 독특한 문화적 환경으로 발전되어 계속적인 변화과정을 통해 차세대에 계승·전수되어 진다. 문화의 속성은 그룹성, 지속성, 후천성을 가지며 문화를 구성하는 요소는 언어, 종교, 교육, 사회제도, 가치관, 미적 감각 등이다. 다국적기업은 진출국의 문화를 정확히 이해하고 해외로 진출하는 것이 성공의 지름길이다.

국제경영과 관련된 문화적 환경요소들은 언어, 종교, 가치관 및 태도, 법률, 교육, 정치, 관습 및 가족제도, 사회조직 등으로 구분할 수 있다. 세계에는 약 3,000개의 언어[13)]가 존재하고 방언까지 합하면 약 10,000개가 존재하는 것으로 추정한다. 이와 같은 언어의 다양성은 국제경영 활동을 제약하게 될 것이다.

가능한 한 현지국에서 통용되는 언어를 습득함은 국제경영의 전제조건이다. 특히 현지국의 언어에 거부감을 주는 브랜드는 금물이다. 예컨대 포드자동차가 생산한 『피에라』트럭은 스페인어로 '추하고 늙은 여자'라는 뜻을 지니고 있었기 때문에 스페인에서 고전을 면치 못하였다. GM자동차의 『노바』(Nova)는 영어로는 '새로운 별'의 의미가 있으나 스페인어로 'NO GO'의 뜻이 되고, 『FORD』는 스페인어로 '매일 고쳐주세요' 라는 뜻을 지니고 있어 스페인어를 사용하는 시장에서 낭패를 보기도 하였다.

13) 동·서양의 언어 문화적 차이가 죽음을 부르기도 하였다. 미국에서 할로윈데이 저녁에 가면을 쓰고 파티에 참가하려고 집을 나선 한 일본 유학생이 남의 집을 잘못 찾아 들어갔다. 그때 주인이 Freeze!(꼼짝마라)라고 외치는데 Please!(환영)로 잘못 듣고 계속 걸어 들어 가다가 주인이 쏜 총에 맞고 사망하였다. F와 P의 구분이 안되는 언어 구조상의 문제가 비극을 불렀다. 캐나다에서는 한국의 한 대학원생이 교직원에게 법적소송을 하겠다는 뜻으로 I will sue you.라고 해야 하는데, sue의 명사형을 잘못 사용해 I will suit you.라고 했다. 문제는 suit[su : t]의 발음이 「총살하다」의 shoot[ʃu : t]가 되어 무장결찰이 출동하기도 했다.

신발회사 리복(Rebock)의 경우 여성회사 신제품에 『Incubus』 브랜드가 말썽을 일으켜 소매상이 브랜드를 지우는 촌극을 벌이기도 하였다. 『Incubus』는 '여인과 친한 요정'의 뜻도 있으나, '잠자는 여인을 덮치는 마귀'로도 해석되어 미국 애리조나주 소비자들이 외설브랜드로 불매운동을 벌이기도 하였다. 엑슨사의 휘발유 브랜드인 『No-Nox』는 영어로 '무공해'의 뜻이지만 일본에서는 발음상의 이유로 외설시비에 휘말리기도 하였다.

영국에서는 의상이나 비누를 선물로 주는 것은 지나친 친밀감을 표시하며 흰 백합은 죽음을 상징한다. 프랑스에서는 노랑꽃은 불신이나 부정을 상징하고 부엌용 칼 선물은 금물이다. 멕시코에서는 노랑꽃은 죽음을 상징하고 홍콩에서는 흰색깔이 장례식을 연상한다.

이탈리아에서는 손수건 선물은 금물이며 붉은 장미는 사랑하는 여인에게 주는 것으로 알려져 있다. 러시아에서는 포크나 나이프 선물은 우정을 끊는 불길한 상징을 나타내고 사우디에서는 주류는 선물로 금물이며 남의 아내에게는 어떤 선물도 금한다. 독일에서는 부엌용 칼을 선물시 대가로 한푼이라도 받아야 우정이 깨어지지 않는다고 한다.

대만에서는 손칼은 우정을 금가는 것을 상징하며 시계는 중국과 함께 휴대용 시계외에 시계선물은 금물이다. 시계의 발음이 '끝나다', '결말짓다'의 의미를 지니고 있기 때문이다. 또 중국에서는 바이어를 접대하면서 상석에 앉혀서는 절대로 안된다. 왜냐하면 중국에서는 상석에 앉는 사람이 당일 식대를 부담하여야 하기 때문이다.

일본에서 술잔을 돌리면 야쿠자로 오해받고 벨기에서는 활어회를 먹으면 불법이다. 인도사람은 안되는 일도 노(No)라고 말하지 않는 습관이 있다. 프랑스인은 자국 언어에 대한 자부심이 매우 높아 프랑스인과 분쟁이 발생하면 짧은 실력의 불어 보다는 영어를 사용하는 것이 좋다.

종교적 환경은 다른 어떤 환경요소보다 민감하다고 할 수 있으며 종교는 소비자의 가치관, 윤리관, 생활태도에 결정적인 영향을 준다. 또 국제경영자는 종교적 행사가 생산과 소비에 미치는 영향을 파악하여야 한다. 예컨대 크리스마스가 기독교국가에서는 연중 매출액이 가장 높은 시기이며 이슬람국가에서는 라마단 금식기간에 생산성이 급격히 떨어진다. 사우디에서는 알콜이 위법이며, 베일을 벗은 여성이 남성과 함께 있는 것을 금기시하기 때문에 이러한 부류의 광고는 절대금물이다.

교육적 환경에서 고려하여 할 사항은 교육수준, 문맹률, 교육열 등이다. 교육수준이 높으면 일반적으로 예술, 여행, 관광 및 문화적 활동을 많이하며 고급제품을 선호하는 현상이 있다.

가치관 및 태도에서 고려해야 할 사항은 현지국의 독특한 민족적 가치관을 수용하여야 한다. 가치관의 차이는 시간, 일 및 부에 대한 태도 등에서 나타난다. 예컨대 아랍인은 정해진 기한이 다가오면 초조함을 느끼기 때문에 기한을 정하는 것을 매우 싫어한다. 그리스인들도 시간제한을 하는 것은 실례라고 생각하며 자신들을 업신여긴다고 생각하는 경향이 있다. 이슬람교에서는 모든 변화와 개혁을 악의 산물로 간주하는 경향이 있다.

관습 및 가족제도에서 고려하여야 할 사항은 각국마다 사회적 규범이 다르고 사회제도 중 가장 기본 단위인 가족제도의 차이이다. 안경업자가 태국에서 안경 선전을 위해 안경을 끼고 있는 동물을 이용하였다가 동물을 천하게 여기는 태국에서 실패한 경우도 있다.

가족제도의 유형은 소비자 행동에 영향을 미친다. 가정에서 부인의 지위가 어느 정도인가에 따라서 소비행태에 많은 영향을 미친다. 회교도 지역에서는 부인들이 남편의 종속적인 역할을 하는 반면, 라틴아메리카에서는 회교도 지역보다는 부인의 지위가 향상되어 있지만 남편과 동등한 지위가 되지 못한다. 반면 대부분의 선진 유럽국과 미국에서는 부인이 구매행동에 있어서 남편과 동등한 결정권을 가지고 있다.

사회구조면에서 고려되어야 할 사항은 계층간의 이동성, 사회적 지위의 결정 요인 등이 포함된다. 만약 경직적인 사회구조로 인해서 많은 유능한 사람들이 관리자의 위치에 오르지 못한다면 그 사회의 관리효율성은 매우 떨어 질 것이다. 또 그 기업에서 근무하는 사람들의 지위가 사회적으로 낮다면 유능한 사람들을 유치하기가 어려울 것이다.

그 밖에도 국제경영자가 고려해야 할 문화적 환경요소에는 미적감각, 정치제도 및 의사결정패턴 등을 고려하여야 한다. 미국이나 유럽의 경우 검정색은 죽음(장례식)을 의미하나 한국, 일본 중국에서는 검정색과 함께 백색이 같은 의미를 지니며 라틴아메리카에서는 죽음의 색깔을 보라색으로 삼는다. 이란인은 청색을 좋지 않은 색으로 보나 세계 대부분의 국가에서는 청색을 남성적인 색으로 본다. 영국과 프랑스에서는 적색이 청색보다 더 남성적인 색으로 보며 미국에서는 핑크색이 가장 여성적인 색으로 믿는다. 이러한 미적 감각의 차이는 국제시장에서 판매하고자 하는 제품의 색채, 도안 및 포장, 광고 메시지 선정 등에 큰 영향을 미친다.

일국의 정치제도가 민주주의적인지 전제주의적인지에 따라 기업의 의사결정 패턴이 달라질 수 있다. 전제주의적 사회에서 기업의 의사결정은 대부분 조직의 상층부에서 이루어지고 권한의 이양이 거의 이루어지지 않는다. 반면 민주주의적 사회에서는 경영자의 권한이 하급자 및 근로자와 공동으로 나누어 가지며 상당한 정도의 권한이양이 일반적이다.

다국적기업은 현지의 실정에 맞는 현지밀착형 상품개발을 하는 것이 무엇보다 중요하다고 하겠다. 한국기업은 최근 인도와 이슬람권에서 이러한 현지밀착형 상품을 개발하여 성공을 거둔 바 있다. 인도에서는 터번을 쓴 인도인을 감안하여 차안 천정을 높인다거나, 비포장 도로를 감안하여 차바닥 높이를 한뼘 정도 높였다. 그리고 도난 사고를 방지하기 위하여 냉장고에 열쇠를 부착하기도 하였다. 한편 이슬람권에서는 이슬람문화를 이용한 맞춤형 상품을 개발하여 한국기업들이 수출에 성공하기도 하였다. PC에는 바탕화면에 코란이 나오게 하고 휴대폰에는 하루 수 차례의 기도를 위해 메카의 방향을 지시하는 나침반이 나타나게 하는 등이다.

07 한류와 문화적 역풍[14)]

한국의 아이돌 그룹이 최근 말레이시아와 인도에서 문화적 차이와 현지 사정에 대한 몰이해로 한류가 역풍을 맞는 일이 잇달아 벌어졌다. 말레이시아에서 열린(2015.2) 그룹 빅뱅 멤버 태양의 솔로 월드투어 콘서트는 개최를 앞두고 '콘서트를 취소하거나 연기하라'는 현지 무슬림 시민단체의 항의를 받았다. 발단은 1개월 전 말레이시아 쿠알라룸푸르에서 열린 아이돌그룹 B1A4 팬미팅 이후 벌어진 이후 벌어진 '무슬림 모욕' 논란이다. 당시 그룹 측은 멤버들이 무슬림 소녀 팬을 무대로 초대해 손을 잡고 포옹을 하는 등 '한국 드라마 따라 하기' 이벤트를 진행했다. 이 장면이 인터넷에 공개되자 "이슬람 전통에 어긋난다", "소녀들을 모욕했다"는 비판

14) 동아일보(2015.3.14) 발췌

이 제기됐다. 말레이시아 정부가 공공연히 음란행위를 했다는 주최 측과 해당 소년 팬을 직접 조사하기도 했다. 당시 현지에선 "케이팝 스타 중에는 기독교 신자가 많고 교회에서 처음 노래를 시작하는 경우도 많다. 케이팝은 종교적으로 편향돼 있다"는 비난이 나오기도 했다.

태양의 콘서트에도 동일한 사태가 벌어질 가능성이 높다고 우려해 주최 측은 현지 매체와의 인터뷰를 통해 "태양과 댄서들이 적절한 의상을 착용하고 팬 이벤트 내용도 문제가 없도록 하겠다"고 밝혔다. 실제로 콘서트에서 태양은 옆구리가 드러나는 민소매 티셔츠의 몸통을 다 가리고 티셔츠로 바꿔 입는 등 노출을 줄였다. 팬을 무대로 초대하는 순서에서는 히잡을 쓰지 않은 소녀 팬이 초대됐다.

한편 KBS 예능 프로그램 촬영 도중 인도 현지 팬들과 갈등을 빚기도 했다. 슈퍼주니어의 인기 아이돌 그룹 멤버가 출현하는 이 프로는 인도 현지에서 이들이 한국 문화를 알리는 내용을 담는다. 프로그램의 제목은 '케이팝의 불모지 인도'였다. 하지만 인도 공항에 아이돌 가수들을 환영하기 위해 현지 팬들이 몰려들자 프로그램 제작진은 이들에게 "멤버들을 아는 척하지 말라"고 주문했다. 팬들이 환영하는 모습을 담으면서 케이팝(K-Pop) 불모지를 간다는 기획 취지가 무색해지기 때문이다. 이 사실이 SNS를 통해 알려지면서 논란이 일었고 "인도를 문화의 불모지로 그리고 싶은 것이냐?"고 항의하기도 했다. 지금까지 케이팝이 새롭고 신기해서 소비돼 왔지만 앞으로는 현지인에게 맞는 문화로 수준 높은 콘텐츠와 서비스를 제공해야만 할 것이다.

08 문화적 환경의 종합적 평가

다국적기업의 경영자는 문화적 환경의 요소를 종합적으로 분석, 평가하여 의사결정에 반영하여야 한다. 문화적 평가의 분석, 평가모델로는 홉스테드(G. Hofstede)의 4차원 모델과 홀(E.T. Hall)의 고배경문화와 저배경문화의 이원적 모델, 클라크혼과 스트로드벡의 모형이 있다.

홉스테드는 문화를 한 그룹과 타 그룹을 구별시켜 주는 집단적인 정신프로그래밍(collective mental programming)으로 정의하고 홉스테드모델에서는 각국의 문화적 차이를 나타내는 기본적인 축으로 5가지 차원[15)]을 들고 있다.

[표 11-4]에서 보는 바와 같이 첫째, 권력의 거리를 나타내는 집중정도(power

distance)이다. 교육수준이 낮으며 낮은 지위의 직업을 지니는 사회에서는 권력집중이 높고, 높은 교육수준과 높은 지위의 직업을 지니는 사회에서는 권력의 집중이 낮은 것으로 알려져 있다. 추장이나 족장의 사회에서는 권력집중도가 높으며 남성주의 사회가 형성될 수 있다. 다국적기업의 경영에서 고려할 사항은 기업자체의 권력집중도와 현지 국민들이 생각하는 권력집중도 간의 괴리로 인해 생산성이나 직무의 만족도가 다를 수 있다는 것이다.

둘째, 불확실성의 회피(uncertainty avoidance) 정도이다. 이는 과거의 전통, 관습, 규칙에 의해 미래의 불확실성을 회피하고 안전을 보장받으려고 하는 정도이다. 다국적기업의 경영에서 불확실성의 회피성향이 강한 국가에서는 모든 계약을 서면으로 하며 분쟁의 발생 등에 대비하여 미리 서면약정을 해두는 것이 좋다. 반면 불확실성 회피성향이 낮은 국가에서는 상사분쟁의 발생시 규범이나 관습을 적용하여 해결하려는 경향이 있다.

셋째, 개인주의 대 집단주의(individualism vs collectivism)의 정도이다. 한 사회에서 개인이 가족 및 집단에 대한 책임보다는 개인적인 자유를 기대하는 정도를 나타내는 척도이다. 다국적기업의 경영에서 개인주의 국가에서는 개인의 의사를 존중하여 분권화된 기업조직이, 집단주의 국가에서는 조직에서 결정된 의사결정에 대해 신뢰성이 높으므로 중앙집권적 기업조직이 바람직하다.

넷째, 남성 대 여성다움(masculinity vs femininity)의 정도이다. 이는 남녀 간의 역할을 명확히 구분하고 물질적 부, 권력, 스포츠 등 남성적 가치를 강조하는 정도이다. 남성다운 사회에서는 상사로부터의 인정, 승진, 도전과 같은 기회를 추구하는 직무기회가 주어져야 하며, 여성다운 사회문화에서는 협력, 작업환경의 개선 등이 중시된다.

끝으로 유교주의에 기초한 인생에 대한 장·단기지향적 가치관이다. 이는 서구사회와 동양사회를 구분하는 기준이 되기도 한다. 홉스테드(1991)는 유교주의의 특성을 가족이 조직의 가장 기본단위이고 사회의 안정은 불공정한 인간관계에서 비롯된다고 믿는 특성이 있다고 한다. 또 교육을 중시하고 근면하며 절제, 인내를 중시한다고 하였다.

---

15) 1980년 홉스테드모형에서는 4가지 차원에서 50개국을 대상으로 분석하였고 1987년에 홉스테드와 마이클 본드(Micharl Bond)는 유교차원(confucian dimension)의 인생에 대한 장·단기지향성의 정도를 23개국을 대상으로 추가로 분석하였다.

홉스테드는 이상과 같은 개인주의, 권력집중, 불확실성의 회피, 남성다움이라는 네 가지 차원을 이용하여 세계 50개 국가를 몇 개의 국가군으로 분류하여 경영조직에 미치는 영향을 분석하였다.

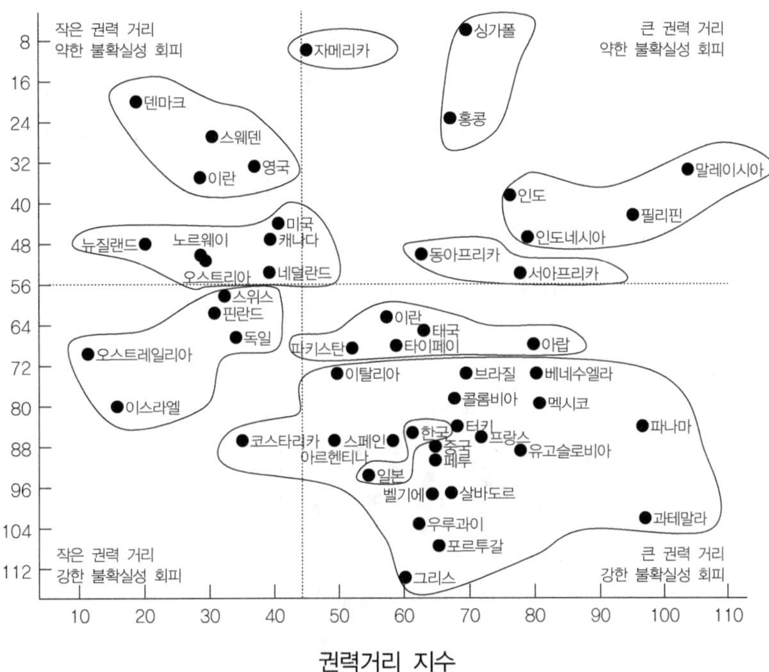

자료 : G. Hofstede, *Culture's Consequence* (2nd.edn. London : Sage, 2001), p.152. Richard Mead & Tim G. Andrews, *International Management* (4th N.J. : John Wiley & Sons Ltd, 2009), p.37. 재인용

[그림 11-1] 불확실성회피와 권력거리간의 문화 구분

[그림 11-1]에서 보는 바와 같이 한국, 일본, 중국 등은 큰 권력거리, 강한 불확실성 회피군의 문화권 국가들이고 홍콩, 싱가포르, 말레이시아, 필리핀 등은 큰 권력거리에 약한 불확실성 회피국가 문화권에 속한다. 한편 미국, 캐나다, 영국, 덴마크 등은 작은 권력거리, 약한 불확실성 회피 문화권이고 독일, 이스라엘, 스위스 등은 작은 권력거리와 강한 불확실성 회피 문화권에 속해 있다.

[그림 11-2]에서 보는 바와 같이 한국, 태국, 중국 터키 등은 집단주의, 여성주의 문화권이고 일본, 필리핀, 멕시코, 콜롬비아, 에콰도르 등은 집단주의, 남성주의 문

화권이다. 한편 핀란드, 덴마크, 네덜란드, 스웨덴 등은 개인주의, 여성주의 문화권이고 미국, 영국, 캐나다, 스위스 등은 개인주의, 남성주의 문화권에 속해 있다.

2017년 10월부터 할리우드발 전 세계로 확산된 #Me Too운동 파장에서 국가 간 문화의 차이를 엿볼 수 있다. 미국은 물론이고 영국에서는 내각이 휘청거릴 정도로 태풍급 위력을 발휘하고 있다. 그동안 남성들의 여성에 대한 유혹에 관대했던 프랑스도 낯선 여성에게 외설적 발언을 하거나 길을 막거나 쫓아가는 이른바 캣콜링(cat calling)행위에 90억 유로 과징금을 부과하기로 했다. 한편 집단주의가 중시되는 한국과 일본은 상대적으로 #Me Too운동에 소극적이다. 특히 일본은 2015년 후생노동성 조사에서 일하는 여성 3분의 1이 성추행 피해 경험이 있을 정도이다. 하지만 일본은 성추행에 대한 인식이 낮고 집단의 화합을 강조하며 내부 폭로를 막는 경향이 있다. 스모경기장 링내에는 부정탄다고 여성의료진도 들어갈 수가 없다.

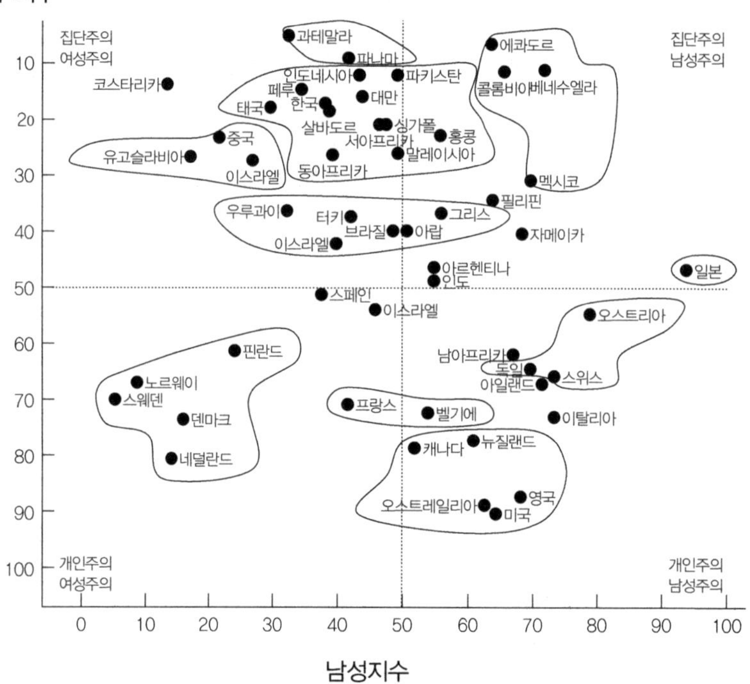

자료 : G. Hofstede, *Culture's Consequence*(2nd.edn. London : Sage, 2001), p.294. Richard Mead & Tim G. Andrews, *International Management*(4th N.J. : John Wiley & Sons Ltd, 2009), p.40. 재인용

[그림 11-2] 개인주의와 남성주의 간의 문화구분

다음으로 홀(Hall)은 문화적 차이를 구분짓는 방법으로 배경(context)이라는 개념을 사용하고 배경이란, 인간이 의사소통을 행함에 있어서 자신이 지니는 정보나 의사를 전달하기 위하여 사용하는 메시지가 내포하는 여러가지 의미를 말한다고 한다.

[표 11-4] Hofstede의 4차원 문화모형

권력거리	작은 권력거리	큰 권력거리
	권력불평등 해소. 부하직원과 협조	권력불평등 용인. 부하직원 지시
개인/집단주의	개인주의적 사회	집단적 사회
	종업원-경영자간 계산적 관계	관계가 직무보다 우선 종업원-경영자간 규범적 관계
불확실성 회피	약한 불확실성 회피	강한 불확실성 회피
	규칙비선호. 비공식화. 성취도전	규칙선호. 공식화. 표준화
남성/여성문화	여성적 문화	남성적 문화
	자신 숨김. 생활 질 강조	자신 과신. 직장경력 강조

[표 11-5] Hall의 문화모형

	고배경문화	저배경문화
법/변호사	보다 덜 중시	매우 중시
개인말	개인에 대한 보증 역할	서면이 아니면 신뢰불가
공간개념	상호 어울리는 공간 중시	개인 공간중시. 타인침해 거절
실패책임	조직의 최고위층	조직의 최하위층
시간개념	시간 구분 불분명	시간 매우 중시
협상	장시간 소요	신속 진행

홀(Hall)은 [표 11-5]에서 보는 바와 같이 고배경문화(high-context culture)와 저배경문화(low-context culture)로 구분하고 저배경문화에서는 의사소통을 함에 있어서 모든 의사나 정보를 언어, 몸짓, 표정 등의 메시지를 통해서 전달된다. 따라서 저배경문화의 의사소통은 언어에 의존하며 전달되는 대부분의 정보는 문서나 언어

형태로 전달된다.

고배경문화에서는 메시지를 통하여 전달하고자 하는 정보이외에도 다른 정보들이 의사전달자의 사회관계, 경력, 가치관, 유머감각, 상황 등과 같은 의사소통 과정상의 배경이 담겨져 있는 것이다. 예컨대 금융기관으로부터 융자를 신청하는 경우 저배경문화에서는 융자신청자의 재정상태 등이 중시되지만, 고배경문화에서는 융자신청자가 누구인가. 사회적 지위는 어떠한가. 성품과 가치관은 어떠한가 등이 중시된다.

한때 클린턴이 일본사람들이 노우(No)라고 하는 것은 결코 No의 의미가 아니라는 것도 고배경문화의 한 가지 예이다. 한국 사람들은 유교적 영향으로 겉과 속이 다른 사람을 표리부동한 사람으로 경시하는 경향이 있다. 반면 중국인들은 도교적 영향으로 속 뜻을 그대로 겉으로 표현하는 사람을 오히려 경박한 사람으로 취급하는 경향이 있다. 이러한 현상도 중국식 고배경문화라고 할 수 있겠다.

끝으로 클라크혼과 스트로드벡은 문화지향성(cultural orientation) 또는 가치추구(value orientaion)라는 개념을 이용하여 문화를 정의하고 있다. 인간의 여섯가지 기본명제

① 인간의 본성	② 인간과 자연과의 관계
③ 인간관계	④ 인간행동양식
⑤ 시간관념	⑥ 공간관념

에 대하여 질문조사를 통해 서구적 및 동양적 문화지향성을 구분하였다.

인간의 본성에 대해 서구적 문화지향성은 교육과 훈련을 통해 인간의 본성을 변화시킬 수 있다고 보는 반면 동양적 문화지향성은 그렇지 않다고 생각하므로 종업원 선발시 적절한 사람을 채용해야 한다고 주장한다. 인간과 자연과의 관계에서는 서구인들은 인간이 자연을 지배할 수 있다고 보고 서구적 경영방식의 소유자는 외부환경에 대해 공격적이고 적극적이다. 반면 동양적 문화지향성에서는 인간은 자연에 복종하면서 조화를 이루어야 한다고 생각하며 동양적 사고방식의 소유자는 방어적이고 수동적인 전략을 선호한다.

인간관계에서 서구적 문화지향성은 개인주의적에서 개인이 의사결정의 주체가 되고 전문경영제의 도입이 일반적이나, 동양적 문화지향성은 집단주의적이고 족

벌 및 친족위주 경영제가 일반적이라고 본다. 인간행동양식에서 서구적 문화지향성은 동적이고 종업원은 자기만족과 목표달성을 위해 업무를 수행하는 것으로 보지만 동양적 문화지향성에서는 정적이며 종업원들은 단지 자신에게 주어진 일만을 수행한다고 본다.

시간관념에서는 서구적 문화지향성에서는 과거보다는 미래중심적이고 기업의 정책목표는 단기적 목표의 달성을 통해 장기적 목표를 향해 나아가는 정책을 추구한다. 반면 동양적 문화지향성에서는 미래보다는 과거의 전통을 중시하고 기업의 장기적 정책목표가 정해지고 이를 달성하기 위해서는 과거 기업정책의 성공·실패를 감안하여 수정·보완의 과정을 거친다.

물리적 공간을 인간이 어떻게 공유하는가 하는 공간관념에서 서구적 문화지향성에서는, 사적 독점을 선호하여 회의장소로 칸막이 등의 밀폐된 장소가 주로 이용된다. 한편 동양적 문화지향성에서는 공간의 공적소유가 일반적이며 공개적인 회의개최가 일반적이다.

02 바이어 상담과 협상

1) 아시아권 국가

복잡한 민족구성, 다양한 종교의 혼재, 독특한 생활관습 환경을 형성하고 있는 아시아권에서는 기업이 각국의 금기사항을 반드시 파악해 두어야 한다. 태국 바이어들과는 신체접촉을 꺼리는 경향이 있으며 가급적 다리를 꼬고 앉는 것도 삼가야 한다. 말레이시아는 말레이인, 화교, 인도인 등 민족구성이 복잡하므로 상대가 어떤 민족이며 어떤 종교를 가지고 있는가를 알고 있어야 한다. 이슬람교도인 말레이인들은 종교적 이유로 돼지고기와 술을 기피한다.

인도 바이어들은 항상 왼손이 불결하다고 생각하고 있으므로 왼손으로 물건을 건네거나 음식을 집어서는 안 된다. 또 인도사람은 안 되는 일도 노(No)라고 말하지 않아 분위기를 잘 파악해야 감을 잡을 수 있다.

싱가포르 바이어와 상담할 때에는 말쑥하고 단정한 차림을 해야 신뢰를 얻을 수 있고 일본바이어와 상담 중 갈등이 발생하면 서로 잘 알고 있는 중재인을 활용하면 쉽게 해결할 수 있다.

중국인들은 위계질서를 중시하므로 계약 체결시에는 중국 측 결정권자와 비슷한 지위의 파트너가 나서는 것이 좋으며 식사 자리에서는 파트너를 상석에 모셔서는 안 된다.[16] 왜냐하면 중국에서는 상석에 앉은 사람이 당일 식사대를 지급해야 하는 관습 때문이다. 일본에서는 술자리에서 술잔을 돌리면 야쿠자로 오해 받을 수 있다.

2) 유럽권 국가

영국 바이어와는 싱글 정장차림을 하는 것이 좋고 이탈리아인들은 충동적 구매성향이 있으므로 이를 잘 활용하면 효과적이다. 덴마크 바이어들에게는 제품의 환경보호 측면을 강조하는 것이 좋다. 포르투갈 바이어와 상담시 스페인어를 사용하거나 독일 바이어와 상담시 약속시간에 늦는 일은 절대 금기다.

노르웨이 바이어와 상담시 권위적인 태도를 보이지 않아야 하며, 스페인에서는 어린아이를 싫어하는 인상을 주어서는 안된다. 그리스 바이어들은 술 취해 흐트러진 모습을 질색하는 경향이 있으므로 주의해야 한다. 러시아 바이어와 상담시 무역실무 용어를 정확히 이해했는지를 확인해야 하며 크로아티아인들과는 직접 대면상담이 효과적이다. 폴란드인들은 타고난 장사꾼들로 상세한 시장정보를 파악해 상담시 활용하는 경향이 있으므로 이에 대비해야 한다. 프랑스인들은 자기 언어에 대한 자부심이 대단하기 때문에 분쟁이 발생시 불어보다는 영어를 사용하는 것이 낫다. 감정 섞인 표현은 사태의 본질을 떠나 회사 업무에도 악영향을 미칠 수 있기 때문에 삼가는 것이 좋다. 벨기에에서는 살아 있는 생선을 회로 떠 먹으면 불법이므로 시장에서 파는 갓 죽은 생선의 포를 먹는 것이 좋다.

3) 미주 국가

미국인은 형식을 그다지 중시하지 않는 편이며 상담시에는 정장을 하는 것이 좋다. 또 논리적으로 설명하려는 자세가 필요하다. 캐나다인과는 불어와 영어 중 어느 하나를 사용하는지를 미리 알아야 한다. 중남미 바이어들과는 간단한 스페인어로 호의를 표시하면 유리한 입장에서 상담을 진행할 수 있다. 브라질인과는 공용

---

16) 중국에서는 벽시계의 발음이 죽음(終)을 연상하여 벽시계를 선물해서는 안 된다. 또 4의 숫자 발음 '쓰'가 실패의 앞 글자 발음과 동일하여 4를 기피한다. 한때 상하이 최대 택시회사가 대입 수험기간 3일간 4자로 끝나는 택시 운행을 중단한 적도 있다.

어가 포르투갈어라는 점을 주의해야 한다. 페루, 콜롬비아, 멕시코, 베네즈웰라 등 중남미국가들의 바이어들은 현장에서 명확한 답변을 회피하는 경향이 있으므로 서둘러 재촉하지 말아야 한다. 미국에서는 바이어를 만나기 위해 일요일이라도 학교 근처를 지날 때 규정속도를 준수하지 않으면 많은 벌금을 물게 된다.

4) 중동·아프리카 국가

이슬람교를 신봉하는 중동의 바이어들에게는 술을 권하거나 상대의 부인에게 지나친 찬사를 늘어놓아서는 안 된다. 날씨가 덥다고 셔츠차림이나 반바지 차림으로 상담에 임하면 품위와 신뢰도를 스스로 떨어뜨리는 결과를 가져오기도 한다.

중동 바이어들과 상담시에는 바로 본론으로 들어가지 말고 가족의 안부 등 근황에 대한 화제로 분위기를 유도하는 게 좋다. 앉을 때는 상대에게 발바닥을 보이지 않도록 해야 한다. 아울러 얼굴을 가린 아랍여성에게 함부로 말을 걸어서도 안되며 특히 유부녀에게 눈인사도 삼가해야 한다. 아프리카 바이어들과 상담시에는 무엇보다 인종차별적이라는 인상을 주지 않도록 해야 한다. 니그로(Nigro)라는 표현은 절대 삼가야 하며 올바른 명칭인 아프리카너(Africaner)를 사용해야 한다.

5) 협상

현지 기업인과의 협상(negotiation)에서 무언의 언어(silent language)도 의사소통이나 이해도를 높이는데 도움이 되며 타국 문화권에서 사업할 때 반드시 숙지하여야 한다. 인도네시아에서는 회합에 늦게 도착시는 상대방에 대한 경의를 반드시 표시해야 한다. 대면 후 어느 때 사업에 관한 이야기를 해야 하는지 협상은 얼마나 지속해야 하는지 국가별로 상이하기 때문에 적절히 대처해야 한다. 일본에서의 협상은 일찍 결론에 도달하려고 하면 매우 어려우며 이는 무례한 행동이 되기도 한다. 이는 일본의 경우 구성원의 동의를 반드시 얻어야 하는 관습 때문이다.

협상시 공간언어 또한 중요시 하여야 하는데 공간언어는 서있거나 앉아있는 거리를 말하며 아랍인은 말하는 대상과 가까이 있는 것을 좋아하지만 북미인은 불편함을 느낀다. 한국에서는 윗사람 또는 처음 보는 사람과 대화시 상대방 눈을 정면으로 주시하는 것은 실례로 간주되지만 미국 사람들은 대화시에 눈을 정면으로 마주쳐야 신뢰감을 주는 것으로 인식된다.

협상시 미국 사람은 협상 초반에 한발 양보하는 경향이 있고 러시아인은 협상이 끝날 무렵에 양보하는 관행이 있으며 오스트리아인은 협상시 동의하지 않는 사항은 솔직히 반대하고 협상 해결시에도 직설적이다. 미국 사람은 협상 해결책으로 법정해결을 선호하는 경향이 있으며 합법성 검토 후 이성적 토의를 하고 나서 인간의 친분관계가 맺어지는 반면 중국 사람은 인간대 인간의 친분관계가 맺어 지고 나서 이성적 토의가 이루어지며 합법성을 검토하는 경향이 있다.

협상이론에서 기본적인 협상원리로 내쉬(J.Nash)의 비협조적 게임이론(non cooperate game theory)이 있다. 1994년 노벨경제학상을 수상한 내쉬는 21쪽의 박사학위논문에서 "그가 생각하는 걸 나도 생각한다고 그가 생각하리라는 걸 나는 생각한다"라고 하면서 죄수의 딜레마(prisoner's dilemma)를 모델로 제시하였다. [표 11-6]에서 보듯이 분리된 독방에서 죄수 A와 B는 서로 상대방을 신뢰하지 못하여 모두 묵비권을 통한 최선의 선택(징역 1년)을 하지 못하고 두사람 모두 자백을 하게 되어 차선의 선택(징역 3년)에서 균형을 이루게 된다는 것이다.[17)]

[표 11-6] 죄수의 딜레마

행동		형량		비고
죄수A	죄수B	죄수A	죄수B	
묵비권	묵비권	징역 1년	징역 1년	협조-최선
자백	자백	징역 3년	징역 3년	배신-차선균형
묵비권	자백	징역 5년	석방	상대불신
자백	묵비권	석방	징역 5년	상대불신

17) 비즈니스 인사이드는 독일 함브르크대 연구진의 실제 죄수의 딜레마 실험 결과를 소개했다. 실험을 주도한 메누시 카자비와 안드레아스랑게는 독일 작센주의 한 교도소에 죄수와 학생들을 수감하고 동시에 실험을 했다. 실험결과 죄수의 56%가 동료를 배신하지 않는 반면 비교대상인 대학생은 63%가 동료를 배신한 것으로 나타났다. 죄수는 믿을 수 없다는 일반의 통념을 뒤집은 결과다. 행동경제학자들은 "이번 실험은 내시균형의 '합리적 인간' 가정에 의문을 제기하며 실제 인간은 수학적으로만 행동하지 않는다고" 지적했다. 한국경제(2013.7.23) 발췌

12 多國籍企業의 戰略的 提携

제1절 전략적 제휴의 개념

01 배경

오늘날 기업 간의 협력은 더 이상 합작투자와 같은 전통적인 두 기업 간의 제휴에만 국한되지 않고 전략적 제휴라는 기업경영의 새로운 패러다임이 부상하고 있다. 과거의 치열한 경쟁시대에서 협력의 접점을 극대화하는 전략적 제휴 소위 적과의 동침(sleeping with enemy)의 시대로 산업의 틀이 변화하고 있다. 1980년대 중반 이후 전략적 제휴(strategic alliances) 또는 제휴 네트워크(strategic network)이라는 새로운 개념이 보편화되면서 여러 가지 의미로 다양하게 사용되고 있다. 전략적 제휴에 대한 이론적 논의는 하버드 대학의 벤저민 고메스-카세레스(Benjamin Gomes-Casseres) 교수 등의 학자가 활발하게 전개한 바 있다. 어제의 적이 오늘의 동반자로 맺어져 국적과 업종을 뛰어 넘어 전 세계 기업판도를 뒤흔들고 있다.

02 개념

전략적 제휴의 개념은 다양하며 광의의 전략적 제휴는 인수 · 합병(M&A)을 포함한다. 협의의 전략적 제휴는 M&A와 구분되어 지는데 M&A와 달리 전략적 제휴는 각각의 회사가 독립성을 갖는다. 만약 각각의 회사가 독립성이 없다면 그러한 관계는 M&A라고 할 수 있다. 전략적 제휴는 파트너 관계를 쉽게 형성하기 위해서는 제휴를 맺는 기업의 규모나 핵심역량에 있어서 비슷한 위치에 있을 필요가 있다. 만약 두 회사의 규모 차이가 크다면 제휴 관계의 안정성이 불안정해지고 깨지기 쉽다.

전략적 제휴라는 개념에 대해서는 학자들의 견해에 따라 다양하다. 일부 학자들은 전략적 제휴를 종래의 전통적인 국제기업협력과 동일 개념으로 보기도 한다. 일반적으로 전략적 제휴는 기존의 전통적 국제기업협력과는 구별되는 것으로 보며 광의의 개념과 협의의 개념으로 구분한다. 광의의 개념은 전략적 의도만 있으면 구체적 결합형태에 관계없이 모든 기업이 협력하는 형태를 말한다. 기술라이선싱, 합작투자, 인수·합병 등이 포함된다. 한편 협의의 개념은 전통적인 기업협력이 아닌 교차라이선싱, 상호판매계약 등 쌍방 협력과 계약형 합작사업 등과 같은 비전형적 결합형태를 가지고 있는 국제기업협력만을 말한다.

종래의 전통적 기업협력을 전술적 제휴(tactic alliances)라고 부르기도 하며 전술적 제휴는 주로 시장접근이나 규모의 경제 실현에 초점을 두고 있었다. 말하자면 기업이윤의 극대화라는 전략을 위해 상대방의 이용가치를 최대한 활용하는 전술적인 측면이 강했다. 일방이 자본이나 기술, 경영능력 등 경쟁우위를 제공하면, 다른 한편은 현지시장 정보나 유통경로 등 주로 입지특수적인 우위를 제공하는 식이었다. 그러나 산업 간, 기술 간 장벽이 허물어지는 이른바 멀티기술시대에는 상황이 달라지고 있다.

제2절 전략적 제휴의 동기 및 유형

01 전략적 제휴 동기와 분류

전략적 제휴의 철저한 기본 공식은 기브 앤 테이크(give and take)이다. 상대방이 나에게 줄 수 있는 것만큼 내가 가지고 있어야 전략적 제휴가 성립한다. 전략적 제휴의 가장 중요한 동기는 핵심역량을 공유하고 보완함으로써 기업의 경쟁력을 높이는데 있다. 만약 기업 자신만의 힘으로 약점을 보완하려고 한다면 비용은 엄청나게 될 것이고 위험은 커지게 될 것이다.

전략적 제휴는 기준에 따라 여러 가지로 분류될 수 있다. 광의의 개념에 있어서 전략적 제휴의 주요 유형과 목적을 보면 [그림 12-1]과 같다. 기능별제휴는 대체로 지분참여 없이 해당기업이 수행하는 여러 분야 중 어느 특정부문에서 타기업과 협조관계를 가지는 것으로 연구개발, 생산, 마케팅, 유통, 기술, 라이선싱 등의 분야에서 이루어진다.

이는 합작투자와는 달리 새로운 조직이 창출되지 않고 제휴영역도 매우 제한적이다. 합작투자는 법률적으로 모기업으로부터 독립된 기업을 만드는 것으로 기능별제휴와는 달리 연구개발, 생산, 마케팅, 유통 등 여러 분야에 걸친 종합적인 협력관계가 요구될 때 이루어진다. 한편 기업의 인수·합병은 전략적 제휴와 구분되기도 하지만 광의의 전략적 제휴에 속한다고 할 수 있다.[1)]

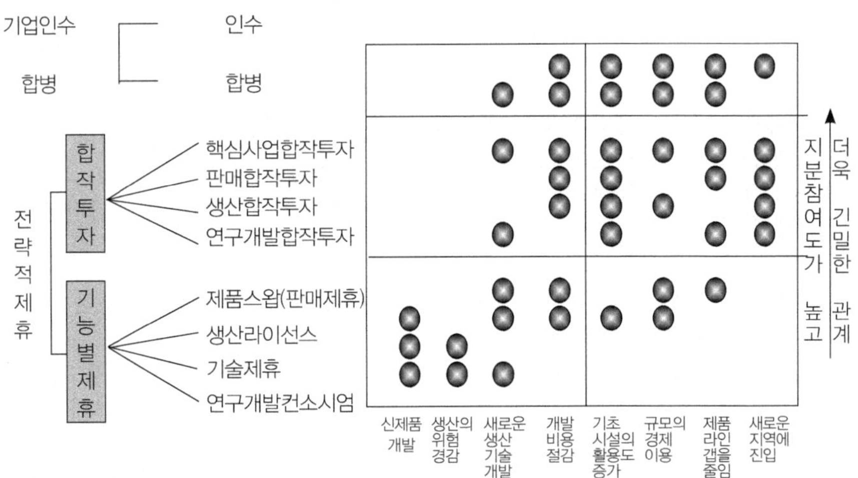

출처 : J. Bleeke and D. Ernst, *Collaborating to Compete*, John Wiley & Sons(1993), p.60.

[그림 12-1] 광의의 전략적 제휴 유형과 목적

1) 장세진, 「글로벌 경영」(서울 : 박영사, 1998), p.255.

02 협력동기별 제휴유형

전략적 제휴의 유형을 협력동기, 협력범위, 협력내용 등 다양한 기준에 의해 분류할 수 있으나 여기서는 한국무역협회(1993)의 협력동기별로 구분한 내용을 소개하기로 한다. 협력동기별로는 기술제휴, 조달제휴, 생산제휴, 판매제휴 등으로 대별하고 있다. 기술제휴는 기술의 공동개발과 상호교환, 조달제휴는 비용절감 및 조달의 원활화, 생산제휴는 생산비 절감과 시장지배력 강화, 판매제휴는 시장확대 및 브랜드지배력 강화를 각각의 목표로 하고 있다. 구체적 내용은 [표 12-1]과 같다.

[표 12-1] 전략적 제휴의 동기 및 유형

	목 적	종 류	특 성
기술제휴	기술의 공동개발과 상호교환	공동기술개발, 기술도입·교환, 특허공유, 연구참여	• 자사의 부족한 기술에 대해 타 기업의 기술, 특허, 노하우를 도입, 공유하여 기술력격차 해소 • 신기술, 제품의 공동개발 추진 → 생산, 판매제휴로 발전
조달제휴	범세계적 조달활동으로 비용절감 및 조달원활화	생산위탁, 부품조달, 단순외주가공 (외부소싱)	• 상대기업에 대한 생산위탁, 부품조달 제휴 • 전 세계적 차원에서 조달활동 (로지스틱스) 전개
생산제휴	생산비 절감 및 자사브랜드의 시장지배력 강화	공동생산, 생산위탁, OEM, 복수공급 (second sourcing) *	• 각 사의 경영자원 등 상호공급, 공동생산 • OEM 및 생산위탁·수탁을 통하여 생산비 절감, 자사브랜드의 지배력 강화 • 생산에서 판매단계까지 지속되는 경우 많음(합작기업형태)
판매제휴	상대국시장 접근 및 판매강화	공동 브랜드, 위탁판매, 공동규격 설정	• 판매능력(경영, 노하우 등) 활용, 자사품목의 상호공동판매 • 판매지역이나 제품의 선택적 활용으로 상호 마아케팅

* 특정기업이 단독으로 세계시장을 커버하지 못하는 경우에 자사의 기술통제 하에 생산을 위탁하되 판매권한은 수탁업체에 부여하여 수요를 분담하는 형태

자료 : 한국무역협회(1993)

제3절 전략적 제휴 네트워크의 우위요인과 제약요인

01 우위요인

제휴네트워크에 참여하는 기업이 가질 수 있는 우위는 네트워크 차원의 우위와 개별기업 차원의 우위로 나누어진다. 네트워크 차원의 경쟁우위가 모든 제휴기업에게 돌아가는 전체적인 파이의 크기를 결정하는 요인인 반면 기업차원의 경쟁우위는 그 파이가 기업에 어떻게 분배되는 지를 결정하는 요인이라고 할 수 있다.

일반적으로 제휴네트워크의 형성을 통해 경쟁우위를 극대화하기 위하여 다음과 같은 세 가지 사항을 고려하게 된다. 첫째로, 네트워크를 형성함으로써 전체적 경쟁력이 개별기업의 경쟁력의 합보다 더 향상 될 것인가 하는 점이다. 네트워크 내의 개별기업이 서로 보완적이거나 적어도 서로 이해상충이 되지 않을 때 네트워크를 형성할 유인을 가지게 된다. 둘째로, 누가 네트워크의 통제권을 가질 것인가 하는 점이다. 셋째로, 경쟁우위의 원천이 무엇인가 하는 점이다. 네트워크 차원의 우위는 그 네트워크가 가지는 주요 특징에 의해 결정되기 때문이다.

02 제약요인

전략적 제휴 네트워크의 형성을 통해 규모를 증가시키는 것은 우위를 증가시킬 수는 있으나 동시에 규모의 증가로 여러가지 제약요인이 발생할 수가 있으므로 각 기업들은 이러한 제약요인을 신중히 고려해야 한다. 제휴 네트워크의 형성시 주요 제약요인으로는 다음과 같은 것이 있다.

첫째, 조직적 제약(organizational constraint)이다. 네트워크를 구성하는 기업의 수가 증가할 수록 네트워크 관리상의 애로가 증가하기 때문이다. 네트워크에 참여하는 개별기업들은 서로 내부 경쟁관계에 있을 가능성이 높다. 이럴 경우 이해관계의 상충으로 네트워크를 관리하는 것이 매우 어려워진다.

둘째, 전략적 정체(stategic gridlock)를 들 수 있다. 일반적으로 전략적 제휴 네트워크가 형성될 때에는 많은 수의 기업이 참여하기 때문에 이미 네트워크가 형성되어 있는 산업일수록 새로운 네트워크 형성에 필요한 파트너를 구하는 것이 쉽지 않다. 특히 소수의 대기업이 경쟁하는 과점산업의 경우에 이러한 경향은 더욱 심하다.

셋째, 종속성(dependency)을 들 수 있다. 이는 제휴네트워크 내에 참여하는 모든 기업은 어느 정도 통제권을 상실하게 되는 것을 말한다. 제휴네트워크는 기업들로 하여금 새로운 사업기회를 제공해 주지만 네트워크 전체에 대한 적절한 통제와 관리가 실제적으로 매우 어렵기 때문에 네트워크의 형성과 확장 과정에서 엄밀한 분석이 필요하다.

제4절 전략적 제휴의 성공요인과 사례

01 전략적 제휴의 성공요인

전략적 제휴의 성공 정의는 기업 마다 상이할 수 있다. 성공의 기준은 전략적 제휴를 통해 추구하는 목적의 달성, 제휴지속정도(alliance longevity)[2)]로 판단하기도 한다. 전략적 제휴가 성공하려면 명확한 전략목표와 신뢰가 있어야 한다. 미국의 모토로라(Motorola)는 폐쇄적인 일본시장에서 가장 성공한 기업으로 평가되고 있다. 그러나 이 회사의 성공 뒤에는 일본 도시바(Toshiba)가 있다. 도시바와의 일관된 제휴전략이 대일 진출의 성공비결이었다. 모토로라는 자사의 일본 내 시장점유율에 비례해서 도시바가 마이크로 프로세서 노하우에 단계적으로 접근하도록 엄격하게 규정하고 상호 신뢰를 지켰다. 위험은 최소화하되 최대한의 성과를 내는 로 리스크-하이 리턴(low risk high return)원칙에 충실한 제휴전략이었다.

제휴전략을 구사할 때는 상대방 기업의 문화적 차이도 고려해야 한다. 전략적 제휴의 가장 고도화된 단계로 무형의 기업문화나 생산 노하우를 상호 제공하는 것으로 지식제휴가 있다. 1984년 GM과 도요타가 각각 50%의 지분을 출자해 설립한 NUMMI(New United Motor Manufactoring)사가 대표적이다. 고질적 노사분규와 만성

---

2) 유한킴벌리를 42년 간 운영해 온 킴벌리클라크와 유한양행은 킴벌리클라크가 4대 3 이사회 구성을 5대 2로 자신에게 유리하게 바꾸려고 하자 이에 반발한 유한양행 측에서 가처분신청을 제기했다. 이는 전략적 제휴의 성공이 지속기간으로 측정되는 것이 아님을 보여 주는 좋은 사례이다.

적자 기업을 도요타가 일본식 경영방식으로 살렸다.

그 밖에도 전략적 제휴의 성공요인으로 우정, 신뢰 등이 크게 작용한 경우도 있다. 미국의 다우 코닝(Dow Corning)사는 전략적 제휴의 성공요건으로써 신뢰를 가장 중시하기도 한다. 상대회사가 잘못을 저질렀을 경우 악의적인 시각으로 보지 않고 순수하게 있는 그대로 문제를 해결해 나가려는 자세가 바로 신뢰관계에서 비롯된다는 것이다.

동일본지진 발생(2011.3.11)으로 SK그룹과 일본JX 홀딩스 간의 돈독한 제휴가 이루어지기도 했다. 지진 발생 시 일본 내국인들조차 일본을 빠져나가려 할 때 SK이노베이션 사장이 직접 도쿄의 JX에너지 본사를 방문하고 도호쿠(東北)지역에 하역이 예정되었던 원유를 구매해 주기로 하고 휘발유를 JX에너지에 최우선 공급하는 등 협력을 아끼지 않았다. 5개월 후 두 회사의 이사회는 합작투자 건을 통과시켰다. 한·일 양국 최대 에너지기업인 두 회사는 아시아 에너지 시장의 주력 공급자로 확대되는 세계 PX(파라자일렌)[3] 시장에 공동 대응하기 위해 제휴관계를 넘어 사업 동반자가 되었다.

최근 다국적기업의 전략적 제휴 효과에 대한 연구로 지리적 근접성이 전략적 제휴의 목적인 지식전이에 미치는 영향은 흥미롭다. 네덜란드 흐르닝언대 연구팀은 32개 다국적 제약회사를 대상으로 분석했다. 연구 결과 전략적 제휴 파트너 수가 적을수록 특정지역 사업부가 주도적으로 전략적 제휴를 이끌어나가는 즉, 집중화하는 것이 재무적 성과(순이익률)에 긍정적 효과를 미쳤다. 반면 전략적 제휴 파트너 수가 많을수록 파트너가 지역적으로 고르게 분산된 것이 긍정적 영향을 미쳤다. 요약하면 파트너들이 지리적으로 분산되어 있다면 외부지식 원천이 풍부한 특정지역을 선정해 이를 중심으로 집중적으로 제휴전략을 추진하는 것이 필요하다. 그러나 파트너 수가 일정 규모를 초과하면 해당 프로젝트를 몇 개의 하위 모듈로 나눈 뒤 각 하위 모듈을 여러 지역거점에서 분산해서 진행하는 것이 효과적이다.[4]

---

3) 원유 정제 과정에서 나오는 방향족(BTX·벤젠, 톨루엔, 자일렌) 중 자일렌을 가공해 얻어지는 제품으로 합성섬유의 원료인 PTA(고순도테레프탈산) 제조에 사용됨.

4) 강신형, DBR 경영의 지혜(동아일보, 2017.7.12)

02 전략적 제휴의 성공사례

삼성전자와 구글의 경우에도 전략적 제휴 관계가 맺어진 성공사례라고 볼 수 있다. 삼성전자 핸드폰에는 안드로이드 OS가 탑재되어 있다. 구글은 안드로이드 OS를 무료로 제공하며 삼성과 전략적 제휴를 맺고 있다. 왜냐하면 구글은 안드로이드 OS를 기반으로 하는 삼성전자 핸드폰으로부터 광고 등의 매체를 통해 다양한 수익을 창출할 수 있는 네트워크 효과를 기대하기 때문이다. 삼성전자의 힘이 강해짐에 따라 삼성전자가 구글로부터 더 많은 수익을 요구하고 있다. 한편 구글은 모토로라 인수를 통하여 삼성전자에 대한 영향력을 강화시키며 균형을 유지하고 있다.[5)]

삼성전자와 구글의 파트너십에 위기가 올 뻔한 사건이 벌어진 적이 있다. 2014년 라스베이거스에서 당시 선다 피차이 부사장은 "구글은 삼성전자가 유일한 안드로이드 진영 최고 파트너라고 생각하는데, 삼성전자는 구글을 그렇게 생각하지 않는다"고 2시간 가까이 항의성 직격탄을 날렸다. 삼성이 갤럭시 스마트폰에 탑재하는 독자적 SW를 문제 삼았고 삼성은 모든 SW 개발을 중단키로 구글과 합의 한 바 있다. 삼성은 구글과 맞서 독자적인 SW를 개발하는 경우 당장 극심한 실적 부진에 시달릴 가능성이 크다고 판단해 구글과의 파트너십을 중시하기로 했다.

03 전략적 제휴의 실패 사례

전략적 제휴의 성공률과 실패율을 정확히 파악하기란 쉽지 않다. 조사 주체에 따라 결과도 상이하게 나타나고 있다. 웨스턴 온타리오 대학의 비미쉬(Beamish) 교수는 지난 10년간 이루어진 9개의 제휴 연구를 검토한 결과 조사 대상자 경영자 중 34%에서 61% 정도가 제휴에 만족하지 못하고 있음을 발견했다.

미국의 매킨지(McKinsey)사는 미·일·유럽에서 각각 상위 50개 기업(시장가치 기준)을 선정해서 전략적 제휴와 M&A성공률을 비교했다. 조사 결과에 따르면 M&A는 57%의 성공률을 보였으며 전략적 제휴의 경우 쌍방의 성공률이 18%이고 일방의 성공률은 51%에 그친 것으로 나타났다. 그러나 메킨지사는 이와 같은 평면적인

---

5) http://young.glovis.net/1027

비교보다 성공에 대한 개념이 기업에 따라 다르다는 점에 주목했다. 매킨지사가 지적한 성공의 기준은 재무상의 자본비용 만회 여부, 현안의 전략목표 달성 여부 등 두 가지였다. 매킨지사는 이를 토대로 미국기업과 일·유럽기업간 경영문화상의 차이점을 발견했다. 미국기업은 성공의 요건으로 재무적 기준을 잣대로 사용하는 경향이 짙은 반면, 일본과 유럽기업은 장기적이고 비재무적인 기준을 중시했다는 것이다.

다임러-벤츠(Daimler Benz)사는 제트엔진 분야에서 GE와의 제휴관계를 청산하고 보다 좋은 조건을 제시한 라이벌 기업 Pratt&Whitney사와 합작하였고, AT&T사와 올리베티사도 서로 상대방 제품을 자사의 지명도가 높은 시장에서 판매하는 원대한 제휴관계를 기업문화와 마케팅전략의 차이 때문에 청산하였다.

라이벌 기업 간의 신뢰관계도 항상 유지되는 것은 아니다. 삼성전자와 소니(Sony)는 2004년 공동으로 2조원을 출자하여 충남 탕정면에 합작회사인 S-LCD 2개 공장(7세대·8세대)을 설립하여 40인치 대 TV LCD 패널을 생산하였다. 생산분의 절반을 소니가, 절반을 삼성전자가 사가며 밀월관계를 유지하였다. 2008년 2월 삼성이 특검수사로 곤혹을 겪자 소니는 차세대(10세대) LCD는 일본 샤프로부터 구입할 계획이라고 발표하였다. 소니는 2009년부터 가동에 들어가는 샤프 10세대 공장에서 LCD를 사는 것은 물론, 2008년에도 샤프의 가메야마시(市)공장에서도 LCD를 구입할 예정이라는 것이다. 겉으로는 원가절감을 내세우지만 삼성에 반감이 심한 일본 전자업체들의 타도 삼성 전략의 일환이 아닌가라는 우려를 낳기도 하였다. 마침내 2011년 7월 소니와 삼성전자는 LCD합작사업을 정리하기 위한 논의에 착수했다고 발표하였다. 소니는 지분을 철수하고 삼성전자는 중장기적으로 OLED(유기발광다이오드) 공장 등으로 전환하는데 관심이 있는 것으로 알려졌다.

04 자동차 산업의 합종연횡

미래형 스마트카(smart car)를 개발하기 위해 자동차업체와 IT업체 간 합종연횡이 활발하다. 자동차산업을 이끌 미래의 기술로 인터넷 및 다양한 사물과 연결되는 커넥티드카(connected car)와 운전자가 필요 없는 자율주행차 두 가지이다.

포드는 아마존과 협력해 운전자가 앉은 채로 문을 열거나 집안의 불을 켜고 끌 수 있으며 집에서 차의 시동을 켤 수 있게 한다. 폭스바겐은 LG와 손잡고 차에 앉아 세탁기, 냉장고, 오븐, 오디오 등 가전기를 제어하고 LG 전자 스마트폰으로 차량을 조작할 수 있는 커넥티드카를 개발할 계획이다. LG전자는 퀄컴과 제휴하여 자율주행차의 V2X통신모듈을 공동개발하기로 발표(2017.10)했다.

볼보는 그래픽칩 전문업체 앤비디아와 자율주행차량, 마이크로소프트사와는 자율주행차와 커넥티드카를 개발할 계획이다. 다임러는 퀄컴사와 커넥티드카 기술 공동개발, 르노·닛산은 NASA와 자율주행차, BMW는 중국의 바이두와 자율주행차 시험운전을 하고 삼성전자와는 운전자를 위한 인공지능 비서 고성능화 협력을 맺고 있다.

GM은 차량공유업체 리프트를 통해 무인택시사업을 할 계획이며 리프트의 경쟁사 우버 역시 자체적으로 자율주행차 개발에 나섰다. 구글은 렌트카 업체 애비스와 손잡고 애플은 렌트카 업체 허츠와 자율주행차 임대차계약을 체결했다.

합종연횡 뒤에는 기존 자동차업체들의 절박함이 있다. 전기차, 자율주행차, 커넥티드카의 등장으로 생존에 위협을 느끼고 있기 때문이다. 영국의 바클레이즈 투자은행은 미국의 현재 가구당 자동차 소유 2.1대에서 자율주행차가 완전히 자리잡는 2040년 경에는 1.2대로 감소할 것으로 전망했다. 가정에 차량 한 대만 있어도 여러 명의 출근이 가능하기 때문이다.

가장 큰 위협은 구글이다. 지도와 로봇, 드론, 인공지능 등으로 영역을 넓히며 자율주행차 개발에 필요한 모든 것을 확보한 것으로 평가받는다. 일반도로에서 자율주행차 시험운전을 할 수 있는 미국 네바다 주에서 가장 먼저 허가를 받은 것도 구글이다. 구글은 자율주행차 프로젝트에 대용량 데이터를 처리해 실시간 의사결정을 지원하도록 하는 인텔칩을 사용한다고 발표(2017.9)했다.

애플 역시 타이탄(Titan) 프로젝트라는 이름으로 자율주행 전기차 개발을 비밀리에 진행해 왔고 마침내 캘리포니아 시내 도로에 애플의 자율주행테스트차가 모습을 드러냈다(2017.10). 한편 중국 차량공유업체 디디추싱은 10억 달러를 투자(2016.5)하고 중국 내 주행정보를 모아 빅데이터를 구성하고 이를 바탕으로 자율주행차 개발에 속도를 가하고 있다. 하드웨어에 강한 자동차업체와 소프트웨어에 강한 IT 업체가 상호 협력을 하지만 자동차업체는 자신이 껍데기만 제공하고 실리는 IT 업체들이 챙겨갈지도 모른다는 불안감을 느끼기도 한다.

중국 지리자동차가 메르세데스벤처를 제조하는 다임러의 지분 9.7%를 매입 최대 주주가 되었다(2018.2). 지분확보에 소요된 비용은 90억 달러(약 9.7조 원)다. 볼보의 최대 주주이기도 한 지리자동차는 이번 투자로 로터스, 폴스타, 벤처를 거느리게 됐다. 지리자동차는 벤츠가 포함된 다임러그룹의 지분인수와 함께 전기차 분야에 대한 기술협력을 희망했다. 벤츠는 EQ브랜드를 통해 2022년까지 10종의 전기차를 출시할 계획이다.

또한 지리자동차는 폭스바겐그룹과 규모의 경제를 누릴 수 있게 됐다. 지리자동차는 이번 투자가 테슬라, 구글, 우버 등 새로운 경쟁자들과의 전기차, 자율주행차 분야에서의 경쟁 우위를 위한 것이라고 밝혔다. 특히 현재의 자동차 제조사는 이 같은 새로운 경쟁에서 이길 수 없기 때문에 힘을 공유하고 결합해야 한다고 한다.

05 자율주행차 동맹[6)]

자율주행은 일반적으로 주변 사물의 행동을 센서로 감지하고 위치를 파악하여 안전 주행 경로를 계산해 의사결정을 내리는 구조이다. 글로벌 자율주행차 시장의 주도권을 장악하기 위해 관련 기업 간 동맹이 가속화되고 있다. 미국의 소프트웨어·반도체기업 엔비디아(NVIDIA)와 자동차 부품회사, 완성차업체들로 구성된 최강 엔비디아동맹과 이에 맞서 인텔이 BMW, 피아트 등과 합심해 인텔동맹을 공고히 하고 있다. 여기에 일본기업 간 연합군 동맹과 테슬라도 새로운 동맹을 시도하고 있다.

엔비디아는 세계 최대 부품사 보쉬를 품고 AI기반 슈퍼칩 개발에 총력을 기울이며 아우디와 폭스바겐, 다임러, 볼보 등이 가세하고 있는 현재 가장 막강한 엔비디아-보쉬 동맹이다. 도요타는 최근 일본동맹에서 이탈하고 AI의 딥러닝(심층학습) 개발경쟁에서 뒤처지지 않으려고 앤비디아동맹에 합류했다.

엔비디어동맹에 도전장을 내민 인텔은 실리콘밸리에서 자율주행차 연구에 본격 가세했다. 이스라엘의 화상 인식업체 모빌아이를 153억 달러에 인수(2017.3)했다. 독일의 자율주행 부품 강자인 콘티넨탈이 참여하고 피아트, BMW 등이 가세하고 있다.

한편 한국은 세계 5위 완성차 업체 현대차와 1위 반도체업체 삼성전자가 있지만 자율주행차 협업은 지지부진한 편이다. 현대·기아자동차는 계열 부품사인 현대

6) 한국경제(2017.10.2), A3 발췌

모비스 등과 첨단운전자 보조시스템(ADAS) 등을 독자 개발하고 있다. 현대차가 이스라엘 테크니온 공대, KAIST와 손잡고 자율주행차 인공지능 등을 함께 연구하는 느슨한 협업(2018.9)을 하기로 발표한 정도이다.

06 클라우드 동맹

클라우드(cloud)란 소프트웨어와 데이터를 인터넷과 연결된 중앙 컴퓨터에 저장, 인터넷에 접속하기만 하면 언제 어디서든 데이터를 이용할 수 있도록 하는 시스템을 말한다.

세계 클라우드시장 점유율이 가장 높은 아마존 웹서비스(AWS), 마이크로소프트(MS), IBM 등의 클라우드 업체가 한국의 정보기술(IT) 서비스업체와 동맹(alliance)을 맺어 한국 기업의 고객을 확보하기 위해 국내 진출을 시도하고 있다.

국내 1위 IT 업체 삼성 SDS가 세계 최대 소프트웨어 기업 MS와 '클라우드 이노베이션 랩'을 공동개발하기 위한 MOU를 체결했다(2017.7). LG CNS는 아마존 웹서비스와 AWS 클라우드 전환 가속화 프로그램 마케팅, SK C&C는 판교에 클라우드 데이터 센터를 구축하기로 했다. 한편 이에 맞서 국내 소프트웨어 기업인 한글과 컴퓨터, 안랩, 더존, 영림원, 비트컴퓨터 등 20여개 기업들도 클라우드 동맹을 결성했다.

07 일본산업의 전방위적 전략적 제휴[7)]

일본기업들의 전략적 제휴로 세계시장을 공략하는 나카마즈쿠리(동료 만들기) 열풍이 거세다. 한 개 기업이 개별적으로 기술을 개발하는 데는 한계가 있다는 공감을 하고 자동차, 조선, 전자, 발전 등 전 산업 분야에서 히노마루(일장기) 연합군 결성이 잇따르고 있다. 특히 일본 전자업계의 추락을 되풀이하지 않게 위해 일본 정부도 제휴를 위한 자국의 산업재편을 유도하고 있다.

도요타는 미국과 유럽업체에 비해 상대적으로 뒤처진 전기자동차 부문 경쟁력을 높여 전기차 시장의 역전을 노리고 있다. 도요타(90%), 마쓰다와 덴소가 각각 5%씩 투자하여 전기차 핵심기술을 공동개발하는 'EV · 시 · 에이 · 스피릿' 회사를

7) 한국경제(2016.10.17) A12 발췌

설립하기로 하고 스즈키와는 자율주행 등 기술 공동개발을 하기로 했다.

혼다와 야마하발동기도 소형스쿠터 생산과 개발에서 전략적 제휴를 선택했다. 혼다와 야마하발동기는 1980년대부터 30년 넘게 일본 오토바이 시장을 놓고 소위 'HY전쟁'을 벌여온 바 있다.

히다티제작소와 도시바, 미쓰비시중공업은 원자력발전소용 연료사업 통합을 목표로 하고 도요타, 닛산, 혼다 등은 커넥티드카 사이버 공격에 공동 대응하는 조직을 구성한다.

미쓰비시중공업과 이마바리 등 조선 빅3는 조선 설계, 생산위탁, 수주 등을 제휴하고 NHK, 파나소닉 등 전자업체는 차세대 TV인 8K TV 상용화 목표로 공동개발을, 도요타, 파나소닉 등 8개사는 도쿄대에서 인력양성을 위한 기부강좌를 개설하기도 했다.

일본정부는 인공지능(AI), 사물인터넷(IoT) 등 4차산업혁명을 위해 민관이 공동 참여하는 미래투자회의를 신설하고 일본 기업 간 공동체제 구축을 유지하고 있다. 구조조정 등 산업재편을 촉진하는 법도 제정했다. 「산업경쟁력강화법」(2014)은 기업의 구조조정이 생산성 향상과 업계의 공급과잉구조를 해소하는데 도움이 된다고 판단되면 해당 기업에 세제 및 금융혜택을 준다.

일본기업들의 전략적 제휴는 일본의 국민성과도 연관되어 있다. 일본식 경영에 있어서 기업 간 경쟁은 기업 내부적으로 원가를 줄이고 제품을 차별화하는데 목적이 있다. 하지만 기업 간 가격경쟁으로 약자를 문 닫게 하는 치킨게임을 암묵적으로 금기시하며 서로 처한 상황이 유사하면 서로 뭉치는 습성이 있다.

제5절 국제 인수·합병전략

01 국제 M&A의 개념과 현지국 효과

1) 국제 M&A의 개념

M&A는 Mergers and Acquisitions의 약어로 Mergers를 합병, Acquisitions을 매수 또

는 인수로 번역하고 있다. 따라서 M&A를 매수·합병 또는 인수·합병으로 부르고 있다. 이러한 M&A가 국경을 넘어 국가간에 이루어지는 것을 국제매수·합병 또는 국제인수·합병(cross-border M&A)이라고 한다. 아직 M&A는 용어의 통일된 정의가 이루어져있지 못하고 기법도 500여 가지가 되며 학문적인 체계를 이루기보다는 하나의 기법(art)으로써 발전해오고 있다. 기업합병은 2개 이상의 기업이 하나로 통합되어 단일 기업이 되는 것으로 신설합병과 흡수합병이 있고, 기업인수는 일 기업이 여타 기업의 주식 또는 자산을 취득하여 경영권을 획득하는 것이다.

학자에 따라서 인수·합병(M&A)을 전략적 제휴와 구별하기도 하고 전략적 제휴의 한 유형으로 간주하기도 한다. 전략적 제휴의 고도화된 형태가 M&A로 나타나기도 하기 때문에 양자를 엄격히 구분하기는 쉽지 않다. 아무튼 여기에서는 절을 달리하여 설명하기로 한다.

종래 앵글로색슨(Anglo-Saxon)민족의 독특한 기업문화로 여겨져 왔던 M&A는 약 100여 년의 역사를 가지고 있으며 미국기업을 중심으로 발전해 왔다. 1980년대 들어 급속한 속도로 행해지고 있는 M&A는 국내는 물론 국가 간의 경계를 넘어 적대적 또는 우호적 인수·합병을 가리지 않고 이루어지고 있다.

한국도 1997년 1월 1일부터는 상장법인이 발행한 주식의 10% 이상을 다른 기업이 취득할 수 없다는 「증권거래법 200조」가 완전히 폐지되었으며 1998년 3월부터는 외국인들도 방위산업체를 제외한 모든 기업에 대해 정부의 허가없이 적대적 인수합병을 시도할 수 있다.

정부는 「외국인투자촉진법」(1998.11.17) 시행령 개정에서 적대적 M&A의 전면적 허용을 위해서 외국인이 이사회 동의없이 국내기업 주식의 33.3%까지 취득할 수 있도록 하였으며, 증권거래법 개정을 통해 국내 상장기업의 경영권 보호 차원에서 발행주식의 3분의 1로 제한된 자사주 취득제한도 폐지하기로 하였다.

2) 현지국에 미치는 효과

한편 현지국 입장에서는 국제 M&A(cross-border M&A)보다는 외국인에 의한 신규투자(green field: FDI)가 선호되어 진다. [표 12-2]에서 보는 바와 같이 양자는 현지국에 미치는 자본 형성, 고용 및 조세효과, 산업구조적 다양화, 경쟁, 정치·문화적 영향 등에서 차이가 있다.

[표 12-2] 국제 M&A와 국제신규 FDI의 현지국에 미치는 효과

	국제 M&A	국제신규(green field) FDI
자본형성	• 단기적으로는 소유권이전만 이루어지고 장기적인 투자 확대로 자본형성 가능 • 피인수기업이 부도기업인 경우 자본형성 유지	• 새로운 자본형성 가능 (인적·물적자본)
고용·과세표준	• 단기적인 고용창출 없음 • 구조조정 등으로 일자리감소 • 장기적인 고용창출 가능	• 단기적인 고용창출 있음 • 신규기업 과세표준 설정가능
산업구조 다양화	• 기존 산업유지 • 인수 후 외국기업과 통합되는 경우에는 다양화 가능	• 신규 산업에 진출하는 경우 다양화 가능
경쟁	• 단기적으로 경쟁감소 • 부도기업 인수시 종전의 경쟁유지	• 경쟁유발로 효율성 증대
정치·문화적	• 국가 보안 및 문화적 감정자극 (군사기술·방송 등)	• 직접적인 문제는 야기하지 않음
국제유동성	• 외환 및 국제수지에 도움	• 외환 및 국제수지에 도움
부수적 자원	• 새로운 경영, 생산, 마케팅기술 제공	• 새로운 경영, 생산, 마케팅기술 제공

일반적으로 외국인에 의한 신규투자는 현지국에 새로운 자본형성, 새로운 일자리 창출, 과세표준, 경쟁으로 인한 효율성 증대 등의 면에서 M&A보다 선호되어지고 따라서 현지국으로부터 각종 투자인센티브를 받게 된다.

02 국제 M&A의 역사와 변화

1) 배경

『작은 것이 아름답다』는 말 대신 『큰 것이 강하다』는 구호를 걸고 세계제패를 겨냥한 기업들의 메가머저(mega merger)광풍은 그칠줄 모르며 다가오는 21세기에도 한 동안 전 세계적으로 풍미할 것으로 예상된다. 또 그 규모면에서도 자고나면 그 기록을 경신할 정도이다. 일반적으로 기업들은 위기에서도 규모가 큰 기업은

망하지 않는다는 소위 대마불사(too big to fail)의 믿음과 한 장소에서 다양한 서비스(one stop service)를 해결하고자 하는 소비자들의 욕구가 M&A를 자극하기도 하였다.

국제 M&A가 세계적으로 열풍이 일고 있는 이유는 다음과 같은 국제적 배경이 있기 때문이다.[8)]

첫째, 국가간 경계가 허물어지고 국제경영 환경이 글로벌화 되어 감에 따라 다국적기업들은 전 세계를 단일 시장으로 하는 신속한 경영활동과 다양한 욕구를 동시에 충족시켜야 할 필요성이 증가하게 되었다. 기업이 해외로 진출하는 경우 투자의 타이밍을 놓치지 않기 위해서는 초지에서 새로운 공장을 건설하는 그린필드 스타트업(greenfield start-up)보다는 기존 기업을 인수하는 방법을 원할 것이다.

둘째, 1985년 플라자합의(Plaza Accord) 이후 달러화의 가치가 하락하였고 특히 1987년 10월 블랙먼데이(Black Monday)로 인한 뉴욕증시의 주가폭락으로 미국기업의 상대적 가치가 하락하였다. 반면 일본과 유럽기업들은 국제수지 흑자로 인한 부의 축적이 이루어졌고 특히 일본의 경우 엔고로 인한 국제경쟁력 확보를 위해 국내의 생산기지를 해외로 이전할 필요성을 느낌에 따라 국제 M&A의 방법이 이용되었다.

셋째, 1970년대 이전에는 사업의 다각화가 세계적으로 활발하였다. 그러나 1980년대 접어들면서 무분별한 문어발식 기업확대가 많은 문제점이 있다는 것을 인식함에 따라 주력 핵심산업을 제외한 산업부문의 과감한 정리가 이루어지게 된 것도 국제 M&A가 활발하게 된 동기가 되었다. 1997년 이후 아시아 외환위기를 계기로 미·유럽기업들이 아시아기업들의 인수·합병을 적극 추진하고 있고 아시아 각국도 심각한 외환보유고 부족으로 외국인투자유치에 적극 나서고 있어 아시아지역에 있어서 M&A규모가 크게 증가하였다.

끝으로 2008년 미국발 글로벌금융위기는 금융계 M&A시장의 대변혁을 초래하였다. 미국의 소위 5대 투자은행 중 구제금융(bail out)을 받은 베어스턴스는 JP모건체이스에(2008.3.16), 메릴린치는 BOA에(2008.9.15) 각각 인수 당하였다. 골드만삭스와 모건스탠리는 기존 투자은행 영역에다 합병이나 신설을 통해 상업은행을 두는 금융지주회사로 변신하였다.

---

8) 김신, 「국제경영학」(서울 : 박영사, 1993), pp.383-384.

2) M&A 100년 역사

M&A의 역사는 결코 짧지 않다. 특히 미국의 경우 기업역사가 곧 M&A역사로 일컬어질 만큼 뿌리도 깊다. GE, GM, 듀폰 등 초우량기업들은 대부분 M&A를 통해 지금의 위치에 온 것이다. 미국 M&A역사는 곧 세계 M&A역사이다. 미국에서의 M&A역사는 일반적으로 다섯 단계로 나누어 볼 수 있다.

제1차 M&A붐은 1893년부터 약 10년간이다. 절정기인 1889년에는 거래가 연간 1천 건을 상회하였다. 당시의 특징은 동일 산업군 내에서의 수평적 통합이 주를 이루었다. 석유, 철강, 담배, 금융 등의 산업이 주를 이루었다. 이런 붐을 바탕으로 미국은 단일시장권으로 통합되었다. 듀폰, US스틸 등이 이 시기에 거대기업의 기반을 잡았다.

제2차 M&A붐은 1925년에 시작되었으며 이때의 M&A열풍은 증권시장의 대 활황과 맥을 같이 했다. M&A를 통해 주가가 치솟았고, 막대한 차익을 챙긴 매수자들은 다시 M&A자금으로 이용하였다. 이때 생긴 거품이 대공황의 불씨를 제공하기도 하였다. 제2차 붐의 특징은 수직적 통합이었다.

1914년에 제정된 클레이튼법(Clayton Act)이 주식매수를 통한 수평적 기업결합을 불법화했기 때문에 기업들은 자산매수라는 수직적 결합의 방법을 선택하였으며 부품업체, 소재·원료 제공회사들은 대부분 대기업에 통합되었다. 당시 포드(Ford)사는 자동차용 철강생산 시설까지 갖추게 되었다. GM도 이 시기에 합병으로 태동하였으며 당시 경영자들의 슬로건은 '원료에서 완제품'까지이었다. 제2차 M&A붐은 1929년 뉴욕증시의 대폭락으로 마감되었다.

제3차 M&A붐은 미국경제가 상승세를 타던 1960년대 후반부터 시작되어 1970년대 초반까지 진행되었다. 이때의 특징은 타업종 진출, 소위 거대한 복합화(conglomeration)가 진행되었다. 당시 독점금지법이 수평 및 수직결합을 금지하였기 때문에 타업종으로 진출하게 된 것이다. 당시 미국의 5대 거대복합기업이 타업종의 기업을 사들인 수는 300건이 넘었다. 적대적 M&A가 횡행하기 시작한 것도 이때부터이다. 1968년 무차별적인 타기업 인수에 제동을 거는 「윌리엄스법」이 만들어지면서 제3차 M&A붐은 진정되었다.

『큰 것이 아름답다』는 논리로 수 차례에 걸친 거듭된 합병을 통해 복합기업의 출현을 가져왔으며 ITT, 옥시덴탈석유 등이 이 시기에 덩치를 키웠다.

제4차 M&A붐은 1980년대 들어 M&A황금시대를 맞았다. 이 때의 특징은 불필요한 부문은 팔고 핵심부문을 사들여 강화하는 방향으로 나아가는 선택과 집중의 전략이었다. 새로운 재무기법으로 무장한 기업사냥꾼들(raiders)에 의한 적대적 M&A도 크게 증가했다. 1985년에는 컴퓨터 업계 3위인 바로즈사가 2위인 스페리사를 인수했고 필립모리스는 1988년 덩치가 훨씬 큰 그래프트사를 매입하였고 최대기업인 콜버그 크레비스 로버츠(KKR)가 RJR나비스코를 인수했다. 미국 내 기업간 M&A유형을 벗어나 국제 M&A가 활기를 띠기 시작하였으며 일본기업들(소니, 미쓰비시)이 다수의 미국기업들(콜롬비아 픽처스, 록펠러센터)을 사들이기도 했다.

제5차 M&A붐은 1990년대 초·중반부터 현재까지 진행 중이다. M&A가 사업구조 재조정, 전략적 제휴가 M&A의 주요 동기가 되었다. 1980년대의 적대적(hostile) M&A와는 달리 1990년대에는 우호적(friendly) M&A가 주류를 이루었다. 1980년대에는 미국기업과 일본기업 중심의 국제M&A가 활발했으나 1990년대에는 미국과 유럽기업 간에도 활발했다.

글로벌금융위기(2008) 이후 중국기업들이 막강한 차이나 머니를 앞세워 미국 등 전 세계에 걸쳐 M&A가 이루어지면서 피인수 기업의 현지국 정부가 제동을 걸기도 했다. 개도국 기업들이 선진국 기업들을 M&A시키는 소위 역윔블던 현상도 일고 있다. 4차 산업혁명 시대를 맞아 정보 통신분야에서 대기업들이 첨단 벤처기업을 인수하거나, 대기업들이 몸집을 줄이기 위해 분사해서 피인수되기도 한다. 최근 일본은 인구가 하루 천 명 정도 감소하며 내수시장이 축소되어 저금리를 활용한 기업들은 해외 M&A에 사활을 걸고 있다. 소프트뱅크는 우버의 최대주주(2018)가 되고 NEC는 영국 IT서비스업테 노스게이트를 인수했다.

03) M&A와 성공전략

인수목적과 통합범위에 따라 [표 12-3]과 같이 5가지 유형으로 구분할 수 있다. ① 동종산업 내에서 경쟁기업의 인수·합병을 통해 규모의 경제를 달성하거나 시장지배력을 강화하기 위한 수평적 확장형(horizontal expansion) ② 자사 제품과는 다른 비경쟁적 인접 산업에 속한 제품 및 서비스 기업을 인수하여 제품· 서비스라인을 확장하기 위한 제품 포토폴리오 확장형(product portfolio expansion) ③ 기술, 브랜드, 생산시설 등과 같은 일부 핵심기능을 인수·합병함으로써 기존 경쟁역량을 보완하거나 강화하는 경쟁역량 보강형(competency reinforcement) ④ 부품, 원재료 또는 유통채널 등 기존 사업영역의 전·후방에 위치한 활동을 결합해 수직계열화를 추구하는 전·후방 통합형 ⑤ 기존 사업영역을 벗어나 새로운 사업영역으로 진출하는 비관련 다각화의 신사업 진출형(new business expansion)이다.

상당수 M&A는 유형별 특성을 감안하지 않고 획일적으로 접근함에 따라 기대했던 성과를 달성하는 데 실패한다. 특히 수평적 확장형은 기업 간 성과편차가 가장 크게 나타나 M&A에 따른 위험도가 상대적으로 컸다. 유형별로 부각되는 핵심 이슈와 성공전략은 [표 12-3]과 같다.

[표 12-3] M&A 유형별 핵심쟁점과 성공전략

유형	핵심 이슈	성공전략	주요사례
수평적 확장형	· 딜 열병*과 승자의 저주 · 구조조정과 문화적 갈등 · 제도, 규제 돌발리스크	· CEO견제시스템 · 클린팀** 설치 · 대내외 커뮤니케이션 강화	· 록히드-마틴 마리에타 · 보다폰-만네스만
제품포토폴리오 확장형	· 제품간 포지셔닝 갈등 · 유통망 출돌 가능성 · 제살깎아먹기 (cannibalization)	· 포토폴리오 큰그림(Big Picture)*** 수립 · 인접시장 분석 전담팀 구축	· 펩시-퀘이거오츠 · P&G-질레트
경쟁역량 강화형	· 무형자산 가치평가 불확실성 · 핵심인력 이탈 리스크	· 분야별 전문가 평가팀 구성 · 보상 및 가치공유 프로그램	· 노키아-내브텍 · 노무라-리먼브러더스
전후방 통합형	· 전략적 유연성 감소 · 내부조정 관리비용 증가	· 탄탄한 전략적 논거 · 원점에서 가치사슬 재배열	· 록히드마틴-로럴 · 유니온퍼시픽-오버나이트
신사업 진출형	· 기존조직의 저항과 알력 · 이질적 업무관행, 프로세스 · 보유핵심역량 유용성 감소	· 피인수기업 독립성 부여 · 산업 융복합트렌드 반영 · 단계적 접근	· AT&T-맥코 · 비아콤-파라마운트

주 : * 딜 열병(deal fever)이란 경영자가 M&A 딜이 제공하는 흥분 때문에 중요한 사실을 놓치고 인수에 치명적 문제를 발견했음에도 불구하고 밀어붙이는 현상

** 클린팀(clean team)은 인수 및 피인수기업과는 엄격히 분리되어 있으며 협상 진행 중에도 두 회사의 기밀사항에 대한 접근권한을 가짐. 구성은 질이 성사되지 않을 가능성이 존재하므로 인수 및 피인수 기업의 임직원은 배제하고 산업에 전문성을 갖는 컨설턴트나 해당 기업의 전직 임원 등으로 구성함

*** 펩시는 탄산음료가 비만의 주범이라는 인식 때문에 2001년 게토레이 브랜드를 보유한 퀘이커오츠를 인수하며 부정적 인식을 완화시킴 자료: 삼성경제연구소, "글로벌기업 M&A에서 배우는 교훈" CEO Information(2010.5.6. 제754호)

03 M&A 실패요인과 실패사례[9)]

1) M&A 주요 실패 배경과 요인

(1) 실패 배경

M&A는 기업의 확실한 성장 수단이며 세계 최고의 경쟁력을 보유하고 있는 GE나 MS 등도 M&A를 통해 지속 성장을 구가해 왔었다. 그러나 M&A가 반드시 성공한다고 장담하기는 어려우며 M&A가 중요한 경영전략 수단으로 기능하기 위해서는 실패 가능성을 최대한 줄일 수 있어야 한다.

이를 위해서는 M&A를 추진할 경우 사전에 목적과 기대 효과, 상호 간의 역할 분담을 명확히 할 수 있어야 한다. 기업전략·문화·조직의 이해가 상반되지는 않는지, 파트너가 갖고 있는 핵심역량이 서로 보완적인지에 대한 사전 검증이 필요하다. 또한 사내·외 이해관계자(종업원·노조·채권자·주주·관련업자 등)에게 미치는 영향을 고려해 경영 프로세스 통합 방안을 마련할 수 있어야 한다.

이는 결국 인수·합병 후 양자 간 통합 전략(PMI·Post Merger Integration)과 맥을 같이 한다. 또한 다양한 시나리오를 확보함으로써 사업 리스크를 회피할 수 있어야 한다. 예상과 다르게 M&A 통합 과정이 진행되는 경우나, 최악의 경우 등을 가정해 기본적으로 2~3개의 시나리오를 작성한다.

시나리오와 관련해 고려할 사항은 기회비용, 장기적으로 회사에 미칠 영향, 새로운 경쟁자의 등장, 조직 구성원들의 반응 등이 있다. 또한 경영자원과 전략적 우선순위를 예산과 연계하고, 시장·경쟁사·자사의 강약점을 철저히 분석해 타당성 검토의 현실성을 확보할 수 있어야 할 것이다.

세계 M&A시장 규모는 최근 몇 년간 매년 30% 이상의 급격한 증가세를 보여왔다. 이 중 60% 정도가 글로벌(Cross-border) 거래로 추정되며, 주로 규모·범위의 경제가 필요한 에너지·원자재·철강·금융 등의 업종에서 M&A가 빈번했다. M&A는 기업의 지속성장을 위한 필요조건임에도 성과 측면에서는 그 동안 기대에 미치지 못하는 경우가 많았다. 무리한 외형 확장으로 성장 잠재력을 저해하고 경영 안정성을 위협해 자원배분을 왜곡하는 등 기업의 장기적 가치를 하락시키는 결과를 초래하기도 했다.

---

9) 매경이코노미 제1458호(2008.6.4)

M&A의 실패율은 생각보다 높은 것으로 여러 연구에서 나타났다. 뉴욕대 경영대학원의 마크시로워(Mark Sirower) 교수의 연구조사에 의하면 지난 1994~1997년 동안 합병으로 출범한 100개 주요 기업들 중 2/3가 실패한 것으로 나타났다. 뉴욕의 컨설팅업체인 미첼 매디슨사(Michel Madison)도 유사한 조사결과를 발표하였다. 1995년 이후 합병한 은행들을 대상으로 분석한 결과 이들의 1998년 주가지수가 업계 평균의 82%에 불과하였다는 지적이다.

미국의 대형투자은행인 리먼브러더스사(Lehman Brothers Holdings)[10]의 조사에서도 1997년 말부터 1998년 상반기 사이에 이루어진 M&A사례 중 규모가 50억 달러 이상인 33개 기업을 조사한 결과 절반 이상인 17개 기업이 해당 업종의 평균주가 상승률을 훨씬 밑도는 저조한 주가 상승률을 기록한 것으로 나타났다. 금융, 석유, 제약, 정보통신 등 조사대상 4개 업종 중에는 석유관련 기업들이 가장 저조해 경쟁사에 비해 17.6%나 주가상승률이 낮은 것으로 나타났다.

리먼브러더스사는 조사결과 M&A발표 직후 주가가 급등하는 것은 반짝장세에 불과하고 장기적으로는 주가상승에 도움이 되지 않는 것으로 나타났다. 따라서 M&A 후 근본적인 경영개혁이 없는 상황에서의 M&A는 결코 만병통치약이 될 수 없다고 하였다.

보스턴컨설팅그룹(BCG)은 61%(1995~2001년 M&A 302개사), 맥킨지(McKinsey)는 62%(1997~2006년 M&A 1,000개사)가 M&A를 통해 기업 가치를 높이기 보다는 오히려 가치를 저해했다고 보고하고 있다. M&A 실패 주요 원인은 통합상의 장애요인, 시너지 과대평가, 경영진 통합 및 유지 실패, 실사과정에서 추가적 이슈, 피인수기업 실적 과대평가, 전략적 적합성, 시장여건 변화, 무리한 추진, 입찰전략 실패, M&A 부담감으로 실적 부진 등의 순으로 나타났다.[11]

이 때문에 거액을 들여 인수한 기업을 헐값에 도로 매각하는 사례도 적지 않다. 1994년 노벨사(Novell, Inc)는 경쟁 컴퓨터업체인 워드퍼펙트사(Word Perfect Grapic)를 14억 달러에 매입하였으나 합병 후 수익 악화가 위험수위를 넘자 2년 뒤

10) 리먼브러더스사는 악성 부실자산과 부동산가격 하락으로 가치가 하락하고 있는 금융상품에 과도하게 투자하여 미 역사상 최대 자산규모(6,390억 달러)의 파산(2008.9.15)을 불러왔고 글로벌금융위기의 상징적 시발 사건이었다. 한국의 산업은행은 파산 직전 리먼브러더스 인수를 시도했던 아찔한 경험이 있다.

11) 베인앤 컴퍼니사가 M&A 경험이 있는 CEO 250명의 설문조사결과임.

매수가격의 15%도 안되는 2억 달러에 서둘러 매각하였다. 음료업체인 스내플사(Snapple Inc)를 1998년 처분한 식품회사 오츠사의 경우도 마찬가지이다. 퀘이크오츠(Quaker Oats)는 1994년 17억 달러를 주고 스내플을 인수했지만 이질적 기업문화로 인한 임직원들의 불협화음과 수지악화 등에 두 손을 들고 말았다. 1997년 원래 인수가액의 17% 밖에 안되는 3억 달러에 처분하였다.

세계 최대 PC 생산업체인 컴팩(Compaq)도 1997년 탠덤컴퓨터(Tandem Computer)에 이어 1998년 디지털 이큅먼트코프레이션(DEC)인수를 통해 고성능 컴퓨터 분야에서의 고수익을 기대했으나 합병으로 인한 시너지효과를 기대할 수 없었다. 저비용 고효율 구조를 앞세운 델(Dell) 컴퓨터 공세에 밀려 PC업계 1위 위상마저 도전받고 있으며 새로 주력분야로 설정한 워크스테이션 등 고수익 분야에서도 아직 자리잡지 못하고 있다. 세계 컴퓨터업계의 제왕인 IBM을 위협하며 기세 등등하던 컴팩이 궁지에 몰리게 된 원인은 무리한 M&A로 화를 자초했기 때문으로 보고 있다.

1989년 저팬에너지(Japan Energy)의 굴드사(구리도금) 인수, 마쓰시다[12](松下電器産業)의 미국 영화사 MCA 인수, 미쓰비씨(Mitsubishi)의 록펠러센터(Rockefeller Center) 빌딩 인수, 소니(Sony)사의 콜롬비아(Columbia) 픽처스 인수도 실패의 좋은 예이다. 한국의 경우 1993년 현대전자의 미국 맥스터(Maxter) 인수, 1995년 삼성의 미국 AST리서치 인수, 1995년 LG전자의 미국 제니스(Zenith)사 인수 등도 실패한 경우에 속한다고 하겠다.

(2) 실패 요인

① 과다 프리미엄 지급

1993년 네트워크 운영시스템 중심의 소프트웨어 기업인 나벨(Navell)은 PC용 소프트웨어 시장 강화를 목적으로 워드프로세서 기업인 워드퍼펙트를 14억 달러에 인수했다. 이는 이전에 로터스(Lotus)가 인수하려 시도했던 7억 달러의 2배에 달하는 액수였다. 그러나 인수 후 주가 하락으로 5억 5,000만 달러의 주주가치가 하락했으며, 결국 코렐(Corel)사에 2억 달러에 매각해 인수 대금만 12억 달러의 손해를 기록했다.

② 시너지의 분석 부족

1981년 유통 기업인 시어스로벅(Sears, Roebuck)은 금융산업 진출을 목적으로 뮤

12) 마쓰시다는 회사명을 Panasonic Corporation으로 변경하였음(2008.10.1).

추얼 펀드인 딘위더레이놀즈(Dean Witter Reynolds)와 부동산 관련 금융기업인 코올드웰뱅커(Coldwell Banker)를 인수했다. 이는 기존 고객들에게 금융상품의 교차판매를 통한 매출과 수익 향상을 기대한 것이었으나, 고객들의 백화점 쇼핑과 금융상품 구매행태가 상이해 기대했던 시너지를 달성하지 못했다. 금융센터 설립에 2억 5,000만 달러 이상을 투입하고 분사했다.

③ 조급한 합병

2000년 세계 최대 인터넷 기업인 AOL과 미디어 기업인 타임워너(Time Warner)의 합병은 닷컴 산업의 부상에 따라 불안해 하던 타임워너가 AOL과의 합병을 통해 돌파구를 모색했으나, 인수 후 닷컴 산업의 거품 붕괴 및 AOL 실적 부진으로 막대한 기업 가치의 손실을 경험했다.

④ 조직문화 통합 실패

1998년 독일의 자동차 회사인 다임러벤츠(Daimler Benz)와 미국 자동차 기업인 크라이슬러(Chrysler)의 M&A를 통해 다임러크라이슬러(Daimler Chrysler)가 출범하였다. 규모의 경제를 통한 경쟁력 강화를 목적으로 시도됐으나 완고하고 서열을 중시하는 독일 기업문화와 유연하고 자유로운 성과 중심의 미국 기업문화의 충돌 및 원활하지 못한 PMI[13]로 시너지 창출에 실패했다. 이는 크라이슬러 경영진의 사퇴, 크라이슬러 우수 인력의 이탈, 그리고 근로자 사기 저하로 이어져 실적 악화를 초래했고 결국 2007년 5월에 북미 부문 크라이슬러 주식 80.1%를 미국 사모펀드 서버러스 캐피털 매니지먼트(Cerberus Capital Management)에 매각했다.

세계 3대 컨설팅 업체인 베인앤컴퍼니(Bain & Company)는 M&A의 10대 실패요인으로 ① 통합의 장애요인 미 고려 ② 합병 후 시너지효과 과대평가 ③ 경영진 통합 및 유치 실패 ④ 실사과정에서 핵심이슈 미 발견 ⑤ 인수 대상 기업의 실적 과대 평가 ⑥ 전략의 부적합성 ⑦ 시장상황 불리 ⑧ 기회의 희소성으로 무리한 추진 ⑨ 입찰전략 실패 ⑩ 통합업무 부담으로 실적 부진을 들고 있다.[14]

---

13) PMI란 에드워드 드보노(Edward de Bono)의 생각의 공식에서 균형있는 인식을 유도하는 다양한 지혜와 기술 중에 Plus(장점), Minus(단점), Interesting(흥미)를 의미한다.

14) http://blog.naver.com/fmtwins/110020053116

2) 실패사례

(1) BOA와 시큐리티퍼시픽

BOA(Bank Of America)와 시큐리티퍼시픽(Security Pacific)의 합병 실패는 최고경영자 리더십의 차이를 극복하지 못한 결과로 먼저 조직의 문화적 차이와 특수성이 M&A 실패를 낳는 원인이다. 업계의 라이벌인 BOA와 시큐리티퍼시픽은 금융환경 경쟁 심화에 대응하기 위해 합병 후 새로운 회사를 운영하기로 했다. 합병된 새 회사의 임직원은 기존의 두 회사로부터 각각 50%씩 충원했다.

BOA의 최고경영자인 리차드(Richard)가 먼저 새로운 회사의 사장으로 취임하고, 시큐리티의 최고경영자인 로버트(Robert)가 추후 승계하기로 했다. 그러나 합병 후 두 회사 간의 서로 다른 기업문화가 충돌을 빚게 됨으로써 시큐리티 출신 대부분의 임원들이 이직하는 결과가 발생했다. BOA는 중앙집권적이고 신중한 의사결정 구조를 가진 비교적 보수적인 기업문화를 특징으로 하고 있다. BOA는 시큐리티의 대출 영업 관행(수평적 조직구조로 단골 고객에게 거액의 대출을 허용하는 리스크 수용의 기업문화)을 크게 비난했고, 지배적 지위를 이용해 시큐리티 관리자들의 권한을 빼앗았다. 이는 두 회사의 문화적 충돌, 조직구조와 같은 합병 이후의 이슈들에 대한 과학적 접근성 부족, 최고경영자 간의 리더십 차이 등이 실패를 견인한 것으로 볼 수 있다.

(2) 다임러와 크라이슬러

다임러벤츠사(Daimler-Benz AG)와 크라이슬러(Chrysler)의 합병 실패는 미국과 독일 기업문화의 충돌로 요약된다. 한때 「꿈의 결합」, 「환상적 결합」으로 불렸던 다임러와 크라이슬러의 M&A는 이제 대표적인 실패 사례로 꼽힌다. 자동차 산업에서 규모의 경제는 중요한 경쟁력 강화의 수단으로 작용한다. 독일의 다임러벤츠와 미국의 크라이슬러는 공동생산 및 연구개발을 위해 1998년 합병을 추진했다. 그러나 완고함과 서열 중심적인 독일 특유의 기업문화와 유연성과 성과 중심적인 미국의 기업문화가 충돌하면서 기업가치 창출을 저해했다. 세계적인 명차 벤츠를 만든다는 자부심을 가졌던 다임러 직원들은 크라이슬러와의 생산라인 공유를 꺼려했고, 크라이슬러 직원들은 독일기업 특유의 수직적인 조직문화를 이해하지 못했다.

이로 인해 주요 경영진의 사퇴, 우수 인력의 이탈 등이 근로자 사기 저하로 이어져 실적 악화로 나타났다. 결국 독일의 다임러크라이슬러는 회사명을 「다임러」

로 되돌리기로 결정했으며, 400억 달러를 들여 인수했던 크라이슬러를 단 60억 달러에 매각하기에 이르렀다.

(3) AOL과 타임워너

아메리카온라인(AOL)과 타임워너의 합병 실패는 조급함이 실패의 주요 원인이었다. 신성장에 대한 조급증 역시 M&A의 주요 실패 원인이 될 수 있다. 특히 기술 발전 속도가 매우 빠른 IT업계의 경우 시장 경쟁에 대한 압박감 때문에 M&A 과정을 서두르게 되고 이와 같은 경우 감정적인 판단이 개입하는 경우가 흔하다.

초대형 인터넷 회사 AOL과 미디어 제국 타임워너와의 합병 사례가 이를 잘 설명해주고 있다. AOL은 방송·통신 융합이라는 시너지를 기대하며 타임워너를 1,630억 달러라는 천문학적 금액에 인수했다. 이를 통해 2,600만 명의 인터넷 가입자와 워너브라더스, 케이블채널 CNN과 HBO 등을 갖춘 세계 최대 미디어 엔터테인먼트 그룹을 탄생시킨 것이다.

전통적으로 AOL은 중앙집권적인 기업문화를 지닌 반면, 타임워너는 개별 사업부의 자율성과 신속한 의사결정을 강조해왔다. 이들 간의 문화 충돌이 시너지 창출에 역효과를 보였으며, 여기에 합병 직후 이어진 닷컴 산업의 붕괴로 AOL타임워너의 시장 가치는 75% 이상 급감했다. 결국 경쟁 환경에 대응해야 한다는 초조함이 통합 후 과정과 시너지에 대한 충분한 사전 검토가 결여된 채 M&A를 급진전시켰으며, 또 하나의 M&A 실패 사례로 기록되었다.

합병 당시 온라인과 오프라인 기업의 매머드급 합병으로 전 세계인의 경악을 금치 못하였다. 합병 후 시가 총액은 3,300억 달러로 미국 증시 4위 자리에 오르고 매출액도 크게 상승할 것으로 예상했다. 하지만 IT산업의 붕괴, 기업 간 문화 충돌 등으로 사상 최악의 합병으로 지목되었고 2009년 말 두 회사는 분사를 결정했다.

(4) AT&T와 미디어원

AT&T와 미디어원은 과도한 프리미엄 지급이 실패의 원인이 되었다. M&A를 통한 AT&T의 성장 과정 역시 이와 비슷한 사례다. 통신업체인 AT&T는 기술 변화 앞에서 유선전화 사업의 한계를 절감하고 이를 극복해야 한다는 강박증에 시달리고 있었다. 신사업 다각화 차원에서 광역 케이블 사업에 진출하기로 결정한 AT&T는 1999년과 2000년에 걸쳐 미국 케이블 업체 1, 2위인 미디어원과 TCI를 인수했다.

1,000억 달러 이상의 과도한 인수 비용이 부담스러운 상황에서 닷컴 산업 거품까지

꺼지면서 130년 역사의 AT&T 가치는 급속도로 하락했다. 결국 위기를 느낀 AT&T는 야심차게 시작했던 케이블 사업을 경쟁사인 SBC에 매각하기에 이르렀다. 이는 사업 환경 변화 대응에 대한 강박증이 경쟁을 유발했고, 과도한 합병프리미엄 지급을 초래함으로써 실패한 M&A 사례로 만든 것이다.

(5) 뉴웰과 러브메이드

1999년 주방용품 업체인 뉴웰(Newell)은 업계에서 이름을 날리던 러버메이드(Rubbermaid)에 눈독을 들이기 시작했다. 저렴한 플라스틱제품을 생산하는 뉴웰과 고급브랜드로 유명한 러버메이드가가 힘을 합치면 주방업계에서는 주름 잡을 수 있을 것이란 계산이었다. 러브메이드는 매각가로 58억 달러를 제시하였다. 뉴웰이 해 온 M&A 중 최대 규모의 사업 보다 10배 높은 금액이었지만 뉴웰의 자신감은 확고했다. 인수제안부터 계약서 서명하기 까지 걸린 시간은 고작해야 3주일이었고 피인수기업을 깊숙이 파악하기란 너무 짧은 기간이었다. 러브메이드의 화려한 실적에 가려져 있던 형편없는 소비자 서비스와 과도한 할인전략 등 근본문제가 합병 후 곧 바로 불거졌다. M&A 2년 후 뉴웰의 주식가치는 절반으로 떨어지는 등 부진을 면치 못하기도 하였다.[15]

3) M&A의 낮은 성공률

2016년 해외 글로벌시장에서 기업들이 M&A에 사상 최대로 5,868조 원을 사용했으나 전문가들은 성공 확률을 30% 정도로 보고 있다. 막상 인수하고 나면 합병 시너지 효과가 나지 않는 경우가 많다. 온라인 몰 이베이는 인터넷 전화업체 스카이프를 인수해 인터넷 쇼핑에 실시간 커뮤니케이션 기능을 접목하려 했지만 실패했다. 구글이 모토로라를, 마이크로소프트가 노키아를 인수하며 소프트웨어와 스마트폰의 시너지를 노렸지만 결국은 접었다.

과도한 인수금액은 승자의 저주로 돌아왔다. HP는 영국의 검색엔진 업체 오토노미를 과도한 110억 달러에 인수한 뒤 부담을 느껴 결국 오토노미를 포기할 수 밖에 없었다.

기업문화 차이를 극복하지 못해도 M&A가 실패할 가능성이 높다. 구글은 2014년 스마트기기 업체 네스트를 인수했다. 네스트의 창업자 토니 파델은 2016년 회사를

---

15) http://blog.naver.com/fmtwins/110023353116

떠났다. 애플 출신인 그는 애플과는 다른 구글의 자유로운 의사소통방식을 받아들이지 못했다.

반면 M&A에 성공한 기업 중에는 경쟁기업을 인수해 글로벌 1위 기업이 되기도 했다. 세계 1위 주류회사 안호이즈부시인베브(AB인베브)는 맥주기업을 연속 인수해 1위로 올라섰다. 브라질의 암베브가 벨기에 인터브루를 인수해 탄생한 인베브는 2008년 미국 회사 안호이즈부시를 인수해 AB인베브가 되었다. 2015년에는 세계 2위 맥주회사 사브밀러를 인수해 글로벌시장을 평정했다. 중국의 최대 육류 가공업체 솽후이그룹도 2013년 세계 1위 돼지고기 가공업체 스미스필드푸드를 인수하며 세계적 육가공업체가 되었다.

04 삼성전자의 역삼각형 합병

[그림 12-2]에서 보는 바와 같이 삼성전자가 미국의 전기장치부품 전문회사 하만 (Harman)을 80억 달러에 인수(2016.11)하는 과정에서 델라웨어주 회사법에 근거한 역삼각형합병(reverse triangular merger) 방식을 채택했다. 이는 인수기업(삼성전자)이 세운 특수목적회사(SPC)를 피인수기업(하만)이 흡수합병하는 방식이다.

삼성전자 미국법인(SEA)은 하만 인수를 위해 델라웨어주에 자회사 SILK를 설립했다. 하만이 SILK를 흡수합병한 뒤 SEA가 보유하고 있는 SILK주식을 하만 주식으로 전환하는 방식이다.

역삼각형 합병의 장점은 피인수기업 하만이 삼성전자의 자회사가 되면서도 합병후 존속법인으로 남을 수 있다는 점이다. 하만이 존속법인이 되어야 하는 이유는 하만이 가지고 있는 특허권과 사업권, 상거래 계약 때문이다. 만약 반대 방향으로 SEA가 하만을 흡수합병할 경우 법적으로 하만이 보유하고 있는 다수의 권리와 자산은 SEA로 이전된다. 이 경우 하만과 거래관계를 맺어 온 완성차 업체, 소프트웨어 업체 등은 '특허 사용권이나 계약을 제3자에게 양도할 수 없다'는 계약서 조항을 들어 계약을 파기하려 할 가능성이 높다. 이를 방지하려면 거래 상대방을 찾아다니며 동의를 받아야 하는데 상당한 시간과 비용이 소요될 것이다.

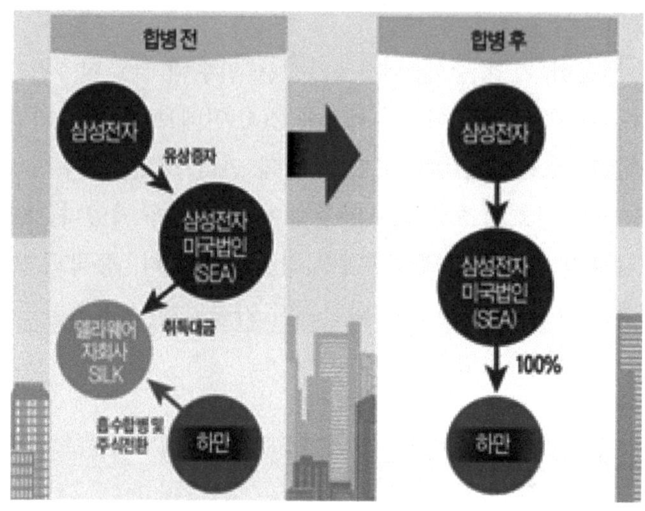

자료: 한국경제(2016.11.16) A2면

[그림 12-2] 삼성전자의 역삼각형 합병

05 행동주의 펀드와 다우듀폰 합병

2015년 12월 미국 1, 2위였던 수백 년 역사의 거대 화학회사 다우와 듀폰이 갑작스레 합병을 발표하고 2017년 9월 합병을 완료한 것은 순전히 행동주의 헤지펀드의 공격으로 인한 것이다. 몇 년째 경영에 간섭해 온 행동주의 헤지펀드인 트라이언파트너스, 서드포인트 등은 농업회사, 소재과학회사, 특수제품회사로 분사를 요구했다.

행동주의 헤지펀드는 특정기업 지분을 매입한 뒤 경영참여를 요구해 주식가치를 끌어올린다. 소송이나 주총 표 대결도 마다하지 않는다. 이들은 2000년대 초반만 해도 자본력이 취약한 기업을 목표로 했으나 최근 돈이 몰려들자 글로벌 대기업을 타깃으로 삼고 있다. 다우듀폰의 합병이 이들의 영향력을 보여주는 대표적 사례다.

행동주의펀드가 마음에 안드는 기업 경영진을 갈아치우는 일도 비일비재하다. 헤지펀드 요구로 제프리 이멜트 GE 최고경영자를 포함해 포드자동차, US스틸,

CSX, AIG, 야후, 에이본 등 10여개 기업 CEO가 교체되었다. P&G, 네슬레, BHP빌리턴 등 글로벌기업 여러 곳이 헤지펀드와 전쟁 중이다. 행동주의 펀드 영향력이 커지면서 우려의 목소리도 적지 않다. 이들이 주주가치를 높인다는 찬성론이 있지만 단기차익을 위해 기업의 장기 경쟁력을 저해한다는 반대 목소리도 크다.

06 M&A의 동기와 종류

1) M&A의 동기

M&A는 주주의 입장에서 볼 때 주가수익률의 상승을 통하여 기업전체의 수익증대를 가져오고 경영자의 입장에서는 기업 성장의 극대화를 추구하는 수단으로 추진되어 진다. 효율성 측면에서 볼 때 시너지 효과를 획득하기 위하여 이루어지기도 한다. 시너지효과(synergy effect)란 2개 이상의 기업이 결합될 경우 개별기업 각각의 가치 합 이상의 효과를 가져온다는 것이다. 시너지효과는 재무적 측면과 영업적 측면이 있다.

재무적 시너지효과는 합병에 따른 자본비용의 감소 또는 자금조달상의 이익을 말한다. 기업합병으로 자금조달 비용 절감효과와 기업의 채무능력 또는 차입능력의 증대, 대규모 자금거래에 따른 단위당 자금조달 비용의 감소 등을 통하여 나타난다.[16)]

한편 영업시너지효과는 기업결합에 따라 파생되는 영업상의 경제적 효과를 말한다. 이는 기존기업이 최적수준 이하의 규모로 운영될 때 서로 결합하여 규모의 경제를 달성할 수 있으며, 피매수기업의 판매망과 인력의 활용으로 신규시장의 참여를 통한 시장 지배력의 증대도 가능하다. 이 외에도 시너지효과에는 생산, 기술, 개발 등의 시너지 효과가 있다. M&A의 일반적 동기를 열거하면 다음과 같다.

① 이익마진과 시장 점유율 확대
② 영업의 다각화와 제품수명주기에 대응
③ 제품라인과 시장확대
④ 관련산업 진출로 경쟁회피
⑤ 저평가된 기업을 매입

---

16) 설영기, 「다국적기업 경영론」(서울 : 일신사, 1993), pp.103-106.

⑥ 제품라인 및 지사망 확대
⑦ 기술 및 기술진 확보
⑧ 세제상의 혜택

메킨지사(2006)의 기업 임원을 대상으로 한 설문조사에 의하면 인수자가 꼽는 M&A의 주요 동기로는 ① 역량강화(64%), ② 시장확보(55%), ③ 판매량 증대(36%), ④ 통합(18%), ⑤ 규모 키우기, ⑥ 사업 다각화(9%), ⑦ 혁신(9%) 등의 순이었다.

2) M&A의 종류[17]

(1) 거래 형태에 의한 분류

① 합병(mergers)

독립된 둘 이상의 기업이 결합하여 하나의 기업으로 통합되는 경우를 말하며 합병 후 법률적 존속관계에 의해 흡수합병과 신설합병으로 구분된다.

㉮ 흡수합병

흡수합병(statutory mergers)이란 기존의 기업 중 하나의 기업만이 합병 후에 법률적으로 존속하여 다른 기업을 흡수하고 나머지 기업은 해산, 소멸하게 된다.

A(Aa)+B(Ba)→A(Aa+Ba) : B는 소멸
A, B : 각각 독립된 기존의 기업
Aa : A기업의 자산
Ba : B기업의 자산
* A, B기업의 주주구성은 관계 없음

㉯ 신설합병

신설합병(consolidated mergers)이란 결합하는 기존의 기업이 모두 해산, 소멸하고 전혀 새로운 기업이 설립되는 것을 말한다.

A(Aa)+B(Ba)→C(Aa+Ba) : A, B소멸
A, B : 각각 독립된 기존의 기업
C : 합병 후 신설기업

17) 김신, 전게서, pp.387-390.

Aa : A기업의 자산
Ba : B기업의 자산
A, B, C기업의 주주 구성은 관계 없음

② 인수(acquisitions)

개인이나 기업이 매각 기업측으로부터 자산이나 영업부문 혹은 주식을 전부 또는 일부를 취득하여 경영권을 획득하는 것을 말한다. 주식취득이란 피매수기업의 주식을 취득하여 주주권 혹은 경영권을 획득하는 것으로 매수방법에는 기발행주식의 취득과 신규발행 주식의 인수 등 두 가지 방법이 있다.

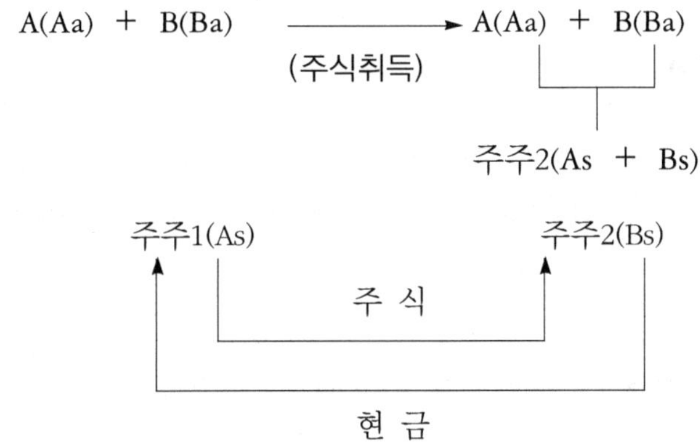

A, B : 각각의 기업
Aa, Ba : A, B기업의 각각의 자산
As : A기업의 주식 100%
Bs : B기업의 주식 100%
대금지급 : 현금거래 조건

기 발행주식의 취득은 대주주로부터의 주식취득, 시장에서의 주식매입, 주식공개매입(Tender Offer Bid) 등의 방법이 있으며 매매대금은 주로 현금지급이나 자사주식과의 교환에 의해 지급된다.

(2) 결합형태에 의한 분류

매수기업과 피매수기업 간의 업종을 기준으로 M&A를 수평적, 수직적, 복합적

M&A로 구분할 수 있다. 수평적(horizontal) M&A는 동일 업종에 있는 기업을 매수하여 규모의 경제, 시장점유율의 상승 등을 도모하는 것인데 시장의 경제원리를 저해한다는 측면에서 반독점법에 저촉되기도 한다. 수직적(vertical) M&A는 동일산업의 서로 다른 생산과정에 속한 기업을 인수하여 원료 조달, 생산, 판매를 일원화하고 경영의 안정과 효율증대를 목적으로 행해진다.

피매수기업이 공급자이면 후방결합(backward integration), 고객일 경우에는 전방결합(forward integration)이라고 한다. 반면 복합적(conglomerate) M&A는 제품이나 사업분야가 전혀 다른 타업종 기업을 매수하여 사업다각화를 통해 위험을 분산시키고 전체적인 기업의 안정과 균형을 이루기 위해 행해진다.

07 M&A와 P&A

최근의 국제 M&A는 20세기 초 붐을 이루었던 1차 M&A와 매우 유사한 모습을 하고 있으나 차이점은 당시의 M&A가 미국내 시장을 겨냥하고 적대적 M&A에 주력한 반면 최근의 M&A는 규모의 경제에 주력하고 세계 제패가 그 목적이다. M&A의 일종인 P&A는 다음과 같은 점에서 차이가 있다.

P&A(Purchase of assets & Assumption of liabilities)는 자산-부채 이전으로 M&A의 특수한 형태이다. 우량금융기관이 부실금융기관의 부실채권을 제외한 우량자산과 우량부채를 골라서 일괄인수하는 것을 말한다. 금융기관 정리에 따른 사회적인 충격을 최소화할 수 있는 방법으로 각국에서 선호되고 있다. 지난 1980~1989년 중 미국에서 정리된 상업은행 1,098개 중 73%인 805개가 이 방식을 적용 받았다. 주주 임직원에게 부실화에 대한 책임을 부과함으로서 도덕적 해이(moral hazard)를 방지하는 장점이 있다.

또 P&A는 인수·합병 기업 측에서 고용승계 등 법적 권리·의무를 승계하지 않는다는 점에서 M&A와 상이하다. M&A의 경우 당사자 간의 계약에 의해 고용승계 여부를 결정하는데 비해 P&A의 경우 원칙적으로 고용승계가 되지 않기 때문에 인수·합병기업의 부담이 상대적으로 적다.

법률적인 측면에서 P&A는 제3자 대항력을 갖지 못하는 문제점이 있다. 예컨대 퇴출기업에 대해 보증을 섰던 보증인은 새로운 인수·합병기업에 대해 법적으로 보증의 책임을 지지 않아도 된다. 또 M&A가 자발적인 것이 아니라 강제성을 띠고 있기 때문에 퇴출기업 구성원의 강력한 반발이 있을 수 있고 일시적인 업무정지 등의 혼란이 있을 수 있다.

M&A의 경우 가장 문제가 되는 것은 자산-부채의 평가문제이다. 인수·합병을 주도하는 측에서는 자산의 가치를 가능한 한 낮게 평가하려고 할 것이고, 인수·합병을 당하는 측에서는 가능한 한 자산의 가치를 부풀리려고 할 것이다. 이러한 어려운 문제 등으로 M&A의 경우 최소 6개월에서 최대 2년이 소요되지만 P&A의 경우 2~3개월이면 가능하다.

국내에서는 처음으로 1998년 6월 29일 5개 부실은행(대동·동남·경기·동화·충청)을 5개 우량은행(국민·주택·한미·신한·하나)에 인수·합병시키면서 P&A방법을 사용하였다. 한국의 은행 간 최초 M&A는 1976년 서울은행과 신탁은행이 1 : 1 지분으로 합병하였으나 내부 구성원 간의 갈등으로 인화에 실패하면서 소기의 합병 시너지효과를 얻지 못한 것으로 알려져 있다.

제6절 적대적 M&A 방법과 방어전략

01 적대적 M&A 배경

적대적 M&A를 시도하는 측을 기업사냥꾼(corporate raider)이라 하는데 특정 목적을 달성하기 위해 기업을 인수하거나 합병하는 투자자 또는 전문가 집단을 말한다. 원래 기업사냥꾼은 필요에 따라 우호적 M&A나 적대적 M&A 방식을 취하지만, 최근에는 적대적 매수자를 기업사냥꾼으로 표현하는 협의의 의미로 사용하는 경우가 많다. 또 경영권을 위협할 정도의 주식을 매입해 시세차익을 노리는 투자가를 포함하기도 한다.

기업사냥꾼을 분류한다면 매수한 기업을 스스로 경영하는 기업가형 기업사냥꾼과 기업이 보유하고 있는 자산을 인수하여 사업재구축 또는 분할 매각을 하여 현금 확보 또는 황금알(crown jewel)을 가로채는 기업사냥꾼, 그린메일을 노리는 중재형 기업사냥꾼들이 있다.

제너럴 일렉트릭(GE)을 이끌면서 위대한 경영자로 추앙받았던 잭 웰치(John

Frances Welch Jr)도 기업사냥꾼이었다. 그는 GE의 기업가치를 극대화하기 16년 동안 480여개 기업을 사고 팔았다. 세계 최고의 가치 투자자로 꼽히는 워런 버핏(Warren Edward Buffett)도 대규모 M&A펀드를 운용하면서 기업가치에 비해 값이 싼 주식을 대량으로 사들인 뒤 오를 때까지 기다리는 방식으로 돈을 벌었다. 이런 유형의 투자자들은 때로 적대적 M&A를 하겠다고 협박해 주식을 원래 대주주에게 비싼 값에 되팔기도 하는데 이를 그린메일(greenmail)이라고 한다. TWA항공의 칼 아이칸(Carl Celian Icahn) 회장도 유명한 기업사냥꾼이다.

한국에서는 현행법상 상장사가 그린메일링에 걸려들어 장외에서 특정주주로부터 자사주를 사들이더라도 이를 막을 장치가 없다. 「증권거래법」에는 상장사가 장외거래를 통해 자사주를 매입하는 것을 금지하는 규정이 따로 없다. 기업사냥꾼의 그린메일링에 걸려들면 대규모 현금을 들여 자사주를 사들여야 하기 때문에 기업가치가 크게 훼손되는 경우가 많다.

실제로 국내에서는 지난 1999년 미국계 헤지펀드인 타이거펀드가 러시아에서 입은 대규모 손실을 메우기 위해 그린메일링 방식으로 SK텔레콤 주식 10% 가량을 자사주로 떠넘긴 적이 있다. 앞서 1998년에는 미국계 아팔루사펀드가 효성T&C(현 효성)의 지분 18%를 확보한 뒤 6개월 만에 효성T&C의 계열사였던 효성물산 등에 지분을 모두 떠넘기고 떠난 적도 있다. 2003~2004년 소버린자산운용(현 소버린글로벌)의 SK㈜ 경영권 위협, 2006년 아이칸-스틸파트너스의 KT&G 경영권 공격 당시에도 그린메일링 시도에 대한 우려가 높았다.

02 적대적 M&A 개념

M&A는 인수기업과 피인수기업의 M&A에 대한 의향에 따라 우호적(friendly) M&A와 적대적(hostile) M&A로 구분할 수 있다. 우호적 M&A는 인수기업과 피인수기업의 상호 동의하에 우호적으로 이루어짐으로 전혀 문제시 되지 않는다. 반면 적대적 M&A는 피인수기업의 의사에 반하여 인수기업이 무리한 공격을 가하여 기업을 인수하려고 하는 것을 말한다.

03 적대적 M&A 방법

1) 시장매집

공개매수가 공개적으로 단기간에 특정 주식을 장외에서 매수하는 제도인 반면, 시장매집(Market Sweep/Toehold Acquisition)은 장내시장인 주식시장을 통해 목표주식을 비공개적으로 비밀리에 원하는 지분율까지 지속적으로 매수해 나가는 전략이다. 시장매집은 공개매수에 비해 상대적으로 장기간에 걸쳐 이루어지며 매집을 통하여 매집자(인수기업)는 여러 가지 다른 전략을 구사하게 된다.

2) 공개매수

공개매수(Take Over Bid/Tender Offer)는 인수기업이 인수하고자 하는 대상기업의 불특정 다수 주주를 상대로 장외에서 일정한 특정가격으로 매도하라고 권유하는 것을 말한다. 적대적 M&A의 속성상 가장 흔히 쓰는 방법이다. 공개매수는 선진국에서 보편화된 적대적 M&A 방법으로 일정기간 동안 일정한 가격으로 원하는 수량의 주식을 매수하는 합법적인 주식 매집방법이다. 국내 「증권거래법」에서는 공개매수 절차와 방법에 대한 규정을 두고 있다. 실제로 시장에서는 시장매입과 공개매수가 복합적으로 이루어지기도 한다.

3) 위임장 대결

목표기업의 경영권을 확보하기 위해서는 결국, 주주총회의 의결을 거쳐 매수자(인수기업)가 원하는 이사회의 임원을 선임하는 것으로 귀결된다. 공개매수나 시장매집은 주주총회에서 최대주주로서 의결권을 행사하기 위한 의결권주식의 확보방법이라 할 수 있다.

경영권 확보를 위해서는 반드시 적대적 M&A를 시도하는 자가 임원선임에 필요한 지분율을 모두 가지고 있을 필요는 없다. 불특정 다수의 소액투자자 또는 몇몇 주요 주주가 M&A 추진자의 경영권 확보 노력에 협조해 준다면 막대한 자금을 동원하여 주식을 매수하지 않고도 주주총회에서 매수자가 원하는 방향으로 이사회 임원을 교체할 수 있다.

적대적 M&A 추진자는 주주총회에서 영향력을 행사할 수 있는 최소한의 지분만을 확보한 후, 주요 주주 및 일반 소액 주주들을 설득하여 주주총회 의결권 행사에 대한 위임을 받아 주주총회에서 자신의 의결권과 위임받은 의결권을 이용하여 의안 결정을 통제할 수 있게 된다. 이처럼 소유지분율이 아니라 다수의 주주로부터 주주총회에서의 의결권 행사 위임장을 확보하여 M&A를 추진하는 전략을 위임장 대결(proxy fight)이라 한다.

4) 적대적 M&A 기법

적대적 M&A의 기법에는 그린메일(green mail) 또는 기업사냥꾼(raiders), 지분감추기(parking), 곰의 포옹(bear hug), 장애물(huddle) 없애기, 턴 어라운드(turn around), 차입매수(LBO : leveraged buy out), 토요일 밤의 기습작전(saturday night special) 등이 있다.

그린메일 또는 기업사냥꾼은 특정기업의 일정지분을 장내에서 사들인 뒤 경영권을 소유한 대주주를 협박하거나, 장외에서 비싼 값에 되파는 수법으로, 이런 사람을 그린 메일러(green mailer)라고 하며 기업 경영권 확보가 목적이 아닌 재무적 이득을 취함이 주 목적이나 경우에 따라서는 경영권을 탈취할 수도 있다.

지분감추기는 우호적인 제3자를 통해 지분을 확보하게 한 뒤 주주총회에서 우세한 의결권을 기습적으로 행사하여 경영권을 탈취하는 것이고 곰의 포옹은 공개매수를 선언하고 인수기업이 피인수기업(인수대상기업) 경영자에게 방어 행위를 중지하도록 권유하는 기법으로써 최고경영자 간에 이루어진다.

장애물없애기는 신규시장 진출시 경쟁력을 갖춘 기업을 매수하여 없앤 뒤 시장에 진입하는 방법이고 턴 어라운드는 내재가치는 충분한데 경영자의 경영능력이 부족해 주가가 떨어진 기업을 인수, 경영을 호전시킨 다음 고가에 되파는 방법을 말한다.

차입매수는 금융기관 등으로부터 돈을 빌려 인수대금의 대부분을 조달하는 방법으로 대상기업의 경영자가 회사자산을 담보로 제공하는 등 주로 우호적 M&A에서 많이 쓰이나 적대적 M&A의 경우에도 사용된다. 토요일 밤의 기습작전은 미국에서 토요일 저녁 시간대에 방송매체를 통해서 공개매수를 선언하여 방어할 틈을 주지 않는 경우를 말한다.

04 적대적 M&A 방어 전략

1) 포이즌 필과 포이즌 풋

포이즌 필(poison pill)은 독약조항 또는 독소조항으로 불리워지며 적대적 M&A 시, 구 주주에게만 보통주 1주당 다수 또는 저가의 신주를 우선 배정받을 수 있는 권리를 제공하는 신주인수선택권제이다. 포이즌 필 도입의 찬성론자들은 자사주 매입 등 소모적인 경영권 방어비용 절감, 미국, 일본, 프랑스 등 주요국에서도 도입하고 있으며 매수자와 매도자 간의 교섭기회 강화 등을 주장한다. 반면 도입의 반대론자들은 적대적 공격 사례가 미미하고 지배주주의 이익에 악용되고 M&A 차단으로 구조조정이 지연되는 점을 강조하고 있다. 국내에서는 포이즌 필 도입을 위한 상법개정안이 2010년 4월 국무회의의 의결을 거쳐 국회에서 논란 중이며 법안이 통과되지는 않고 있다.

포이즌 풋(poison put)은 적대적 M&A를 피하기 위해 해당기업이 은행 등에 채무를 일시에 상환해 기업가치를 급격히 떨어뜨려 인수 대상으로서의 매력을 잃게 만드는 것이다. 국내에서는 하이닉스반도체가 2010년 6월 처음으로 도입하였다.

2) 차등의결권 및 황금주

차등의결권이란(1주=1표)의 원리를 깨고 지배주주에게 보통주의 수십에서 수 백배에 달하는 의결권을 부여하는 방법이다. 황금주(golden share)란 극히 소수의 지분만으로도 주주총회 의사결정 사항에 대한 전면적인 거부권을 행사할 수 있도록 하는 방법이다. 국내 현행법상으로는 금지되어 있다.

3) 황금낙하산

황금낙하산(golden parachute)이란 M&A를 시도하는 측의 자금부담을 늘려 적대적 인수 의도를 약화키는 방어전략이다. 임원의 거액 퇴직금 조항, 주식매수선택권 등을 만들어 인수 희망자로 하여금 합병을 주저하게 만드는 것이다. 이러한 규정이 임원뿐만 아니라 중간관리자에게까지 확대되면 납낙하산(lead parachute), 일반직원까지 확대되면 양철낙하산(tin parachute)이라고 한다.

4) 황금알 분리

대상기업의 가장 핵심 사업부문인 소위 왕관 보석(crown jewel)이라고 할 수 있는 황금알(golden egg)을 처분하여 분리함으로써 M&A 공격측의 인수 유인을 떨어뜨리는 방법이다.

5) 백기사와 백지주

백기사(white knight)전략이란 위기에 놓인 기업이 우호적인 제3자로 하여금 매수에 동참케 하여 적대적인 세력의 M&A를 좌절시키게 하거나 또는 우호적인 제3자에게 인수되도록 하는 전략을 말한다. 반면 흑기사(black knight)란 M&A에 나선 기업 중 가장 높은 가격과 조건을 제시한 공격적인 당사자를 말한다.

백지주(white squires)는 경영권 인수에 관심 없이 M&A 대상기업의 지분을 매입하겠다고 동의한 주주를 말한다. 백기사가 현 경영진을 해고하지 않지만 일부 경영권을 갖는다는 점에서 백지주와 상이하다. 기업들은 백지주 확보 수단으로 종업원지주제도(Employee Stock Ownership Plan)를 적극적으로 이용한다. 기업들은 백지주와 불가침협정을 맺거나 우선권 등 인센티브를 일정 부여하는 것이 보통이다.

1994년 삼성이 기아자동차 인수에 나서자 8.25%의 지분을 갖고 있던 기아차 우리사주조합이 우리사주 갖기 운동을 벌이면서 대응하였다. 2004년에는 외국계 펀드에 경영권 위협을 받던 SK(주)와 KT&G가 경영권에 관심없는 우호적 세력을 확보해 방어한 바 있다.

6) 역매수 전략

역매수전략(pack man defense)이란 인수대상 기업이 오히려 적대적 인수기업의 주식을 매수함으로써 정면 대결하는 방법이다. 국내 현행 상법상 가능하여 상호지분을 취할 수 있다.

7) 초다수 의결제

초다수 의결제는 적대적 M&A의 방어수단으로 기업의 인수합병, 이사의 해임 등 주요 사안에 대해 주주총회의 의결 요건을 출석 주주의 80% 이상으로 하는 등 의결을 강화하는 제도이다. 논란은 없지 않으나 국내 현행법상 가능하다. 국내 일부

기업들은 경영권 방어 목적으로 암암리에 채택하고 있다.

8) 기타 전략

상장회사의 주식을 25% 이상 취득할 경우에 일정 물량 이상(예, 40%+1 주)의 주식을 주식시장에서 공개매입을 의무화하는 의무공개매수제 도입, 대규모 기업설명회(IR)를 실시한 후 의도적으로 자사 주식을 부양하는 고주가전략, 자사주 매입, 외부차입 또는 고배당 실시 등을 통한 재무구조 재편성, 이사 선임 및 교체를 순차적으로 실행하여 이사회 장악을 지연시키거나, 합병의 승인 요건을 훨씬 엄격하게 하는 정관변경 등을 고려해 볼 수 있다.

국내에서는 여론호소전략이 가장 효과적인 방어 수단으로 활용된 적이 있다. 1993년 삼성그룹이 기아자동차의 지분을 매집하자 기아자동차 측은 재벌그룹이 자금력을 이용해 국민기업을 탈취하려고 한다는 부정적인 여론 조성에 나서 결국 삼성의 인수 시도를 무산시킨 바 있다.

9) 국내 대기업의 적대적 M&A 방어책 필요

최근 국내 대기업들은 순환출자 고리를 끊고 지배구조 개선을 활발하게 추진하고 있다. 게다가 스튜어드십 코드(stewardship code), 집중투표제(cumulative voting), 감사위원 분리선출제, 다중대표소송제 등의 도입이 거론되고 있다. 이 경우 외국인투자가의 집단행동과 경영권 강탈이 우려된다. 따라서 국내 대기업들에게 적극적인 경영권 방어책을 제고하는 상법 개정이 시급하다.

토의자료

유증자합병

흡수합병을 하면서 피합병회사에 신주를 배정하는 방식의 합병이다. 신주가 흡수합병을 하는 회사의 자사주로 들어가기 때문에 증자하는 효과가 있다. 기업 입장에서는 세금을 줄일수 있지만 신주 발행과 동시에 자사주를 보유함에 따라 주식가치 희석이불가피해 기존 주주들이 반발하는 경우가 적지 않다.

多國籍企業의 國際經營管理

13 國際組織 및 人事管理

제1절 국제기업의 조직

01 국제기업의 조직형태

1) 기능별조직

딤자(W.A. Dymsza)는 전 세계의 국제기업들이 취하고 있는 조직구조를 종합해 본 결과 기능별조직, 제품별조직, 지역별조직, 국제사업부조직, 매트릭스 조직 등 다섯 가지 형태를 제시하고 있다.[1)]

기능별조직(functional organization)은 최고경영자 밑에 마케팅, 재무, 생산, 인사, 기획 등의 기능에 따라 부서가 나누어져 있는 형태이다. 이 조직형태는 제품의 종류가 적고 생산 또는 판매지역의 범위가 좁을 때 취하는 형태이며, 생산·판매 등의 부문별 기능이 중시될 때 장점을 발휘할 수 있으나 각 기능별 부서 간에 협조가 안될 경우 난관에 부딪치는 단점이 있다. 따라서 실제로 국제기업의 경영 조직구조로서는 별로 이용되지 않는다.

2) 제품별조직

제품별조직(product organization)은 최고경영자 밑에 여러 제품별로 제각기 하나의 부서를 구성하고 그 제품별 부서 밑에 생산·판매·회계·재무 등의 기능에 따라

1) 어윤대 외, 「국제경영」(서울: 학현사, 1996), p.526.

하부 부서가 이루어진 형태이다. 이는 취급하는 제품의 종류가 다양하고 이질적인 기업에서 일반적으로 이용하는 형태로, 각각의 사업단위가 이익 책임을 지는 사업부 조직은 대개의 경우 제품별조직을 기반으로 하고 있다.

3) 지역별조직

지역별조직(regional oranization)은 최고경영자 밑에 여러 지역이 제각기 하나의 부서를 구성하고, 그 지역별 부서 밑에 여러 품목, 각 기능이 통합되어 있는 형태이다. 이는 기업이 벌이고 있는 생산·판매활동 등이 여러 지역에서 이루어져 있고 지역간에 통신·교통 등의 어려움으로 인하여 긴밀한 협조가 이루어지기 어렵거나, 여러 지역의 특성이 제각기 달라 획일적인 관리체계를 적용하는 것이 불합리할 때 사용된다.[2)]

4) 국제사업부조직

국제사업부조직(international division oranization)은 기업의 해외영업활동이 강화됨에 따라 국제사업부를 기업 조직 내에 다른 제품사업부와 같이 하나의 독립된 사업단위로 운영하는 형태이다. [그림 13-1]에서와 같이 최고경영자 밑에 국내사업부와 동격의 국제사업부를 구성하고 그 부서 밑에 제품에 따라 기능이 통합된 형태이다.

국제사업부조직의 장점은 해외사업에 필요한 지식과 경험이 축적된 국제사업부에서 해외경영활동을 주도함으로써, 최고경영진이 해외경영업무에서 벗어나 국내업무를 전념할 수 있다는 점이다. 국내사업과 국제사업부서가 각각 독립성과 자치성을 지니고 있기 때문에 전사적인 계획의 일괄적인 적용이 어려우며, 국내사업부와 국제사업부 간의 협력이 잘 이루어지지 않을 경우 상호간의 충돌이 야기될 수 있다는 단점도 있다.

2) 조동성, 「국제경영학」(서울: 경문사, 1990), p.571.

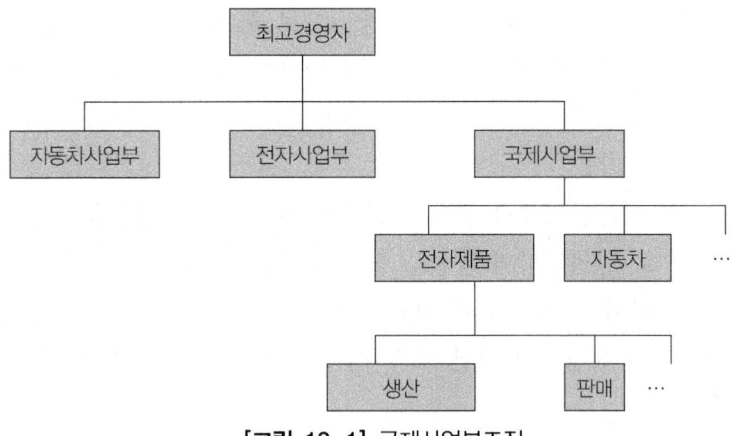

[그림 13-1] 국제사업부조직

5) 매트릭스조직

매트릭스조직(matrix organization)은 그리드조직(grid organization)이라고도 하는데 [그림 13-2]에서 보는 바와 같이 앞에서 설명한 세 가지 조직형태의 기준이 되는 기능, 제품, 지역이 다차원적으로 중첩된 형태이다.

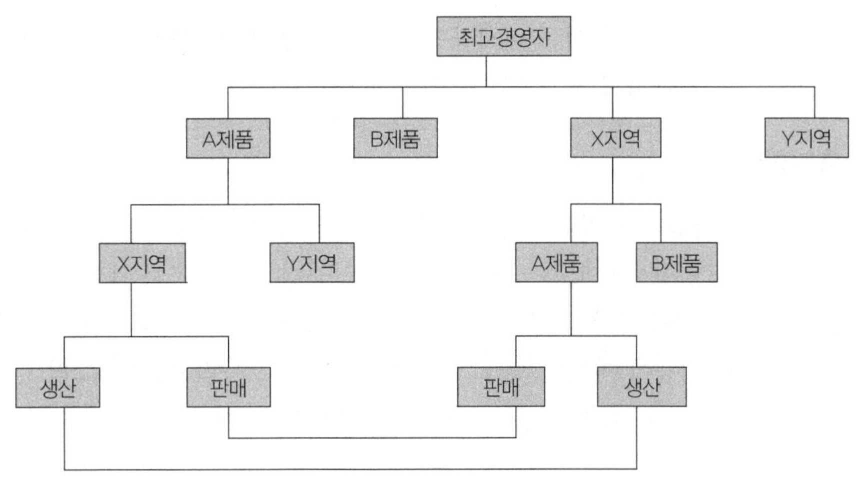

[그림 13-2] 매트릭스 조직

기능, 제품, 지역 중 어느 한 기준만을 중심으로 하여 조직구조를 형성할 때 파생되는 다른 기준의 독자성 상실을 회피하기 위하여 고안된 형태로써 최고경영자 밑에 있는 경영자들이 기능, 제품, 지역을 결합시킨 여러 문제에 전반적인 책임을 지게 된다.

장점은 어느 한 기본단위에서 체크하지 못한 운용상의 문제점을 다른 조직단위에서 지적해 냄으로써 업무상의 과실을 줄일 수 있으며 동시에 단위조직 간의 견제와 균형을 유지하여 기업의 효율적인 경영활동을 전개해 나갈 수 있다는 점이다. 반면 조직구조가 복잡하고 기본 조직단위들 간의 갈등이 심화될 수 있다는 단점이 있다.

02 기업의 국제화와 조직구조의 변화

1) 국내시장지향단계

기업이 국제화를 추진함에 따라 조직구조도 변하게 된다. 일반적으로 다국적기업은 국제화의 정도에 따라 그 조직구조를 달리하게 된다. 국제화 과정을 국내시장지향단계 → 수출지향단계 → 현지 혹은 지역시장지향단계 → 세계시장지향단계로 구분된다.

국내시장지향단계는 기업이 국내시장만을 목표로 생산·판매활동을 벌이며 국제경영활동이 없는 경우로써 기업조직도 일반적으로 단순한 기능별조직을 택한다.

2) 수출지향단계

국내시장만을 지향하던 기업이 수출을 통해 해외진출을 꾀하게 된다. 이와 같은 수출지향의 국제화 초기에 있는 기업들은 주로 기능별 조직구조를 택한다. 수출의 비중이 별로 높지 않을 경우 기존의 경영부서를 국내부와 수출부로 이원화시켜 운영하다가 수출의 비중이 커지면 별도의 수출사업본부로 독립시킨다. 그러나 동일한 수출지향기업이라도 여러 제품을 취급하는 기업들은 제품별 조직구조를 채택하게 된다.

3) 현지 또는 지역시장지향단계

수출을 통한 국제화를 추진함에 따라 현지국의 관세와 같은 수입규제에 직면하게 된다. 따라서 기업들은 보호무역을 시행하는 현지 또는 지역에 해외투자하여 직접 생산·판매하게 된다. 이 단계의 기업들은 해외생산과 판매를 유기적으로 조정해야 하기 때문에 각 지역별로 독립된 부서를 설치하고 그 하부기관에서 해외생산과 해외경영부서를 두는 지역별 조직구조를 선택한다.

4) 세계시장지향단계

전 세계를 무대로 경쟁하는 세계시장지향단계에 이르면 기업은 세계에서 가장 생산비와 운송비가 저렴한 국가에서 제품을 생산하여 판매해야 한다. 이러한 단계에서는 조직구조가 일차원적 조직구조에서 탈피하여 전 세계에 걸쳐 기능, 제품, 지역을 상호 연결한 매트릭스조직으로 변화해야 한다

결국 기업의 국제화의 진전에 따라 기능별조직 또는 제품별조직 → 지역별 조직 → 매트릭스조직의 순으로 변화한다고 할 수 있다. 그러나 이와 같은 국제화의 진전에 따른 조직변화는 지나치게 단순화한 것이다. 각 기업은 그 사업의 종류, 성격, 범위 그리고 국제경영환경에 따라 조직구조를 탄력적으로 운용할 수 있다.

03 조직 혁신[3)]

혁신지향적 조직으로 전환하기 위해서는 일단 혁신 시스템 구축이란 멍석을 깔아야 한다. 조직에서 혁신은 누가 하는가? 많은 조직, 특히 제조업체에는 혁신 전담부서가 있다. 기술이나 제품 개발 부서, 프로젝트팀 등은 혁신 자체가 주요 업무다. 기획부서들은 상황에 따라 혁신에 참여하기도 한다.

다음은 생산, 구매, 마케팅, 인사, 재무, 회계, 총무 등 일상업무가 중심인 부서들이 혁신에 참여한다. 이들에게 혁신 업무는 부수적인 것으로 인식된다. 따라서 그들이 혁신에 어느 정도 참여하느냐는 조직에 따라 크게 차이가 난다. 이 부분은 투자가 크게 필요하지 않고 많은 구성원의 오랜 시간에 걸쳐 누적된 역량이 중요하므로 경쟁자가 쉽게 모방하기 어렵다. 조직 간 혁신의 승패는 여기서 결정지어

3) 한국경제(2017.2.10). A.30 발췌 "CEO를 위한 경영학-조직 혁신의 문 열려면... 문제 본질 향해 끝없이 Why를 외쳐라" 〈정규석 강원대 경영회계학부 교수〉

지는 경우가 많다.

이들로 하여금 혁신에 참여하도록 하는 시스템은 두 가지로 나눌 수 있다. 하나는 공식적인 조직위계로 이루어지는 사업계획이나 목표관리 같은 업무수행제도를 통해서다. 부서별 업무계획 수립 내용이 개선과제 중심이냐, 일상유지업무 중심이냐가 혁신 성패의 관건이다.

다른 하나는 비공식적으로 이뤄지는 개선활동 제도다. 각종 팀 단위 개선활동이나 개인별 제안제도 등이 이에 해당한다.

혁신시스템이 정비된 다음 혁신활동의 실행 과정에서는 적절한 혁신도구의 사용을 익숙하게 하는 것이 필요하다. 구성원에게 적절한 도구지식을 교육시키고 활용을 격려해야 한다. 보통 공과대학에서는 특정한 기술영역별로 문제 해결을 위한 지식을 교육한다. 사무관리 영역에 대해서는 경영학과 산업공학에서 관리도구를 교육한다.

일본 기업은 서양 기업들과 달리 4년 간의 관련 분야 대학교육을 받지 않았더라도 간단한 7가지 문제해결 도구를 선정해 20~40시간 정도 교육만으로도 상당 부분 문제해결이 가능함을 보여줬다.

3년만 계속되면 그 사람은 일할 의욕을 상실하고 영원히 얻어먹는 사람이 돼 문제는 악화된다. 근본 치유를 하려면 근본원인을 찾아야 하는데, 계속 "왜?"를 반복하며 근본원인을 찾아나가는 것이 답이다. 왜 배고픈가? 못 먹어서. 왜 못 먹었는가? 돈이 없어서. 왜 돈이 없는가? 일자리가 없어서. 왜 일자리가 없는가? 능력이 없어서. 왜 능력이 없는가? 못 배워서? 왜 못 배웠나? 부모가 돈이 없어서. 왜 부모는 돈이 없는가? 이런 질문의 구조 속에 빈익빈의 악순환 고리가 발견된다. 여기서 악순환 고리를 끊으려면 교육 개선이 필요해진다. 즉 배고픈 사람에게 물고기를 주는 증상치료는 임시변통책이고 물고기 잡는 방법을 가르쳐주는 것이 근본적인 치유책인 것이다. 근본원인을 발견하기 위해서는 다섯 번 '왜(why)'를 반복하라는 '5 why'라는 도구를 활용하는 것이 요령이다.

일단 개선됐다 하더라도 경영자가 소홀히 하면 다시 원래상태로 돌아가거나, 담당자가 바뀌면서 무시돼버리거나, 전수가 안 되는 경우가 많다. 개선으로 얻어진 개인의 지식이 조직의 지식으로 이어지지 못하는 것이다. 이를 방지하려면 개선시스템 구축은 실시된 개선에 대한 사후 관리와 표준화를 하는 시스템 구축으로 마무리돼야 한다. 개선시스템이란 멍석을 깔고, 적절한 개선도구를 손에 쥐어주고, 대다수 종업원이 그 멍석 위에서 개선 활동이란 춤을 추도록 하며, 개선의 결과는 조직지식으로 흡수하는 시스템을 구축한다면 시간은 그 조직의 편이 될 것이다. 시간이 흐를수록 혁신과 개선의 결과물은 축적되고 나날이 종업원들의 개선 역량은 커질 것이기 때문이다. 이것을 이해하고 실행하는 것은 결국 경영자 몫이며, 조직은 경영자 그릇만큼 커질 것이다.

제2절 국제기업의 인사관리

01 국제기업의 인력자원

1) 국제기업의 환경과 해외주재원

다국적기업이 해외사업을 수행하다 보면 국내의 환경과는 다른 환경에 직면하게 된다. 다국적기업은 국내와는 상이한 정치, 사회, 문화, 언어, 법률, 관습 등의 환경적 요소들을 극복하면서 해외사업을 성공적으로 수행할 유능한 국제경영인을 필요하게 된다.

현지국에 선발 파견된 해외주재원은 본국 및 현지국 정부, 모회사와 현지 자회사와의 관계, 가족과의 관계 등 자신을 둘러싼 제반 환경하에서 발생 가능한 도전들을 숙지하고 미래를 예측하면서 다국적기업과 제반환경 간의 관계를 개선시키기 위한 활동계획을 개발해야 한다. 해외주재원을 둘러싼 이러한 복잡다양한 환경 때문에 해외주재원을 충원하고 선발하는 과정은 기업의 성격, 관리자의 특징, 현지국의 성격 등의 요소를 반드시 고려해야 한다.

2) 인력자원의 전략적 의의

(1) 해외주재원의 역할

다국적기업의 경우 성공적인 전략수행에 인력자원이 필수적인 역할을 담당한다. 특히 다국적기업의 전략과 관리자의 목적, 동기, 제반능력의 일치는 매우 중요하다. 해외주재원의 역할은 자회사에 대한 감독 관리뿐만 아니라 본사와 현지국 및 현지거래 기업과의 조정적 지위에 있으므로 해외지사 간의 업무추진 역할뿐 아니라 의견조정, 의사소통, 지사통제, 조직내의 일관성을 형성하여 효율적인 기업 전략 수립에 중대한 역할을 담당하게 된다.

(2) 기업의 국제화와 해외주재원

국제화의 진전도에 따라 제1단계에서는 수출중심의 패턴으로 이 때의 인력자원은 본국인이 되며 어학능력이 중시된다. 제2단계에서는 해외직접투자가 이루어지며 생산, 서비스, 판매 거점이 확립되고 현지법인으로 독립되며 본국인은 전문인력이 파견되어 특정지역의 전문가로 발전하게 된다. 이때까지의 주된 관심은 효율적인 해외투자나 전략 또는 현지기업에 대한 초기투자를 회수하고 흑자화를 도모하는 것이다.

제3단계인 다국적화 단계에 이르면 관심 대상의 경영자원으로써 인사관리가 이루어지고 전문직으로서의 국제경영자를 육성하게 되어 이에 따른 전략적 해외인재개발시스템의 확립이 필요하게 되며 더 나아가서 무국적화 단계에서는 본국인, 현지인의 구분없이 본사에도 비 본국인이 등장하여 기업의 세계화가 이루어진다. 국제경영인의 개념은 기업의 조직 어느 곳에도 관리자의 무제한적 이동을 허용한다는 점이다.

02 해외주재원 선정 및 교육

1) 해외주재원 선발절차

국제인력관리 과정은 기초분석단계, 후보선정단계 및 인력관리단계로 구분할 수 있다 국제기업의 인사관리시 먼저 해야 할 일은 특정 대상직무에 대한 분석과 조직분석, 문화적 환경분석이라고 할 수 있다. 이와 같은 분석결과를 토대로 잠재적인 국제경영자의 개발, 모집, 선정, 교육의 자료로 이용한다. 다음단계로는 내·외부의 이용 가능한 인력자원의 원천을 파악하는 단계이다. 기업내부의 사람들 가운데서 특정후보를 선정하거나 기업외부의 인원을 후보로서 설정하게 된다.

마지막 인력관리단계에서는 선정된 후보자들을 대상으로 최적임자를 선택하는 일, 교육과 개발을 통한 업무수행 능력 배양, 국제인력에 대한 보상과 평가 등을 수행한다. 해외 근무자에 대한 구체적인 필요가 존재할 때 본사인력과 현지인력

중 적정 인물을 일정한 자격요건을 심사하여 배치하게 된다.

2) 해외주재원 충원정책

해외주재원을 충원하는 이론적 접근방법은 본국중심주의(ethnocentric), 현지국중심주의(polycentric), 지역중심주의(regiocentric), 지구중심주의(geocentric)의 네 가지로 구분된다. 본국중심주의는 자회사의 주요 지위를 본국주재원으로 채우는 것이고, 현지국중심주의는 자회사의 주요 지위를 각 지역의 현지인으로 충당하는 것이다. 지역중심주의는 관리자에 대한 선발, 교육훈련, 임명 등을 지역에 일임하여 지역중심적 체제로 인력관리를 운영하는 것이고, 지구중심주의는 국적에 구애받지 않고 본사와 자회사를 세계적 조직의 일부로 간주하여 모든 직위에 능력 위주로 인원을 선발하여 배치하는 것이다.

기업의 국제화단계와 국적별 충원비율 간에 사이클이 존재하는데 초기생산이 시작되면서 본국에서 파견되는 관리자의 비율이 급상승했다가 해외성장 시기에는 현지인 관리자의 고용이 늘어나고, 기업이 다국적화되면서 다시 본국인 관리자가 증가한다. 실제적으로 다국적기업의 인적 구성은 본국인, 현지인, 제3국인의 혼합형이 많으며 이것은 지구중심주의에 가깝다.

3) 해외주재원 선발기준

국제기업이 성공적인 영업성과를 달성하기 위해서는 무엇보다도 훌륭한 자질을 지닌 경영인력을 확보하는 것이 중요하다. 국제기업이 본국인을 해외에 경영자로 파견할 때 흔히 사용하는 선발 기준은

① 해외주재원으로서 해당직무에 필요한 지식과 직무수행 능력의 소지 여부
② 현지 공장설비나 장비 등에 관한 기술적 능력 여부
③ 이질적 해외환경에서 독립적인 의사결정능력, 주관과 이성을 잃지 않는 정서적 안정성 보유, 자유로운 언어 구사, 국제적 감각 보유 등의 개인적 특성
④ 익숙한 본국 문화보다 현지국 환경에 융통성 있게 대처하고 현지국의 전통과 관습, 윤리를 존중할 수 있는 태도
⑤ 해외활동에 대한 모험심과 이질적 환경에 능동적으로 도전하는 자세 보유
⑥ 현지국 정부와의 충돌을 피하기 위하여 현지국 정부관리나 영향력 있는 정

치인 등과 호의적인 관계를 유지할 수 있는 외교적 수완
⑦ 주재원 가족구성원 전체의 현지적응 문제로써 특히 배우자의 적응문제, 자녀의 교육문제 등의 가족관계 등이다.

4) 해외주재원 선발방법

해외주재원을 선발하는 구체적인 방법은 테스트와 인터뷰, 종합평가로 구분된다. 테스트의 사용은 다소 구식으로 보이고 특히 높은 지위의 선발방법으로는 더욱 그러하다. 해외근무의 적임자를 선정하는데 있어 당사자와 배우자와의 인터뷰가 최고의 선발방법이며 해외근무의 부적격자를 감지하는데 특별히 유용하다.

한편 종합평가제도는 복수기준과 복수평가자를 활용하여 지원자와 조직 구성원간의 자질과 능력을 보다 집중적, 종합적으로 평가하는 방법이다. 종합평가제도에서 활용되는 평가방법은 적성검사, 심층면접, 문제해결, 시뮬레이션, 사례연구, 역할연기, 의사결정 실습 등 소집단에서의 리더십 행동과 실제 경영실기를 많이 포함함으로써 지원자나 조직구성원의 실질적인 능력을 평가하는데 많은 도움을 주고 있다. 측정결과도 평가전문가들에 의하여 분석, 토의되어져 보다 전문적이고 정확한 평가가 가능해진다.

03 해외주재원 귀국관리

1) 주재근무 후 귀국적응

심리적 귀국은 실제 귀국 시점의 전후 1년 정도로 보고 있다. 귀국시점 6개월전부터 진행되어 귀국 후 6개월까지 신체적 심리적 적응과정이 병행하는 셈이다. 이 기간 동안에는 높은 이직률이 특징적이며 직무성과도 시간이 흐르면서 서서히 높아진다.

해외 주재근무의 실패율과 귀국 후 이직률 역시 높다고 하겠다. 해외주재근무 실패의 공통요인은 바로 문화적 적응의 실패에서 비롯된다. 한편 성공과 실패를 떠나 해외주재원들은 심각한 문화적 충격에 시달린다. 이러한 문화적 이질감에서 비롯되는 문제들은 적절한 훈련을 통해 미리 예방하거나 줄일 수 있다는 주장이 지배적이다. 해외근무를 마친 주재원의 이직률은 매우 높으며 이직률은 귀국 몇

년 후까지 지속된다는 점에서 심각하다.

2) 귀국적응 과정

귀국적응 과정은 귀국 전과 귀국 후로 나누어 볼 수 있다. 귀국 전의 철저한 귀국준비는 귀국 후의 적응뿐만 아니라 조직에 기여할 수 있는 해외경험을 제대로 인식하는데 도움이 될 것이다. 이는 귀국 후 변화되어 있을 여건, 제도 등에 관한 정보를 미리 얻으려는 노력을 말하며 기대 또는 예상을 가능하게 해 준다. 이러한 예상은 직무, 대인관계, 환경에 대해 각각 다르게 나타날 수 있다. 물론 이러한 예상과 현실이 불일치하더라도 귀국준비는 변화에 대한 인식을 갖게 하는데 도움이 될 것이다.

귀국 후 주재 근무기간 동안 변화한 주변 상황에 대한 인식, 주택문제, 자녀교육문제 등과 같은 정착과정은 주재경험을 제대로 인식하여 조직에 기여하는데 영향을 미칠 것이다. 주재원들이 귀국 후 받는 스트레스는 엄청나게 바뀐 주변 상황을 인식하지 못하는 점에서 비롯된다. 이를테면 과거 동료가 상사가 되었다거나 조직 부서의 변동과 같은 조직 변화뿐만 아니라 인플레이션과 같은 재정적 부담도 크게 느낀다. 또한 귀국 후 사회적 신분의 격하, 주택문제, 가족 적응문제 등이 주된 어려움이다.

3) 해외주재 경험

해외주재 경험은 개인적 경험, 직무관련 경험, 문화적 경험 등으로 크게 대별된다. 개인적 경험은 해외주재 근무의 유경험 여부, 주재근무 기간, 가족동반 여부 등이 포함된다. 다양하고 풍부한 주재경험은 경험이 많을수록, 예외적 경험을 가질수록 커진다. 가족의 해외생활의 만족은 오히려 직무만족을 향상시킬 뿐만 아니라 보다 성공적인 주재근무를 보장해 준다는 주장도 있다.

한편 직무관련 경험은 전문성 및 융통성 차원에서 설명될 수 있다. 해외 주재 근무지의 직무와 귀국 후 직무의 유사성, 직무 중 국제경영 업무의 비중 등이 기준이 될 것이다. 직무의 유사성 정도가 높을수록 국제업무의 비중이 클 수록 해외 주재경험의 조직기여도는 높을 것이라는 예상이다. 끝으로 문화적 경험이란 범위가 넓으며 개인적, 직무관련 경험과 중복되는 경우도 많을 것이다. 따라서 문화적 경험은 다양성, 풍요성, 중요성, 전문성, 응용성이 모두 고려될 필요가 있다. 예컨대 다수 국가의 주재경험을 가질 수록 문화적 경험은 다양하고 풍부해진다.

4) 해외주재원의 귀국 후 관리

국제기업은 해외주재원의 육성과 교육에는 많은 관심을 보이고 있으나 귀국 후의 인사관리 문제에 대해서는 소홀한 경향이 있다. 해외근무 후 귀국한 사원이 새로운 보직에 만족하지 못하고 사직을 하게 되면 당해 기업체는 유능한 직원을 잃을 뿐만 아니라 그 사원에게 투자한 시간과 자본의 손실을 입게 되는 것이다.

따라서 해외주재원에 대한 귀국 후 관리는 그 중요성을 가지며 이를 해결할 수 있는 체계적 접근방법을 개발하는 것이 요구된다. 본사에 돌아온 관리자는 심층적인 조직적 재교육을 받아야 한다. 재교육에는 정책 및 절차상의 변경, 회사전략의 변화 새로운 직원 및 현직원의 임무, 귀국자의 새로운 직위에 대한 상세한 설명이 있어야 한다. 귀국후 6개월 정도는 가족에 대한 배려가 필요하며 국내환경에 잘 적응할 수 있도록 도와주고 전문적인 카운셀링도 해주어야 한다.

토 의 자 료

한국적 경영스타일이 태국 현지인 직원 조직몰입에 미치는 영향

연구 결과 한국적 경영스타일의 주요 특성은 권위주의, 인정주의, 집단주의로 파악했다. 한국적 경영스타일이 태국 현지직원들의 조직 몰입에 긍정적인 영향을 미친다. 한편 태국 현지 직원의 교육수준이 높을수록 권위주의와 집단주의가 조직몰입에 미치는 영향이 약화되지만 교육수준은 인정주의가 미치는 영향에 대해서 그러한 조절효과가 없었다. 이러한 분석결과는 한국과 태국이 권위주의, 인간 지향성, 집단주의 등과 같은 문화적 차원에서 유사성이 크기 때문에 한국적 경영 스타일이 태국 직원들의 조직몰입을 높이는데 유효하다는 것을 보여준다. 아울러 연구 결과는 현지인 직원의 교육수준과 같은 개인적 특성들도 한국적 경영스타일의 국제적 이전 가능성에 영향을 미친다는 것을 시사한다.

자료: 강지훈 · 최순규 · 이승영, "한국적 경영 스타일이 태국 현지인 직원의 조직몰입에 미치는 영향", 「연세경영연구」 제654권 제2호(2017), pp.153-178.

14 國際마케팅管理

제1절 국제마케팅의 개념

01 마케팅

마케팅(marketing)이란 고객을 만족시키며 기업의 목표를 달성하기 위하여 생산자로부터 소비자 또는 사용자에게로 제품 및 서비스를 유통시키는 총체적인 기업활동이다. 오늘날의 마케팅 활동은 고객중심적이고 전사적 또는 통합적인 기업활동이며 목표지향적인 기업활동이다. 소비자의 욕구를 파악하기 위한 마케팅조사와 기업의 통제 가능한 수단과 방법을 선정하는 마케팅 믹스 전략 등 일련의 마케팅 과정과 이념은 국내마케팅과 국제마케팅이 동일하다.

02 국제마케팅

국제마케팅은 국내마케팅과 다음과 같은 점에서 상이하다. 첫째, 국제마케팅은 국경을 넘는 마케팅 활동이다. 둘째, 외국에서의 마케팅 활동이다. 셋째, 동질적이라기보다는 비교적 이질적인 2개 이상의 시장에서의 마케팅 활동이다. 따라서 국제마케팅은 일국에서 마케팅 활동을 수행하는 국내마케팅보다 더 많은 복잡성, 다양성, 어려움, 위험성이 존재하는 특성이 있다.

한편 국제마케팅은 기업이 해외시장에서 개입하는 정도인 국제화 수준과 활동에 따라 다음과 같이 수출마케팅, 해외마케팅, 다국적 마케팅, 범세계적 마케팅 등으로 구분할 수 있다. 수출마케팅은 재화·용역의 국가 간 이동을 중시하여 본국에서 해외로 이루어지기 전까지의 활동을 대상으로 한다. 해외마케팅은 현지국 중심의 마케팅 활동을 대상으로 하고, 다국적 마케팅은 복수의 해외시장을 대상으로 하고, 범세계적 마케팅은 본국과 외국을 구분하지 않고 전 세계를 하나의 시장으로 간주하여 수행하는 마케팅 활동을 말한다.[1)]

제2절 국제마케팅 믹스전략

01 마케팅 믹스

마케팅믹스(marketing mix)란 기업이 국내·외의 통제 불가능한 환경변화에 대응하기 위하여 기업내부에서 통제할 수 있는 모든 요소들을 유기적으로 혼합·조정·통합하는 활동을 말한다. 믹스의 구성요소는 국내마케팅이나 국제마케팅이나 동일하다고 할 수 있겠다.

02 국제마케팅 믹스

국제마케팅의 경우 여러 국가의 시장을 상대로 동시에 마케팅활동을 전개하기 때문에 4P를 중심으로 한 믹스 구성의 폭이 국내마케팅보다 더욱 넓어지고 복잡해진다는 차이점이 있다.

[표 14-1]에서 보는 바와 같이 국제마케팅 전략을 효과적으로 수립함에 있어서 제품(product), 가격(price), 유통경로(place), 광고 및 판매촉진(promotion)이라고 하는 4P의 마케팅 믹스관리가 중요하며 포장(package), 힘(power), 공적관계(public relations)를 포함하여 7P라고도 한다. 국제마케팅 믹스의 구성요소에는 통제불가능 환경요소와 통제불가능 해외 환경요소를 충분히 고려하여야 한다.

국제마케팅전략의 주요한 과제는 이와 같은 마케팅 요소들을 세계적인 안목에서 전사적으로 일관성있는 마케팅전략으로 통합하는 것이다. 국제마케팅전략을

1) 어윤대, 전게서, p.392.

효과적으로 수립함에 있어서 고려해야 할 문제는 첫째, 국제마케팅의 표준화와 차별화의 문제이다. 특정시장에서 성공한 마케팅 전략을 여타 해외시장에서도 사용할 수 있는가 하는 문제이다. 만약 모든 해외시장에서 동일한 마케팅 믹스가 채택되어진다면 표준화로 인한 상당한 비용절감을 가져 올 것이다.

[표 14-1] 국제마케팅믹스 구성요소

통제가능 믹스		통제불능 환경요소	통제불능 해외환경 요소
4Ps	• Product • Price • Place/Distribution • Promotion	• 정치·법률적 역학 작용 • 경제풍토 • 경쟁구조	• 문화적 역학작용 • 정치·법률적 역학작용 • 경제적 역학작용 • 경쟁적 역학작용 • 기술수준 • 지리와 경제하부구조 • 유통구조
7Ps	• Package • Power • Public Relation		

국제경영자는 마케팅믹스를 국제적으로 표준화하는 과정에서 오는 이익과 마케팅하는 과정에서 오는 비용을 비교하려고 할 것이다. 최근 국가 간의 정보와 통신의 교류가 급속히 증대함에 따라 표준화로 인한 편익이 비용을 상회한다는 주장도 있다. 따라서 국제기업은 마케팅전략을 어느 정도 표준화 또는 차별화할 것인가를 결정하여야 한다.

둘째, 국제시장의 세분화를 통한 해외진출 문제이다. 국제기업은 시장집중 전략과 시장다변화전략의 선택문제에 직면하게 된다. 시장집중전략은 먼저 소수의 해외시장에 집중하여 진출하고 점진적으로 진출시장의 수를 증가시켜 나가는 것이다. 반면 시장다변화 전략은 세계 여러나라 시장에 동시에 진출하는 전략이다. 이러한 국제시장의 진출 범위, 진출속도와 관련하여 반드시 고려하여야 할 것은 세계시장을 비교적 동질성을 지닌 집단으로 분류하는 시장세분화 문제이다. 일반적으로 국제기업들은 지리적 여건에 의해 해외시장을 구분해 왔으나 편리하다는 장점은 있으나 비합리적인 면이 많다.

최근에는 국제시장 세분화의 기준이 국가별 세분화에서 국가 간의 세분화로 변동되는 경향이 있다. 이는 정보통신혁명에 의한 국가 간 경계가 거의 의미가 없으며 상이한 국가 간에도 공통된 소비패턴을 보이는 소비자집단이 존재하기 때문이다.

제3절 현지 마케팅전략

01 목표시장과 포지셔닝전략

목표시장과 포지셔닝(positioning)전략에서 먼저 현지시장을 세분화(segmentation)할 필요가 있다. 현지시장을 연령대별로 유년, 청소년, 성인, 노인 시장 등으로 구분할 수 있다. 다음으로 시장규모, 시장의 성장률, 자사 경쟁력 등을 고려하여 시장진입 성공 가능성을 분석하는 목표시장(targeting)을 선정하여야 한다. 끝으로 얼마나 많이 현지 소비자의 특성과 선호에 기업의 상품 및 마케팅 활동을 적용시킬 것인가 하는 포지셔닝을 하게 된다.

02 표준화전략

다국적기업 전체의 이익증대를 위하여 범세계적인 통일된 시스템으로 유지하고 해외자회사들의 활동을 통합할 필요성이 있으므로 본국시장에서 택했던 마케팅전략을 해외시장에서도 변경없이 사용하여야 한다.

표준화전략의 유인으로 규모의 경제, 연구개발의 경제성, 마케팅의 효율성, 소비자의 상표충성도가 있다. 규모의 경제는 특정 제품의 생산입지가 한 곳에 위치하고 있을 때 장기간에 걸친 대량생산의 경제성을 활용할 수 있게 한다. 연구개발의 경제성은 표준화제품의 세계적 도입으로 제품 단위당 연구개발비를 절감시킨다. 판매책자, 판매원, 훈련, 광고 등의 제품표준화는 마케팅 활동 측면에서 효율성을 도모하게 된다. 소비자의 상표충성도는 해외여행이 빈번한 소비자들이 구입하는 제품의 경우 제품표준화는 소비자들의 상표충성도(brand loyalty)를 최대한 활용하게 하는 것이다.

03 현지적응화전략

현지적응화전략이란 현지시장에서의 경영전략을 모국시장과 차별화하는 것으로 상이한 문화권에 속해 있는 사람들은 사고방식과 가치관이 다르기 때문에 일

국가에서 성공한 전략을 다른 문화권의 시장으로 효과적으로 이전시키는 많은 장애요인이 존재한다.

표준화의 유인이 있음에도 불구하고 현지의 계속적인 성장과 발전을 도모하기 위해 현지 경영환경에 맞는 적응화가 필요하다. 기업은 표준화를 통해 세계적 효율성 제고와 적응화를 통한 현지시장 침투 간의 균형을 이루는 수준에서 마케팅전략을 수립해야 한다.

제품포지셔닝(product positioning)은 표준화가 보다 용이하나 유통과 판촉의 경우 현지 적용 요소를 더 많이 필요로 한다. 특정기업의 제품과 서비스가 경쟁제품과 뚜렷하게 차별화되어 고객의 마음속에 확실히 자리잡도록 제품과 마케팅믹스를 설계하여야 한다. 예컨대 BMW, Mercedes-Benz와 같은 고급승용차는 세계 어느 시장에서도 고급승용차라는 이미지를 확실하게 소비자에게 전달하고 있다.

제4절 국제제품전략

01 제품의 개념

국제기업의 마케팅믹스 중에서 가장 중요한 요소가 국제제품전략이다. 왜냐하면 국제기업의 제품전략에 의해 4P의 나머지 요소가 결정되며 고객 및 경쟁자도 그 기업이 제공하는 제품에 의해서 결정된다. 마케팅활동의 모든 측면이 기업의 제품전략에 의해 결정된다.[2)]

제품(product)이란 단순히 눈에 보이는 실체적 형태 이상의 것이다. 실체적 제품 이외에도 포장, 상표, 부착물, 설치, 배달, 시용판매, 애프터서비스, 보증, 사용 설명서 등이 모두 포함된다. 이러한 제품의 개념에는

2) 지속가능경영의 한 방법으로 제조업체가 제품생산 및 공급 중심에서 서비스 중심으로 사업모델을 바꾸는 것을 서비사이징(servicizing)이라고 한다. 구체적으로는 제품과 서비스를 결합해 판매하거나 제품과 관련한 서비스를 판매하는 비즈니스모델이 있다. 소비자들이 제품소비를 줄어들게 하여 환경 측면의 부담을 줄인다는 점에서 기존의 제품-서비스 결합과 차별화된다.

① 소비자가 얻게 되는 기본 혜택이나 서비스라 할 수 있는 핵심제품(core product)
② 소비자들이 구매하게 되는 유형의 실제제품 즉, 핵심제품을 보다 형상화하여 상품화한 실제제품(tangible product)
③ 실제제품에 덧붙여 제공하는 서비스나 혜택(A/S), 품질보증 등을 총 망라한 제품의 개념으로써 첨가제품(augment product) 등과 같이 분류할 수 있다.[3] 이와 같은 종합제품 개념을 이용하여 형태적 특성의 변경없이 현재의 제품을 현지시장에 맞게 수정하거나 새로운 제품을 개발해 낼 수 있게 된다.

02 제품의 형태

일반적으로 소비재 제품이 산업재보다 현지시장의 욕구를 맞추기 위해 보다 많은 적응전략을 요구한다. 특히 그 소비재 제품이 유행성이 강하거나 또는 스타일이 중시되는 제품일 경우에는 특히 현지적응전략이 필요하다. 일반적으로 제품의 형태에 따른 해외시장의 환경에 대한 민감도를 고려하여야 한다. 제품의 종류에는 기존제품, 수정제품, 개량제품, 신제품으로 구분할 수 있다.

03 원산지효과

일반적으로 외국제품의 경우 제조국이 어디인가에 따라 실질적인 품질 그 자체를 떠나 소비자에게 주는 이미지는 아주 달라진다. 예컨대 동일한 일본 소니 제품이라도 원산지가 'Made in Japan'보다는 'Made in China'라고 되어 있으면 소비자에게 저품질이라는 인상을 심어주게 된다. 이와 같은 부정적인 이미지를 벗어나기 위해서는 적극적인 광고 및 촉진활동을 통하여 부정적인 이미지를 바꾸도록 하여야 할 것이다.

04 국제상표전략

소비자는 일반적으로 제품 속성보다 상표 때문에 소비를 선호하는 경향이 있다. 상표 충성도가 높은 제품은 소비자로부터 좋은 이미지와 신뢰를 바탕으로 가격차

3) 원종근, 「글로벌시대 국젱경영」(서울: 박영사, 1999), p.477.

별화를 가능하게 한다. 국제시장에서 지명도가 낮은 상표를 가진 제조업자는 유통업자의 상표를 사용하는 것도 좋으며, 시장이 이질적이고 세분화가 필요한 경우에는 제조업자가 단일상표를 가지는 경우보다 여러가지의 상표를 가지는 것도 좋다. 예컨대 미국시장에서 포드사의 머큐리는 유럽시장에서 『시에나』라는 상표로, 일본의 『도요타 XX』는 미국에서 『슈프라』라는 상표로 판매되고 있다. 브랜드전략(brand strategy)에는 일반적으로 다음과 같은 6가지가 있다.

① 브랜드 가지 수를 줄여야 한다. 경쟁력 있는 제품의 브랜드는 강화하고 경쟁력이 떨어지는 브랜드는 철수 혹은 유사브랜드들로 통합하는 것이 좋다.
② 기존브랜드를 잘 활용하여야 한다. 기존브랜드를 적극 활용하면 브랜드인지도를 높이기 위한 광고비를 절감할 수 있다.
③ 다양한 제품을 생산하는 기업이라면 제품군의 공통요소를 발견해 패밀리브랜드(family brand)로 통합 관리하는 것이 유리하다.
④ 공동브랜드를 모색하여야 한다. 자본력이 약한 중소기업의 경우에는 공동브랜드 도입을 적극 검토할 만하다.
⑤ 신규브랜드로 정면돌파하는 것이 좋다. 경쟁력 있거나 틈새를 발견하면 과감하게 신규브랜드를 개발해 관련시장을 선점해야 한다.
⑥ 사적상표(private brand)를 개발하는 것이 좋다.

토의자료

브랜드(Brand)

□ Brand 어원은 미국의 남북전쟁 후 북부의 소가격이 폭등해 500만 마리의 남부 소들이 북으로 대이동했다. 목장 주인들은 자신 의 소를 구분하기 위해 소의 몸통에 불도장인 소인(消印)을 했다. 이때 '타고 남은 것', '불꽃'이 Brand의 어원이다. 모든 사람이 소인을 표하는데 Maverick이란 사람은 표식 없는 나머지 소는 모두 자신의 소라고 주장하며 소인을 거부했다. 오늘날 독불장군, 무소속정치인을 매브릭(Maverick)이라고 부르기도 한다.

□ National Brand와 Private Brand

제조업자상표는 일반 제조업자가 소유하고 관리하는 상표이고 유통업자(사적)상표는 백화점, 대형 마트 등이 독자적으로 상품을 기획하고 제조업자에게 의뢰해 생산하고 부착하는 브랜드임

□ Category Killer Brand(카테고리 킬러 브랜드)

고유명사가 보통명사화된 브랜드로 나일론, 쵸코파이, 불닭 등이다.

□ Generic Brand(지네릭 브랜드)

브랜드를 부착하지 않는 노브랜드로 상품의 명칭(비누, 치약 등)과 법률 기재 사항만을 표시한 상품, 포장도 간단하고 광고도 하지 않아 가격이 아주 저렴하며 품질은 판매업자(소매업자)가 보증한다.

□ 무인양품(無印良品)

브랜드명이 아닌 상품 질 자체로 승부를 한다는 (일)츠츠미 세이지회장 이념

05 국제포장전략

포장의 기능은 제품보호와 판매촉진의 두 측면이다. 제품보호 기능은 포장의 일차적 기능으로 수송, 보관 중 제품을 안전하게 보호하기 위한 것이고 판촉기능은 "포장은 말없는 판매원"이라는 말처럼 포장 그 자체가 소비자의 구매의사 결정에 영향을 미치기 때문이다. 가끔 각 국가의 포장규제가 수입제한 조치로 이용되기도 한다. 예컨대 캐나다에서 담배광고의 규제문구를 영어와 불어로 표기해야 한다든지 덴마크는 음료수를 회수가능 용기에 담을 것을 요구하여 수출국의 비용을 증가시기도 한다. 그러나 최근 환경문제와 관련하여 과대포장이 문제시 되고 있다. 월마트(Wal Mart)는 과대 포장비를 줄여 환경오염을 방지하겠다고 선언한 바 있고 국내 대형 할인점 이마트가 착한 포장을 선언하며 일부 과자 제품에 대해 과대포장을 개선하겠다고 선언하기도 하였다.

06 국제제품전략의 유형

키간(Keegan, 1969)은 국제기업이 해외시장을 확장할 때 제품 및 촉진의 관점에서 다음과 같이 다섯가지 유형이 가능하다고 주장한다.

첫째, 제품 확장 – 촉진 확장전략으로 해외시장을 진출할 때 국내에서와 동일한 제품 및 광고, 촉진메시지를 사용하는 전략이다. 장점은 비용절감의 효과가 크며

전략의 대표적인 예는 펩시콜라이다.

둘째, 제품확장－촉진 적응전략으로 국내에서와 동일한 제품을 해외시장에서 마케팅하되 촉진 즉, 광고 및 판촉계획의 메시지 내용을 현지에서의 제품의 용도에 맞게 수정하는 전략이다. 대표적인 예는 미국 등의 선진국에서 레저용으로 사용되는 자전거나 오토바이를 기본적인 운송수단으로 이용하는 동남아국가에서 판매하는 경우이다.

셋째, 제품적응－촉진확장 전략으로서 두 번째 전략과 반대되는 경우로 국내에서와 동일한 광고메시지를 사용하되 제품을 현지시장의 사용조건에 맞도록 수정하는 전략이다. 다국적 석유회사인 엑손(Exxon)은 해외시장의 기후조건에 따라 자사의 휘발유 제품을 차별화시켰으나 전 세계적으로 동일한 메시지인 'Put in Your Tank'를 사용하여 성공한 예이다.

넷째, 제품적응－촉진 적응전략으로 해외 현지시장 환경이 제품의 사용조건이나 용도면에서 국내와 큰 차이가 있을 때 제품 및 촉진내용을 현지 환경에 적합하도록 수정하는 전략이다. 대표적인 예는 미국의 카드회사들이 유럽시장의 환경요인에 적합하게 제품 및 촉진내용을 수정하여 마케팅활동을 전개하여 성공하였다.

끝으로 제품창조전략은 해외시장에서 제품의 사용조건 및 용도가 국내에서와 동일하더라도 현지의 잠재고객이 해당제품을 구입할 경제적 능력을 갖고 있지 못할 때 이용된다. 현지의 잠재고객이 동일기능을 수행하되 잠재고객들이 부담할 수 있는 가격수준에서 생산할 수 있는 새로운 제품을 개발하는 것이다.

제5절 국제가격전략

01 수출가격 결정방법

수출가격을 결정하는 방법에는 원가중심의 가격결정, 해외시장 중심의 가격결정, 목표중심의 가격결정방법, 수요중심 가격결정방법 등이 있다. 원가 중심의 가격결정은 생산자 입장에서 원가만을 고려하여 결정하는 방법으로 대표적인 원가

가산법(cost-plus pricing)이 있다. 이는 제조원가에 관리비, R&D, 간접비, 운송비, 관세 및 이윤을 합하여 결정한다. 비교적 가격책정이 용이하다는 장점은 있으나 원가의 산정 및 배분이 어렵고 해외시장에서 경쟁기업의 가격 및 수요구조를 무시하는 단점이 있다.

해외시장 중심의 가격결정 방법은 원가뿐만 아니라 경쟁기업의 가격도 고려하여 결정하는 것이다. 이는 목표시장에서의 경쟁기업의 가격 및 대체 제품의 가격수준을 조사한 후 각 가격수준에서의 예상되는 매출액을 추정하고 예상되는 매출액을 달성하기 위한 총 제조비용 및 마케팅비용을 추정한 후 최대의 이윤을 올릴 수 있는 가격수준을 기준가격으로 결정한다. 목표중심 가격결정방법은 기업이 해외시장에서 추구하는 목표인 수익성이나 시장점유율에 따라 가격 결정을 하는 방법으로 침투가격전략과 초기고가격전략, 시장유지가격전략 등이 있다. 침투가격전략(penetration pricing)은 경쟁기업보다 낮은 가격을 책정하여 가격경쟁력 우위를 통한 신시장에 진출하거나 판매량을 늘려 시장점유율을 확대하기 위해 사용하는 방법이다.

반면 초기가격전략(skimming pricing)은 해외시장 진출시에 경쟁기업의 제품가격보다 높게 책정하여 단기간에 이익을 극대화시키는 목적이 있다. 시장유지가격전략은 현재의 시장점유율을 유지하는 목적으로 수출가격을 책정하려는 전략으로 특히 환율절상으로 수출가격이 인상되는 경우에 적합한 전략이다. 끝으로 수요중심가격 결정방법은 현지국 시장에서의 수요의 탄력성에 따라 가격을 결정하는 것이다.

소비자, 제품, 가격, 장소, 시간 등의 기준에 의한 가격차별(price discrimi- nation)과 실제가치와는 상관없이 보석, 모피 등에 높은 가격을 책정하는 위신가격(prestige pricing), 999원과 같은 단수가격(odd-even price) 등이 있다.

02 국제이전가격전략

이전가격(transfer price)이란 다국적기업의 모회사와 자회사 또는 자회사 간 발생하는 재화, 용역의 거래에 있어서 적용되는 가격이다. 다국적기업은 조세부담의 경감, 현지국의 이익송금 제한의 회피, 현지국의 환율변동, 인플레이션 등의 회피를 목적으로 시장의 정상가격인 암스랭스가격(arm's length price)보다 높게 또는

낮게 조작하는 경우가 많다. 이러한 이전가격을 결정하는 방법으로는 다음과 같은 방법들이 있다.[4)]

1) 직접원가 결정가격

직접원가 결정가격(direct cost pricing)은 직접적인 원가만 계산하여 이전가격을 결정하며 자회사 매출액의 증가가 모회사 생산에 있어서 규모의 이익을 가져온다는 근거를 기초로 하고 있다.

2) 원가가산 결정가격

원가가산 결정가격(cost plus pricing)은 대부분의 기업이 이용하고 있으며, 직접원가 이외에 간접비용까지 가산하여 결정하는 방법으로 자회사의 판매가 정상적인 이익을 항상 가져온다는 근거를 기초로 한다.

3) 시장중심 결정가격

시장중심 결정가격(market based pricing)은 직접원가와 원가가산 결정방법이 해외시장의 경쟁상황을 무시하고 원가위주로 결정되는데 비하여 이 방법은 자회사가 해외시장에서 경쟁적인 위치를 유지하기 위해서 필요한 가격으로 이전가격을 결정하는 방법으로 해외시장 침투시 자주 이용되는 방법이다.

4) 암스랭스가격 결정가격

암스랭스가격(arm's length price)은 외부의 타기업에 의해서 공급받는 정상가격과 비슷하게 이전가격을 책정하는 방법이다. 단점은 제품마다 정상가격을 시장에서 구하기가 쉽지 않다. 국제기업이 이러한 이전가격을 결정하는 것이 항상 자유로운 것은 아니다. 현지국 정부들은 최근 OECD 및 현지국들이 이전가격조작 규제에 대한 법규에 의해 규제를 하고 있다. 그 외에도 관세, 현지 자회사 경영성과의 왜곡으로 인한 자회사 경영진의 저항 등을 들 수 있다.

---

4) 국제경영학 연구회, 「글로벌시대의 국젱경영학」(서울: 영지문화사, 1994), p.449.

제6절 국제유통정책전략

01 국제유통경로의 개념

유통경로(distributive path)란 생산물이 최초의 생산자로부터 최종소비자에게로 이동되어 가는 경로를 말하는 것이다. 국제유통경로란 기업이 생산한 재화·용역을 해외소비자들이 사용할 수 있도록 하는 과정과 관련한 일체의 조직을 말한다.[5] 유통경로에 의해 제품이나 서비스의 장소적, 시간적 효용이 증대되어 보다 효과적인 마케팅활동이 이루어지게 한다. 유통경로란 협의의 물적유통만을 의미하는 것이 아니라 생산자로부터 소비자에게로 제품과 서비스가 이동되는 것과 관련된 모든 경로를 포함하는 광의의 개념이다. 다국적기업이 유통경로를 설계할 때는 개별국가의 소비자 및 제품의 특성 경쟁의 정도 등을 고려하여 다국적기업의 장기목표와 일치하도록 하여야 한다.

02 국제유통경로의 기능

일반적으로 유통경로의 기능은 정보수집 등의 조사기능, 제품구매를 촉진시키기 위해 커뮤니케이션의 촉진기능, 잠재구매자의 접촉기능, 구매자의 필요에 따라 제품의 형태를 변경하거나 적합하게 만드는 적합기능, 가격 또는 기타의 제품구매조건을 충족시키는 협상기능, 상품의 보관 및 수송활동과 관련된 물적유통기능, 유통활동이 원활하도록 자금을 조달, 지원해 주는 금융기능, 유통기능의 수행과정에서 생기는 제반 위험을 관리하는 위험부담기능 등의 기능이 있다.

03 국제유통경로의 유형

다국적기업은 간접유통경로와 직접유통경로를 이용할 수도 있고, 해외현지생산을 할 수도 있다. 판매기능은 종합무역상사 또는 수출대행기업을 통하여 간접적으로 할 수 있다. 간접유통경로의 장점은 유통경로의 단순성으로 위험 및 비용을 절

5) 어윤대, 전게서, p.410.

약할 수 있으며 클레임 제기시 수출중개상에게 일차적 책임을 지울 수 있다. 단점으로는 생산업자와 수출중개상 간의 이해관계의 대립으로 인한 손실 및 유통경로의 단절 우려성이 있다.

한편 직접유통경로는 국제기업이 수출기능까지 직접 수행하는 유통전략이다. 이는 중간상을 거치지 않고 직접 해외측과 거래를 함으로써 목표 대상 시장의 탐색과 개척, 시장조사, 유통경로 확립과 관리 등 직접수출 방식에 따른 제반 유통경로를 기업 내부의 조직을 활용하여 직접 지배·관리하여야 한다.

장점으로는 중간수출상의 마진을 흡수할 수 있고 애프트 서비스의 강화로 현지 고객과의 긴밀한 관계를 유지하여 적극적인 시장개척과 통제력을 지닌다는 점이다. 단점으로는 위험부담과 비용이 훨씬 커지며 해외시장의 운영상 어려움이 따른다. 끝으로 해외 현지생산은 가장 적극적인 방법이다. 현지시장에서 직접 제품을 생산 판매하는 방식으로 가장 적극적인 방법이지만 가장 위험부담이 크고 어려운 시장개입 방식이기도 하다.

04 국제유통경로의 결정요소

국제유통경로를 결정할 때에는 소비자, 제품, 중간상 특성, 법적규제, 현지관습, 통제정도를 고려하여야 한다. 첫째, 소비자의 경우에는 인구소득, 관습 등이 상이하므로 목표시장의 소비자 특성에 맞는 유통경로의 길이, 폭, 수를 결정하여 적합한 유통경로를 선정하여야 한다.

둘째, 제품의 유형 이미지 등 제품 특성이 경로 결정에 주요한 영향을 미칠 수 있다. 고가격이고 낮은 회전율의 전문품은 유통경로를 짧고 좁게 하여야 할 것이고 저가격이며 높은 회전율의 편의품은 많은 중간상이 필요하므로 유통경로의 넓이가 넓어야 할 것이다.

셋째, 중간상의 특성을 고려할 필요가 있다. 중간상들은 단기적인 자신들의 이익을 극대화하기 위해 고객의 수요가 많은 제품만을 취급하려고 하고 판매촉진 활동이 적극적으로 요구되는 제품은 기피하려는 경향이 있다. 경로폭과 경로수가 많아지면 경로의 갈등을 유발할 수도 있다.

넷째, 국가에 따라서는 방문판매, 피라미드판매 등 유통경로에 대한 규제를 두는 경우가 있다. 예컨대 프랑스에서는 방문판매, 바레인에서는 외국인의 무역대리

점 소유를 금지하고 있다. 한국에서도 피라미드판매를 불법으로 정하고 있다.[6)]

다섯째, 현지관습에 따라 유통경로의 길이와 넓이가 달라질 수 있다. 일본의 유통경로는 여타 선진국에 비하여 더 길고 더 많은 유통경로에 의존하여야 하는 경향이 있다.

끝으로 제조업자가 유통경로에 대한 통제권을 많이 가지고자 할 경우에는 유통경로를 줄이거나 좁게 하여야 할 것이다.

05 국제유통경로의 전략

국제유통전략은 6C라고 불리는 다음의 여섯가지 전략목표에 따라 수립되고 집행된다. 비용(cost), 소요자본(capital), 통제(control), 시장침투의 범위(coverage), 특성(character), 유통경로의 연속성(continuity)이다.

첫째, 유통경로를 지속적으로 유지, 관리하는데 경로 유지비용이 소요된다. 다국적기업은 경로의 선택과 관리를 합리화함으로써 비용을 절감하도록 하여야 한다.[7)] 둘째, 유통경로의 개발에는 많은 자본이 소요된다. 유통업자나 중간상을 잘 이용하면 소요자본을 줄일 수 있다. 셋째, 국제기업의 유통경로, 통제능력은 기업의 마케팅능력 전체를 의미할 정도로 중요하다. 넷째, 국제기업은 기업목표에 따라 적절한 시장침투의 범위를 정하고 그에 알맞는 유통경로 조직을 개발 또는 변화시켜야 한다. 다국적기업의 유통경로 조직은 시장의 특성, 기업의 특성, 제품의 특성 등을 감안하여 신축성 있게 조정되어야 한다. 끝으로 국제마케팅 관리자는 중간상들이 망하거나 업종을 바꾸는 경우를 대비하여 유통경로의 연속성을 유지하기 위한 대안들을 사전에 가지고 있어야 한다.

---

6) 피라미드판매와 다단계판매의 개념상 혼용이 있기도 하지만 한국에서는 『방문판매 등에 대한 법률』에 따라 다단계판매는 시·도지사에 등록을 하고 합법적으로 영업을 할 수 있다. 다단계판매는 물품 강매나 교육비 부담 등의 행위를 하지 않고 물품 가격 상한선을 130만 원 이하로 규정하는 반면 피라미드 판매는 불법 무등록 다단계판매로서 회원에게 가입비와 교육비를 부담토록 하고 하위 판매원 확보를 의무화하고 있다. 피라미드판매는 판매 물품은 130만 원 이상의 고액이 대부분이고 회원에게 이를 구입토록 해 현금을 예치토록 강요한다.

7) 원종근, 전게서, pp.488-489.

토의자료

노이즈마케팅·뉴로마케팅·앰부시마케팅

□ 노이즈마케팅(Noise Marketing)

제품의 홍보를 위해 고의적으로 각종 이슈를 만들어 호기심을 불러 일으키는 마케팅기법으로 단기간에 인지도를 높이기 위한 경우에 사용된다. 바이럴(viral)마케팅을 주요 수단으로 사용한다. 예컨대 제품공장에 화재가 나서 제품구입이 곤란하다는 소문을 SNS상에 퍼뜨리기도 한다.

□ 뉴로마케팅(Neuro Marketing)

뇌의 고유특성을 파악해 소비자의 구매 가능성을 끌어 올리는 마케팅 기법으로 뇌속에서 정보를 전달하는 뉴런(Neurn)과 마케팅의 합성어이다. 예건대 기아자동차의 K7은 소비자 200명에게 여러 개의 후보 이름과 함께 단어의 연상, 눈동자 추적, 기능성 자기공명영상장치 등 다양한 방식으로 소비자의 뇌반응을 조사해 선정된 브랜드이다.

□ 앰부시마케팅(Ambush Marketing)

스포츠 이벤트에서 공식 후원업체가 아니면서 광고문구 등을 매복(ambush)하듯이 후원업체라는 인상을 주어 고객의 시선을 모으는 판촉마케팅이다.

제7절 국제촉진전략

01 국제촉진의 개념

촉진(promotion)이란 기업과 제품·서비스에 대한 정보를 유통경로 구성원이나 최종고객에게 제공하여 궁극적으로 그들로 하여금 제품이나 서비스를 구매하도록 하기 위한 마케팅 노력의 일체를 말한다. 따라서 국제적으로 이루어지는 촉진활동이 국제촉진이라고 하겠다. 고객과 의사소통을 하여 그들에게 영향을 미치기 위해서는 촉진수단이 필요한데 이들은 광고, 판매촉진, 인적판매, 홍보 등이다. 이들은 상호 배타적이 아니고 보완적 관계에 있다.

02 광고

광고란 기업·제품 및 서비스에 대한 각종 정보를 제공하고 제품과 서비스의 판매촉진을 유발하는 비인적, 유상적 커뮤니케이션 활동이다. 또한 광고란 아이디어나 상품 혹은 서비스에 관한 메시지를 여러 행태의 전달수단을 통하여 소비자에게 전달하는 촉진활동이다.

광고활동은 크게 광고매체 선정과 광고메시지 선정으로 구분된다. 광고 매체로는 신문과 잡지 등의 인쇄매체, 라디오, TV, 라디오 등의 방송매체와 옥외광고, 전시이벤트, 직접우송광고, 영화 등이 있다 일반적으로 광고매체 선정시 고려하여야 할 요소는 광고매체의 이용 가능성, 광고매체의 보급률 및 도달범위, 제품특성, 세분화된 표적시장 특성 등이다.

광고메시지 선정시에는 고객과 의사소통이 잘 이루어질 수 있도록 메시지가 개발되어야 한다. 이를 위해서는 시장과 조화를 이루는 소구(appeal)내용을 담고 있어야 한다. 코카콜라나 펩시콜라처럼 해외 시장국 전체적으로 이용될 수 있는 표준화된 광고 메시지를 이용할 수도 있고 현지시장국의 상황을 고려하여 이에 부응하는 적응화된 광고메시지를 선택할 수도 있다. 국제광고 활동을 하는데 있어서 반드시 고려해야 할 것은 현지국의 광고에 대한 법적 규제가 어떤 것이 있는지와 광고메시지가 현지국의 풍속과 관습에 맞는 지를 검토해 보아야 한다.

주류·담배 등의 보건관련 제품이 TV와 라디오 등의 특정 매체에 광고가 현지국 법규에 금지되어 있을 수도 있다. 또 특정 광고의 내용이 현지국의 독특한 문화적 환경으로 실패할 수도 있다. 예컨대 동물을 천하게 여기는 태국에서 안경을 쓰고 있는 동물을 광고메시지로 이용한 안경업자의 광고가 실패하는 경우 등이다.

03 국제인적판매

인적판매란 고객과의 접촉을 통해 판매를 실현시키는 방법으로 판매원을 매개로 한 촉진수단이다. 국제인적판매에서 판매원은 해외시장에서 실질적인 판매활동을 할 뿐만 아니라 촉진프로그램이나 광고 계획에 이용될 수 있는 정보수집도 할 수 있다. 인적판매는 촉진의 속도가 느리고 고객당 소요되는 비용이 많으므로 대중을 상대로 한 소비재보다는 제품단가가 높고 고객에게 제품의 기술적 복잡성을 이해시킬 필요가 있는 산업재의 촉진수단으로 많이 이용된다.

04 판매촉진

판매촉진은 광고, 인적판매, 선전 이외의 판매촉진활동으로 이들을 보조하거나 강화시키기 위한 촉진노력이다. 판매촉진은 비인적 수단을 통해 단기적으로 이루어지며 전시회, 설명회, 경연, 경품, 견본, 선물, 가격할인, 카탈로그 등을 통해 이루어진다. 국제판매촉진은 단순 수출의 경우보다 해외시장국의 유통경로에 적극적으로 개입하는 경우에 보다 중요한 의미를 지니며 특히 제품이 시장에 처음 소개될 때 효율적일 수 있는 수단이다.

05 홍보선전

선전이란 기업이 비용을 부담하지 않고 어떤 매체에 의해 기업과 제품에 관한 뉴스를 자극하는 비인적 촉진수단이다. 이는 기업과 독립적인 제3자의 입장인 신문, 방송, 잡지 등에 의해 자연스럽게 시행되므로 높은 신뢰성을 갖기 때문에 촉진효과가 크지만 기업의 통제영역 밖이란 단점이 있다. 국제기업은 현지국에서 공중활동 지원, 상금기부, 회사의 업적, 지역정부 활동에 있어서 회사조직원의 활동 등의 방법으로 홍보선전 효과를 기대할 수 있다.

06 전자상거래·IT 시대 마케팅방법론[8)]

1) 롱테일법칙

1990년대 후반 전자상거래가 출현하고 정보기술들은 새로운 비즈니스모델을 창출하고 기존의 경영 마케팅 방식에도 큰 변화를 가져왔다. 롱테일법칙(long tail law)은 기존 마케팅의 파레토법칙과 대비되는 이론이다. 파레토법칙은 '이탈리아 인구의 20%가 이탈리아 전체 부의 80%를 차지하고 있다'고 주장한 이탈리아 경제학자 빌프레도 파레토의 이름에서 비롯된 것이다.

---

8) 한국경제(2016.10.29) A30 발췌, "CEO를 위한 경영학(29) 전자상거래와 IT가 바꾼 경영방식들" 〈유병준 서울대 경영대 교수〉

다수의 마케팅 사례에서 상위 20%의 고객이 80%의 매출을 차지한다는 사실과 일치해 마케팅에서 기존 VIP마케팅전략을 정당화하는 주요 법칙이다. 2004년 정보기술(IT) 유명잡지 와이어드(Wired)의 편집자인 크리스 앤더슨이 나머지 80%의 전자상거래에서의 중요성을 주장하면서 롱테일법칙은 전자상거래의 새로운 마케팅 법칙으로 부상했다. 아마존 등 전자상거래 기업의 경우 나머지 하위 80% 책에서 매출이 50% 정도 발생해 파레토법칙이 지켜지지 않는다는 실증적 사실이 발견됐다.

이는 기존고객이 볼 수 없던 많은 비인기 도서가 정보기술의 발달로 검색되고 고객 기호에 맞게 추천됨으로써 가능해진 일이다. 비인기 품목도 기억에서 잊혀지지 않고 추천될 수 있다는 것이다. 롱테일법칙은 VIP 고객이나 주요 품목이 중요하지 않다는 의미가 아니고 IT에 의해 모든 품목에서 마케팅활동이 전개되어야 함을 강조한다.

2) 그로스 해킹

그로스 해킹(growth hacking)이란 기존의 마케팅에 기술적인 요소를 더한 마케팅 방법이다. 전통적인 마케팅 방법과는 달리 사업 초기부터 철저한 데이터 분석을 통해 효과적으로 제품을 홍보하는 것이다. 예컨대 이메일을 보낼 때 하단에 "아이폰에서 보낸 메시지입니다"라고 쓰면 아이폰을 홍보하는 효과가 되는 것이다.

유명 벤처기업으로 파일 저장공간을 저장하는 서비스기업인 드롭박스(Dropbox)는 신규 사용자가 서비스를 알게 되는 경로가 대부분 친구라는 점에 착안해 친구추천으로 드롭박스를 사용하게 되면 두 사람 모두에게 500MB씩의 무료 공간을 제공하는 추천 프로그램을 활용해 가입률을 60% 증가시켰다.

이처럼 적은 예산으로 효율적 성과를 내는 방법론을 그로스 해킹이라고 하며 스타트 업계에서 대규모 자금을 동원한 마케팅 방식이 곤란한 경우 주로 사용한다. 그로스 해킹은 최초로 미국의 유명 마케터 션 엘리스에 의해 제안되어 새로운 마케팅 방법론으로 부상하고 있다.

3) 옴니채널

옴니채널(omni-channel)이란 기존 온·오프라인 유통채널에 IT·모바일 기술을 융합한 경로를 통해 상품과 서비스를 제공할 수 있는 유통 경로를 말한다. 오프라인 매장에서 제품을 확인만 하고 온라인에서 구매하는 쇼루밍(showrooming)과 같은 기회주의적인 소비자들이 많다. 이 경우 오프라인 유통업자는 전자상거래 채널을 경계의 대상으로 보기 쉽다. 하지만 기존 개념을 탈피해 이를 역이용해 볼 수 있다. 일단 오프라인에서 상품에 관심을 두고 있는 고객을 자신의 온라인 채널에서 구매하게 하는 방법을 모색할 수 있다. 또는 일단 온라인에서 상품에 대한 정보를 입수하되 오프라인의 장점인 상품 확인과 함께 구매하게 하는 역쇼루밍(reverse-showrooming) 전략이 있다.

토 의 자 료

넛지마케팅과 코즈마케팅

□ 넛지마케팅(nudge marketing)

노벨경제학상(2017) 수상자 리처드 세일러 교수의 비합리적 소비자의 행동경제학에 근거한다. 넛지는 '팔꿈치로 슬쩍 찌르다', '주의를 환기시키다'. 타인의 선택을 유도하는 '부드러운 개입' 등의 의미를 가지고 있다. 네덜란드 암스테르담 공항 남자 변기에 파리 모양의 스티커를 부착한 이후 밖으로 나오는 소변량의 80%를 감소시켰다. 예컨대 전화로 '다음 달 출시되는 00신차 모델을 알고 계십니까?'라는 한마디 통화만 해도 신차 모델의 판매량이 30% 가량 증가한다는 것이다.

□ 코즈마케팅(cause marketing)

이유, 대의명분을 의미하는 코즈를 합성한 것으로 소비자에게 소비할 이유나 명분을 제시하는 착한 마케팅이다. 기업이 사회적 이슈(환경, 보건, 사회적 책임 등)나 비영리기업과 연계하여 사회적 공익을 동시에 추구하는 마케팅이다. 예컨대 소비자가 어떤 기업의 기저귀 한 개를 구입하면 가난한 아프리카 산모의 파상풍 백신 한 개를 무상으로 지급한다는 홍보이다.

15 國際財務管理

제1절 국제재무관리와 외환시장

01 국제재무관리 의의

국제재무관리는 경영활동을 한 나라에 국한하지 않고 2개국 이상에서 수행하고 있는 다국적기업이 세계적 경영환경에서 자금의 조달 및 운영과 관련된 의사결정을 효율적으로 수행하기 위한 관리기능이다. 국제재무관리는 국내재무관리와는 달리 다음과 같은 특징이 있다.

첫째, 국제재무관리는 환율변동에 따라 자산이나 수익 등이 영향을 받게 되므로 환노출에 직면하게 된다. 둘째, 최근 각국의 자본시장 개방화로 국제금융시장의 통합화 현상이 가속화되고 있다. 다국적기업은 환율, 금리가 불안함에 따라 국제금융자산의 효율적 관리에 큰 비중을 두게 되었다. 끝으로 국제재무관리는 해외직접투자나 국제금융시장에서의 주식, 채권투자 등 간접투자 과정에서 각국의 법규나 정치·사회적 요인에 영향을 받게 된다.

1980년대 이후 금융의 글로벌화는 각국의 무역불균형을 중심으로 대규모의 국제자본이동, 정보통신기술의 발달, 각국의 규제 완화 등의 요인에 의해 본격화되었다. 금융 글로벌화는 단순히 국제자본이동이 증가하고 각국 자본시장 간의 통합이 진전되는 현상만이 아니라 증권화, 금융자율화, 금리자유화 등을 가져오고 분리된 금융시장이 다각도로 통합되어 가는 과정을 의미한다. 금융의 글로벌화에 따라 금융시장의 가격결정이 시장 수요공급에 따라 결정되고 기업에 다양한 자금조달 수단이 주어지는 한편 국제재무적 의사결정이 기업가치에 직접적인 영향을 미치게 되었다. 따라서 기업에서 차지하는 국제재무관리의 중요성은 매우 크다고 하겠다.

다국적기업의 재무관리기능은 크게 거시변수 분석과 위험관리, 투자와 자금조달관리, 운전자본관리, 통제와 평가 등 네 분야로 크게 구분할 수 있다.

개방경제체제 하의 거시경제 변수인 금리, 물가, 환율 등의 금융가격은 서로 밀접한 관계를 가지고 움직이며 이들 가격은 각각 다국적기업의 경영의사결정과 경영성과에 지대한 영향을 미치는 변수들이다. 따라서 이들 변수들에 대한 효율적 예측을 통해 사전적으로 대응할 필요가 있다.

투자와 자금조달관리기능은 전통적인 재무관리의 고유기능이며 다국적기업의 경우 자본예산 편성과 해외투자의 분석, 자본비용의 산정, 자본구조의 결정, 자금수요의 산정, 통화와 금융수단의 선정 등을 들 수 있다.

한편 단기금리와 단기환율이 급변하는 글로벌환경 하에서 다국적기업은 단기운전자본의 효율적 관리도 중요시하지 않을 수 없다. 무역금융, 단기자산과 부채관리, 내부이전 체제관리, 국제조세관리 등이 운전자본관리와 관련된 중요한 문제들이다.

끝으로 다국적기업은 본사에서 이루어지는 자금의 조달과 투자, 여러 가지 금융관련 계획 등이 본사를 중심으로 효율적으로 이루어지기 위해서는 본사와 자회사 간의 원활한 협조와 조정이 이루어져야만 한다. 통제와 평가에 있어서는 재무기획, 회계와 재무보고, 성과분석 등이 중요한 부분을 차지한다.

02 외환시장

1) 외환의 개념

환(exchange)이란 공간적으로 떨어져 있는 당사자 간에 채권·채무를 결제하기 위해 현금을 직접 수송하는 대신 금융기관을 중개자로 하여 자금을 이동하는 수단을 말한다. 한편 외환(foreign exchange) 또는 외국환이란 거래 상대방이 외국인 또는 외국기업인 경우의 자금이동 수단을 말한다. 외환은 구체적으로 외국통화, 외화표시 은행예치금, 외화표시 환어음·수표·송금환·전신환·여행자수표·신용장 등을 포함한다.

2) 현물환과 선물환

[표 15-1]에서 보는 바와 같이 현재 국제적인 관례로 현물환 결제를 거래일로부터 2영업일(two business days) 이내로 하고 2영업일을 초과하는 거래부터 선물환거래로 취급하고 있다. 한국에서는 1996년 2월 이전까지는 현물환거래를 당일물만을 현물거래로 분류하였고 1영업일 이상을 선물환거래로 취급하였으나 현재는 국제적 관례를 따르고 있다.

[표 15-1] 현물환과 선물환의 구분

계약일	첫 영업일	둘째 영업일	그 이후
당일거래 (value today)	익일거래 (value tomorrow)	익익일거래 (value spot)	
현물환 거래			선물환거래

3) 외환포지션과 환리스크

외국환은행은 고객과의 외환거래에서 일일 마감 결과 다음과 같은 외환포지션에 놓이게 된다. 외환의 매입액이 외환의 매도액을 초과하게 되어 외화표시자산이 외화표시 부채를 초과하면 초과매입포지션 혹은 롱포지션(over-bought position/long position)이 되고, 외환의 매도액이 외환의 매입액을 초과하면 즉, 외화표시 부채가 외화표시 자산을 초과하면 초과매도포지션 혹은 숏포지션(over-sold position/short position)이라고 한다. 외환의 초과매입포지션과 초과매도포지션 상태를 오픈포지션(open position)이라고 하며 외환의 매입액과 매도액이 동일하면 스퀘어포지션(square position)이라고 한다. 오픈포지션상태에서는 환익스포주어(foreign exchange exposure) 상태에 있으며 환차익 또는 환차손을 입을 수 있는 포지션이다. 따라서 외국환은행들은 환차손의 우려를 없애고 스퀘어포지션을 만들기 위해 외국환은행간 또는 외국환은행과 중앙은행 간에 적극적인 포지션 조정거래를 하게 된다.

4) 외환시장의 구조

외환시장(foreign exchange market)이란 다수의 외환수요자와 공급자들 사이에 이종(異種)통화 간의 매매거래를 매개시켜 주는 시장구조를 말한다. 외환시장은 [그림 15-1]에서 보는 바와 같이 광의와 협의의 외환시장으로 구분되는데 협의의 외환시장은 은행간 거래(외국환은행 간 또는 외국환은행↔중앙은행)만을 의미하고 광의의 외환시장은 협의의 외환시장에다 대고객거래(외국환은행과 고객)를 포함한 것이다. 통상 은행간외환시장 거래의 비중이 전체 거래의 80~90%를 차지한다. 외환이 거래되는 장소에 따라 장내시장(floor market)과 장외시장(over-the-counter market)으로 구분하기도 한다.

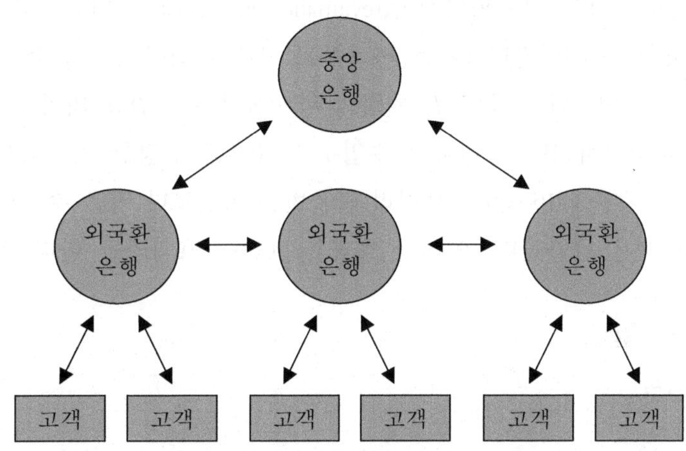

[그림 15-1] 외환시장의 구조

5) 서울외환시장과 환율제도

서울소재 국내은행 및 외국계은행 서울지점의 각 딜링룸과 중개기관인 서울외국환중개(주) 및 한국자금중개(주)를 사이에 두고 전산망과 전화상으로만 이루어지는 눈에 보이지 않는 시장이다. 딜러(dealer/trader)들이 활동하며 이들의 매도·수거래가 익일 달러환율을 결정한다. 서울 외환시장에서 결정되는 달러의 가격은 해외 외환시장에서 결정되는 달러가격과 반드시 일치하는 것은 아니다.

기본환율이 원-달러 환율이 서울외환시장에서 결정되고 여타 통화의 환율은 간접적인 재정환율로 결정된다. 국내에서는 1996년 10월 원-엔 직거래시장이 개설되었다가 4개월 만에 거래량 부족으로 폐쇄되고 2014년 12월 1일부터 국내 원-위안화 시장이 개설된 바 있다.[1]

---

1) 일본에서 저금리로 자금을 차입해 고금리 국가 금융상품에 투자해 환차익을 누리는 엔 캐리

한국의 환율제도는 1960년대 고정환율제도, 1970년대 단일변동환율제도, 1980.2월부터 복수통화바스켓제인 관리변동환율제도, 1990년 3월부터 시장평균환율제도를 시행해 오다 IMF 관리체제 이후 1997년 12월 16일부터 현재까지 일일 변동폭의 제한이 없는 사실상 자유변동환율제가 시행되고 있다.

6) 원화 평가절하 효과

1달러 1,000원에서 1달러 1,100원으로 환율이 변동되면 원화는 평가절하(devaluation/depreciation)되고 달러화는 평가절상(revaluation/appreciation)되었다고 한다. 이 경우 한국 수출품 가격은 달러표시로 하락하고 상대 수입국의 수입수요량은 증가하여 수출은 증가하게 된다. 하지만 원화의 평가절하는 단위당 외화표시($), 수출가격(P)은 즉시 하락하지만 상대국의 수입수요량(Q)은 상당한 기간 그다지 변동이 없어 달러표시 수출액(P$×Q)는 오히려 환율변동 이전보다 작을 수 있다. 일정기간 경과 후 수출액은 증가한다. 이러한 효과를 J-Curve 효과라고 한다.

토 의 자 료

환율조작국

미국은 종합무역법(1988)에 의해 세계 각국 정부의 환율 개입 여부를 조사하고 년 2회(4월, 10월) 환율조작국을 발표한다. 한편 미국 무역촉진법(2015)의 제7장 환율조작 부분에 대해 베넷-해치-카퍼(BHC) 세 상원의원이 2016년 수정법안을 발의해서 통과시켰다. 법안의 내용은 무역촉진법상의 심층분석 대상국(환율조작국)으로 지정되면 미 정부와 조달계약 체결 금지 등 다양한 제약을 받게 된다.

지정조건은 ① 현저한 대미 무역으로 인한 흑자($200억 이상) ② 상당한 경상수지 흑자(GDP 3% 이상) ③ 외환시장에서 외환자산 순매수액(GDP 2% 이상)이다. 3개 모두 충족하면 심층분석 대상국(환율조작국), 2개 조건 충족시 관찰대상국이다. 한국은 2018년 4월 기준 관찰대상국으로 분류되었다.

정부는 투명성을 위해 외환시장 순매수 개입 내역을 공개하기로 결정했다. 2018년 하반기와 2019년 상반기는 6개월 단위로, 2019년 3분기부터는 분기별(3개월)로 공개한다.

트레이드(Yen carry trade)하는 일본 중상층 주부들을 Mrs. Watanabe라고 한다. 그 외 달러의 경우를 Mrs. Smith, 유로화의 경우를 Mrs. Sophia라고 한다.

제2절 한국의 기준금리와 통화정책

01 기준금리

한국은행은 정책금리로 금융기관 간 초단기 자금거래에 이용되는 1일물 콜(call) 금리 목표제를 사용해오다가 2008. 3. 7.부터 기준금리제를 시행하고 있다.
한국은행은 일정기간 후 일정금리를 더해 다시 구매하는 조건으로 시중은행에 매각하는 환매조건부채권(RP) 7일물을 기준으로 한다. 다만 콜 금리는 여전히 통화정책 파급경로의 시발점이 되는 시장금리로서의 기능을 계속 수행하므로 한국은행은 콜금리가 기준금리에서 크게 벗어나지 않도록 노력하고 있다. 7인으로 구성된 금융통화위원회는 2017년부터 종전 연 12회(매월 둘째 목)에서 연 8회로 변경되었다. 통화정책방향은 1, 4, 7, 10월(둘째 목), 경제전망월 중간에 있는 2, 5, 8, 11월 회의는 통화정책 결정의 적정시계 확보 등을 위해 넷째 목요일에 개최된다.[2)]

02 중앙은행의 통화정책

1) 공개시장운영

종전의 공개시장조작(open market operation) 용어가 부정적 이미지를 준다는 의미에서 공개시장운영으로 용어를 개정(2016.1.28)했다. 중앙은행이 단기금융시장이나 채권시장과 같은 공개시장에서 금융기관을 상대로 국공채 등 유가증권을 매매하여 통화량[3)]을 조절하고 금리를 조절한다. 중앙은행이 채권을 매입하면 시중통화량은 증가하여 금리가 하락하고 반대로 매각하면 통화량은 감소하고 금리가 상승하는 효과가 있다.

2) 중앙은행 여수신제도

중앙은행이 금융기관을 대상으로 대출 및 예금을 통해 자금의 수급을 조절하는 정책이다. 초기에 상업은행이 기업에 할인해준 어음을 다시 할인 · 매입하는 형식

2) 미국은 중앙은행인 미연준(Fed)의 미연방공개시장위원회(FOMC)에서 연 8회 개최된다.
3) 화폐(money)와 달리 통화(currency)는 중앙은행 금고를 벗어난 화폐를 말한다.

으로 자금을 지원했기 때문에 상업어음 재할인제도라고 하기도 했다. 상업어음 재할인제도, 유동성조절대출제도를 거쳐 현재 대기성여수신제도로 발전했다. 대기성여수신제도는 중앙은행이 차입기관의 자금사정이나 자금용도 등에 대한 제한없이 단기자금을 제공하되 시장금리보다 높은 벌칙성 금리로 제공하는 담보대출제도를 말한다.

3) 지급준비제도

중앙은행이 금융기관으로 하여금 예금 등과 같은 채무의 일정 비율에 해당하는 금액을 중앙은행에 예치하도록 하는 제도이다. 금융기관이 고객으로부터 받은 예금에 대해 예금 인출에 대비하여 일정비율을 의무적으로 준비해 두어야 하는 이를 지급준비율이라고 한다. 지급준비율이 높으면 중앙은행 예치 비율이 높아 통화량이 감소하고 반대로 지급준비율이 낮으면 통화량은 증가하고 금리는 하락한다.

4) 양적완화

미국의 비우량주택담보대출 서브프라임모기지(sub prime mortgage) 부실로 2008년 9월 투자은행 리먼브라더스 파산이 시작되면서 미국발 글로벌금융위기가 발생했다. 중앙은행은 이미 금리가 매우 낮은 상태에서 금리정책만으로 통화정책 효과를 기대하지 못한다고 판단했다. 따라서 비전통적인 통화정책 수단으로 달러를 대량으로 발행해서 유동성을 푸는 양적완화(Quantitative Easing)정책이었다. 미국은 3차에 걸쳐 약 4조 달러의 국채 등 자산을 매입하여 유동성을 풀었다.[4] 그 후 유럽중앙은행(ECB), 일본 등에서도 양적완화 조치가 이루어졌고 마이너스 금리제가 도입되기도 했다.

토 의 자 료

양적완화·테이프링

□ 양적완화(Quantitative Easing)

기준금리 수준이 너무 낮아 금리인하를 통한 통화정책 효과를 기대하기 어려울 때 중앙은행이 돈을 찍어 내어 채권, 자산을 매입하여 시중에 통화공급을 늘리는 비전

4) 미국은 과잉 공급된 달러 회수를 위해 양적완화 축소(tapering)를 단행하고 금리를 수 차례에 걸쳐 단행했다.

통적 통화정책이다. 미국은 2009년 초부터 시작해 3차에 걸쳐 양적완화를 실시하였으며 2014년 10월 31일 종료됐다. 미국에 이어 영국, 유럽, 일본 등에서도 실시되었다.

□ 테이퍼링(Tapering)

테이퍼링이란 '폭이 점점 가늘어지다'의 의미로 마라톤, 수영 선수 등 지구력이 필요한 선수들이 시합을 앞두고 훈련량을 점차적으로 줄여 나가는 과정을 의미한다. 2013년 5월 벤 버냉키 미 연준 의장의 의회 증언에서 처음 사용한 것으로 양적완화 축소를 말한다. 이 경우 미국이 금리인상을 실시하면 개도국의 유동성이 미국으로 대량 유출될 우려가 있다.

03 한국의 통화스와프 협정

1997년 달러 유동성 부족으로 쓰라린 외환위기를 경험한 한국은 약 4천억 달러의 외환보유액를 가지고 있어도 불안하다. 달러가 일시에 해외로 빠져 나갈 때 통화협정을 맺은 국가와 서로 통화를 교환하는 통화스와프(currency swap)은 매우 중요하다. [표 15-2]는 한국의 통화 스와프 체결 국가를 나타낸다. 중국과는 사드 여파로 어렵게 재연장하였고 일본과는 독도, 위안부 문제 등 정치적 갈등으로 2015년 2월 계약 연장에 실패했다. 2017년 11월 준 기축통화국인 캐나다와 만기 없이 금액 무제한 상설계약을 체결한 것은 매우 의미있다고 하겠다.

[표 15-2] 한국의 통화스와프 협정

국가	만기일	내용
중국	2017.10.10.→(3년 연장)	$560억 규모(3,600억 위안) 약 64조 4천억 원
말련	2020.1	$47억 규모(원-링깃)
UAE	2016.10(연장 협의 중)	$54억 규모(원-디르함)
인니	2020.3	$100억 규모(원-루피아)
CMI	치앙마이(만기 무)	$384억
호주	2020.2	$77억 규모(호주$ 100억)
캐나다	2017.11(만기 무)	금액 무제한 상설계약 체결
스위스	2018.2(만기 3년)	$106억 규모(SF 100억)

제3절 채권과 금리

01 채권

채권(bond)이란 정부, 지방자치단체, 주식회사 등이 일반투자자자로부터 자금을 조달하기 위해 발행하는 일종의 차용증서로써 채무를 표시하는 유가증권이다. 주식이 배당을 수령하는 반면 채권은 이자를 수취한다.

국채, 공채, 금융채, 회사채 등으로 구분되고 회사채에는 주식으로 전환이 가능한 전환사채(CB), 일정조건에 신주를 인수 받을 수 있는 권리가 부여된 신주인수권부사채(BW), 해외에서 발행시 해외투자자에게 본국 보관 원주를 대신하는 주식예탁증서(DR) 등이 있다. 권면에 이자율이 표시된 이표채, 이자만큼 미리 할인해서 발행하는 제로쿠폰채, 발행자가 만기 연장이 항상 가능한 영구채권(perpetual/consol bond) 등이 있다.

02 채권과 수익률(이자) 관계

채권에는 표면에 만기 이전에 이자 지급 횟수와 함께 이자율을 표시하는데 이를 표면이자율 또는 발행이자율이라고 하고 채권을 만기시까지 보유시에는 채권이자율과 수익률(yield)은 일치한다.

예컨대 A기업이 3년 만기 100만 원짜리 채권을 발행해 연 10% 이자율로 연 1회 지급한다고 하자. ① 채권 소지자가 2년 보유 후 98만원에 매각하는 경우 ② 채권 소지자가 2년 보유 후 102만 원 매각하는 경우가 있다. 이때 채권 매입자의 수익률은 각각 어떻게 다를까.

① 경우 남은 1년간 이자 수령 10만 원 + 할인액 2만 원(98만 원에 사서 1년 후 만기에 100만 원 받음) = 12만 원 된다. 12만 원 ÷ 100만 원 = 12(%) ② 경우 남은 1년간 이자 수령 10만 원 - 손해액 2만 원(102만 원에 사서 1년 후 만기시 100만 원 받음) = 8만 원 된다. 8만 원 ÷ 100만 원 = 8(%)이다. ①은 상대적으로 채권가격이 98만 원으로 낮으면 수익률(이자)이 12%로 높고 ②는 상대적으로 채권가격이 102만 원으로 높으면 수익률은 8%로 낮다. 따라서 채권가격과 수익률(이자율)은 반대로 움직인다.

03 국제기준금리와 국제채

국제기준금리로 대표적인 런던은행 간 대출금리인 리보금리(LIBOR)와 유로존의 유리보금리(EURIBOR)가 있다. 리보는 런던의 대형 20개 은행 중 양극단 2개씩을 제외한 16개 은행의 평균 금리이고 유리보는 유로존[5] 57개 은행 중 상위 15%를 제외한 나머지 은행들의 평균 금리이다. 리보금리는 금리조작 사건(2012년)으로 신뢰도가 떨어지기도 했으며 영국금융청은 2021년까지 리보금리를 폐지하고 새로운 금리기준을 제시하겠다고 발표했다(2017.8).

국제채(international bond)는 외국채(foreign bond)와 유로채(Euro bond)로 구분된다. 외국채는 외국기업이 채권발행국 통화표시로 발행되고 유로채는 채권 발행국 이외 통화표시로 발행된다. 예컨대 한국 기업이 미국에서 달러표시 채권을 발행하면 외국채이고 달러표시 이외 통화표시로 발행하면 유로채이다. 외국채로서 한국기업이 미국에서 달러표시로 발행하는 채권을 양키본드(Yankee Bond), 영국에서 파운드 표시 발행 채권은 불독본드(Bulldog Bond), 일본에서 엔화표시 발행채권은 사무라이본드(Samurai Bond), 중국에서 위안화 표시 발행채권은 판다본드(Panda Bond), 홍콩에서 위안화 표시 발행채권은 딤섬본드(Dimsum Bond)라고 한다. 한편 외국기업이 한국에서 원화표시 발행채권은 외국채이며 아리랑본드(Arirang Bond), 타이거본드(Tiger Bond)가 있다.

유로채로서 외국기업이 일본에서 달러표시로 발행한 채권인 쇼군본드(Shogun Bond), 외국기업이 한국에서 달러표시로 발행한 김치본드(Kimchi Bond)가 있다.

---

5) Euro란 본래 미국 달러가 유럽지역에서 예치되었던 데서 유럽(Europe)을 의미했으나 통상 역외거래를 말한다. 통화의 경우 미국 밖에 소재하는 미달러를 유로달러, 일본 밖의 엔화를 유로엔, 영국 밖의 파운드를 유로파운드라 하고 이러한 역외통화를 모두 합한 것을 유로통화(Euro currency)라고 한다. 유로본드가 최근 다른 의미로 사용되기도 한다. 2011년 유로존 국가들의 재정위기를 완화하기 위해 유로통화 사용 국가들이 공동으로 발행할 것을 제안한 채권을 일컫기도 한다.

제4절 환리스크 및 자금관리

01 환리스크 관리

다국적기업의 환리스크를 헷징하는 기법에는 외부적 기법으로 선물환, 통화선물, 통화스와프, 통화 옵션, 국제팩토링(international factoring), 단기자금 시장 및 단기차입, 할인, 환율변동보험, 포페이팅(forfaiting) 계약 등이 있다.

한편 내부적 관리기법으로 상계(netting), 매칭(matching), 리딩과 래깅(leading & lagging), 자산부채관리(ALM), 결제통화조정전략, 재송장전략, 국제포토로리오전략, 환차손준비금전략 가격조정 등이 있다.

상계는 모·자회사 또는 자회사 상호 간 발생 채권·채무를 일정기간 후 차액만을 정기적으로 결제한다. 매칭은 외화자금 흐름의 일치를 위해 상계와 혼용되어 사용되나 엄격한 의미에서 상계는 동일 그룹 내 기업 간의 전략이고 매칭은 모든 거래를 대상으로 하는 점이 차이점이다. 리딩과 래깅은 자금 결제시기를 앞당기거나 늦추는 전략이다. 달러표시 수출과 수입에서 달러화의 강세가 예상되면 대금결제의 시기를 가능한 한 수출의 경우는 늦추고 수입은 당기는 전략이 유리하다.

자산부채관리는 강세통화 표시 자산을 증가시키고 만기별, 통화별로 자산과 부채의 현금수입과 지급규모를 일치시키는 전략이다. 결제통화 조정전략은 수출은 강세통화로 수입은 약세통화 혹은 자국통화 표시로 하는 것이다. 재송장전략은 재송장센터가 자회사가 희망하는 통화표시로 조정해서 재발송하는 전략이다.

국제 포토폴리오전략은 다수국의 분산투자로 비체계적 위험(개별기업의 특정위험·파업 등)과 체계적 위험(인플레·경기·금리변동 등)까지 분산시키는 전략이다. 그 외에도 기업 내 환차손준비금 적립, 최종적으로 거래선과의 가격을 조정하는 전략 등이 있다.

02 국제포토폴리오 전략

국제자금관리를 위한 국제포토폴리오 분석은 각 국가별 시장(산업)성장률과 각 국가별 상대적 시장점유율을 양축으로 하고 자사의 매출액을 원의 크기로 기업 전체의 전사적 입장에서 효율적인 자원배분을 위한 최적의 사업포토폴리오를 제시하여 준다. 개별국 내에서 자사의 경쟁력을 측정한 상대적 시장점유율이 높으면 높을수록 기업의 산출 가능한 자금의 양은 많아진다.

이상적인 자금의 배분방향은 [그림 15-2]에서 보는 바와 같이 화살표 방향과 같다. 메트릭스상의 좌상에 위치하고 있는 별(star)로 표시된 전략사업단위(SBU)들은 빠르게 성장하고 있으나 자체자금력이 부족한 실정이다. 우상에 위치하고 있는 문제아(problem child)는 가장 주의를 요하는 전략사업단위들로 낮은 산출자금력을 가지고 많은 자금을 요구하는 전략사업단위들을 말한다. 이 경우 경영자는 이 전략사업단위를 별(star)로 성장시켜야 하는지 아니면 철수시켜야 하는지를 신중히 결정하여야 한다.

좌하에 있는 자금젖소(cash cow)는 시장성장율은 낮지만 높은 시장점유율로 현금창출력이 큰 전략사업단위이다. 우하에 위치한 개(dog)는 성장률이 낮고 시장점유율도 낮은 전략사업단위이다. 경영자는 각 위치에 따른 전략사업단위에 대해서 확대, 현상유지, 퇴출 또는 축소의 전략 중 어느 하나를 선택하여야 할 것이다.

하지만 국가 간 자금이전상의 문제점이 야기될 수 있다. 왜냐하면 자금을 공급해 주어야 할 자금젖소들이 대부분 자금의 송금제한을 많이 받는 국가에 있다면 자금이전에 문제가 있게 된다. 이 경우 다국적기업들은 이전가격조작활용이나 국제금융기관으로부터 대출을 받게 될 것이다.

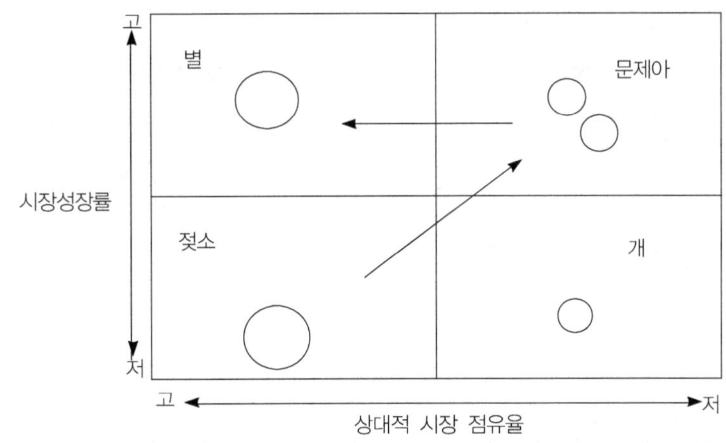

자료 : James C. Leontiades, *Multinational Corporate Strategy*,(Lexington Books, 1985), p.43.

[그림 15-2] 국제포토폴리오 전략

03 파생금융상품 관리

1) 파생금융상품의 의의

파생금융상품(derivatives)이란 일반적으로 그 가치가 외환, 채권, 주식, 상품 등과 같은 여러 가지 기초자산(underlyig asset)의 가치로부터 파생되는 금융계약을 말한다.

파생금융상품은 헷징(hedging), 투기(speculation), 가격차이를 이용한 재정거래(abitrage), 저렴한 비용에 의한 포토폴리오 조정(portfolio rebalancing) 등에 유용하게 이용되고 있다. 파생금융상품은 세 가지 특징에 따라 분류될 수 있는데 계약의 유형, 기초자산의 유형, 파생금융상품의 거래장소에 따라 구분된다. 파생금융상품 유형에는 선물환거래(forward transaction), 선물(futures), 옵션(option), 스왑(swap) 등이 있다. 선물에는 통화선물, 금리선물, 주가지수 선물 등이 있고 옵션에는 통화옵션, 금리옵션, 주가지수옵션 등이 있으며 스왑에는 통화스왑, 금리스왑 등이 있다.

2) 선물거래와 선도거래

선물거래(futures transaction)와 선도거래(forward transaction)는 모두 미래의 가격을 계약시점에서 미리 특정한다는 특성을 갖지만 거래소거래와 장외거래, 표준화 조건, 상대방 위험의 관리 등의 측면에서 차이가 있다. 이를 요약하면 [표 15-3]와 같다.

[표 15-3] 선물거래와 선도거래의 차이점

	선물거래	선도(선물환)거래
거래장소	거래소(exchange)	장외시장(over-the counter market)
거래자	중개인	거래당사자 또는 중개인
증거금	있음	없는 경우가 일반적
거래조건	표준화	당사자간 합의
계약의 크기	표준화	개별적 필요에 맞춤
일일정산	있음	없음
가격제시	단일가격	매입률·매도율
결제방법	청산·반대거래 일반적	거래당사자간·만기일 결제

3) 옵션의 기본원리

금융파생상품으로써 옵션은 미래의 일정시점 또는 그 이전에 특정 자산을 일정한 자산가격에 사거나 팔 수 있는 권리를 말한다. 특정자산이란 통화, 증권, 금리 등과 같이 시장가격이 변동하는 어떤 것이든지 될 수 있다. 특정의 자산을 기초자산(underlying asset)이라고도 하며 통화의 경우 통화옵션(currency option), 주가지수의 경우를 주가지수옵션(stock index option), 채권일 경우 금리옵션(interest rate option)이라고 한다.

옵션 가운데 살 수 있는 권리를 콜옵션(call option), 팔 수 있는 권리를 풋옵션(put option)이라고 하며 옵션매입자(option buyer/holder)가 옵션매도자(option seller/writer)로부터 특정자산을 매매할 수 있는 권리를 취득하는 대가로 프레미엄을 지급해야 하는데 이를 옵션가격(option price) 또는 옵션프레미엄(option premium)이라고 한다.

옵션의 매입자는 특정상품의 매입 또는 매도할 수 있는 권리를 가지게 되는데 이 권리의 행사는 매입자가 유리할 때만 행사하고 불리한 경우에는 권리행사를 하지 않음으로써 기 지급한 옵션프레미엄을 포기한다. 한편 옵션매도자는 옵션매입자가 권리행사를 하는 경우 반드시 매입자의 요구에 응하여야 할 의무만을 가지며 권리는 전혀 갖지 않는다.

옵션은 일정한 만기를 가지며 만기까지 옵션이 행사되지 않으면 옵션은 그냥 소멸하게 된다. 만기 이전에 가장 유리한 시점을 선택하여 행사할 수 있는 옵션을 미국식 옵션(American style option), 만기일에만 행사할 수 있는 옵션을 유럽식 옵션(European style option)이라고 한다. 미국식 옵션은 유럽식 옵션보다 옵션 매입자에게 더 많은 권리를 부여하므로 미국식 옵션프레미엄이 유럽식 옵션보다 더 높은 것은 당연하다. 한국에서는 유럽식 옵션을 채택하고 있다.

4) 스왑시장

스왑(swap)은 1980년대 초 이후 새로이 등장한 수 없이 많은 금융상품 가운데 가장 성공한 상품이라 할 수 있다. 스왑은 두 거래 당사자가 일정기간 동안 채무에 대한 이자(때로는 원금까지)의 지급을 서로 교환하기로 합의하는 금융거래이며 통화스왑(currency swap)과 금리스왑(interes rate swap), 통화와 금리를 복합한 통화금리스왑(cross-currency interest rate swap)의 형태가 있다.

금리스왑은 실제 원금은 당초에나 만기에나 교환되지 않고 다만 성격이 서로 다른 이자지급 의무만이 미리 약정한 규정에 따라 개념상의 원금에 대해 교환된다.

04 조세회피국 이용

1) 조세회피국

다국적기업의 운전자본 관리는 각국의 상이한 조세제도에 영향을 받게 된다. 조세회피국(tax haven)이란 외국자본을 유치하기 위해 소득에 대한 과세를 면제하거나 매우 낮은 세율을 적용하는 국가를 말한다. 조세회피국을 법인세 등을 전면 면제하는 Tax Paradise, 과세는 하되 세율이 극히 낮은 Tax Shelter, 한정된 범위 내에서 세제상 특전을 부여하는 Tax Resort로 구분하기도 한다.

유럽연합(EU)은 OECD와 G20이 조세회피방지를 위해 시행중인 국가 간 세법차이를 이용한 조세회피 행위를 방지하기 위한 BEPS 프로젝트와 다른 기준을 적용해 한국을 포함한 17개국을 조세분야 비협조지역으로 지정해 논란이 야기되기도 했다.[6]

EU는 또 네덜란드, 헝가리, 아일랜드, 벨기에, 키프로스, 룩셈부르크, 몰타의 7개국의 공격적 조세회피(agressive tax planning)를 문제 삼았다. 구글, 페이스북 등 거대 미국 기업들은 세율이 낮은 아일랜드, 네덜란드, 룩셈부르크 등에 소득을 신고하고 평균 9%의 낮은 세율을 적용 받고 있다는 것이다.[7] 일반 기업의 평균 23% 세율 적용과 비교하면 턱없이 낮은 수준이다. EU납세자들의 공정한 부담을 위해 정당한 과세기준을 설정해야 한다고 모스코비치 EU경제분과 위원장이 정례 경제

---

6) 한국을 제외한 여타국은 미국령 사모아, 바레인, 바베이도스, 그레나다, 괌, 마카오, 마샬군도, 몽골, 나미비아, 팔라우, 파나마, 세인트루시아, 사모아, 트리니다드 앤 토바고, 튀니지, 아랍에미리트(UAE) 등이다. EU는 한국이 외투기업 지원세제가 비거주자에게만 적용돼 공평과세 기준에 맞지 않는다는 이유로 조세분야 비협조지역 리스트로 지정(2017.12)하였다. 한국 정부의 해명으로 비협조지역 리스트보다 한 단계 낮은 그레이 리스트에는 계속 이름을 올리게 되었다(2018.1).

7) 2016년 2월 프랑스의 구글에 16억 유로 세금 부과, 2016년 8월 EU의 애플에 130억 유로 세금부과, 2017년 5월 이탈리아의 구글에 3억 6,000만 유로 세금 부과, 2017년 6월 EU는 구글에 24억 2,000만 유로 세금부과를 하였다.

보고서를 통해 강조했다.

2) BEPS 방지 OECD 다자협약

OECD 재정위원회는 2012년 6월 다국적기업들의 조세회피를 차단하기 위한 종합행동계획을 마련하기 위한 프로젝트(Base Erosion and Profit Shifting : BEPS) 추진을 결정했다. 「다국적기업의 국가 간 소득이전에 따른 세원잠식」[8]를 방지하기 위해 OECD가 3년간 분야별 대응 조치를 담은 규제안을 작성했으며 이 규제안은 2015년 11월 주요 20개국 G20정상회의에서 최종 승인되었다. 2016년 말까지 입법을 마련해 2017년 말까지 제출하도록 했다. 한국은 파리에서 BEPS방지 다자협정에 서명(2017.6)하고 BEPS 대응지원센터를 설립했다.

구글이 대표적인 대상 회사로 지목되면서 구글세(Google Tax)[9]로 칭해지기도 했다. 그동안 구글, 아마존, 애플 등 다국적기업 상당수가 세율이 높은 국가에서 수익을 얻고 낮은 국가로 이동시키는 방식으로 조세를 회피한다는 지적을 받아왔다. 상당수 국내기업들도 적용대상이 된다.[10]

OECD와 G20은 15개 과제를 선정해 이행을 담보하기 위한 각종 조치를 시행중이다. 한국을 포함한 전 세계 60여 개국 간 국가별 보고서(CBCR)[11]교환시행을 하

---

8) 정식 명칭은 「세원잠식 및 소득이전 방지 목적의 조세조약 관련 조치 이행을 위한 다자협약」(Multilateral Convention to Implement Tax Treaty Related Measures to Prevent Base Erosion and Profit Shifting)이다.

9) Google Tax는 처음에는 구글을 대상으로 했지만 세율이 낮은 국가로 소득을 이전하면서 회피하는 법인세에 부과하려는 세금을 통칭한다. 고세율국가에 있는 해외법인이 거둔 이익을 지식재산권 사용료나 경영자문 수수료 등의 명목으로 저세율 국가의 자회사로 넘겨 비용을 공제 받아 왔으나 향후 지급 사용료나 수수료의 적정성을 엄밀하게 따져 비용공제를 인정해 주지 않기로 했다. 이자비용공제도 대폭 강화된다. 해외법인의 자본을 최소화하고 대출이자로 수익을 빼먹는 것을 방지하기 위해 이자 비용을 상각 전 영업이익의 20~30% 이내로 제한키로 했다. 론스타 사례처럼 제3국에 페이퍼컴퍼니를 세워 우회투자하는 절세 수단도 차단될 전망이다.

10) 구글, 애플 등 초대형 글로벌기업에 한정될 것으로 예상되던 적용 범위가 연매출 1,000억 원, 해외매출 500억 원 이상 기업으로 결정되어 800여 개 한국 기업도 비상이 걸렸다. 해당 국내기업은 사업보고서에 해외법인별 사업장 현황과 거래 내용 등을 추가해서 국세청에 별도 보고(2017.3)해야 한다.

11) CBCR이 교환되면 기업의 세금회피 조작과정을 파악하기가 용이해진다. 한국의 국세청이 삼성, 현대차의 자료를 미국에 건네주면 미국은 애플, 구글 등의 경영 실적을 한국에 제공하게 된다.

도록 했다. 국가별 보고서에는 다국적기업이 국가별로 어느 정도의 소득과 세금을 신고하고 있는지에 관한 정보와 전 세계 사업 활동에 대한 상세정보가 수록된다. 지능적이고 은밀하게 행해지고 있는 역외탈세 문제의 심각성에 대해 역외탈세공조협의체(JITSIC)를 통해 혐의자와 세무 조력자들에 대한 공동 대응을 강화하고 다자간 금융정보자동교환도 이루어진다.[12)]

토의자료

LTV · DTI · 신DTI · DSR · RTI

□ LTV(Loan to Value)
(대출가능 한도액 ÷ 주택가액)

□ DTI(Debt to Income) : 총부채상환비율
(해당 주택담보대출 연간 원리금 상환액 ÷ 연간 소득)

□ 신 DTI : 신 총부채상환비율
(모든 주택담보대출 연간 원리금상환액 + 기타대출 이자상환액) ÷ 연간소득
※ 기타 대출 : 신용대출, 카드대출 등

□ DSR(Debt Service Ratio) : 총부채상환능력비율
(모든 대출 연간 원리금상환액) ÷ 연간소득

□ RTI(Rent to Interest Ratio) : 임대업이자상환비율
(연간 임대소득 ÷ 이자비용)

12) 한국은 2017년 독일, 덴마크 등 45개국으로부터 금융정보를 받고, 2018년에는 91개국으로부터 제공 받는다.

16 國際生産管理

제1절 국제생산관리 의의와 생산입지

01 국제생산관리

국제생산관리란 국제적으로 생산활동을 계획하고 조직하며 통제하는 것을 말한다. 특정상품이 일정한 가격, 품질, 수량, 기한 등에 맞게 생산이 이루어지도록 생산활동을 계획, 조직, 통제하는 것을 의미한다. 국제기업의 생산관리는 국제마케팅, 국제재무, 국제인사 및 조직, 국제소싱, 국제로지스틱스 등과 유기적 관계를 가지면서 이루어져야 한다.

국제생산관리는 국내생산관리와는 달리 상이한 경제, 정치, 사회, 문화적 환경하에서 다국적기업이 어느 국가에 투자할 것인지 투자 대상국의 입지를 선정하여야 하고 또 대상국가의 어느 지역에서 생산할 것인지를 결정하여야 한다. 생산입지가 선정되면 생산규모와 범위, 생산공장의 배치와 네트워크, 소싱, 로지스틱스 등의 중요과제를 해결하여야 한다.

02 해외 생산입지

1) 해외 생산입지 결정과정

일반적으로 해외 생산입지를 결정하는데 있어 결정과정은 대상지역의 검토, 특정지역의 선정, 부지 평가의 3단계를 거치게 된다.

첫째, 대상지역을 검토하여야 한다. 공장의 입지를 결정하는데 있어서 기업이 생산할 제품의 특성이나, 투입요소를 고려하여 공장을 입지시키려는 지역이나 국가를 조사하여야 한다. 생산공정과 생산시스템의 투입과정에서 어떠한 요소들이 중요한지를 고려하여야 한다.

예컨대 해당산업이 자원집약적 산업인 경우에는 해당 원자재의 가격과 공급능력 등의 요소가 중요시 될 것이며, 노동집약적 산업인 경우에는 노동력이 중요시 될 것이다.

전통적 입지요인에서는 경제적 생산요소로써 비용 측면을 중시하였으나 최근에는 각 요인들의 접근성, 이용 가능성, 확보 용이성, 시설의 구비 여부 등 비경제적 요인들이 더욱 중시되고 있다. 입지요인에는 토지 및 주거지 요인, 원료·부품요인, 교통요인, 노동력요인, 시장요인, 정보요인, 하부구조 및 서비스요인, 정책요인, 개인적 요인 등이 있다.

둘째, 최적입지의 결정이다. 입지 대상지역의 평가 및 검토가 끝나면 특정지역을 최적입지로 결정하는 순서이다. 먼저 대안이 되는 지역을 평가하기 위한 평가기준인 비용·수익 등을 선정하고 관련 입지요인을 확인하며 제시된 입지요인과 제약요인을 만족시키는 지역을 우선적으로 선정한 후 끝으로 우선적으로 채택된 입지대안을 대상으로 평가하고 결정한다.

셋째, 부지의 평가이다. 공장을 건립할 지역이 선정되면 공장을 구체적으로 세울 구체적인 장소인 부지가 결정되어야 한다. 부지를 평가하기 위해 검토되어져야 할 요소로는 토지가격, 지형이나 면적 등의 부지 특성, 유틸리티의 가용성, 배수 및 배기 등의 폐기물 처리의 용이성, 도로 건설비용, 관계법규의 저촉 여부 등이다. 업종에 따라 공장부지의 검토요인이 다르다. 예컨대 철강공장의 경우 지반이 강해야 하며, 염색, 도금, 주물 등의 공해유발 공장의 경우는 배수처리가 용이해야 한다.

2) 생산입지 선정시 고려할 요소

다국적기업의 해외생산 공장의 입지를 선정하는 데는 현지국의 시장규모, 소비자의 선호 외에도 현지국정부의 정책 및 제도, 현지국의 생산능력, 현지국의 기술요인, 현지국의 지원산업 등의 요소를 고려하여야만 한다.

현지국 정부의 외국인직접투자에 대한 정책변화는 진출기업에게 매우 중요하다. 진출당시에는 매우 우호적이었으나 시간이 지나면서 외국자본에 대한 불리한 환경이 조성되는 경우가 많다. 예컨대 중국의 경우 한때 적극적으로 외자를 유치하여 외국인 투자기업에게 매우 우호적이었으나 중국정부는 외국인 투자기업의 폐해를 우려하여, 높은 증치세(부가가치세)의 부과, 최저임금제, 주5일 근무제 등을 실시하고 있다. 베트남 역시 투자환경이 하루가 다르게 악화되고 있다고 한다. 베트남 정부의 갑작스런 최저임금제 실시 등으로 노사분규가 잇따르고 있다.

현지국의 생산인력과 기술요인 또한 중요시된다. 해외생산에서 물적자본 외에도 인적자본이 매우 중요하다. 특히 개도국에서 공장의 생산계획, 통제기능을 담당할 생산관리 요원을 구하기가 힘든 경우가 많다. 이 경우 적절한 교육훈련 등의 방법을 강구해야 할 것이다. 현지국 기술요인이란 현지국 생산공정과 관련하여 공장의 규모, 기계, 공정, 제품설계 등의 기술적인 면을 말한다. 예컨대 현지국이 자본집약적 기술방법과 노동집약적 기술방법 중 어느 것이 보다 적절한지, 현지 국산부품의 의무사용(local content), 원자재 및 부품의 가용성 확보 문제 등에 따라 기술수준이 달리 결정될 수 있다.

끝으로 다국적기업의 해외생산은 현지국의 지원산업에 의해 크게 영향을 받을 수 있다. 예컨대 개도국의 경우 지원산업이 미진하여 공급업체로부터 원자재, 부품 등을 원활히 공급받을 수 없다. 이 경우 현지공급업체의 공급능력을 지원하면서 공급을 받든지 아니면 진출국에서 부품공급업체와 동반진출하여 현지에서 생산된 부품을 조달 받을 수도 있다.

3) 최적입지 결정을 위한 분석기법

(1) 총비용비교법

입지결정을 위한 분석방법으로는 양적 요인에 의한 방법과 노동력의 질, 공해규제의 정도 등에 의한 질적 요인에 의한 방법이 있다. 일반적으로 양적 요인에 의한 계량적 방법이 널리 사용되고 있다.

총비용이란 현실적 비용은 물론 추상적 비용 및 기회비용을 포함한다. 이들 모든 비용이 측정 가능하다면 총비용이 최소가 되는 지역을 공장입지로 선정하여야 할 것이다. 그러나 추상적 비용은 현실적으로 파악하기가 어려우므로 주로 구체적 비용인 재료비, 수송비, 노무비 등의 비용으로 입지를 결정하게 된다. 합리적인 입지결정은 양적 요인만으로는 힘들고 질적 요인들도 고려되어야 한다. 비용이 최소가 되는 지역이라 하더라도 환경문제로 지역주민이 반발하거나 노동력의 공급이 부족한 지역이라면 적절한 입지가 되지 못할 것이다.

(2) 손익분기도법

조업도에 따라 결정되는 총비용을 고정비와 변동비로 구분하여 손익분기점(Break Even Point)을 산출하고 이에 따라 입지결정을 하는 것이다. 고정비는 토지, 건물 및 공장 이전비용 등의 자본비용과 세금, 보험료, 용수비 등을 들 수 있다. 반면 조업수준에 따라 변동하는 변동비로는 원료비, 수송비, 노무비 등을 들 수 있다. 수익과 비용이 동일해 이익이 영이 되는 손익분기점 매출액의 도출은 [고정비÷(1−변동비율)]로 결정된다.

(3) 요인평가법

요인평가법은 입지요인별로 가중치가 부여된 요인평정표에 의해 산정하여 요인별 점수가 가장 높은 곳을 선정하는 방식이다. 요인별 평가법에서는 질적 요인은 평가자의 주관으로 평정할 수 있어 질적 요인의 분석도 가능하다.

예컨대 입지선정의 결정지표를 시장규모 및 생산요소로 나눈 다음 시장규모에는 인구밀도, 인구증가율, 가구당 가처분 소득 등을 지표로 삼고, 생산요소에는 노동인구, 교육수준, 시간당 임금, 실업률, 전기료, 건축비 등을 지표로 삼아 이들 지표에 상대적인 중요도에 따라 가중치를 부여하여 각 후보지별로 점수를 계산하여 선정하는 것이다.

(4) 수송비법

수송비를 최소로 하기 위하여 어느 공장에서 어느 시장으로 제품을 얼마나 수송해야 하는지를 중심으로 복수공장의 입지결정을 위해 개발된 기법이다. 이는 계량경영학의 선형계획법 가운데 하나이며 수송비 최소화가 수송비 달성의 목적이 된다.

제2절 글로벌소싱과 생산방식

01 글로벌소싱의 의의

소싱(sourcing)이란 경영자원인 토지, 건물, 기계, 공구, 비품 등 설비의 구입, 원재료 및 부품의 매입, 노동력, 자본의 조달 등의 구매활동을 말한다. 하지만 기계설비의 구입은 생산관리, 자본조달은 재무관리, 노동력의 조달은 노무관리에 해당되며 순수한 의미의 소싱은 원재료 및 부품의 구입을 유리한 가격으로 필요한 시기에 적당한 공급자로부터 합리적으로 구입하기 위한 구매관리를 의미한다.

이러한 소싱 활동이 기업내부에서 이루어지면 인소싱(insourcing)[1]이라 하고, 기업외부에서 이루어지면 아웃소싱(outsourcing)이라고 한다. 또 양자를 혼합한 경우도 있다. 아웃소싱 가운데서도 소싱 활동이 글로벌 차원에서 이루어지는 것을 글로벌소싱(global sourcing)이라고 한다. 조달장소에 따라 국내에서 조달하면 국내소싱(domestic sourcing), 부품이나 제품을 해외에서 조달하면 해외소싱(foreign sourcing)이라고 한다.

다국적기업들은 세계시장에 제품을 공급하기 위하여 최적의 입지를 찾아 여러 국가에서 부품을 생산하거나 조립 가공한다. 이와 같이 여러 국가로부터 이루어지는 글로벌소싱 전략은 최근에 와서 매우 활발하다.

글로벌소싱의 이점은 조달비용이 가장 싼 지역에서 원자재 및 부품을 조달하기 때문에 최소의 생산비용으로 제품의 생산이 가능하다는 점이다. 최근 기업의 구조조정 수단으로써 아웃소싱이 이용되기도 한다. 그러나 글로벌소싱은 부품조달 공급라인이 길어지고, 재고수준이 높아지며, 환율변동으로부터 가격변동의 영향을 받는 단점이 있다. 거시적 측면에서 간과할 수 없는 것은 글로벌소싱을 행하는 국가의 고용감소에 큰 영향을 미친다는 점이다. GM 자동차가 1996년과 1998년 두 차례에 걸쳐 부품의 해외조달로 미국내 공장의 조업단축을 초래하자 노조가 두 달간의 파업으로 맞섰던 적이 있다.

1) 모기업이나 국내 자회사로부터 부품이나 제품을 조달하는 경우를 기업내조달(intrafirm sourcing)이라고 하기도 한다.

02 아웃소싱과 기업구조의 변화

아웃소싱(outsourcing)이란 용어는 1985년을 전후해 미국 정보산업 분야의 구조조정과정에서 사용됐다. 아웃소싱 대상은 크게 인적, 물적, 지식으로 나누어진다. 단순한 조립업무, 인력파견을 통한 중요업무, 지원업무 등 노동력을 필요로 하는 부문이 인적아웃소싱이다.

물적아웃소싱은 초기투자 비용이 많이 소요되고 능력이 부족할 때 활용된다. 정보시스템의 백업센터 운영, 생산, 판매 등을 위하여 위탁하는 것을 말한다.

지식아웃소싱은 전문지식이나 노하우가 필요한 부문에 활용된다. 주로 정보시스템의 개발, 관리 유지보수와 컨설팅 기업진단 등이 이에 속한다. 전사적지원관리(ERP)시스템도 아웃소싱의 대표적인 대상이다.

얼마전까지만 해도 전통적으로 기업은 제품개발에서부터, 생산, 판매, 애프트서비스에 이르기까지 하나의 조직이 모든 것을 담당하는 수직적 통합체를 의미했다. 그러나 거센 구조조정의 회오리는 이런 전통적인 기업개념을 수평적 네트워크의 연합체로 변질시키고 있다. 이제 기업은 핵심역량(core competence)만 보유하고 나머지는 모두 전략적 제휴관계를 맺은 외부기업들로부터 이른바 아웃소싱하고 있다.

미국과 일본의 기업들은 전통적인 기업개념에서 탈피한지 오래이다. 미국의 경우 1980년대 후반부터 1990년대 초반에 걸쳐 업무를 떼어 내어 아웃소싱하는 방법으로 경쟁력을 제고시켰다. 이스트만 코닥이 정보시스템 관리 운영 및 보수를 IBM 등 3개 사에 일괄 위탁했고, 크라이슬러도 아웃소싱으로 가격경쟁력을 높였다. 일본도 미쓰비시상사가 인사부문을 분사화한 휴먼링크에 위탁하는 등 1990년대 초반부터 아웃소싱을 강화하고 있다.

국내기업들도 최근 5대 그룹의 분사를 통한 아웃소싱 활동이 확산되고 있다. 삼성그룹은 삼성전자, 삼성전관, 삼성코닝, 삼성물산 등 거의 전 계열사에서 물류, 애프터서비스, 총무, 일부 생산라인 등 60개의 사업부문을 임직원에 양도하는 형식으로 1998년 말까지 분사화시켰다. 현대도 현대전자가 PC사업을 독립시키는 등 63개사를 1998년 말까지 분사한 데 이어 1999년에도 20여 개 부문을 추가하였다. LG와 현대도 1998년 말까지 10여 개 내외의 사업을 분사화했다. 이들 기업들은 분사화된 기업들과 계약을 맺고 부품, 제품이나 서비스를 공급받게 된다.

수직적 통합체제 하에서는 기업들이 생산이나 구매 영업, 기술 애프트서비스 등에 이르기까지 모든 분야에서 1등을 추구해야 했다. 하나라도 뒤지면 시장에서 퇴출되었으나 이제는 어느 한 분야에서만 잘하면 된다. 나머지는 외부기업으로부터 아웃소싱을 통해 조달하면 된다. 수평적 네트워크 체제하에서는 아웃소싱 능력이 경쟁력을 결정하는 중요 요소의 하나로 등장하는 것이다. 장점은 경기변동에 보다 손쉽게 대응할 수 있게 된다는 점이다.

분사화를 통한 아웃소싱은 임금과 같은 고정비를 줄이고 사업 진입과 퇴출을 보다 유연하게 할 수 있으며 사회 전체적인 고용증가 현상도 가져올 수 있다. 기업들의 아웃소싱으로 마케팅, 물류, 인사, 총무, 복리 후생 등의 분야에서 전문기업들이 생겨나고 창업을 위한 재무나 법률적인 측면에서 도와주는 비즈니스도 활성화되어 사회 전체적인 고용의 증가로 이어진다. 분사를 통한 아웃소싱 확산으로 인한 기업구조의 변화는 [그림 16-1]과 같다.

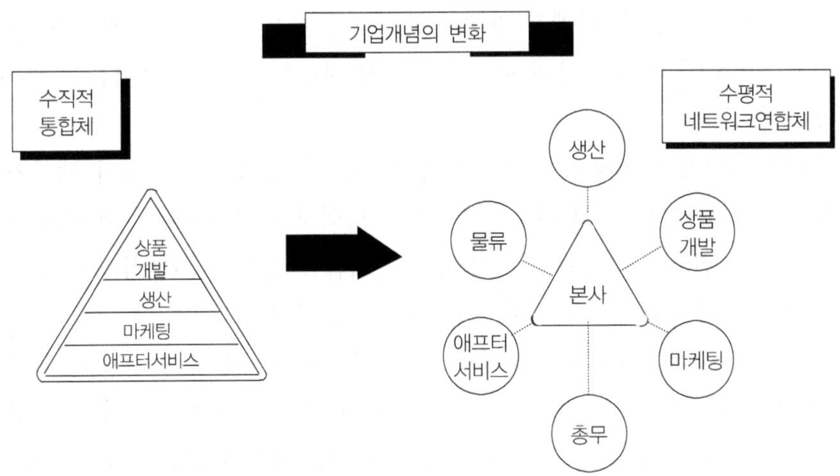

[그림 16-1] 분사를 통한 아웃소싱과 기업구조의 변화

03 글로벌 연구개발-제조네트워킹

기업은 연구개발 부문에서의 제품기술(product technology)과 제조부문에서 개발하는 공정기술(process technology)이 효율적인 네트워킹을 통하여 두 부문에서 동시적인 혁신이 이루어져야 글로벌시장에서 성공할 수 있다. 바렛(Bartlett)과 고살(Ghoshal)은 글로벌 네트워크 내의 자회사 유형을 전략적 리더(strategic leader), 블랙홀(black hall), 실행자(implementer), 기여자(contributer)라 구분하고 있다.[2)]

전략적 리더에 해당하는 자회사는 현지시장의 전략적 중요성이 크며 핵심역량도 큰 경우이다. 글로벌시장에서 일어나는 상황 변화를 조기에 탐지하며 예상되는 기회와 문제점을 분석하고 적절한 대응책을 개발하는 능력이 크다. 전략적 리더는 독자적으로 신제품의 개발을 추진하고 이 신제품의 제조와 마케팅에 있어서도 기업 전체를 선도하는 역할을 하며 본사를 보완하고 지원한다. 전략적 리더의 자회사에게는 모회사가 본부 보완형 연구소와 제조기술의 혁신 역할을 담당할 수 있도록 동기를 부여하는 것이 중요하다.

블랙홀에 해당하는 자회사는 현지시장의 전략적 중요성은 크나 핵심역량이 작은 경우로 지속적인 경영자원을 투입하지만 핵심역량이 부족하여 그 능력이 개발되지 않는 경우이다. 이 경우에는 대규모의 자원을 투입하여 자회사가 보유한 강점을 중심으로 핵심역량을 개발하고 동시에 현지 환경에 신속하게 대응할 수 있는 능력을 키워주어야 한다. 블랙홀 자회사에게는 다른 자회사의 네트워크를 통해 핵심역량을 개발하여 현지 환경에 보다 민첩하게 대응할 수 있는 능력을 키워 줄 필요가 있다.

실행자에 해당하는 자회사는 현지시장의 전략적 중요성이 낮으며 핵심역량도 낮은 경우이다. 이러한 자회사는 글로벌기업 모회사나 자회사에서 개발한 핵심역량을 도입하여 현지에서 제품을 조립하거나 제품을 만들어 판매함으로서 글로벌기업의 수익을 증가시키는데 기여한다. 특히 표준화되고 성숙기에 이른 제품이나 산업의 경우에는 현금흐름의 중요한 역할을 담당하기 때문에 중요성을 무시해서는 안 되고 자회사가 글로벌기업이 지니고 있는 기술이나 규모의 경제성을 최대한 활용할 수 있도록 도와 주어야 한다. 실천자 역할을 하는 자회사에게는 전략적 리더나 기여자가 개발한 기술이나 전략을 활용하여 현지 적응형 연구소가 공정기술을 담당하도록 하여 경쟁우위를 창출할 수 있도록 해야 한다.

기여자에 해당하는 자회사는 현지시장의 전략적 중요성은 낮지만 핵심역량은 큰 경우로 모회사나 다른 자회사에게 상당한 기여를 한다. 모회사는 자회사가 보유하고 있는 특별한 역량을 강화할 수 있도록 지원을 함으로써 글로벌기업의 네트

---

2) 이인세, 「글로벌경영」(서울 : 비엔엠북스, 2009), pp.346-348; C.A. Bartlett and S. Ghoshal, *Managing Across Borders*(Harvard Business School Press, 1998)

워크에서 기여자로서의 역할을 계속 유지할 수 있도록 해 주어야 한다. 기여자 역할을 하는 자회사에게는 전략적 리더의 자회사와 마찬가지로 본부 보완형 연구소와 제조기술의 혁신 역할을 담당할 수 있도록 동기를 부여하는 것이 중요하다.

04 적시조달시스템

글로벌소싱과 관련하여 중요한 개념으로 적시조달시스템(Jist In Time)이 있다. 부품을 미리 구매하여 대량으로 쌓아 두는 방식인 일괄조달시스템(Just In Case)과는 달리 JIT는 부품이 적시에 공급되어 조달되는 방식이다. 도요타는 JIT 방식으로 최근 한 개의 컨베이어벨트 생산라인에서 7~8개의 다품종 차종을 생산하기도 한다.

JIT는 기업의 유휴재고를 줄여 자금부담 및 재고관리비용을 감소시킬 수 있으나 조달된 부품의 불량률이 극히 낮아야 하고 부품의 조달시간(lead time)도 정확해야 한다는 점을 전제로 한다. JIT는 재고부족에 의한 생산중단의 위험이 높고 글로벌 소싱의 경우 운송 및 조달과정이 길고, 환율변동의 위험 등의 문제점도 적지 않다.

전통적으로 도요타와 같은 일본 국내기업들이 즐겨 사용하던 방법이었으나 미국의 더글러스사(Douglas Aircraft Corp)가 항공기 조립생산에 있어서 1985년부터 6년에 걸쳐 글로벌소싱에 적시조달시스템을 과감하게 도입하여 성공한 바 있다. 이 프로젝트는 중국, 일본, 캐나다, 호주, 스웨덴, 이탈리아, 스페인 등에서 생산된 부품 및 반제품을 미국의 롱비치 공장으로 모아 최종 검사를 한 뒤 중국 상해로 수송하고 이를 상해항공산업공사(SAIC)가 조립하여 중국의 국영항공사에 인도하기로 한 것이다.

LG전자(창원)는 도요타의 적시조달생산방식에 캐논(Canon)의 셀(Cell) 방식을 결합하여 생산성을 30%까지 혁신시켜 화제가 되기도 하였다. 셀 방식은 기존의 고가 대형설비인 컨베이어벨트를 없애고 그 대신 작업자가 간단한 장비를 가지고 자율적으로 생산을 조절할 수 있는 생산방식이다. 캐논은 1995년부터 4년간 세계 54개 공장에서 컨베이어벨트를 걷어내고 셀방식을 도입한 적이 있다. LG전자는 8명의 숙련공이 한 개의 에어컨을 처음부터 끝까지 조립하는 책임생산방식을 도입하였다. LG전자는 적시조달생산방식을 도입하는데 있어서 공장내 부품이동을 적기에 하기 위해 로봇이 필요하였다. 문제는 로봇의 가격이 대당 1천만 원의 고가인데 있었는데 LG전자는 적기에 부품을 나르는 무인전동차를 대당 350만 원 정도로 자체 개발하는데 성공하였다.

JIT에 대한 문제점도 적지 않다. 1997년 2월 도요타 자동차의 한 개 부품을 생산하는 부품공급업체인 아이신 정기(精機)에서 화재가 발생하여 도요타자동차와 산하 200여 개 계열 협력사들의 생산라인에 차질을 빚은 적이 있다. 문제가 된 부품은 브레이크 작동시 전·후륜에 가해지는 압력을 조절하는 밸브로 이 주요 부품의 공급이 중단되자 도요타자동차와 8개 계열사의 생산라인이 3일 동안 중단되었다. 화재로 인한 손실은 가동시 이익을 기준으로 약 400억 엔 이상으로 추산하고 있다. 이 사건은 JIT시스템을 창안한 도요타에서 발생하여 이 시스템에 대한 회의론이 제기되기도 했으나 그보다 특정부품을 일개 회사에 독점생산을 하게 한 것이 더 큰 문제점으로 보기도 하였다. JIT시스템이 결정적으로 문제가 된 것은 2011년 동일본지진과 방사능 유출사태가 발생하면서부터이며 JIT에 대한 근본적인 회의가 제기되기도 하였다.

05 혁신의 경영품질모델[3)]

기업의 혁신은 기술혁신과 경영혁신으로 구분되며 기술혁신은 신제품개발이나, 기존제품 개량을 의미하는 제품혁신과 더욱 발전한 생산방법 도입을 통해 불량률 감소, 생산성 향상, 생산 사이클 단축 등을 추구하는 제조혁신으로 나누어진다.

혁신기법 중에서 경영품질모델은 전 세계적으로 OECD회원국 및 G20 대부분을 포함한 80여 개 국가에서 국가품질상 제도로 운영하고 있다. 경영품질모델은 2차 세계대전 이후 일본 기업이 낮은 경쟁력을 20여 년의 단기간에 세계를 압도하는 수준으로 끌어올린 일본식 경영혁신의 대명사인 전사적 품질관리(TQC; Total Quality Control)로부터 시작된다.

점령군 맥아더사령부는 미국에서 품질관리 전문가를 초청해 일본기업을 대상으로 품질관리 지도를 하게 했고 검사중심 품질관리를 통해 소비자에게 양질의 품질을 보증하게 했다. 얼마 지나지 않아 이런 방식에 익숙한 일본은 검사를 통해 걸러진 불량품이 낭비라는 인식하에 처음부터 불량품을 만들지 않도록 하자는 공정중심 품질관리를 강조했다.

3) 한국경제, "CEO를 위한 경영학: 혁신의 기본도구 경영품질모델"(2016.12.3) 발췌 〈정규석 강원대 교수〉

일본에서는 미국과 달리 고졸 이하의 현장 작업자를 공정 개선활동에 참여시켜 품질향상과 생산성 향상에 크게 기여했다. 공정개선을 통해 제조단계의 불량률을 줄이는 데 상당한 성과를 거둔 일본은 한 걸음 나아가 개발중심 품질관리를 추구하게 된다. 즉, 소비자에게 좋은 품질로 사랑받기 위해서는 마케팅부서가 소비자니즈(needs)를 발견하고 개발부서가 그에 맞는 제품을 개발하고 설계하는 데서 출발하는 것이 중요하다는 것을 인식했다. 이런 방식의 품질관리를 마케팅, 개발, 생산, 구매, 애프트서비스 등 모든 품질관련 부문들이 참여한다고 해서 종합적 품질관리 또는 TQC라고 부르는데 일본기업들은 이를 전사적 품질혁신 운동으로 전개했다.

전사적 혁신운동으로 전개되자 기획, 인사, 재무·회계와 같이 품질과 직접적인 관계가 없는 지원부서는 소외됐다고 느끼게 되었다. 여기서 품질이란 개념을 제품품질만을 의미하는 것이 아니라 모든 업무나 과정의 품질, 사람의 품질, 나아가 회사의 품질을 의미하는 총체적 품질인 TQ로 보고 모든 부서, 모든 계층, 모든 사람이 참여하자는 전사적 품질관리 운동인 CWQC(Company Wide QC)로 확대되었다. 이것을 TQC로 부르기도 한다.

일본에서 TQC는 단순한 경영이 아니고 전 구성원이 참여하는 지속적 개선 카이젠(改善) 사상을 의미하는 경영혁신 스타일이다. 이는 근대적 구미 기업의 혁신관행인 소수 엘리트가 주도하는 간헐적 혁신과 대비된다. 혁신 총량에서 소수의 참여보다는 다수의 참여가 간헐적 보다는 지속적으로 시행하는 것이 효과적인 것은 자명하다. 이것이 일본기업들이 추종자로부터 시작해서 짧은 시간 안에 구미기업을 추월한 비결이다.

1980년대 구미 기업들은 일본의 TQC를 TQM(Total Quality Management)으로 부르며 도입했다. 마침내 정부 주도의 확산 필요성을 느낀 미국의 맬컴 볼드리지 상무장관 주도로 1987년 '맬컴 볼드리지 국가품질상'이 탄생해 오늘날 전 세계적인 경영품질 혁신도구로 자리잡은 것이다.

06 전사적 자원관리

지난 1990년대 등장한 전사적 자원관리(Enterprise Resource Planning)는 시간과 공간에 구애받지 않고 모든 사내 정보를 통합 관리 경영에 이용하는 시스템이다.

인사, 자재, 생산, 영업, 개발정보 등 모든 부서의 정보가 기업 내 전산망을 통해 리얼타임으로 제공된다. 해외공장이나 지사를 연결시켜 글로벌 경영을 가능하게 한다. 미국, 유럽, 일본 등에서 글로벌경영체제가 도입되면서 다국적 회사를 운영하기 위한 종합적인 정보망의 필요에서 도입된 ERP는 MRP(자재소요량 관리), MRPII(생산자원관리), MIS(경영정보시스템) 등의 자원관리 기법의 발전과정을 거치면서 발전했다.

ERP는 비효율적인 부문은 과감하게 아웃소싱을 행하고 정보와 인력을 공유함으로써 비용절감과 경영효율성을 달성하며 절감된 비용은 새로운 사업의 투자재원이 되기도 한다. ERP시스템 전문업체인 한국오라클이 발표한 자료에 의하면 1998년 많은 외국기업들이 ERP를 도입하여 기업체질을 개선하여 시너지효과(Synergy effect)를 최대화하고 있는 것으로 나타났다.

캐나다 통신장비회사인 노던 텔레콤의 경우 ERP 구축으로 연간 350만 달러의 운영비를 절감하였고, 브리티시 피트롤리엄 유럽현지 법인의 경우 관리인력을 50%, 운영비를 15% 절감한 것으로 나타났다. 세계적인 운송업체인 DHL은 ERP 도입을 통해 스위스에서만 연간 87만 달러의 비용을 줄였으며 선마이크로 시스템도 연간 재고회전율을 경쟁사보다 2배 이상 높여 경쟁력을 키웠다. 그 외에도 코카콜라, 노키아, IBM 마이크로소프트 등도 ERP를 도입해 효율적인 경영에 나서고 있다. 미쓰비시, 휴렛펙커드 등은 기업회계에서도 ERP를 적극 활용해 효율적인 경영에 나서고 있다.

제지업체인 보워트는 정보공유(information sharing)로 유명하다. 말단 직원도 PC를 켜면 보워트의 국내외 법인현황, 본사의 인사내용을 포함한 특정지역의 재고내용, 현지법인들의 경영성과, 세계 각국의 신문용지나 원부자재 관련정보도 볼 수 있다. 정보공유가 곧 경쟁력이라는 확신 때문이다.

ERP를 도입하면 판매직원이 PC를 통해 자재부의 재고상태를 즉시 파악할 수 있고, 개발부서에서도 리얼타임으로 매출현황과 재고현황을 파악할 수 있다. 이러한 생산관련 ERP 흐름도를 보면

① 주문(각 지사 및 판매대리점·주문사항 입력·본사 접수)

② 재고조사(각 물류센터의 재고상황조사·공장통보)

③ 생산(공장의 생산일정 조정)

④ 인력충원(생산을 위한 인력 부족 시 고용통보)
⑤ 자재조달4)(자재 부족 시 조달통보)
⑥ 주문 확인(고객주문 확인)
⑦ 기획(소비자기호 변화 등 기획에 반영)의 단계를 거치게 된다.

07 생산라인의 변형

생산방식의 진화는 컨베이어벨트를 사용하는 포드생산방식에서 역시 컨베이어벨트를 사용하는 도요타생산방식으로 다시 컨베이어벨트를 사용하지 않는 셀(cell)방식으로 이동하였다. 작업자의 숙련형태로 보면 포드생산방식은 단능공(單能工), 도요타와 셀방식은 다능공(多能工)체제이다. 진화방식은 논자에 따라 상이하다. 일반적으로 컨베이어벨트→분할형 셀방식(직선라인→U자형)→1인생산방식(이동식→순회방식)으로 진화하였다. 한편 캐논전자의 경우 컨베이어벨트→서브유니트방식(컨베이어+셀)→1인완결 U자형셀방식→직선형라인(분할방식)→철새방식(분할방식)→멀티1라인방식(분할방식)이었다. 셀방식은 향후 로봇셀이나 무인자동기 방식 등 다양하게 진화해나갈 것이다.[5]

생산라인은 전통적인 일자라인 이외에도 [그림 16-2]에서 보는 바와 같이 셀라인(cell line)[6], U자라인, 병렬라인(parallel line), 줄기라인(stem line) 등의 변형라인 등이 있다. 셀라인은 특정 모델의 제품을 한 개의 셀 안에서 숙련공이 처음부터 끝까지 완성하는 방식이다. U자 라인은 작업자가 U자 입구라인에서 작업을 하고 일정 시간 경과 후에 뒤돌아서서 출하라인에서 다시 작업을 하는데 긴 시간이 요구되는 서브공정에 자주 활용된다. 병렬라인은 일자라인의 컨베이어 벨트를 따라 작

4) 사무용품이나 공구처럼 기업에서 쓰는 소모성자재를 기업 개별적으로 구매하지 않고 모아서 납품대행을 전담하는 기업을 별도로 두는 것을 MRO(Maintenance, Repair & Operation) 사업이라고 한다. 국내 대기업들이 출자총액제한제도 완화 등에 힘입어 중소기업 업종 침범, 계열사 일감 몰아주기와 함께 대기업의 MRO 사업이 비난을 받아왔다. 최근 재벌기업들이 중소기업 동반성장 차원에서 MRO 사업에서 철수를 선언하기도 하였다(2011.8.1).

5) 이형오·안지영·오태현, "셀 생산방식의 진화과정과 도입조건", 「한일경상논집」 제46집, (2010. 12), pp.22-23.

6) 독일의 메르세데스AMG공장은 40년 이상 1인 1엔진 방식으로 700개의 부품엔진 조립을 컨베이어벨트 없이 숙련된 엔지니어 혼자서 수작업 셀방식으로 처리하여 정교함을 인정받아 AMG가 프리미엄 고성능 자동차 시장에서 정상을 지키고 있다.

업을 하고 검사과정에서 여러 명의 작업자가 동시에 분담하여 검사를 하게 되는데 검사과정이 중요한 공정에 활용되는 방식이다. 줄기라인은 모델 수가 많은 전자레인지 등의 제품에 활용되는 생산라인으로 다수의 작업자가 여러 개의 입구에서 작업을 담당하게 된다.

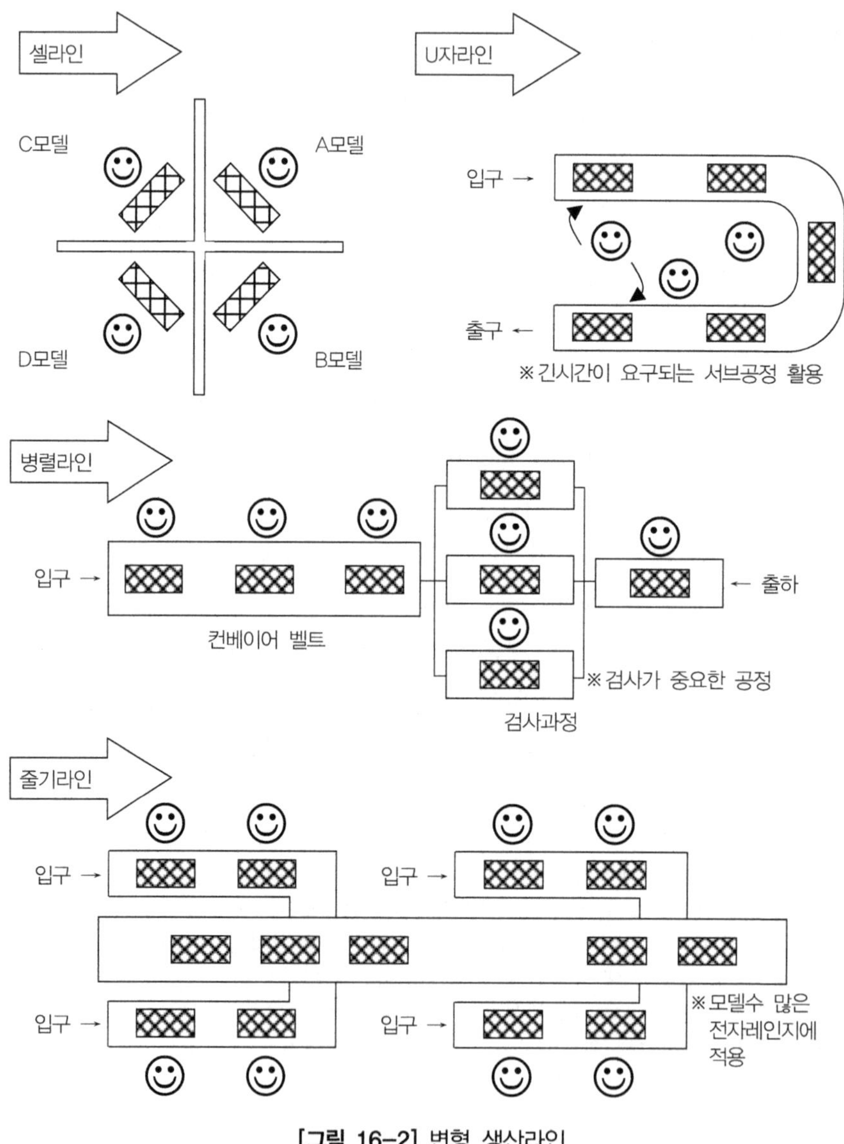

[그림 16-2] 변형 생산라인

제3절 국제로지스틱스

01 국제로지스틱스의 기능

로지스틱스는 원래 미군에서 사용하던 군사용어로 병참을 의미한다. 병참이란 군수물자의 발주, 생산계획, 구입, 재고관리, 배급, 운송, 통신 이외에도 규격화, 품질관리 등 군 작전에 필요한 물자관리의 모든 것이 포함된다.

국제로지스틱스(International Logistics)는 국제 간에 이루어지는 로지스틱스 활동으로서 기본적으로 수송, 하역, 포장, 보관 및 정보의 다섯 가지 기능으로 되어 있다. 두 나라 이상에 걸쳐 수행되어진다는 점에서 수송활동이 주체가 되고 부수적으로 하역, 포장, 보관 및 정보의 제활동이 수송기능을 강화하는 형태로 되어 있다.

02 국제로지스틱스의 결정기준

국제 간의 화물을 담당하는 국제로지스틱스는 기업의 글로벌화가 진전될수록 세계적으로 분산된 생산거점들을 어떻게 네트워크화하여 원재료, 부품, 완제품 등의 흐름을 합리화시키고 생산거점 간의 유기적인 관련성을 높여야 한다. 다국적기업은 국제로지스틱스를 결정하는데 다음과 같은 효율적인 전략을 수립하여야 한다.

① 관리시스템이 지역·시장별로 집중되어 있는가? 또는 분산되어 있는가?
② 현지 소싱인가? 글로벌 소싱인가?
③ 해외 자회사에 원자재, 기계, 부품, 완제품 등을 어떠한 형태로 공급할 것인가?
④ 목표시장을 현지시장으로 할 것인가? 세계시장으로 할 것인가?
⑤ 재고센타를 어디에 얼마나 둘 것인가?
⑥ 목표시장에 대해 수출로 공급할 것인가? 현지 마케팅을 활용할 것인가?
⑦ 생산공정을 공장별로 수직적으로 통합시킬 것인가? 아니면 각 공장의 생산공정을 전문화시키고 상호 교역을 통해 부품을 조달할 것인가?

03 전통적 국제로지스틱스 시스템

1) 직송시스템

직송시스템(direct system)이란 제품이 생산공장으로부터 해외의 고객인 최종소비자 또는 판매점으로 직접 배송하게 된다. 직송시스템은 현지에 지점, 자회사가 없는 상태이며 있다고 하더라도 보관시설을 보유 운영하지 않고 판매만을 행하고 화물운송에는 직접 개입하지 않으며 제품은 생산공장으로부터 고객에게 바로 직송된다. 이 시스템은 보관비용이 절약되는 장점은 있으나 출하빈도와 수송비용 및 관세가 높아지며 수입통관 수속이 복잡해지고 고운임을 유발하여 운송비 부담이 커지는 단점이 있다. 이는 주로 수출입물류에 자주 이용된다.

2) 보관시스템

보관시스템(warehousing system) 또는 고전적 시스템(classical system)은 현지의 지점 또는 자회사가 창고를 운영하는 형태이다. 제품이 본사의 생산공장으로부터 해외자회사 창고로 대량 선적, 운송되어 보관되었다가 그 곳에서 다시 고객에게 배송되는 시스템이다.

저렴한 수송, 혼재수송의 가능, 서류작성의 간소화, 관세의 절감, 안전한 재고관리 등의 장점이 있으나 대형창고의 건립 또는 구입 및 운영으로 인해 보관비용 및 재고비용이 커지는 단점이 있다. 현지국의 보관시설이 양호하여 그 비용이 낮거나 특정시장에만 수요가 있는 시장차별화 제품에 적절하다. 통상 대량의 물품을 위탁판매 또는 인수도(D/A)조건으로 반입하여 현지창고에 비축해 두고 현지의 주문에 응하는 시스템이다.

3) 통과시스템

통과시스템(transit system)이란 보관시스템과 유사하지만 자회사의 창고는 단지 통과센타로서만 가능하게 되고 또한 자회사 창고에 수송된 제품은 단시간 이내에 다음 단계의 유통경로로 이동하게 된다는 점에서 고전적인 보관시스템과는 상이하다.

보관시스템에 비하여 자회사 단계에서는 보관비가 절감되나 동일 수준의 판매서비스를 유지하기가 어렵다. 그리고 제품의 출하가 빈번해져 저장, 하역 및 출하,

통관비용 등이 증가하고 파업 등에 의해 자회사로의 수송상 문제가 발생할 경우 이에 대한 대응이 곤란하다는 단점도 있다.

4) 다국간 창고시스템

다국간 창고시스템(multi-country warehouse system)은 제품을 생산공장으로부터 먼저 주요 거점지역에 입지한 다국간 물류센타로 수송하고 그 곳에서 다시 각국의 자회사 창고 또는 고객에게 배송하는 형태이다. 생산공장에서 대량의 제품을 물류센타로 보내 비축해 두고 각 지역별로 배분하는 시스템으로 물류센타는 수송여건이 편리하여야 하며 홍콩, 파나마 등의 자유무역항이 국제물류센타로 적합하다.

다국간 창고시스템은 보관 비용면에서는 보관시스템과 통과시스템의 중간에 위치하고 수송비 면에서는 보관시스템이나 통과시스템과 큰 차이가 없다. 왜냐하면 보관비용의 경우 재고가 각 거점지역을 중심으로 각기 통합되게 됨으로써 각 국가별로 재고를 보유하는 전통적인 보관시스템보다는 총 보관비용은 감소하지만 재고가 단일창고로 집중되는 통과시스템에 비하면 보관비용은 여전히 높다고 하겠다.

한편 수송비 면에서는 생산공장으로부터 다국간 창고에 이르기까지 출하량 통합으로 절감된 수송비가 다국간 창고나 고객에 수송되는데 소요되는 출하, 하역, 운송비 등으로 대체되기 때문에 별 차이가 없다.

04 혁신 물류시스템

1) 물류공룡 아마존

아마존(Amazon)의 성공비결은 물류 혁신으로 요약된다. 아마존이 2016년 물류비용으로 지출한 금액은 185억 달러로 전체 매출의 12.3%에 달한다. 미국 전체 가구의 3분의 2에 해당하는 8,500만 명이 아마존 프라임회원이며 회원을 대상으로 무료 배송을 하고 뉴욕 등 대도시에서 2시간 안에 배송하는 '프라임 나우'도 있다.

미국 전역에 180개 물류창고와 59개 패키징센터를 확보하고 유기농 슈퍼마켓 체인 홀푸드(Whole Foods)를 인수(2017.6)해 431개 유통 허브를 추가했다. 토이저러스 등 대형 유통업체가 아마존의 저가 경쟁에 밀려 파산했고 다음 타킷은 UPS, 페덱스 등이 주도하는 물류배송 업체가 될 것이라는 전망도 있다.

2014년부터 아마존은 물류창고에 로봇을 도입했다. 아마존 물류센터 안에는 키

바 로봇이 340kg의 물건을 시속 6.4Km 속도로 운반하고 고객 주문 소요시간을 종전 90분에서 15분으로 단축시켰다. 배송이 어려운 지역에 드론(무인항공기)을 이용한 '프라임 에어' 서비스를 제공하고 30분 드론 배송도 시도하고 있다.

인도, 중국 등의 생산공장에서 물류업체를 거치지 않고 미국 전역으로 직접 배송하는 '드래건 보트' 프로젝트를 시작했다. 고객이 직접 물건을 찾거나 맡길 수 있는 '라커배송'도 도입했다. 아마존은 미래에 공중에 열기구를 이용한 물류창고를 만들어 인공위성을 통해 매장에 직접 배송할 것이라는 꿈도 가지고 있다.

아마존이 제3의 도매 공급업자 물류창고에 배송상품을 가져와 고객에게 직접 배송하는 새로운 배송시스템 '셀러플렉스'를 도입하고 시애틀을 시작으로 인공지능 무인점포 아마존고(Amazon Go)가 확산되고 있다.

2) 마윈의 신 유통전략7)

알리바바(Alibaba)의 마윈(馬云)은 2016년 항저우 개발자회의에서 첨단기술을 활용한 온라인+오프라인+물류를 신유통전략으로 명명했다. 그는 "순수 전자상거래 개념은 매우 빠른 속도로 사라지고 신유통전략 개념이 나타날 것이다"라고 주장했다. 즉 온·오프라인이 융합되어 상호 경계가 허물어져 버린 신유통전략의 기대가 도래한다는 것이다.

예컨대 신유통전략은 중국 상하이의 한 쇼핑몰에서 고객이 옷을 골라 스마트 거울 앞에서 흔들자 스크린에서 모델이 이 옷을 입은 모습이 나온다. 이를 확인한 고객은 스마트폰 알리페이로 스크린의 QR코드를 읽어 결제를 하고 며칠 후 옷이 배달된다. 또 고객들은 매장에서 상품을 확인하고 온라인으로 할인된 가격에 상품을 구매하기도 하고 온라인에서 주문한 상품을 오프라인 매장에서 찾을 수도 있다. 그 외에도 3D 증강현실(AR) 피팅거울을 통해 가상으로 옷을 입어 보거나 액세서리를 착용할 수도 있다.

알리바바의 신유통전략을 요약하면 사물인터넷(IoT), AR, VR기술을 활용한 오프라인을 체험형 공간으로 디자인하고, 빅데이터를 활용하여 유통손실이 제로에 가까워지도록 수요와 재고를 관리하고, 모바일 결제 데이터를 활용해 고객의 기호와 향후 쇼핑패턴을 예측해 맞춤형 서비스를 제공하는 것이다.

---

7) http://lyb1837.tistory.com/46 passim

3) 메타–플랫폼[8)]

메타-플랫폼(meta platform)[9)]은 미래 배달 물류시스템의 핵심으로 소비자의 요구 변경에 유연하게 대처할 수 있을 뿐만 아니라 소비자가 필요한 서비스를 맞춤형으로 제공하게 된다.

현재 아마존은 시범적인 메타-플랫폼을 이용해 고객들에게 주문과 관련된 다양한 정보를 제공하여 투명성을 개선하고 하청 배달 파트너들 간의 통합을 이루어내는 등의 성과를 내고 있다. 하지만 아직까지 메타-플랫폼 마지막 단계에서 물품 배달 장소와 시간을 변경하는 기능은 구현하지 못하며 하청 파트너들의 제품 포장과 관련된 소통이나 제조업자들 간의 소통 역시 아직은 불가능한 상태이다.

메타-플랫폼을 사용하면 단순히 상품을 최저가에 팔기 위한 것이 목적이 아니라 소비자 개개인의 요구에 맞춘 솔루션을 제공할 수 있게 된다. 예컨대 비행중인 항공기가 자동 경고 메시지를 받으면 해당 항공기의 필요부품을 특정 공항 지정 장소로 주문하고 정비사 역시 항공기 착륙과 동시에 수리를 하는 등 항공기 지연 시간을 최대한 줄이면서 원활한 운용이 가능할 것이다. 메타-플랫폼으로 인해 급격이 변화하고 있는 연결성 때문에, 현재의 우리들은 드론 배송, 이동식 보관함, 배송 로봇 등 배송 물류의 향후 10년 후 모습을 예상하기 더욱 어려워졌다.

제4절 6시그마의 경영기법

01 정의 및 발전배경

1) 정의

6시그마란 제품의 불량률을 100만 개 당 3.4개(3.4ppm)로 하려는 전사적 경영혁

8) 한국교통연구원, http://blog.naver.com/PostView.nhn?blogId passim

9) 메타란 '함께'라는 의미로 해석되며 메타플랫폼이란 서로 다른 업종끼리 협력해서 가치사슬로 묶이는 구조의 플랫폼이다. 메타플랫폼 기반 기업은 기존 플랫폼 기업과 달리 소유가 아닌 참여와 개방의 개념이 강조된다.

신 활동으로 모토로라의 마이켈 해리(Mikel J. Harry)에 의해 1987년 창안되었다. 기존의 100ppm(parts per million)경영을 훨씬 뛰어 넘는 기업들에게 각광받는 경영 혁신기법이다.

제품 합격률을 99%를 넘어서 99.99966%까지 높인다는 6시그마의 위력은 과연 어느 정도일까? 4시그마는 30페이지당 1개의 오자가 포함되는 6,210ppm, 5시그마는 백과사전 한 세트에 1개의 오자가 포함되는 223ppm, 6시그마는 작은 도서관 전체 장서 가운데 1개의 오자에 해당되는 3.4ppm이다.

6시그마란 기업에서 전략적으로 완벽에 가까운 제품이나 서비스를 개발하고 제공하려는 목적으로 정립된 품질경영 기법 또는 철학으로써 기업 또는 조직 내의 다양한 문제를 구체적으로 정의하고 현재 수준을 계량화하고 평가한 다음 개선하고 이를 유지·관리하는 경영기법이다

2) 발전 배경

1930~1950년대의 제조공정 중심의 품질관리(QC), 1960~1970년대의 제조·자재·시설·R&D 부문의 종합적 문제해결을 위한 전사적 품질관리(TQC), 1980년대의 제조·자재·시설·R&D·A/S·영업·마케팅·구매·회계 부문의 전사적 품질경영(TQM), TQM영역에다 기타 사회간접부문까지 포함하는 프로세스 혁신을 요구하는 것이 1990년대의 6시그마이다.

6시그마는 단순히 품질관리 부문 외에도 마케팅, 엔지니어링, 서비스 등 경영활동 전반을 대상으로 하고 있다. 테일러의 과학적 관리법을 이용해 생산성을 향상시켰던 미국 산업계가 자국서 개발한 품질관리기법의 활용을 간과하여 일본에 뒤졌다가 6시그마 경영이라는 신기법을 통해 제품품질에 있어서 재역전을 시도하였다. 6시그마운동은 국내기업에서도 현재 활발하게 일어나고 있다.

세계적으로 품질에 대한 기준이 강화되면서 품질의 중요성에 대하여 관심이 커지고 있다. 유럽연합(EU)은 기업이 EU시장에 진출하기 전에 기업의 제품 제조과정과 제품의 질이 ISO 9000 품질기준을 획득할 것을 요구한다. ISO 9000 획득과정은 많은 기업들에게 통과의례의 형식을 띄고 있고 비용 소모적이지만 기업의 경영진들은 이를 통해서 제품 품질과 공정 과정의 향상에 관심을 갖게 되었다.[10]

---

10) 박철순 역, 「글로벌시대의 국제경영」(서울 : MaGraw-Hill Korea, 2009), p.519.

02 프로세스

1) DMAIC

제조업의 경우 6시그마 기법을 이용한 기업의 프로젝트는 각 기업의 특성에 따라 다르지만 DMAIC라는 프로세스를 거치는 것이 일반적이다. DMAIC란 Define(정의), Measurement(측정), Analysis(분석), Improvement(개선), Control(개선 결과 정착을 위한 관리)을 의미한다.

먼저 정의단계가 중요한데 조직 구성원들의 문제의식 공유 및 개선에 대한 필요성을 정의해 두어야 한다. 측정은 불량의 수준을 알아보는 단계로서 측정기준 선택 및 평가기준 설정 후 데이터수집을 하는 것이다. 분석은 불량의 원인이 되는 변수를 알아내는 단계로 앞으로 대응할 문제의 우선 순위를 설정한다. 개선은 나타난 문제점을 해결하는 단계로서 추진책임자, 달성시기, 달성도, 평가기준을 결정하여 개혁을 실행한다. 끝으로 개선 결과 정착을 위한 관리단계는 검토방법, 검토의 타이밍, 결과의 수량화, 평가 책임자 등을 체계화하여 변화하는 경영환경에 대응한다. 이 단계로 모든 프로세스가 마무리되는 것이 아니라 또 다른 프로젝트를 찾아서 5단계 프로세스를 끊임없이 반복해 나가야 한다.

제조업과 달리 기업의 R&D 부문에서는 DMADV 프로세서를 강조한다. 제조업의 DMA에다 Design(설계)와 Verify(검정)가 추가된다. 혁신대상도 제조업의 경우 기존 제품, 프로세스 개선, 결함 감소에 중점을 둔 반면 R&D 부문에서는 신제품, 프로세스 개발, 오류와 결함의 예방에 있다.

2) 벨트

6시그마 기법의 추진에 있어서 핵심역할을 하는 것은 벨트(belt)라고 불리는 품질운동 자격증 보유자들이다. 벨트라는 명칭은 동양권 무술의 「띠」에서 나왔다. 벨트는 각 기업들의 사정에 따라 단계나 이름을 달리하고 있지만 일반적으로 화이트벨트(white belt), 그린벨트(green belt), 블랙벨트(black belt), 마스트블랙벨트(master black belt)로 나뉜다. 일부에서는 마스트 블랙벨트 위에 챔피언(champion)이라는 자격을 두기도 한다. 화이트벨트는 6시그마를 이해하는데 입문단계이고, 그린벨트는 6시그마 프로젝트를 직접 관여하고 문제를 해결할 수 있는 능력을 갖추었다고 인정받는 단계이다. 블랙벨트는 6시그마 기법의 지도능력을 갖추고 화이트벨트와 그린벨트를 교육하며 6시그마 활동에만 전념한다. 마스트 블랙벨트는 6시그마 최고과정에 이른 사람으로 블랙벨트가 수행하는 프로젝트의 관리와 지도를 맡는다.

03 전통적 품질관리 기법과 차이점

6시그마는 QC(품질관리), TQC(전사적품질관리), TQM(종합적 품질경영) 등의 전통적 품질관리기법과는 다음과 같은 차이가 있다.

① 전통적 품질관리기법이 특정부문을 대상으로 하는 개선이었다면 6시그마는 경영전반을 대상으로 하는 혁신활동인 것이다.

② 전통적 품질관리 기법의 목표는 고객에게 인도되는 최종 생산품의 불량을 줄이는 것으로써 제조공정에서 아무리 많은 불량품이 나오더라도 회사 밖으로 나가는 제품에 대해서는 불량품이 없어야 한다는 것이다. 반면 6시그마는 회사내 전 부문에서 오류가 발생할 수 있는 원인을 근본적으로 제거하는 기법이다.

③ 전통적 품질관리기법은 문제가 해결되었다고 덮어두면 1~2년 후 문제가 그대로 되살아나는 경우가 발생한다. 6시그마의 경우 블랙벨트가 완전히 해결되었다고 선언하기 전까지는 미결상태로 남아 있는 것이다.

④ 전통적 품질관리기법은 무결점(zero defect)을 업무개선 목표로 설정하였는데 6시그마는 1백만 분의 3.4를 목표로 한다. 제로와 「1백만 분의 3.4」는 숫자상으로 큰 차이가 없지만 의미상은 큰 차이가 있다. 0.00034%는 0에 극히 가까운 수치이지만 제로목표보다 훨씬 달성률이 높다. 목표는 여전히 높지만 경영관리 활동에서 구체적인 목표로서 이를 실현하기 위한 프로세스를 시작할 수 있는 점에 차이가 있는 것이다.

이상에서 살펴본 것처럼 6시그마 운동은 개선의 대상이 프로세스이기 때문에 어떤 분야에도 적용될 수 있는 장점이 있다. 생산뿐만 아니라 은행서비스, 정부의 공공서비스 등도 일련의 프로세스를 거치므로 서비스분야에도 적용할 수 있는 기법인 것이다. 그렇지만 도입한다고 반드시 성공하는 것은 아니므로 본질을 철저히 한 후에 도입해야 할 것으로 보인다.

04 6시그마의 성공요인

6시그마 운동을 성공시키기 위해서는 우선 최고경영자의 강력한 리더십이 필요하다. 경영혁신 운동이 성공하기 위해서는 강력한 리더십을 토대로 전개되는 톱다운(top-down)형의 목표설정이 요구되는 것이다. 두 번째 요건은 정확한 데이터에 의한 관리이다. 객관적이고 정확하게 파악해야 이해집단으로부터 거부당하지 않으면서 정확한 진단과 함께 실행을 해나갈 수 있기 때문이다. 세 번째 성공요소는 가장 중요한 교육훈련 요소인데 이는 6시그마가 일종의 의식개혁운동이기 때문이다.

05 6시그마의 성공사례와 문제점

가장 먼저 말콤 볼드리지(Malcolm Baldridge)상을 받은 모토로라는 고객만족도를 더욱 향상시키기 위한 구체적인 기법으로 6시그마를 도입하였다. 1987년 6시그마 도입 당시만 해도 1백만 개 중 6천 개에 달했던 불량품은 1995년 말에는 25개로 줄어들었다. 판매 후 3년이면 고장이 났던 제품이 지금은 22년 이상의 수명을 갖게 되었고 품질향상 결과로 6시그마 도입 후 첫해인 1988년에 매출 23%, 이익 45%가 늘었고, 도입 후 10년간 총 110억 달러의 비용을 절감할 수 있었다고 한다.

6시그마의 성공사례 가운데 혁신적인 카리스마를 발휘한 GE의 최고경영자 젝 웰치(Jack Welch)를 빼놓을 수 없다. 젝 웰치는 6시그마 운동을 승진, 승급과 연계시키며 전사원을 독려하였다. 6시그마 회의를 직접 주재하는 등 강력한 리더십을 발휘하였다. GE는 1998년 연례보고서를 통해 매출이 1년 전보다 97억 달러나 증가했으며 순이익도 11억 달러가 늘어난 93억 달러를 기록했다고 발표하였다. 또 1998년에 7억 5천만 달러의 비용절감의 효과를 거둔 GE는 1999년 15억 달러를 절감할 계획이다.

국내에서는 삼성전관이 1996년 10월에 가장 먼저 6시그마를 도입하였는데 1년 6개월만에 총 1,876억 원의 비용을 절감하는데 성공하였다. 삼성전관을 비롯한 삼성전자, LG전자 등이 이미 6시그마 운동을 벌인 바 있다. 6시그마는 일반적으로 효과가 서서히 나타나는 것으로 알려져 있다. 그 이유는 단순한 품질관리운동이 아니라 전 직원을 대상으로 하는 일종의 경영혁신운동이기 때문에 도입 3~4년 후부터 효과를 보게 되는 것으로 알려져 있다.

그러나 6시그마의 원조이자 전도사였던 모토로라는 오히려 경영성과가 더 악화되어 구글에 매각(2012.5)되었고 다시 중국 레노버(Lenovo)에 재매각(2014.10)되었다. 한 때 6시그마 운동이야말로 기업 선진화와 미래경영의 교본이라 여기며 이를 적극적으로 받아들였던 국내 기업들 역시 새로운 길을 모색하는 경향이 있다. 6시그마를 국내에서 가장 먼저 도입한 삼성이 교본에 따른 경영이 아니라 유기적인 생태계의 흐름에 주목하기 시작한 것도 주목해 볼 만하다.

제5절 트리즈

01 개념

트리즈(TRIZ)는 주어진 문제에 대하여 가장 이상적인 결과를 정의하고 그 결과를 얻는데 관건이 되는 모순을 찾아내어 그 모순을 극복할 수 있는 해결안을 얻을 수 있도록 생각하는 방법에 대한 이론으로 정의할 수 있다.

TRIZ는 Teoriya Resheniya Izobretatelskikh Zadatch의 약자로 구 소련의 겐리후 싸울로비츄 알트슐레르(Genrich Saulovich Altshuller)(1926-1998)에 의해 제창된 창의적 문제해결에 대한 체계적 방법론이다. 영어로는 Theory of inventive problem solving이다.

무엇을 해결해야 하는가(What to solve)를 가르쳐 주는 것보다 어떻게 해결해야 하는지(How to solve)를 가르쳐 주는 것으로 문제의 근본을 다루는 원리이기에 최초에는 기술분야에서만 사용되었으나 현재는 경영, 사회, 소프트웨어 등 비기술분야에서도 사용되고 있다.

02 기원

Altshuller는 1940년대 구 소련 해군에서 특허를 심사하는 업무를 할 당시 군 관련 기술적인 문제를 해결하면서 발명에는 어떤 공통의 법칙과 패턴이 있음을 알게 되었다. 그는 탁월한 창의성이 소수 특정인들의 선천적 능력이 아니며 기술발전 역사의 객관적 법칙을 따라 사고함으로써 누구나 창의성을 개발할 수 있으리라 믿었다. 이러한 신념에 따라 그는 1946년 이후 전 세계 특허 200만 건 중에서 창의적인 특허 4만 건을 분석하고 중요한 사실을 발견하게 되었다. 특허 자료 연구를 통하여 혁신적인 기술발전을 이룰 수 있는 사고방법론(thinking methodology) 및 표준해법(standard solution)을 얻어내었다.

그는 여러 가지 유형의 문제 중에서 '최소한 하나 이상의 기술적 모순을 가지고 있으며 아직 그 해결안이 알려져 있지 않은 문제'를 창의적 문제(inventive problem)라고 명명하고 누구나 창의적으로 문제를 해결할 수 있는 일반적이고 체계적인 문제해결책을 강구하였다.

03 발명의 원리

트리즈의 발명기법 40가지 중 주요한 것을 보면 다음과 같다. 물체를 독립된 부분으로 나누는 분할(segmentation), 속성을 물체로부터 분리(extraction), 동일한 구조의 물체나 환경을 이질적인 구조로 변환하는 국소품질(local quality), 물체의 구조를 대칭 구조에서 비대칭(asymmetry)으로 전환, 동일하거나 비슷한 물체들을 가까이 모아 두거나 병합(merging), 시스템이 여러 기능을 수행하도록 하는 범용성(universality), 하나의 물체를 다른 물체 속에 넣는 포개기(nesting), 물체의 무게를 양력을 가진 다른 물체와 연결하여 상쇄하는 평형추(counterweight), 어떠한 작용을 해야 할 경우 사전에 이에 대한 역작용을 고려하는 사전 예방조처(preliminary anti-action), 물체가 겪게 될 변화를 미리 겪게 하는 사전 준비조처(prior action), 신뢰성이 낮은 물체에 대하여 미리 비상 수단을 준비하는 사전 보호조처(beforehand cushioning), 물체가 올려지거나 내려가지 않도록 작업 조건을 변화시키는 높이 유지(equipotentiality), 문제를 해결하기 위하여 반대의 조치를 취하는 반전(inversion), 직선 대신 곡선을 이용하는 타원체(spheroidality), 최적 작동조건을 위해 물체나 외부 환경이 변하게 되는 유연성(flexibility), 주어진 해결방법을 이용하여 목표를 100% 달성할 수 없다면 '조금 덜' 또는 '조금 더'와 같은 방법을 이용하는 과부족 조처(partial or excessive action), 물체를 2차원 또는 3차원 공간으로 옮기는 다른 차원(another dimension), 물체를 진동시키는 기계적 진동(mechanical vibration), 연속적인 조처 대신에 주기적인 조처를 취하는 주기적 조처(periodic action), 물체의 모든 부분이 항상 최대한으로 작동하게 하는 유용한 조처의 지속(continuity of useful action) 등이 있다.

04 비즈니스 트리즈

비즈니스 트리즈(business triz)란 기업이나 개인이 비즈니스 업무에서 트리즈를 제대로 활용할 수 있도록 문제해결 프로세스를 만들고 각 단계에 응용할 수 있는 방법론을 말하며 과제의 선택, 문제 원인 분석, 창의적 해결안, 실행계획의 단계를 거치게 된다.

비즈니스 트리즈는 2003년 영국의 다렐 만 교수가 기술 트리즈의 방법론과 툴을 이용하여 주제와 범위를 비즈니스용으로 전환해 비즈니스 트리즈 체계가 완성되었다. 비즈니스 트리즈는 경영전략, 마케팅, 인사, 생산관리, 재무 등 사무지원 부문 등에 다양하게 적용되고 있다.

비즈니스 트리즈를 이용하여 경영문제를 해결한 대표적인 사례로 일본 혼다(Honda)를 꼽는다. 혼다는 1980년대 초 중국 오토바이 시장에 진출했으나 얼마 지나지 않아 혼다제품의 3분의 1 가격인 중국산 모방제품이 시장에 나오게 되었다.

혼다는 이 문제를 해결하기 위하여 저가격 오토바이 생산이라는 핵심 문제와 생산비용을 낮출 수 없다는 핵심요인을 추출하고 고객수요, 생산비용이란 매개변수인 파라미터를 넣어 대형 복제부품사와 합작이라는 매트릭스 해결 원리를 찾아내었다. 혼다는 2002년 복제부품을 만들던 신다로와 50 대 50 합작으로 신다로 혼다를 설립하고 기존 제품에 비해 절반 가격수준의 오토바이를 출시해 매출액과 시장점유율을 회복하였다. 혼다는 역방향의 기법을 이용하여 복제제품사와 제휴하였고 포개기기법을 이용하여 중국 복제제품사의 시설을 이용하였고 분리기법을 이용하여 대형과 소형 사업으로 분리하였고 중간매개물기법으로 대형 복제부품사와 합작을 하였고 셀프서비스기법을 이용하여 부품의 현지조달을 시도하였다.

국내에서는 자동차 에어컨 제조업체인 한라공조가 비즈니스 트리즈를 이용하여 문제를 해결한 경험이 있다. 한라공조는 시장수요와 생산시설이 불일치하는 문제가 발생하자 생산비용을 절감하기 어렵다는 핵심문제와 생산시간이 오래 걸린다는 핵심원인을 도출하고 공급비용, 생산시간이라는 각각의 파라미터를 매트릭스에 넣어 작업을 한번에 동시에 진행하는 해결원리를 모색하였다. 전 공정과 후 공정으로 흐름이 자동으로 제어되도록 시스템을 바꾸어 원자재와 생산설비의 이용효율이 13%나 향상되었다.

토의자료

삼성전자 반도체 공장 설비 배치도 공개 논란

정부가 산업재해 피해 입증을 이유로 삼성전자의 반도체 및 디스플레이 공장 설치 배치도와 공정, 화학물질 등 자료를 외부에 공개 방침을 정했다. 이에 산업통상자원부가 기술보안을 이유로 반대하고 삼성전자의 공개집행정지 신청이 받아들여져 일단 보류됐다.

직원들이 숱한 시행착오를 거쳐 최적의 장비배치와 딱맞는 화학물질을 찾아낸다. 매년 조금씩 개선하여 수율(정상제품비율)을 높이는 게 공정기술의 핵심이다. 업계 전문가라면 장비배치나 화학물질만 알아도 대략 얼마만큼 만드는지 추정할 수 있다고 한다. 작업환경측정보고서에는 공장구조, 공정배치, 유해물질 측정량 등 기술보안을 요하는 중요한 정보가 담겨져 있다.

자료 : 한국경제(2018.4.18) 발췌

찾아보기

▎나▎

▌마▌

▌아▌

| 자 |

| 차 |

카

타

| 파 |

| 하 |

▌ 공저자 약력 ▌

◈ 姜漢均(강한균)

영남대학교 상경대학 경영학과 졸업
영남대학교 대학원 무역학과 석사과정 졸업
영남대학교 대학원 무역학과 박사과정 졸업
미국 워싱턴 주립대학교(Pullman)(Washington State University) 객원교수
미국 워싱턴대학교(Seattle)(University of Washington) 객원교수
인제대학교 국제경상학부 명예특임교수(현)

한국개발연구원(KDI) 경제정책 자문위원(현)
산업통상자원부 한국산업기술진흥원 평가위원(현)
과학기술정보통신부 정보통신기술진흥센터 평가위원(현)
중소기업 기술정보진흥원 평가위원(현)
고용노동부 지역일자리 목표공시제 경남도 컨설턴트(현)
(사)서부산경제발전연구원 이사장(현)

한국무역학회 부회장 · 감사(역임)
한국국제경영관리학회 부회장(역임)
한일경상학회 상임이사(역임)

인제대학교 인문사회과학대학 학장(역임)
인제대학교 도서관장(김해캠퍼스)(역임)
인제대학교 기숙사 사감(역임)
인제대학교 Trade Incubator 사업단장(역임)
김해발전전략연구원장(역임)

- 주요 저서 및 논문

저서: 「다국적기업과 글로벌라이제이션」(공저 두남, 2018) 외 15권
논문: "공간효과 모형을 이용한 한류가 한국의 수출에 미치는 효과"
「국제경영리뷰」(교신저자, 2015) 외 100여 편

- 수상

2017 한국무역학회 최우수 논문상(누리미디어 DB 최다 피인용 · 다운로드 횟수기록)
2017 대한민국 제1회 일자리 아이디어 공모 발표 우수상(2위상)
2016 한국국제경영관리학회 최우수 논문상(교신저자)
2016 세계 3대 인명사전 마르퀴즈 후즈 후(Marquis Who's Who in the World) 등재
2008 한국열린사이버대학교 우수 강의상
2006 인제대 인문사회 · 예체능계열 베스트 티칭상(BTA)

◈ 姜志勳(강지훈)

부산대학교 상과대학 무역학과 졸업(우수)
연세대학교 대학원 경영학과 석·박사 통합과정 수료
연세대학교 경영대학 강사(현)
한국경영학회 정회원(현)
Journal of International Business Studies 정회원(현)

• 주요 저서 및 논문

저서: 「다국적기업과 글로벌라이제이션」(공저 두남, 2018)

논문

"CJ CGV 인수합병을 통한 베트남 극장 시장 선점 전략", 「KBR」 21(3), (교신저자, 2017)
"중국 진출 한국기업들의 CSR 영향 요인", 「무역통상학회지」 17(1), (제1저자, 2017)
"한국적 경영스타일이 태국 현지인 직원의 조직몰입에 미치는 영향", 「연세경영연구」 54(2), (제1저자, 2017)
"한국기업의 글로벌 CSR 표준화 결정 요인", 「무역연구」 12(2), (제1저자, 2016)

국제학술 발표논문

2017 Academy of International Business Annual Conference, Dubai, UAE
'How Do Domestic and Foreign Firms' Local Supplier Invest Differ in Vietnam?'
2016 Academy of International Business Annual Conference, Louisiana, U.S.A.
'MNEs and Corruption - The Role of Business and Political Ties'
2015 Academy of International Business Annual Conference, Bengaluru, India
'Three Pillars of CSR'

• 수상

2018 한국경영학회 우수 논문상(교신저자)
2017 한국연구재단 차세대사회과학자 우수 논문상(제1저자)
2016 한국산업경영학회 동계학술 발표대회 우수논문상(제1저자)

● **다국적기업과 글로벌라이제이션 – 개정2판**

초　판 1쇄 발행 —— 2010년 7월 15일
개정판 1쇄 발행 —— 2012년 2월 20일
개정판 2쇄 발행 —— 2013년 2월 20일
개정판 3쇄 발행 —— 2014년 2월 5일
개정판 4쇄 발행 —— 2015년 7월 30일
개정2판 1쇄 발행 —— 2018년 7월 30일
지은이 —— 강 한 균 · 강 지 훈
펴낸이 —— 전 두 표
펴낸곳 —— 도서출판 두남
서울시 강동구 성내로6길 34-16 두남빌딩
신고 : 제25100-1988-9호
TEL : 02) 478-2065~7, 2311
FAX : 02) 478-2068
E-mail : dunam1@unitel.co.kr
http://www.dunam.co.kr

● **정가 30,000원**

ISBN 978-89-6414-799-3 93320